景印香港
新亞研究所

新亞學報

第一至三十卷

第二九冊・第十八卷

嚴耕望教授紀念特刊

總策畫　林慶彰　劉楚華

主　編　翟志成

景印香港新亞研究所《新亞學報》(第一至三十卷)

景印香港新亞研究所《新亞學報》第二九冊

第十八卷　目次

第十八卷

新亞

新亞研究所

第十八卷

新亞學報

新亞研究所

本所前教務長

嚴耕望教授紀念特刊

新亞學報編輯略例

（一） 本刊宗旨專重研究中國學術，以登載有關中國歷史、文學、哲學、教育、社會、民族、藝術、宗教、禮俗等各項研究性的論文為限。

（二） 本刊由新亞研究所主持編纂，外稿亦所歡迎。

（三） 本刊年出一卷，以每年八月為發行期。

（四） 本刊文稿每篇以五萬字為限；其篇幅過長者，當另出專刊。

（五） 本刊所載各稿，其版權及翻譯權，均歸本研究所。

嚴耕望教授

(1916 - 1996)

新亞學報第十八卷

目錄

景印香港新亞研究所《新亞學報》（第一至三十卷）

新舊兩唐書史料價值比論

嚴耕望

前人論兩《唐書》，多抑舊而揚新。若從史學觀點言，此論固不可易，若從文章觀點言，此論更不可易；但若從史料觀點言，則兩書各有優劣，不可偏廢。

《舊唐書》成於五代紛亂之世，史料零落，且修書時間短促，自不能工，宋人早有訾議，故仁宗時詔重修唐史，歐陽修與當時博學之士數人，共成其事，宜當遠勝。但事實上，若就史料觀點言，兩書亦各有短長，不能一概而論。

* * *

《舊書》〈本紀〉，自唐初至中晚期敬文時代，月日分明，記事詳贍，尚不失常規。自武宗以下，乃繁簡失均，且極零亂；晚唐〈列傳〉，亦甚零落。此中原因，自因肅宗以前有唐人自撰《國史》為底本，又自唐初高祖至文宗十四帝及武后時代皆有《實錄》可據，故所編唐代前期與中期〈紀〉〈傳〉皆甚得體。《武宗實錄》經唐末之亂，僅殘存一卷，宣、懿、僖、昭、哀五帝更無《實錄》。晉修《舊唐書》，自武帝以下既無《國史》，又無《實錄》，無所取據；其他史料想亦既零落，亦不多，但又必須在短期內成書。事出無奈，只得將所得有限史料儘量納入，拼湊成書，故顯繁簡失衡，謬誤百出，此亦不得已也！惟就史料觀點言，《新書》〈紀〉〈傳〉亦有嚴重缺點，反見《舊書》多有可寶貴處。

第一，《舊書》〈本紀〉固然遠較〈新紀〉為詳；列傳方面，一人在兩書皆有傳者，大抵亦《舊》詳於《新》。就史料言，同一史事，記載較詳，價值多半較高；何況《舊書》紀錄較為原始。趙翼《劄記》卷十六，據《舊書》〈唐紹傳〉「今上」之語，又歷舉《舊書》多有為唐廷迴護處，故論定「《舊唐書》前半全用《實錄》、《國史》舊本」。此論大體可信。黃永年又檢《舊書》〈徐有功傳〉、〈高宗諸子傳〉，皆稱玄宗為「今上」，顯為玄宗時史官口氣。又如〈陳少游傳〉、〈曲環傳〉皆稱德宗為「今上」，亦顯為德宗時代史官之口氣（黃著《舊唐書與新唐書》頁34－35）。凡此皆為唐《國史》之原文無疑。又按《舊唐書．地理志》，唐代前期，重要之州置都督府，〈志〉文敘各都督府歷年督州若干之過程，凡七見「今督」字樣。合觀此七條敘事之時代次序，所謂「今督」之「今」，不能早過貞觀十三年（639），亦不能遲過永徽元年（650），此正相當於《括地志》之編集時代。則其各條敘事，直至「今督某某數州」，顯即直錄《括地志》原文（或許吳兢、韋述之《國史．地志》已是如此）。說詳拙作〈括地志序略都督府管州考〉代州都督府條（下文有較詳引述）。由此可知，《舊書》不但〈本紀〉、〈列傳〉往往直採《國史》、《實錄》舊文入錄，〈志〉文亦採唐籍原文入錄，不暇鎔鑄，故能保存接近原料之本來面目。就文章言，此為一病；但就史料言，抄錄原料，不加改作，使原料較原始之形態得到保存，正足寶貴，故就此點言，《舊書》史料價值實在《新書》之上。

第二，《舊書》晚唐諸帝〈紀〉，常見七零八落，詳略失衡，甚至雜亂無章，常見一人遷官，上下官銜，如散階、兼守、檢校、充使，並勳賜爵食全部入錄，至七八十字，或百餘字，可謂極為繁累；又或全年篇幅，只載一兩件臣僚奏章全文，或詔敕全文，往往數百字至千餘字，幾不刪一字。例如大中二年記吳湘一案，錄御史台奏章與皇帝敕文，使案情前後原委詳悉盡現。又如咸通五年，載延資庫使夏侯孜奏章三百餘字，八年又載延資庫使曹確奏章五百餘字，詳陳錢物數額，不厭其詳。就傳統正史〈本紀〉體例言，可謂極其繁蕪，極不得體。按〈宣宗紀〉末，史臣論曰：「惜乎簡籍遺落，舊事十無三四，吮墨揮翰，有所慊然！」編者之困擾心情，於此可見。蓋史料缺乏，事出無奈，只得將所得史料儘量納入成篇而已！〈舊紀〉將原史料不加剪裁，抄錄於〈本紀〉

中，雖屬繁蕪，卻因此保存了原史料本來面目，價值反而極高。例如將官銜照原樣保存下來，大有助於職官制度與人事動態之研究。奏章詔敕，不加刪削，全盤保留，為用尤大，吳湘案之瑣細內容正有助於牛李黨爭之瞭解，延資庫使之詳悉帳目亦見當時財政之一面，足供後人研史者之利用。此類情形，就史學言，誠可訾病；但就史料言，反深可寶貴。或許此書編修者亦意識到，既史料缺乏，時間倉促，不能遵循史學常軌，完成使命；不如就現有史料文件，儘量納入篇幅中，藉可保存，以供來人之利用歟！

第三，《新書》最大貢獻在〈表〉〈志〉。《舊書》無〈表〉，其〈志〉亦遠不如〈新志〉之詳贍。〈舊志〉雖不如〈新志〉，但亦有極大長處，為〈新志〉所不及者。即如《舊書・地理志》，其敘各府州現實情形，雖遠不如〈新志〉，但於各府州之沿革，則歷敘極詳。尤可寶貴者，各府州既記天寶領縣若干及戶口各若干，而於天寶領縣戶口之前，又記「舊領縣若干、戶若干、口若干」，數目極詳悉，此為前此諸史〈地志〉所未有之史例。〈舊志〉詳記府州沿革與舊領縣、舊領戶口，隱覆了大片園地，可供後人開發。岑仲勉先生作〈舊唐書地理志舊領縣之表解〉(《史語所集刊》第二十本上冊)，論定所謂舊領縣「即貞觀十三年大簿之數，亦即吳（兢）韋（述）原書據《括地志》轉錄之數。」此項結論無容異議，尤其謂舊領縣即《括地志》之領縣，更絕無可疑。然則舊領縣下之戶數口數亦即《括地志》所記貞觀十三年大簿之戶籍。此點大有助於史家對於唐代初年戶籍分佈之瞭解。按〈隋志〉有戶籍，《通典》、《元和志》、《寰宇記》、〈新唐志〉有唐開元、天寶時代之戶籍。惟隋末之亂，戶口消耗，唐初政局穩定後，各州戶籍分佈之狀況，向無人知；得此論定，治唐初財政經濟社會文化史者，乃有基本之依據。此為岑先生之一功，亦見〈舊志〉保存舊史料之極可貴。又魏晉南北朝時代，重要之州置都督府，各統鄰近若干州，為政局控制之基本政略。此制一直穩定沿續到唐代前期，為中央控制地方及國防防禦之重要措施。唐初貞觀十三四年，全國除內地不設重防地區之外，置四十四都督府，各統督若干州。此於《括地志》有詳悉記載，惜其書不傳。1964年，我循〈舊志〉「今督」之線索，本之〈舊志〉，參稽〈紀〉、〈傳〉、碑文，撰成〈括地志序略都督府管州考〉（初稿刊《史語所集刊》第三十五本，定稿刊我的《史學論文選集》），考悉《括地志》所據之貞觀十三四年大簿四十四都督府各統若干州之州名，繪為地圖；唐初數十年之大政，從此可曉。此亦藉〈舊志〉保存史料之功。

再如《舊書・職官志》，大體皆據《唐六典》節要錄載。今《六典》見存，故〈舊志〉無大作用。倘《六典》不存，則〈舊志〉豈不為宏寶！其他各〈志〉，雖大多不如〈新志〉之詳贍，但亦有仍勝〈新志〉者，故沈炳震《合鈔》，雖不少以〈新志〉為底本，但以〈舊志〉為底本者仍居半數。蓋《舊書》各〈志〉仍多有用史料為〈新志〉所刪削者。且就〈舊志〉史料為〈新志〉所已採錄者而言，〈新志〉作者力求文章簡潔，往往犧牲內容之準確性。例如〈食貨志〉，雖內容豐富，但數字觀念模糊，亦是大病。下文論《新書》之缺失，再詳論之。《新書》其他各〈志〉亦不免有為省字，而犧牲內容。是以〈舊志〉內容縱多為〈新志〉所吸收，仍當重視〈舊志〉之本來面目。

《舊書》之長處在能保存舊史料，遠較《新書》近乎原始形態。但缺點自復不少。唐代晚期，史事缺略失載者固多，就已入錄者而言，比次錯誤之處亦甚多。加以《新書》經政府明令公佈行世後，《舊書》幾乎失傳。時代既久，脫譌增多，今已無較好版本可據。往年余撰《唐僕尚丞郎表》，發現《舊書》錯誤幾達六百條之多，就中有撰述之誤，亦有傳刻之譌。其後抽出所發現〈本紀〉之誤書與脫譌者，編為〈舊唐書本紀拾誤〉一文（刊《唐史研究叢稿》）。其文凡一百五十五節，涉及〈舊紀〉書事約二百條。就中如大中八年，〈本紀〉書事九條，其四條當為十年事，誤前兩年，一條書銜有誤。至於傳刻奪譌尤多，如開元十七年紀云：

「八月……乙酉，尚書右丞相、開府儀同三司、兼吏部尚書宋璟為尚書右丞相，尚書左丞相源乾曜為太子少傅。」

此條宋璟上銜，散官「開府儀同三司」夾在兩官名之間，矚目即知有問題。經多方參證，乃知「乙酉尚書右丞相」下，脫去「張說為尚書左丞相」八字，無疑。我為撰《唐僕尚丞郎表》，即發現《舊書》記事關涉此四種官任職者之史料已有錯譌達六百條之多，若就全書作通盤檢討，其誤必達數千條。故利用《舊書》者，不但要注意其誤書處，亦當警覺其傳刻脫譌處。

*　　　　　*　　　　　*

次談《新書》。提舉編修官曾公亮〈進唐書表〉云「其事則增於前，其文則省於舊。」此為其自許之成績。「事增於前」誠為其一大功績；至於「文省於舊」，實際上正為《新書》之最大失謬處。

*　　　　　*　　　　　*

先論《新書》增補之功。《新書》增補，最主要者為〈表〉與〈志〉。《舊書》無〈表〉，《新書》增補四〈表〉，皆極重要有用。大臣年表，自《史》《漢》後，久絕述作，《新書》增〈宰相表〉、〈方鎮表〉，誠有卓識。治唐史者，讀此兩〈表〉，對於當時中央地方之政情已可略解，研究時極便參考之用。〈宗室〉、〈宰相〉兩〈世系表〉，一般人視之，似若無用，然魏晉南北朝門閥社會，至唐尚盛，但其世系之傳承，今惟存此兩〈表〉，故就治中古社會史而言，殊為寶貴。《新書》諸〈志〉，除〈儀衞志〉二卷、〈選舉志〉二卷、〈兵志〉一卷全為增作之外，其餘諸〈志〉亦各有增補，有些篇幅倍增，如〈五行〉、〈地理〉、〈食貨〉、〈藝文〉諸志皆然。尤可注意者，《舊書·經籍志》僅據「開元盛時四部諸書」為目錄，天寶以後，皆未著錄。而《新書·藝文志》則錄至唐末為斷，故內容較〈舊志〉豐富得多。尤其集部，〈舊志〉著錄唐人別集僅一百一十二部，而〈新志〉著錄五百七十三部，為〈舊志〉之五倍有餘。就〈地理志〉言，〈新志〉敘州府沿革雖遠不如〈舊志〉

之詳悉，有損其史料價值。但各縣建置之沿革記之頗詳，且州縣境內之名山河湖、軍政建制、水利建設、工礦土貢、交通關梁等皆有頗詳明之記載，深得〈漢志〉之遺意，可供研究唐史者多方面之取用。此點又遠勝於〈舊志〉。且下卷詳錄盛唐時代四疆羈縻州之數額、名稱，及外通四夷七條交通路線之詳細途程。此皆極重要有用之史料，功實不細。

又就〈列傳〉而言，《舊書》於晚唐重要人物未能立傳者甚多，我往年對讀兩書，曾於《新書》目錄上（《四部備要》本）作標記，今點計增補正傳近一百二十人，附傳一百六十餘人；此外〈列女傳〉二十一人，〈公主傳〉二百一十二人，〈外國傳〉若干國，皆未記入。所增亦多為中唐以下人物。此所計數字，自非增補全數（各傳附帶敘及之人物當甚多，皆未列入），但大體情形已可略見。若無〈新傳〉增補，則很多政治軍事重要人物、次要人物，如顧少連、李夷簡、李栖筠、韋丹、盧弘宣、薛元賞、鄭珣瑜、康承訓、周寶、楊行密、劉建鋒、成汭、鍾傳、劉漢宏、王潮、劉仁恭等人，宦官如仇士良、馬存亮、嚴遵美、劉克明、韓全誨，盛唐時代諸蕃將，李光弼附從諸名將、劉晏附從諸計臣，以及很多著名文士，如元結、獨孤及、張旭、鄭虔、蘇源明、皇甫湜、賈島、歐陽詹、吳武陵、吳融、陸羽、陸龜蒙，以及不少經學名家，皆被摒於正史之外；至於《舊書》有傳，而《新書》增補其內容者亦甚多。《廿二史劄記》卷十七有〈新書增舊書處〉一條，列舉數十事，其實大小增補實難盡數！

此外，〈舊傳〉所書籍貫，皆就祖先郡望而言，極少例外；〈新傳〉往往揚棄郡望，儘可能改用實際籍居出生地；如不可知，則云「其先某郡縣人」，即郡望也。例如《新書》卷一八二諸人〈列傳〉多云其先某地人，茲取〈舊傳〉檢對如下：

〔姓名〕	〔新傳（182）〕	〔舊傳〕
李固言	其先趙人	趙郡人（173）
李　珏	其先出趙郡，客居淮陰，幼孤……	趙郡人（173）
崔　珙	其先博陵人	博陵安平人（177）
鄭　肅	其先滎陽人	滎陽人（176）
盧　鈞	系出范陽，徙京兆藍田。	本范陽人（177）
周　墀	本汝南人	汝南人（176）
裴　休	孟州濟源人	河內濟源人（177）〔按唐已名懷州，後分置孟州。〕
夏侯孜	亳州譙人	本譙人（177）

按此惟夏侯孜，〈舊傳〉作本譙郡人，謂其先世也；而〈新傳〉則直云譙人，或有實證。此為一例外。再如《舊書》一六九、《新書》一七九所傳之人物多數相同，茲列其書籍如次：

〔姓名〕	〔舊書〕	〔新書〕
王　涯	太原人	其先本太原人，魏廣陽侯冏之裔。
鄭　注	絳州翼城人，始以藥術游長安權豪之門，後依襄陽節度李愬。	絳州翼城人，世微賤，以方伎游江湖間，後至襄陽依李愬。
賈　餗	河南人	河南人，少孤，客江淮間。
舒元輿	江州人	婺州東陽人，地寒，不與士齒，去客江夏。

只此兩例，已可概見兩書敘籍有相當差異。茲再舉幾位文人如下：

韓　愈：〈舊傳〉（160）昌黎人。〈新傳〉（176）作鄧州南陽人。

柳宗元：〈舊傳〉（160）河東人。〈新傳〉（168）「其先蓋河東人。……父鎮，天寶末遇亂，奉母隱王屋山。……徙於吳。肅宗平賊……」按宗元約生於大曆八年前後，是在其父南遷後十餘二十年。又宗元〈送獨孤申叔侍親往河東序〉（《全唐文》五七七）云，「河東古吾土也，家世遷徙，莫能就緒；聞其間有大河、條山，氣蓋關左。」是宗元不但非河東人，且在寫此文之前，未曾到過河東。

劉禹錫：〈舊傳〉（160）彭城人。〈新傳〉（168）「自言系出中山。」自作〈子劉子傳〉，稱「漢景帝子勝封中山，子孫為中山人。七代祖亮，元魏冀州刺史，遷洛陽，……墳墓在洛北山。後其地狹，不可依，乃葬滎陽檀山原。」是彭城蓋不過為其最早之郡望。

又兩《書》〈韓愈傳〉附載幾位文士：孟郊，〈舊傳〉云「少隱於嵩山」，不著籍；〈新傳〉作湖州武康人。張籍，〈舊傳〉無籍，而〈新傳〉作和州烏江人。又〈新傳〉有皇甫湜，睦州新安人，〈舊傳〉不錄其人。大抵南人出身寒微，無郡望，唐《國史》與〈舊傳〉皆較忽視，故不知其籍或竟不載。

最後就最居權要之宰相言，唐相絕大多數為北人，長江流域已甚少，嶺南惟有姜公輔、劉瞻兩人，皆第進士、充翰林學士，躋身相位。檢其籍，《舊》一三八〈姜公輔傳〉，「不知何許人。」而《新》一五二〈公輔傳〉作「愛州日南人。」《舊》一七七〈劉瞻傳〉，彭城人，父景。《新》一八一〈劉瞻傳〉，「其先出彭城，後徙桂陽。」按《北夢瑣言》三，「唐相國劉公瞻，其先人諱景，本連州人。」又云「劉軍容玄冀知其連州人（州一作山），朝無強援。」《通典》一八三，連州連山郡，轄桂陽、陽山、連山三縣。則州治桂陽縣，即今廣東省連縣，非湖南省之桂陽也。故此二相皆為五嶺以南人，且可能為少數民族。觀〈新傳〉書籍，顯見唐代中期以後，南方人才漸多，嶺南荒徼，亦有翰學、宰相兩人。足見中國南方經濟文化之開發，又向前邁進一步。而顯示此一線索者，則《新書》〈列傳〉改〈舊傳〉之書籍也。

再就《新書》〈本紀〉言，誠太簡略，只如一張大事年表，史料價值最差。但余亦曾勾識〈舊紀〉所未記而〈新紀〉補錄之事項，為數亦不少。雖然每條均極簡，但亦多少有些用處。如〈玄宗紀〉，天寶元年十二月「庚子，河西節度使王倕克吐蕃漁海、遊奕軍。」雖僅一句，但我撰〈河湟青海地區軍鎮交通網〉，即取此條為一輔證（《唐代交通圖考》第二卷頁525）。其他事例尚多，取兩〈紀〉對讀即知。

綜觀《新書》之紀傳表志各方面，均增加史料不少，故縱然只從史料觀點言，《新書》亦極為有用，價值極高。惟其缺點亦極多，下文再作具體檢討。

*　　　　*　　　　*

《新書》作者自以「文省於舊」為其優勝處，實則正是一大失敗處。前人於此已多真切之批評，主要在其極力省字，往往導致晦澀、語意不明，甚至令人誤解。《廿二史劄記》卷十八〈新書改舊書文義處〉列舉若干事，就中若干條即是此類毛病。不但如此，就我留意所及，《新書》過分刪節，尚有更大毛病，研史者更非看《舊書》不可。此類大毛病，可分兩方面來說：

其一，損失史料太多。就〈本紀〉言，〈舊紀〉除晚期外，一般皆甚詳悉，雖略見繁累，但就史料言，正是其長處。〈新紀〉刪去太多，有些事或一筆勾消；或僅存主題，枝葉並去。〈志〉、〈傳〉中亦多此類情形。對於史學研究而言，自是一大缺憾。次要或瑣小記事被刪落了，就史學而言，固不足道，但有些極重要關係國家大局之紀錄亦被刪落，此則絕不應該。今舉兩例如下：

例一，《舊書．德宗紀》上，建中二年條云：

「三月庚申朔，築汴州城。初，大曆中，李正己有淄、青、齊、海、登、萊、沂、密、德、棣、曹、濮、徐、兗、鄆十五州之地，李寶臣有恆、定、易、趙、深、冀、滄七州之地，田承嗣有魏、博、相、衛、洺、貝、澶七州之地，梁崇義有襄、鄧、均、房、復、郢六州之地，各聚兵數萬，……皆連衡盤結以自固。朝廷增一城，浚一池，便飛語有辭，而諸盜完城繕甲，略無寧日。……先是，汴州以城隘不容眾，請廣之，至是築城。正己、田悅移兵於境為備，故詔分汴、宋、滑為三節度，移京西防秋兵九萬二千人以鎮關東。」

按代宗大曆中，為唐代藩鎮由形成到定型期，史家於代宗崩後，德宗初立時期之適當處，將大曆時代藩鎮定型之形勢作一筆綜述，使讀者對於當時國家大局有一個概括性之瞭解，無論就史學言，就文章言，都很恰當。而〈新紀〉僅於是年二月條云，「丁巳，發兵屯關東，誓師於望春樓。」蓋即〈舊紀〉發京西防秋兵鎮關東也。將〈舊紀〉重要綜述文字全部刪去，而加誓師一句，實無新義。再檢其〈方鎮表序〉與〈藩鎮列傳序〉，亦皆無類似〈舊紀〉之綜述性文字。《新書》編者之任意刪削，又不作適當處理，只能謂為無識。

例二，《舊書．憲宗紀》，元和二年十二月條云（《冊府》四八六略同。）

「己卯，史官李吉甫撰《元和國計簿》，總計天下方鎮凡四十八（《冊府》作四十九），管州府二百九十五，縣一千四百五十三，戶二百四十四（《冊府》作一十四）萬二（《冊府》作五）百五十四。其鳳翔、鄜坊、邠寧、振武、涇原、銀夏、靈鹽、河東、易定、魏博、鎮冀、范陽、滄景、淮西、淄青（《冊府》脫滄景）十五道，凡七十一州，不申戶口。每歲賦入倚辦，止於浙江東西

(《冊府》無西字)、宣歙、淮南、江西、鄂岳、福建、湖南等八道，合四十九州，一百四十四(《冊府》脫此『四』字)萬戶。比量天寶供稅之戶，則四分有一。天下兵戎仰給縣官者八十三萬餘人，比量天寶士馬，則三分加一，率以兩戶資一兵。其他水旱所損，徵科發斂，又在常役之外。」

按此條綜計當時全國州縣數、戶籍申報數與不報戶籍區，財政依辦區，以及兵戎數額，並與天寶盛世作一比較。只此一條已可使讀者對於中唐國勢能有全盤大體之認識；而且又是較原始之基本史料。是史書中何等重要內容！〈新紀〉刪去此一大段，若移至〈食貨志〉猶自可說，但〈食貨志〉二，亦只採賦入依辦一段，而前半內容，僅云「京西北、河北，以屯兵廣，無上供」，大失史料價值。而且〈新志〉此段專記唐歷朝戶數。〈舊紀〉此條便敘明當時全國除去七十一州不申戶數之外，實申戶數若干，其中惟東南江淮四十九州一百四十四萬戶供賦。文字極明醒，亦極重要。而且〈舊紀〉此條，明云元和二百四十四萬餘戶者，只是向中央申報之戶籍數，另有十五道七十一州不申戶口，則全國實際戶數必不止此數。檢《唐會要》八四〈戶口數〉條，紀錄高宗以下歷朝戶數十七條，其中元和戶二百四十七萬三千九百六十三，《冊府》四八六〈戶籍〉目數字相同，云出李吉甫等。則必即同一年時向中央申報戶籍諸州之戶數(即戶部有紀錄之戶數)，其不向中央申報之州之戶數不在其內。由此推之，《會要》所記安史亂後各年(乾元三年以下)之戶數(《冊府》四八六〈戶籍〉目略同)，皆必只是地方向中央申報戶數之總和，此外不向中央申報戶數之州之戶數尚甚多，故全國戶籍數必不止此數。今人計唐代戶籍數，只據此類紀錄作為全國戶籍總數，是必大誤。故〈舊紀〉此條史料不但本身極重要，而且可據以證明唐籍(包括《新書・食貨志》)所載安史亂後之歷朝戶數，並非全國戶籍。因為西北屯戍區與藩鎮割據區之戶籍皆不在其列。從此一意義上說，更增加此條史料之價值。而《新書》作者只顧省字，不顧內容之重要性，刪去此種極重要內容，實太任意，亦是無識。文人撰史，其病乃至如此！

其二，《新書》往往為節省文字，導致極大錯誤。茲僅就〈四裔傳〉列數例如下：

例一，《舊》一九九上〈東夷．高麗傳〉云：

> 貞觀二十二年，「遣陝州刺史孫伏伽召募勇敢之士，萊州刺史李道裕運糧及器械，儲於烏湖島，將欲大舉以伐高麗。」

而《新》二二〇〈東夷．高麗傳〉作：

> 詔「陝州刺史孫伏伽、萊州刺史李道裕儲糧械於三山浦、烏湖島……」

按太宗征遼，一路水軍自萊州渡渤海至遼東，故遣萊州刺史運糧械，儲存於渤海水道中之島嶼上，以備軍用；同時又使陝州刺史召募壯勇，以充兵源。此本兩項工作，〈舊傳〉書事分明。〈新傳〉加「三浦山」三字，是其「事增於前」處，而省「召募勇敢之士」六字，似若與萊州同主運糧械至渤海上者。陝州去渤海陸程兩千里以上，事必不然，是乃省文導致大謬。

例二，《舊》一九九下〈靺鞨傳〉云：

> 「酋帥突地稽……賜姓李氏。……子謹行，……遷營州都督。其部落家僮數千人，以財力雄邊，為夷人所憚。」

此謂「部落與家僮共數千人」。而〈新傳〉省去「部落」二字，則僅家僮即至數千人，是亦大失原意。

例三，《舊》一九六下〈吐蕃傳〉下，贊普「所欲定界，雲州之西，請以賀蘭山為界。」唐從其請。下文清水之盟，即以「賀蘭山駱駝嶺為界。」而《新》二一六下〈吐蕃傳〉下云，贊普「請雲州西盡賀蘭山為吐蕃境。」下文盟約又與〈舊傳〉略同。檢《通鑑》二二七，贊普認為「雲州之西，當以賀蘭山為境。」胡〈注〉，「雲州當作靈州，史誤也。」按胡說極是。《唐會要》九七〈吐蕃〉目、《寰宇記》一八五〈吐蕃傳〉皆可證。〈舊傳〉作雲州，誤。〈新傳〉「請雲州西盡賀蘭山為吐蕃境。」作雲州固誤，作靈州亦誤。按靈州在賀蘭山之東約百里以上，西黃河之東岸，即今靈武縣；雲州在西黃河之東一千數百里，東黃河之東亦四五百里，即今大同縣，去賀蘭山更遠。若如〈新傳〉此文，是贊普要求，自雲州（或靈州）西至賀蘭山之大片土地皆割入蕃境。其實贊普並非此意，只要求以賀蘭山為國界，即山之西屬吐蕃，山之東屬大唐。故唐廷如其所請，定約以賀蘭山為界。此亦《新書》舞文導致大錯。

例四，《舊》一九四下〈突厥傳〉云：

> 「西突厥……在長安北（實西北）七千里。自焉耆國西北七日行至其南庭，又正北八日行至其北庭。」

按「又正北八日行」，謂自南庭又正北行也，《通典》一九九「又正北」上正有「自南庭」三字。而《新書》二一五下〈西突厥傳〉，就〈舊傳〉原文省去一「又」字，致語意不明，似若亦自焉耆正北八日行也。此亦省字之過。

此外如《舊》三五〈天文志〉，記開元十二年所測日影紀錄，林邑國測得北極高十七度四分。《唐會要》四二，同。而《新書・天文志》只云「林邑」，省去「國」字。按北極高度即今日之緯度。唐世以十分為一度，十七度四分，即今北緯17°24'。今越南之洞海（N 17°27'）緯度略與此相當，約即唐代之林邑國也。檢《寰宇記》一七一，驩州「東南至環王國十日程，約五百里。」環王即林邑國之易名。驩州在今北越之宜安，南至洞海正約五百里，是與測影相合。可確證唐之林邑國在今越南中部之洞海無疑。但唐初疆域內又有林邑郡治林邑縣。後郡易名為林州，仍治林邑縣，在驩州之東南僅一百五十里。〈新志〉省去「國」字，遂致不明其為林邑國，抑為林邑郡縣。伯希和只看到〈新志〉無「國」字，遂以此條北極高十七度四分者為唐疆域內林邑郡、林邑縣，在北緯17°24'，即今洞海地，則林邑國自當在更南。今〈新志〉省去一個「國」字，導致文義不明，引起如此錯誤。

以上五例，除〈天文志〉一條，為我考唐代南疆所發現者外，其餘四例，皆偶檢〈四夷傳〉所發現者。其他〈紀〉〈傳〉〈志〉文必仍多因省字而引起錯誤，未詳檢矣。

再者，《新書》撰寫已在宋建國後百年，去唐亡已一百五十年以上，往往不免以宋事說唐事。茲亦舉兩例。

其一，《新唐書・地理志》一云：

會州會寧縣東南有會寧關。

按唐代會寧關，在會寧縣（今甘肅省靖遠縣東北）西北一百八十里，黃河東岸，為西通西域驛道（北線）之渡口。此云會寧縣東南，方向相反，亦不近黃河。檢《宋史・地理志》，此乃宋代之會寧關，蓋防線內縮，關名亦內移之故。是必〈新唐志〉以宋事說唐事，致誤。說詳拙作《唐代交通圖考》第二卷（頁413－415）。

其二，《新書・地理志》又云：

崖州（今海南島北部瓊山縣東南），戶八百一十九。

瓊州（同上瓊山縣西南），戶六百四十九。

振州（今海南島南部崖縣），戶八百一十九，口二千八百二十一。

按崖振兩州戶數一字不異，此甚可怪，其中之一必有問題。勘之〈舊志〉與《通典》一八四，振州戶數與〈新志〉全同（《通典》只少四戶，當為傳刻之譌），而崖州戶數不同，知〈新志〉振州條不誤，問題當在崖州條。但〈新志〉崖州振州兩條敘事，中隔瓊州條至少四五行文字，亦不可能為傳刻之重複。考之《寰宇記》一六九〈新崖州〉條云：

「崖州本振州也，……皇朝開寶六年，割舊崖（州）之地隸瓊州，卻改振州為崖州。」

下列所領五縣之名稱與兩〈唐志〉振州所領全同。是宋代初年已廢唐之崖州，而改唐之振州名為崖州。〈新唐地志〉作者蓋即因此張冠李戴，將宋時崖州在唐時之戶數重書於（唐之）崖州條下耳。參看拙作〈正史奪譌小記〉（拙作《史學論文選集》頁594）。

按史家撰史皆不免以後代或自己時代之現狀說前代之史事，即如班氏《漢書》亦不例外（相信任何史書都絕難例外）。《新唐書》為宋人所修撰，此類以宋事說唐事之毛病必甚多，我只就研究地理利用〈新唐志〉時發現此兩條，其他此類情形必甚多，故利用時必須提高警覺，避免為時代所誤導。

《新書》另有一缺點，即數字觀念模糊。例如〈食貨志〉內容雖遠較〈舊志〉為豐富，但數字觀念不太清楚。《舊書》、《通典》、《會要》、《冊府元龜》等書對於財政經濟之數字，皆較認真處理，惟〈新志〉為力求省字，照例只取大數，大失準確性。如〈食貨志〉四，「文宗時采灰一斗，比鹽一斤論罪。」此出《冊府》，本作「一斤四兩」，差誤極大。又或刪除數字之「以上」、「以下」等字樣，又或對於一系列數字，不問其是否等差，有時選首尾兩數，有時任選一數，以偏概全，皆失史實真像。如此之類不一而足，譚英華《兩唐書食貨志校讀記》，已有較詳之論證（頁89－92）。按譚書此論極是。余未留意其他實證，惟偶得兩例。其一，《舊》一五五〈穆寧傳〉，寧為和州刺史，代寧者誣奏戶口亡逃，「詔遣御史按覆，而人口增倍。」而《新》一六三〈寧傳〉，作「實增戶數倍。」改「增倍」為「數倍」，亦大失原意。其二，《舊》八八〈蘇瓌傳〉，為揚州大都督府長史，地多「珠翠珍怪之產」，前長史「皆致之數萬」。《冊府》六七九亦作「數萬」；而《新》一二五〈瓌傳〉作「鉅萬」。按〈新傳〉作者意在典雅，不知鉅萬通常作萬萬解，至少數額模糊不清，大失「數萬」本意。《新書》撰者多古文名家，史學觀念較弱，不免為求文章雅潔，不顧數字準確性！

總之，史書撰成之時代距史事發生之時代愈近愈好；而且史料多經一次改編，即多失去一分真實性，亦即減低一分史料價值。《新書》撰成時代既後《舊書》百數十年，且大多依據《舊書》而改作，若述同一史事，其史料價值自必遜色。

1992年4月成稿，續有增訂，1995年11月20日定稿。

嚴耕望先生學行事略

廖伯源

先生姓嚴，諱耕望，字歸田，安徽省桐城縣人，生於一九一六年元月二十八日，一九九六年十月九日病逝於台北市忠孝醫院，享壽八十一歲。

先生家世務農。父裕榮公之無未識，然公正明理，見重於鄉黨。德配徐氏，生四子一女，先生為幼子。裕榮公率諸長子勤於稼穡，家道漸寬，長兄德明先生且兼營商業，乃有財力供先生進學。

一九三七年，先生入國立武漢大學歷史系，越半年，隨校遷至四川樂山，於一九四一年畢業。是年春，錢穆先生至武漢大學客座月餘，時先生以「秦漢地方行政制度」為題，撰寫畢業論文，常請益問難，甚見賞識。故畢業後，錢先生招先生到齊魯大學國學研究所讀書，因得朝夕隨侍錢先生凡二年，學問大進。先生之成名作《秦漢地方行政制度》初稿，亦完成於斯。

一九四五年秋，先生函中央研究院歷史語言研究所所長傅斯年先生，毛遂自薦。傅先生讀先生之論文，識為可造之材，即函請先生至史語所任職。先生初任助理員，累昇助理研究員、副研究員至研究員。研究範圍從秦漢延伸至魏晉南北朝隋唐五代，政治制度史之研究由地方制度擴大至中央制度，更自一九四六年開始研究國史人文地理。先生屢公言之，推功其研究成績於史語所之研究環境。一九六四年，先生赴香港任教。一九八四年秋，再返史語所任職，至一九八六年一月退休，計服務於史語所前後凡二十一年。先生之重要著作，俱由史語所出版。

錢穆先生創辦新亞書院，屢招先生任教，乃於一九六四年應香港中文大學新亞書院之聘，為新亞研究所導師，並授「中國政治制度史」與

「歷史地理」等大學部課程。一九七八年退休，轉任中文大學中國文化研究所高級研究員，至一九八一年止。

先生自初到香港，一直擔任新亞研究所之導師，新亞研究所為先生任事最久之機構。一九七四年，新亞研究所脫離香港中文大學，先生雖任中大教授，仍義務兼任新亞研究所導師，從中文大學退休後始領新亞研究所之薪給。

先生曾兩次赴美國研究講學：一九五七年至五九年為哈佛大學之訪問學人。一九七九年春，為耶魯大學訪問教授，講授唐史半年。據謂先生為第二位在耶魯大學用漢語講學之學人，第一位是錢穆先生。

一九七零年，先生當選為中央研究院院士，時年五十四歲。

先生作研究有計劃，按部就班，效率甚高；又勤而有恆，心無旁騖，故其學術著作之數量，近代學人罕有其匹。計有專書七種（共十六冊）、論文集二種（二冊）及論文四十三篇（改訂編入專書及論文集者不計，重複者只計其一）。

先生之學術成就大致可分政治制度史與歷史地理二方面，今簡介如下：

其一、秦漢至隋唐政治制度史之研究。

1、研究中央制度之成績，計有專書《唐僕尚丞郎表》 及論文十餘篇，從有關史料中，一點一滴蒐集有用材料「加以整理、組織，使其系統化，講出大問題、大結論。」所以每篇論著都對一至多個重要問題提出有力答案。下舉三篇論文及《唐僕尚丞郎表》以見之：

〈秦漢郎吏制度考〉：統計出秦漢百官，絕大多數出身郎官。武帝創孝廉、甲科除郎之制，此後民間優秀分子有進身之階，加強官員之新陳代謝，擴大政府之社會基礎。「惜乎東漢中葉以降，此種……優良制度為達宦世儒所把持，致政治社會又逐步僵化，遂啟魏晉南北朝世家門閥之漸。」研究宮庭宿衛之小官，考出秦漢至南北朝數百年政權社會基礎演變之重要原因，正是研究小問題，得出大結論之典範。

〈北魏尚書制度考〉：《魏書・官氏志》記載尚書制度過略，《唐六典》作者已不詳其制。先生考證北魏尚書省「六部三十六曹，所無考者只有兩曹郎中而已。北魏一代的重大制度於此大明。」

〈論唐代尚書省之職權與地位〉：史志所記，唐世之九寺諸監，職掌似與尚書六部重複。先生考證尚書六部秉承君相之制命，草擬政令，頒下寺監，並督促其施行。尚書六部為上級之政務機關，寺監則為下級之事務機關。此文解疑去惑，發千載之覆。

《唐僕尚丞郎表》四冊，凡一千零九十一頁。此書為先生研究唐代尚書省重要官員之力作。第一冊卷一述制，述尚書省之組織、職權及其演變。卷二至卷四為通表，唐代之尚書左右僕射、左右丞、六部尚書、侍郎及度支、鹽鐵轉運使全部入表，並附以拜任、昇貶、兼職等詳細資料，共有一千一百一十六人，二千六百八十餘任。卷五至卷二十二（後三冊）是輯考，用以詳細注釋第一冊之通表。蓋史料謬誤、互相矛盾或隱晦不明，通表所列，多須曲折之考辨。本書考證發現唐代重要史籍之錯誤凡一千二百餘條。

唐代尚書省為行政中樞。尚書省之僕尚丞郎，「不但本官華貴，即凡朝廷顯達莫不曾歷此任，至於宰相、翰學尤多以此官兼充，故能盡括朝廷顯達之全部者，實莫過於此。」唐代之宰相、翰學、節度、觀察、郎官、御史，乃至科舉中式者，或當時有題名，或後人有補表，反而尚書省之重要官員無著錄。《唐僕尚丞郎表》補此缺陷，成為研究唐代政治史之工具書。此書大陸有盜印本。

2、對地方制度之研究成績，計有專書二種：《兩漢太守刺史表》，《中國地方行政制度史》甲部：《秦漢地方行政制度》、乙部：《魏晉南北朝地方行政制度》。

《兩漢太守刺史表》一冊，三百二十四頁。此書為先生研究秦漢地方行政制度之副產品，兩漢可考之州刺史、郡太守人選依時代先後排列為表，為研究秦漢地方制度之有用參考書。有學者據此書作統計，以研究漢代之人事任用及人文地理。

《中國地方行政制度史》甲部：《秦漢地方行政制度》一冊，四百四十頁。乙部：《魏晉南北朝地方行政制度》二冊，九百二十頁。地方行政制度之範圍包括地方行政區劃，各級地方政府之組織、官吏之職權、任用及昇遷之途徑、中央政府與地方政府之關係。地方行政直接影響人民生活，關係歷代治亂興衰最大，是中國歷史之重要構成部分。然中國歷代史書記載政治制度，皆偏詳中央，忽略地方。近代政制史學者之著作，亦患此疾。先生此書是第一部有系統詳細研究中國地方行政制度之專書，至今為止，亦是唯一之一部。

此書特色之一，是運用大量石刻史料以證史。用碑刻作研究制度史之史料，先生可謂是第一人。因前代史家忽略，歷代地方政府之次要官吏，幾不見記錄，各級地方政府之組織僅見其大略。先生運用大量石刻史料，尤其是地方長官之碑陰屬吏題名，重建秦漢至南北朝各朝之地方政府組織。秦漢至唐代地方制度之演變，乃了如指掌。

此書特色之二是運用細密之歸納法，歸納大量零散史料之共同點，重建不少制度。如漢代地方官吏之籍貫限制，史籍不言其事，又如魏晉南北朝之都督、軍鎮、行臺、護軍、領民酋長等制度，前人僅知其名，先生之考證，使上述制度重見天日。

其二、歷史地理之研究：專書《唐代交通圖考》一種，前五冊，凡一千七百九十二頁。此書考釋唐代交通路線及交通制度，計劃分十冊。前五冊已出版，第六冊尚餘一篇，故此書為未完成之著作。 此書每冊有若干篇，每篇研究一交通路線或一地區之交通路線。詳考道路之里程、沿途地理形勢、物產、城市、鄉村、關隘、橋樑、驛站、寺廟等，並附論與該道路有關之歷史事件。再者，每篇文章皆附至少一幅先生親繪之地圖。此書為研究唐史有用之工具書。又交通路線，古今相沿為多，此書亦可作為研究唐代前後各朝之參考書。

先生另一項學術貢獻為《石刻史料叢書》之編輯。先生曾利用大量石刻史料重建不少已經湮沒之史實制度，深切了解碑刻之史料價值。碑刻文字星散而數量甚大，不便利用。先生乃選史料價值較高者，編一目錄，交嚴一萍先生蒐集出版，凡甲、乙兩編：甲編收錄碑刻文字，乙編為目錄、跋尾。先生作一長序，詳論石刻史料之史料價值。此叢書為方便利用之史料匯編，嘉惠學界，自不待言。

先生以為史學之研究，應就問題之性質、史料之狀況，構思適合之方法，以解決問題；又選擇最能表現所研究問題之文章體裁，以方便讀者，顯示成果。先生之專書《治史經驗談》，舉研究之實例，述研究之方法，切實可行，易於學習，有益後學。台灣有以此書為「史學方法」之課本者。

先生德配段畹蘭夫人，國立中央大學歷史系畢業，與先生結褵五十餘年，齊眉舉案，偕老相莊。子曉田，女曉松，俱留學就業美國。孫女二人，逸寧、逸斐。外孫女黃小菊。

綜觀先生一生，讀書研究，著作教學，離權遠勢，單純專一，澹泊自甘，寂寞自守，「工作隨時努力，生活隨遇而安」，為一健康純淨之「學術人」。先生臨終前一星期，自覺健康已恢復，謂返港即撰寫《唐代交通圖考》第六冊之最後一篇，及完成《中古佛教地理》一書。可謂為學術研究至死乃休。

受業廖伯源敬述

敬悼　嚴歸田師

李啟文

介立儒林自卓然　　筆耕翰苑盡精研
秦郎漢守開前路　　魏鎮唐丞綴後篇
班志縣名搜義例[1]　杜翁韻語著新箋[2]
回車無望銷魂恨[3]　低首空慚嘆逝川

一九九六年十一月廿二日

註釋：

[1] 歸田師嘗語諸生，在其獨立成篇之論文中，〈漢書地志縣名首書者即郡國治所辨〉乃其生平最得意之作。斯篇糾正自清儒以來論〈漢志〉郡國治所者之誤，檢出〈漢志〉實有其義例也。

[2] 歸田師嘗撰〈杜工部和嚴武軍城早秋詩箋證〉（見《唐代交通圖考》第四卷附篇四；又見《嚴耕望史學論文選集》），考滴博、蓬婆所在，自謂發千年之覆，蓋亦以詩證史之例也（參《治史答問》，頁26－32）。

[3] 回車，地名，見《治史經驗談》，頁65－66；又參《唐代交通圖考》第三卷篇拾玖〈漢唐褒斜驛道〉。回車者，旋車而返也。憶本年（一九九六）六月十五日歸田師赴台作身體檢查，余往送行。迨辦理登機手續後，小菊小姐（歸田師之外孫女）以外公行動不便，囑航空公司職員以輪椅接載，推送往移民局櫃枱處。該職員急步推行（小菊小姐伴之），余當時心頭一怔，怪其速也；遂與師母步趨其後。至「禁區」前，與師道別，不意此別竟成永訣！盼師能回車而不可得也。

漢代使者考論之三——
使者之信物與使者之性格

廖伯源

一、引論

凡是受某人委派為其代表，以其名義幹事，皆可稱為某人之使者。本文之對象，僅為皇帝之使者：即受皇帝派遣為其代表，以皇帝名義幹事者。自從有皇帝，即有皇帝之使者，為皇帝之耳目爪牙，統治帝國的工具之一。

皇帝之使者由皇帝派遣。但是，在政治變態時期，亦有例外。如在皇帝幼弱，太后臨朝或權臣秉政時，太后、權臣以皇帝的名義派遣使者，這些使者亦可視為皇帝之使者。就以兩漢而言，呂太后以少帝名義，霍光以昭帝名義，王莽以平帝名義，鄧太后以安帝名義，梁太后、梁冀以質帝、桓帝名義，宦官以靈帝名義，董卓、曹操以獻帝名義所派出之使者皆屬之。此外，亦有大臣執行皇帝之命令而派遣皇帝之使者。如《後漢書》卷十三〈隗囂傳〉曰：「建武二年，大司徒鄧禹西擊赤眉……禹承制遣使持節命囂為西州大將軍，得專制涼州、朔方事。」[1]時鄧禹在關中，光武帝命禹就近遣使者往使隗囂。禹所遣使者持節，拜囂為西州大將軍，得專制涼、朔，則禹所遣明顯是皇帝之使者。所有上述他人以皇帝名義所派遣的使者，皆包括在本文討論範圍之內。既然本文所討論的全是皇帝的使者，[2]故後文為行文之方便，皆簡稱之為使者。

就出使之地點分，使者可分為出使外國之使者和出使國內之使者二類。春秋戰國時代，列國並峙，各國之間聘享、盟會、和戰頻繁，故出使外國之使者極為活躍。《左傳》、《戰國策》中有關各國聘使往來交涉之事例充盈卷冊，縱橫家皆以出使外國來成就其功業。而其時預備出仕的士人，其教育包含作使者之訓練。《論語》〈子路〉篇曰：「子曰：『誦詩三百，授之以政，不達；使於四方，不能專對；雖多亦奚以為。』」[3]意謂學習詩的主要目的是為政與出使，若二者皆不能勝任，則誦詩再多亦無用。而孔子在答覆子貢問如何可謂是士時，把士分成三等，最上等的是「行己有恥，使於四方，不辱君命，可謂士矣。」[4]能夠作為成功之使者，才是第一等的士；則出使是當時宦途中重要的工作之一，甚為明顯。但天下一統之後，形勢大變，秦漢帝國之外國，皆文化較漢族遠為落後之邊荒蠻夷之國，國力亦弱，除西漢前期之匈奴外，皆不構成對中國之威脅，漢朝或以藩屬視之。故出使這些外國之使者，其重要性及其出使對政治之影響，皆遠不及先秦時代列國互使之使者。

相反的，秦漢統一之後，出使國內之使者無論數量和重要性都大為增加。先秦時代國小，且君主專制尚在形成階段，政府官員為國君家臣之性格尚重，國君與政府官員之關係較為密切，不必動輒派遣使者指示監督行政官員，故其時出使國內之使者數量較少，影響亦不會太大。至秦漢統一中國，皇帝君臨天下，掌握帝國政事之最後決策權。但皇帝居於深宮之中，與各級行政官員，尤其是郡國官員甚少見面之機會，上下隔膜，不能親臨指導。為加強對各級政府官員之領導控制，以使其確實執行政策與詔令，故皇帝常常派出使者，向各級官員傳達皇帝之旨意，或調查其執行政策之情形，或觀察其治跡，或採探民隱。或有某些特殊之事件，為便於控制，貫徹其個人之意志，皇帝不欲行政機關插手，而特遣使者辦理。是皆皇帝防閑政府官員，集中權力，加強其個人統治之手段。皇帝猜疑心越大，權力慾越高，派遣出去的使者就越多。使者為皇帝之代表，可以指揮各級官員，間中不免會干預政府官員之行政，影響政府行政之運作；而且使者為皇帝之耳目，故有相當程度影響決策。可以說，在皇帝制度下，出使國內之使者的重要性及其對政治之影響遠超過出使外國之使者。但是，可能是出使外國者的使者身分較為明顯，所以歷來講使者的文章，多集中講出使外國之使者，對出使國內之使者則不甚注意。[5]本文為專書《漢代使者考論》之二章，此書全面研究漢代之使者，尤其著重出使國內之使者，以認識此一向為人忽略，但卻非常重要的政治角色。此二章一考述使者所持之信物，一綜論使者之性格。

二、使者之信物

皇帝使者身份之信物，有節、符、璽書。某些使者奉使發兵，須持虎符，某些使者督盜賊，或持斧、鉞。又使者或有特別之服飾，乘坐特別之車輛。下文依次論述之。

使者持節，前後文[6]諸例甚多可見。《漢書・張騫傳》謂武帝廣募使者出使外國。「其吏卒亦輒復盛推外國所有，言大者予節，言小者為副」。（61／2695）所謂予節，即命其為使者；為副則為副使。「予節」與「任命為使者」同義。《後漢書・光武帝紀》《集解》惠棟引《周禮》鄭注：「今時使者持節」。（1上／8a）[7]鄭玄為東漢人，所謂「今時」，是指東漢時。是節為兩漢使者所持之信物，故節又稱「使節」。如《漢書・淮南王安傳》述安欲反，「乃令官奴入宮中，作皇帝璽……漢使節、法冠。」（44／2150）〈江都易王非傳〉附子江都王建事，亦謂建使人「刻皇帝璽……作漢使節二十。」（53／2417）〈王莽傳〉曰：王莽即真，下詔改正朔，易服色，配上黃。「『……使節之旄旛皆純黃，其署曰「新使五威節」……』」（99上／4095-6）使者不辱使命，則曰「守節」。如《漢書・宣帝紀》張晏注曰：「以蘇武守節外國……故特令食邑。」（8／241）則漢代之節為使者所專用，可以無疑。然是否所有使者皆持節，則甚為難說。《後漢書・續輿服志》曰：「大使車，立乘，駕駟，赤帷。持節者，重導從……無節，單導從，減半。」（志29／3650）其意似謂使者有持節與不持節之分。考諸史實，兩漢刺史皆為皇帝之使者。[8]如

《漢書・朱博傳》，大司空朱博奏曰：「『……部刺史奉使典州……』」（83／3406）然刺史不持節。又如兩漢司隸校尉之使者身份明顯，然司隸校尉在武帝征和四年初置至元帝初元四年之間持節；初元四年，因司隸校尉諸葛豐以節追捕外戚許章，得罪。「於是收豐節，司隸去節自豐始。」（《漢書・諸葛豐傳》77／3249）其後終漢世，司隸校尉不持節。然初元四年之後，司隸校尉仍是皇帝之使者。[9]如《漢書・孫寶傳》曰：哀帝時，司隸[10]孫寶上奏自稱「『……臣幸得銜命奉使，職在刺舉……』」（77／3262）又如《後漢書・張酺傳》：和帝時，朝臣會議，稱司隸校尉晏稱為「使臣」。（45／1533）司隸校尉是否持節，並不影響其使者之身份。則使者有持節與不持節之分，似可肯定。持節似非使者之必須條件。唯上舉不持節之使者，僅舉刺史與司隸校尉為證。普通使者都有臨時差遣之性格；刺史、司隸校尉為政府編制內之官員，有固定職掌，非臨時差遣，而長期擁有使者之身份，可謂是專職之使者。專職使者不同於一般普通使者，乃是使者之變態，或是使者轉變為行政官員之一中間階段型　態。[11]刺史、司隸校尉既有固定職掌與任期，則其職權受行政系統官員之承認與尊重，不必依賴節以彰顯其使者之身份與權力。若其長期持有代表皇帝權威之信物——節，可動輒以之威壓行政官員乃至皇親國戚，恐有太阿倒持之憾。故刺史、司隸校尉去節，是理順自然之發展。刺史、司隸校尉不持節，固可證明非所有使者俱持節，至於普通臨時差遣之使者是否俱持節，則難於確言。

漢節之形制，是八尺長之竹桿，飾以三層犛牛尾毛。《後漢書・光武紀》注曰：

> 「節，所以為信也，以竹為之，柄長八尺，以旄牛尾為其毦三重。馮衍與田邑書曰：『今以一節之任，建三軍之威，豈特寵其八尺之竹，犛牛之尾哉。』」（1上／10-11）

馮衍為更始之立漢將軍，田邑上黨太守，兩人先後降光武，（28上／969-975）馮衍當親見漢節。漢代有八尺竹桿與犛牛尾製成之節，當無疑問。

又《漢書・蘇武傳》：武為匈奴所拘，「杖漢節牧羊，臥起操持，節旄盡落。」（54／2463）亦可見蘇武所持之節有旄。

漢節純赤，但在衛太子造反時小有更改。《漢書・劉屈氂傳》：太子以節發兵反。「初，漢節純赤，以太子持赤節，故更為黃旄加上以相別。」（66／2881）〈武帝紀〉則謂「更節加黃旄」。（6／209）事平後當改回純赤。故王莽篡漢，易服色，「使節之旄旛皆純黃，其署曰『新使五威節』。」（99上／4095-6）及光武中興，當復西漢之舊制。

節為皇帝派遣使者之信物，代表皇帝之權威。臣下見節如見皇帝，得遵從持節者之命令，故使者可用節指揮官員。如《漢書・汲黯傳》：黯「以便宜，持節發河內倉粟以振貧民」。（50／2316）《史記・東越列傳》曰：使者莊助以節發兵會稽郡。兵戎乃國之大事，特別慎重，規定須齒虎符乃得發兵，莊助無虎符，[12]故會稽太守欲拒之。莊助斬一司馬諭意，太守乃為發兵。（114／2980）是莊助僅用節就成功地發兵。又《漢書・武帝紀》：衛太子以巫蠱事反，「以節發兵，與丞相劉屈氂大戰長安，死者數萬人。」（6／209）是衛太子所發兵，數目甚大。〈劉屈氂傳〉詳其事曰：

> 「太子亦遣使者撟制，赦長安中都官囚徒，發武庫兵，命少傅石德及賓客張光等分將。使長安囚如侯持節發長水及宣曲胡騎，皆以裝會。侍郎莽通使長安，因追捕如侯，告胡人曰：『節有詐，勿聽也。』遂斬如侯……太子召監北軍使者任安發北軍兵，安受節已閉軍門，不肯應太子。」（66／2881）

衛太子遣人或親自發兵，皆以節；雖有被識破其偽，但亦有成功者。觀侍郎莽通告謂「節有詐，勿聽也」，則若節無詐，就當聽從。

又使者可以節召捕官員。如《史記・陳丞相世家》：樊噲將兵擊燕，高祖聽信譖噲之言，遣陳平往斬樊噲。陳平「未至軍，為壇，以節召樊噲，噲受詔；即反接載檻車，傳詣長安。」（56／2053）陳平以節召領兵之將軍而逮捕之，樊噲亦受命而服從。又《史記・朝鮮列傳》：左將軍荀彘與樓船將軍楊僕往擊朝鮮，二人不和，天子使濟南太守公孫遂往正之。遂至，「以節召樓船將軍入左將軍營計事，即命左將軍麾下執捕樓船將軍，并其軍。以報天子，天子誅遂。」（115／2987-8）公孫遂所為不合武帝意，則其逮捕樓船將軍為自作主張。其以節召樓船將軍而令人捕之，又令左將軍領兩軍。以上諸例可見使者不但可以用節指揮官員辦事，且可以用節指揮逮捕誅殺官員，節所代表之權威可見。

使者奉詔，可分兩端言之。其一是使者本身之使命必有詔令。蓋使者乃皇帝所遣，於派遣時授予詔令，指示其出使之任務。唯詔令之型式是否必為正式之文書，則難確言。《史記・陳丞相世家》曰：

> 「（樊噲領兵擊燕。）人有短惡噲者，高帝怒……用陳平謀而召絳侯周勃受詔床下曰：『陳平亟馳傳載勃代噲將，平至軍中即斬噲頭。』二人既受詔，馳傳。」（56／2058）

陳平、周勃二人跪高祖臥床側受詔。觀其文意，似是口頭之詔令，此事是否有璽書，不可考。

其二是使者之任務若涉及他人，使者當攜帶皇帝給予此人之詔書。如《史記・李斯列傳》：始皇崩於外，趙高等祕之，矯詔令公子扶蘇自殺。「遣胡亥客奉書賜扶蘇於上郡。使者至，發書，扶蘇泣，入內舍，欲自殺。」（87／2551）趙高等矯詔殺扶蘇，必賜偽詔書予扶蘇，乃得令扶蘇相信而服從。又《漢書・武五子傳》：巫蠱事發，太子「乃使客為使者收捕（江）充等。按道侯（韓）說疑使者有詐，不肯受詔，客格殺說。」（63／2743）收捕官員，當有詔令，使者向該官員宣讀詔書，令其就逮。江充、韓說等始受詔搜查巫蠱，不旋踵又有使者來收捕之；故疑使者為偽，不肯受詔。使者收捕官員，付與詔書使就捕，下例更明。《漢書・蕭望之傳》曰：宦官石顯等譖望之，請下其獄，「上乃可其奏。顯等封以付謁者，敕令召望之手付……使者至，召望之。」（78／3287-8）石顯封以付謁者，而令謁者手付望之者乃是詔書。

使者之使命若為徵召，則持有賜予被徵召者之詔書。如《漢書・王莽傳》：田況領青、徐二州牧事，上書直言。「莽畏惡況，陰為發代，遣使者賜況璽書。使者至，見況，因令代監其兵，況隨使者西。」（99下／4172-3）又《後漢書・侯霸傳》：

> 「（霸為淮平大尹。）及王莽之敗，霸保固自守，卒全一郡。更始元年，遣使徵霸，百始老弱相攜號哭，遮使者車……使者慮霸就徵，臨淮必亂，不敢授璽書，具以狀聞。」（26／901）

使者審察情勢，以侯霸留任為宜，乃擅作主張不授侯霸璽書。璽書為徵召之命令，不授璽書即不徵召；換言之，徵召某人當有賜予其人之詔書，使者往徵召，當持詔書往授予被徵召者。

使者至郡國發兵，按例當持虎符以為發兵之信物。《史記・孝文帝本紀》曰：文帝二年，「九月，初與郡國守相為銅虎符、竹使符。」《集解》引應劭曰：「銅虎符第一至第五，國家當發兵，遣使者至郡合符。符合乃聽受之。」張晏曰：「符以代古之珪璋，從簡易也。」《索隱》引《漢舊儀》：「銅虎符發兵，長六寸……」《古今注》：「銅虎符銀錯書之。」（10／424）《漢書・文帝紀》：二年「九月，初與郡守為銅虎符、竹使符。」師古注曰：「與郡守為符者，謂各分其半，右留京師，左以與之……」（4／118）《補注》引錢大昭曰：「《說文》：琥，發兵瑞玉，為虎文，用兵取其威武，故玉、銅皆用虎。」（4／10b-11a）《漢書・王莽傳》曰：

> 「（赤眉起，翼平連率田況）發民年十八以上四萬餘人，授以庫兵，與刻石為約，赤麋聞之，不敢入界。況自劾奏。莽讓況：『未賜虎符而擅發兵，此弄兵也，厥□乏興（師古曰：擅發之罪，與乏軍興同科也）……』」（99下／4172）

綜合上述史料，漢代之虎符，以銅為之，故又稱銅虎符；為六寸長之銅製虎形物，中間剖開為二，右邊留在京城，左邊頒予郡國守相。[13]使者奉使到郡國發兵，皇帝賜使者右邊虎符；使者至郡國，與守相所持之左邊虎符齒合，符合無誤，守相乃聽命於使者發兵。

以符發兵，漢以前已有之。上引張晏所謂「符以代古之珪璋。」所謂「古」指何時，古時如何以珪璋發兵，俱無考。《史記・魏公子列傳》：信陵君請魏王之寵姬盜得虎符，往合符發兵救趙。（77／2380-1）則以虎符發兵，最遲在戰國晚期已行之於魏。漢文帝二年九月初與郡國守相銅虎符，當是承襲前代故事。文帝二年九月以後，使者至郡國發兵，例當持虎符往齒合。如《漢書・酷吏列傳》：盜賊起，「乃使光祿大夫范昆、諸部都尉及故九卿張德等衣繡衣，持節、虎符發兵以興擊。」（90／3662）又上文引《史記・東越列傳》曰：

> 「（武帝建元三年，閩越圍東甌，東甌告急天子。武帝曰：）『…吾初即位，不欲出虎符發兵郡國。』乃遣莊助以節發兵會稽。會稽太守欲拒不發兵，助乃斬一司馬諭意指，遂發兵浮海救東甌。」（114／2979）

發兵郡國須持虎符，符合然後得發兵，武帝何以不出虎符發兵，甚為難說。[14]莊助無虎符，故會稽太守欲拒不發兵。後在莊助之使者威勢之下，不得不發兵。

光武初起，制度不全，僅持詔書，即可發兵。及天下稍定，杜詩建議重立虎符發兵之制，乃恢復西京舊制。《後漢書・杜詩傳》曰：

> 「初，禁網尚簡，但以璽書發兵，未有虎符之信。詩上疏曰：『臣聞兵者國之凶器，聖人所慎。舊制發兵，皆以虎符，其餘徵調，竹使而已。符第合會，取為大信，所以明著國命，斂持威重也。間者發兵，但用璽書，或以詔令，如有姦人詐偽，無由知覺。愚以為軍旅尚興，賊虜未殄，徵兵郡國，宜有重慎，可立虎符，以絕姦端……』書奏，從之。」（31／1096-7）

使者發兵郡國必須持銅虎符往郡國齒符，為兩漢之經制；其制在東漢後期仍然施行。《後漢書・續天文志》：桓帝延熹「五年十月，南郡太守李肅坐蠻夷賊攻盜郡縣，取財物一億以上，入府取銅虎符……」（志12／3256）南郡之銅虎符為蠻夷賊取走，為太守罪狀之一。其時銅虎符當仍是發兵之信物。

使者所持之符，有所謂竹使符。上引〈孝文帝本紀〉謂文帝二年九月「初與郡國守相為銅虎符、竹使符。」注引應劭曰：「竹使符，皆以竹箭五枚，長五寸，鐫刻篆書，第一至第五。」（10／424）竹使符與銅虎符同，俱賜予郡國守相，使者齒符然後傳詔令。故竹使符亦是分為二半，[15]一半藏於京師，使者往郡國徵發時持之為證物。使者奉何使命得持竹使符，亦有可得而言者。《史記・孝文帝本紀》注《索隱》引《漢舊儀》曰：「竹使符出入徵發。」（10／424）而上引《後漢書・杜詩傳》亦曰：「舊制發兵皆以虎符，其餘徵調，竹使而已。」《集解》惠棟曰：「鄭康成《周禮》注云：今時徵郡守以竹使符。」（31／4b）則使者到郡國徵發（如金錢、物資、役夫等）乃至徵召郡國守相，當持竹使符到郡齒符，齒合然後對守相發號施令。若有重大消息通知郡國，亦當有竹使符。《後漢書・續禮儀志》曰：「登遐……是日夜，下竹使符告郡國二千石、諸侯王。竹使符到，皆伏哭盡哀。」（志6／3141）皇帝崩殂，其消息之發布關係重大，為防陰謀者偽詐，擾亂人心，故亦規定使者以竹使符為信物。

某些使者持斧。如《漢書・武帝紀》：天漢二年，盜賊橫行。「遣直指使者暴勝之等衣繡衣杖斧分部逐捕。」師古注曰：「杖斧，持斧也。謂建持之以為威也。」（6／204）〈王訢傳〉（66／2887）及〈雋不疑傳〉（71／3035）述暴勝之事皆曰勝之持斧。是持斧、杖斧，其義相同，師古謂持斧以建威。使者所持之斧為皇帝所賜，或是意謂持斧之使者有專誅殺之權力。故〈王訢傳〉謂勝之「以軍興從事，誅二千石以下。」（66／2887）

又有某些使者持有其他武器，如棨、戟、鉞。如《後漢書・杜詩傳》：

> 杜詩於建武初「為侍御史，安集洛陽。時將軍蕭廣放縱兵士，暴橫民間，百姓惶擾。詩敕曉不改，遂格殺廣，還以狀聞。世祖召

見，賜以棨戟，復使之河東。」(31／1094)

杜詩安集洛陽，誅殺軍紀敗壞之將軍；按將軍為高級官員，當奏而後誅，杜詩以便宜誅之，已超越其權力範圍。但光武嘉許其作法，為使其以後不必越權，乃賜以棨戟，方便其誅殺不法之官員。凡是持有皇帝所賜之武器者，皆得用之以誅殺官員。故有領兵將帥持有皇帝所賜之武器，以加重其權威。如《後漢書・方術趙彥傳》曰：「朝廷以南陽宗資為討寇中郎將，杖鉞將兵，督州郡合討(泰山賊叔孫)無忌。」(82下／2732)漢末擁兵自重之權臣亦持鉞以加重其權力。如《後漢書・董卓傳》：建安元年，「以張揚為大司馬、楊奉為車騎將軍、韓暹為大將軍領司隸校尉，皆假節鉞。」(72／2341-2)

某些使者衣繡衣。《漢書・百官公卿表》曰：「侍御史有繡衣直指，出討姦猾，治大獄，武帝所制，不常置。」師古注曰：「衣以繡衣，尊寵之也。」(19上／725-6)據此，所謂繡衣直指，是指某些執行特別使命之侍御史，其使命為治大獄，督討盜賊姦猾，為加重其權威，特賜予繡衣。然據《漢書・酷吏咸宣傳》：郡國盜賊起，「乃使光祿大夫范昆、諸部都尉及故九卿張德等衣繡衣，持節、虎符發兵以興擊之。」(90／3662)范昆等並非侍御史，亦衣繡衣；是所謂繡衣使者恐不限於侍御史。按繡衣直指自武帝天漢二年始有，其後直到西漢末王莽時，間中有之。[16]繡衣僅是某些使者之穿著；是否有定制之使者衣冠之款式、顏色、花飾，[17]無考。按使者多臨時差遣，且多為時甚暫，受命則往，恐多著其日常之衣服。至於使者之衣冠，恐是少數使者大張旗鼓執行使命時之穿著。又有使者微服出使。如《後漢書・方術李郃傳》曰：「和帝即位，分遣使者，皆微服單行，各至州縣，觀採風謠。」(82上／2717)觀採風謠，務得其真，恐地方造作蒙騙，故使者微服而往。

使者出使，或坐使者專用之使者車；或僅坐乘由傳舍供給之傳車，即所謂乘傳。

使者車之名，見《後漢書・獨行譙玄傳》：玄於平帝元始四年為使者行風俗。「事未及終，而王莽居攝，玄於是縱使者車……因以隱遁。」(81／2667)《東觀漢記・郭丹傳》[18]：丹「買符入函谷關，乃慨然歎曰：『丹不乘使者車，終不出關。』……更始二年……徵為諫議大夫，持節使歸南陽……乘高車出關。」(14／521) 譙玄逃遁，不敢復乘使者車，當是使者車有特殊之標記，[19]乘之容易暴露身份。《東觀漢記》則謂使者車為高車，或使者車較一般車為高。《後漢書・續輿服志》載有所謂大使車、小使車、近小使車。或即是使者車，其文曰：

> 「大使車，立乘，駕駟，赤帷。持節者，重導從：賊曹車、斧車、督車、功曹車皆兩；大車，伍百璅弩十二人，辟車四人，從車四乘。無節，單導從，減半。小使車，不立乘，有騑，赤屏泥油，重絳帷，導無斧車。近小使車，蘭輿赤轂，白蓋赤帷，從騶騎四十人。此謂追捕考案，有所敕取者之所乘也。諸使車皆朱班輪，四輻，赤衡軛。」(志29／3650-1)

大使車、小使車、近小使車之型制威儀不同，可見使者亦分等級。近小使車為「追捕考案，有所敕取者之所乘」。至於何官奉何使命得為大使，而何者僅得稱小使，俱無考。

使者又有乘傳出使。如《史記・蒙恬列傳》：秦二世欲誅蒙氏，遣御史曲宮為使者，「乘傳之代」。(88／2567)《漢書・王莽傳》：莽遣「乘傳使者經歷郡國，日且十輩。」(99下／4158) 前引《史記・陳丞相世家》：高祖詔「『陳平亟馳傳載（周）勃代（樊）噲將……』」所謂「馳傳」，當是乘傳急馳。乘傳之意，是乘坐傳車。傳舍所供給之馬車稱為傳車。有一定階級之爵位，或官員公出或使者出使，方得舍於傳舍，乘坐傳車。《後漢書・鮑永傳》《集解》引惠棟曰：《風俗通》云：「諸侯及使者有傳信，乃得舍于傳耳。今刺史行部，車號傳車。」(29／5b) 又《漢書・平帝紀》《補注》引姚鼐曰：「至漢律所云：當乘傳謂其爵位、使命當乘也。」(12／9b)

三、使者之性格

使者為皇帝之代表，奉皇帝之詔令外出辦事，事情辦完，使命即結束。故使者有臨時差遣，事畢即罷之性格。[20]其次，使者秉皇帝代表之權威，為皇帝之耳目爪牙，監察官員，指揮官員辦事，且受其監察指揮者，官階有比使者之官階為高者。而使者外出，往往可視情形自作決定，不能墨守詔令，是皆為使者之性格，下文以次論之。

(一) 見官大一級

使者出使，往往指揮監臨官階比其高之官員。《史記・汲黯傳》曰：

> 「(武帝)即位，黯為謁者……河內失火，延燒千餘家，上使黯往視之。還報曰：『家人失火，屋比延燒，不足憂也。臣過河南，河南貧人傷水旱萬餘家，或父子相食，臣謹以便宜，持節發河南倉粟以振貧民。臣請歸節，伏矯制罪。』上賢而釋之。」(120／3105)

據《漢書・百官公卿表》：謁者「秩比六百石」。(19上／727) 汲黯以比六百石之謁者為使者，可指揮秩二千石之河內太守辦事。又《後漢書・第五種傳》曰：

> 「(第五種)永壽中以司徒掾清詔使冀州，廉察災害，舉奏刺史、二千石以下，所刑免甚眾，棄官奔走者數十人。還，以奉使稱職，拜高密侯相。」(41／1403)

第五種以司徒掾出使。據《後漢書・續百官志》太尉條下本注曰：「漢舊注：東西曹掾比四百石，餘掾比三百石。」(志24／3558) 司徒掾屬俸秩不載，當可比照太尉掾屬。是第五種秩最多不過比四百石，然其出使，監察舉劾六百石刺史及二千石守相。類似使者監察官階較高官員之例甚多，前引《後漢書・雷義傳》(81／2688)、〈張綱傳〉(56／1817)、〈范滂傳〉(67／2203-4) 皆是。[21]

使者監軍，更可見使者見官大一級之性格。請見下例：

《後漢書・鄧晨傳》：鄧晨「建武三年……拜光祿大夫，使持節監執金吾賈復等擊平邵陵、新息賊。」（15／584）

〈張純傳〉：純建武五年「拜太中大夫，使將潁川突騎安集荊、徐、揚部，督委輸，監諸將營。」（35／1193）

〈隗囂傳〉：王遵為太中大夫，建武八年，「使王遵持節監大司馬吳漢留屯於長安。」（13／528）

〈鄭興傳〉：興為太中大夫，建武九年「使監征南、積弩營於津鄉（章懷注：征南將軍岑彭、積弩將軍傅俊屯津鄉，以拒公孫述）。」（36／1223）

按此四例往監軍者為光祿大夫或太中大夫。據《後漢書・續百官志》，光祿大夫秩比二千石，太中大夫秩千石。（志25／3577）受監察者執金吾秩中二千石；將軍秩比三公。[22] 使者有同時監臨數將軍者。

又有階級低之官員為使者，往糾正官階高之官員。如前引《史記・朝鮮列傳》：左將軍荀彘與樓船將軍楊僕往擊朝鮮，二人不和，武帝使濟南太守公孫遂往正之。（115／2987）西漢將軍金印紫綬，比丞相；（《漢書・百官公卿表》19上／726）太守二千石。武帝使濟南太守公孫遂往糾正二將軍之錯失，調解其爭端，是以階級低之官員為使者，糾正階級高之官員。又如《史記・司馬相如列傳》：「相如為郎數歲，會唐蒙使通夜郎、西僰中。」唐蒙發巴、蜀吏卒，用軍興法。巴、蜀民驚恐。「上聞之，乃使相如責唐蒙。」（117／3044）據司馬相如所寫之諭告巴、蜀吏民檄，唐蒙時官中郎將，司馬相如為郎。據〈百官公卿表〉：郎分郎中、中郎、侍郎、議郎四種，「議郎、中郎秩比六百石，侍郎比四百石，郎中比三百石。」中郎將秩比二千石。（19上／727）無論司馬相如是何種郎，其官秩都比中郎將低；中郎將且是中郎之直屬上司。相如往責唐蒙，最可顯示使者見官大一級之性格。

使者指揮官階比其高之官員辦事，以使者督州郡討賊或擊蠻夷，及使者監將軍征伐最為明顯。使者督州郡討賊，如《漢書・成帝紀》：永始三年十二月，山陽鐵官徒蘇令等反，流竄「經歷郡國十九……遣丞相長史、御史中丞持節督趣逐捕。汝南太守嚴訢捕斬令等。」(10／323-4) 此汝南太守是在使者督趣下成其功。丞相長史及御史中丞皆秩千石，督趣二千石郡太守。及至東漢，常遣使者持節監督州郡擊盜賊及討蠻夷，所遣使者為謁者、侍御史、御史中丞或中郎將。[23] 據〈續百官志〉：中郎將秩比二千石，御史中丞秩千石，侍御史秩六百石，謁者秩比六百石至比三百石，州刺史六百石，郡太守二千石。（志25／3574-8，志26／3599）中郎將、謁者、御史中丞及侍御史督州郡討賊，往往督數刺史及郡太守。官秩低者督趣官秩高者，蓋以為使者也。

至使者監將軍征伐而得指揮將軍。如來歙事：建武八年，詔使中郎將來歙「留屯長安，悉監護諸將。」(《後漢書・來歙傳》15／587）九年八月，「遣中郎將來歙監征西大將軍馮異等五將軍討隗純於天水。」(〈光武紀〉1下／55)〈來歙傳〉詳五將軍名號：「詔歙率征西大將軍馮異、建威大將軍耿弇、虎牙大將軍蓋延、揚武將軍馬成、武威將軍劉尚入天水。」(15／588) 十年十月，「中郎將來歙等大破隗純於落門」。(1下／56) 其後，「來歙率諸將擊羌於五谿。」(1下／56) 十一年六月，「中郎將來歙率揚武將軍馬成破公孫述將王元、環安，」安遣人刺殺歙。(1下／58) 來歙自建武八年始至十一年被刺身亡，都以中郎將為使者監察諸將軍，受其監察者有大將軍，有將軍，官秩都比中郎將高。上引諸例或謂來歙「監護」諸將，或謂「監」諸將，或謂「率」諸將；則「監護」、「監」有率領指揮之意。又《後漢書・隗囂傳》：「來歙、耿弇、蓋延等攻落門。」此事與上引卷一下〈光武紀〉建武十年十月「中郎將來歙等大破隗純於落門」是同一事，乃中郎將來歙監建威大將軍耿弇、虎牙大將軍蓋延等攻破隗純於落門。本紀簡略，僅書來歙，不及諸將之姓名。若來歙只是監察，無指揮權，本紀似不應書作來歙等大破隗純。來歙監諸將，當是指揮諸將作戰。來歙臨死前與虎牙大將軍蓋延之對話，可見監軍使者之權威。《後漢書・來歙傳》曰：

> 「十一年，歙與蓋延、馬成進攻公孫述將王元、環安於河池下辨，陷之，乘勝遂進。蜀人大懼，使刺客刺歙，未殊，馳召蓋延。延見歙，因伏悲哀，不能仰視。歙叱延曰：『虎牙何敢焉，今使者中刺客，無以報國，故呼巨卿（蓋延之別字），欲相屬以軍事，而反效兒女子涕泣乎！刃雖在身，不能勒兵斬公邪！』延收淚強起，受所誡。」（15／589）

公孫述之部將兵敗窘迫，為阻止漢軍之進攻，乃遣刺客暗殺來歙，刺客之目標當然是漢軍之指揮官。若中郎將來歙僅有監察權力，而無指揮權，似非刺客所欲刺者，則來歙當指揮自北方伐蜀之漢軍 。其次，來歙召虎牙大將軍蓋延，自稱使者，欲以軍事屬蓋延，延受所誡，則來歙之軍事權力似比蓋延大。最後，來歙又謂力能勒兵斬延，可見來歙為監軍使者可以指揮將軍，將軍違令，且可誅殺之。

上引《史記・汲鄭列傳》：謁者汲黯為使者，擅令河南郡發倉粟救災。又《漢書・終軍傳》：博士徐偃於出使途中自作主張令膠東、魯國生產鹽鐵。（64下／2817）雖其事皆矯詔擅為，但郡國守相聽從其命令，亦可謂是秩位低之官員為使者指揮秩位高官員之旁證。

（二）專決

使者出使外國，得因變制宜，自決應變之方法，不必墨守詔令。《漢書・江充傳》曰：「充因自請，願使匈奴。詔問其狀，充對曰：『因變制宜，以敵為師，事不可豫圖。』上以充為謁者，使匈奴。」（45／2177）則武帝亦同意使者在外國當臨事自決，否則不可能遣持此論之江充出使匈奴。又《後漢書・宋均傳》：謁者宋均為使者監伏波將軍馬援擊武陵蠻。及馬援卒，宋均與諸將議應變之策，「諸將皆伏地莫敢應。均曰：『夫忠臣出竟，有可以安國家，專之可也。』」（41／1412）宋均所云，早在武帝時徐偃已言之：「《春秋》之義，大夫出疆，有可以安社稷，存萬民，顓之可也。」(64下／2818)蓋西周以來列國外交，信使往來，漸漸形成使者在外國行事之規矩，《春秋》綜而言之。漢代士人皆耳熟能詳。使者自專必須在國境之外，劉向更補充其義。《說苑・奉使》[24]曰：

> 「《春秋》之辭……既曰大夫無遂事，不得擅生事矣。又曰出境，可以安社稷，利國家者，則專之可也……不得擅生事者，謂平生常經也。專之可者，謂救危除患也……故君有危而不專救，是不忠也。君無危而擅生事，是不臣也。」(12／292)

謂使者自專之條件為「救危除患」，在平常情形下是不得擅生事。更進而謂君上無危而擅生事，是不臣。大為縮小使者「自專」之範圍。與上引徐偃、宋均所言凡可以「安國家」、「安社稷，存萬民」或劉向所引的《春秋》之辭「可以安社稷，利國家」，就可自專，差別甚大。《春秋》之辭及徐偃、宋均所言較為近古，是春秋戰國之世列國並爭所形成之思想，與大一統之皇權及官僚制度有衝突。蓋利國家、安社稷、存萬民是大原則，但事情如何決定，如何做法各人不同；各人都能辯說自己之決定、做法是「利國家、安社稷、存萬民」。對集權專制之皇帝及欲建立法度之行政官員而言，使者抱著為國為民之大原則恣意擅為，是不守臣下本份而破壞制度。故劉向之解釋縮小使者自專之範圍，較近專制皇權之立場。而皇朝政府希望限制使者之專擅，顯示使者確有臨事自決之權力。作為皇帝及國家之代表，出使外國之使者人在國外，不可能事事請旨，詔令亦不可能周詳遍合；只能指示原則，細節之作法，使者必須自定。至於臨時事變，使者更應因變制宜，自籌對國家最有利之對策。是出使外國之使者有自決之權力，可以無疑。至於出使國內之使者，以其皇帝代表之權勢，威臨行政官員，且可以節指揮官員辦事，既處於發號施令之地位，則必有自決之權力。使者專擅自決，可分二類言。一是對其使命執行之專擅。如《史記・儒林列傳》曰：「(呂)步舒至長史，持節使決淮南獄，於諸侯擅專斷，不報，以《春秋》之義正之。天子皆以為是。」（121／3129）是呂步舒為使者治淮南獄，不向武帝請示而逕以《春秋》之義決獄。又《後漢書・侯霸傳》：霸為王莽淮平大尹（莽改臨淮太守為淮平大尹），於亂世保全一郡。「更始元年，遣使徵霸，百姓老弱相攜號哭，遮使者車……使者慮霸就徵，臨淮必亂，不敢授璽書，具以狀聞。」（26／901）使者往徵召臨淮太守侯霸，已至，見霸得民心，能安定地方，恐霸離開而臨淮亂，乃自作主張，不復徵霸。此二例可見使者往執行使命，對其使命自行決定做法。

二是使者專擅之事與其使命完全無涉。如上引《史記・汲鄭列傳》：武帝使汲黯往視河內郡之火災，黯則在河南郡「以便宜，持節發河南倉粟以振貧民。」（120／3105）又《漢書・終軍傳》：「博士徐偃使行風俗，偃矯制，使膠東、魯國鼓鑄鹽鐵。」（64下／2817）

二類專擅，前者可謂因變制宜，後者則是「擅生事」。政府官員對擅生事之使者，彈劾致罪。汲黯自請矯制之罪，武帝賢而不罪，可不具論。[25]而博士徐偃則受御史大夫張湯之彈劾：「偃矯制大害，法至死。」徐偃以《春秋》之義辯護，張湯不能詘其義。然武帝亦惡徐偃擅生事，使其近臣終軍往詰問徐偃。終軍詰徐偃，其文甚長，大致可歸納為如下數端：

一、漢天下一統，與古諸侯「國異俗分」不同；且徐偃在國內出使，與「《春秋》之義，大夫出疆，有可以安社稷、存萬民，顓之可也」不類。

二、膠東、魯國之鹽鐵由其鄰郡琅邪、北海、泰山、東海四郡供應，偃何以認定供應不足？且偃謂魯國之鼓鑄可充裕春耕之農具；實則冶鐵得先有準備，「至秋乃能舉火」。

三、偃前已「三奏，無詔；不惟所為不許，而直矯作威福，以從民望，干名采譽，此明聖所必加誅。」

對於終軍之詰問，「偃窮詘服罪，當死。軍奏……上善其詰。」（64下／2818）

上述詰問之內容，第一點謂出使國內之使者不同於出使國外之使者，不得專擅。第二點從事實而論，指出令膠東、魯國鼓鑄鹽鐵之不必要，證明徐偃擅生事。第三點則謂既奏其事，當遵詔而行。無詔而擅為，是矯制而對行政官員作威福，且有從民望以干求名譽之嫌，其罪當誅。武帝善終軍之詰問，可見武帝對出使國內使者專擅之態度。終軍最後「奏偃矯制顓行，非奉使體。」（64下／2818）

又《漢書・李廣利傳》：《補注》齊召南引徐廣曰，謂王恢「坐使酒泉，矯制爵除。」（61／9b）又《漢書・陳湯傳》曰：

> 「（西域都護甘延壽與副校尉陳湯擅發兵誅匈奴郅支單于。及還，中書令石顯、丞相匡衡）以為『延壽、湯擅興師矯制，幸得不誅，如復加爵土，則後奉使者爭欲乘危徼幸，生事於蠻夷，為國招難，漸不可開。』元帝內嘉延壽、湯功而重違衡、顯之議。」（70／3016）

西域都護及西域副校尉皆使者。丞相匡衡「奏湯以吏二千石奉使，顓命蠻夷中。」（70／3020）《補注》王先謙引《通鑑》胡注：「湯為西域副校尉，秩比二千石。」（70／14b）對於甘延壽、陳湯之矯制，丞相匡衡等官員欲維持制度，以其有罪，不罰已是寬待，決不可賞賜。元帝則以為其誅郅支單于，除國大害，欲加爵封。一般而言，行政官員對使者之專擅矯制，持反對態度，認為應依法處罰。[26]皇帝之態度則較為情緒化、感情化，其處理常因人因事而異。雖然皇帝以集權專制為大事，使者之專擅有損獨裁皇權，但皇帝常以感情、情緒而對專擅之使者作不同之處置。如上引汲黯、徐偃同是「擅生事」矯制，武帝原諒汲黯而追究徐偃之罪。又如《史記・朝鮮列傳》：左將軍荀彘與樓船將軍楊僕各領一軍擊朝鮮，二將軍不和，武帝使濟南太守公孫遂往正之。公孫遂至，以節召捕樓船將軍，而令左將軍並率二軍。「以報天子，天子誅遂。」（115／2987）按武帝使公孫遂往正二將軍，恐無明確指示做法，遂以兩軍並為一軍，統一事權，未必不是「正之」之好方法，但以不合意見誅。

就理而論，公孫遂之做法是為執行其使命，看不出有何矯詔、擅生事之成分，只是其所決定執行任務之方法不合上意而已。若與汲黯事比較，則汲黯之矯制純是「擅生事」，其罪當大於公孫遂遠甚，但其結果如此不同，則除情緒、感情之外，似無更佳之理由解釋武帝之決定。

總結此節，使者出使，代表皇帝，官員得聽從其指揮，故使者有專擅自決之權力。若其專擅之事與其使命無涉，純是矯制、擅生事，則違法，當服其罪。若其專擅之事是為執行其使命，臨事應變而自行決定之辦法，則是使者所當為。但皇帝天威難測，有擅生事而蒙賞，又有因變制宜而得罪，是難以理言之。只能說「伴君如伴虎」而已。

四、餘論

使者最大之特徵是為皇帝之代表。因為是皇帝之代表，故面對各級政府行政官員時「見官大一級」；因為是皇帝之代表，必然有專決之可能。蓋皇帝代表與政府行政官員不同，行政官員依其職權辦事，遇有超越權限者，可層層上報取決。使者之上司只有皇帝一人，使者出使在外，若事事上呈皇帝裁示，必費時失事。且使者威臨行政官員，行政官員服從其命令；使者已處於發號施令之地位，極容易不自覺地專制獨斷。

征伐將軍有事委任領兵出征，事畢即罷，其臨時差遣之性格非常明顯。[27]戰場中敵我形勢隨時變化，有利時機稍縱即逝，不可能事事向遠在京城的皇帝請示；且有「將在外，君命有所不受」之說法；指揮作戰之將軍必須專決。就臨時差遣與專決二點而言，征伐將軍亦可謂是皇帝之使者，其使命是領兵征伐。

註釋

[1]《後漢書》，13／522。本文所引《史記》、《漢書》、《後漢書》，除特別注明者外，俱引點校本。

[2]本文討論皇帝之使者，所引之史例，間中有涉及先秦時代各國國君之使者。

[3]台北藝文印書館印行《十三經注疏》本《論語注疏》(影印嘉慶二十年江西南昌府學雕印宋本《論語注疏》)，13／3b-4a。

[4]前引《論語注疏》，13／7b-8a。

[5]劉向撰《說苑》(向宗魯校證，《說苑校證》，中華古典文學基本叢書，北京，中華書局，1987年)卷十二〈奉使〉篇，所舉諸例及論奉使應有之行為，完全是關於出使外國。其中有爭辨的只有漢高祖使陸賈往使南越王尉佗一例(此例亦是〈奉使〉篇唯一漢代的例子)。其時南越獨立，陸賈雖說服南越王尉佗稱臣於漢，但漢朝廷的統治力量並不能到達南越。(《史記》〈南越列傳〉，113／2967-2969)陸賈出使南越歸類為出使外國，似較近事實。

又《北堂書鈔》卷四十〈奉使〉篇中，雖有「採代方言，遣輶軒之使」，「循行風俗，循行州郡」，「衣繡持斧」，「發倉粟賑貧民」等說明出使國內之語句，但其全文之內容仍以出使外國為主。(台北，中文出版社影印，南海孔氏三十有三萬卷堂校注重刊本《北堂書鈔》，40／1-9)

[6]前文指廖伯源：〈漢代使者考論之一——試論使者封拜賞罰與溝通上下之使命〉，載《第二屆國際漢學會議論文集》，中央研究院出版，一九九零年三月，頁445-484；及廖伯源：〈漢代使者考論之二——使者與行政官員之關係及使者演變為行政官員的一些跡象〉，載《漢學研究》五卷二期，頁401-434，台北，漢學研究中心，民國七十六年十二月。

[7]本文引用《漢書補注》為台北藝文印書館影印出版之光緒庚子長沙王氏校刊本《漢書補注》。《後漢書集解》為台北藝文印書館影印出版之乙卯長沙王氏校刊本《後漢書集解》。

[8] 考詳前引廖伯源：〈漢代使者考論之二〉，頁420-421。參見勞榦：〈兩漢刺史制度考〉，《史語所集刊》第十一本，頁31-35。又參見嚴耕望師：《中國地方行政制度史》甲部《秦漢地方行政制度》，台北，史語所專刊之四十五，民國七十九年三版（民國五十年初版），頁272-297。

[9] 參見前引〈漢代使者考論之二〉，頁421-422；《漢書・百官公卿表》19上／737；又參見前引《秦漢地方行政制度》頁291-305。

[10] 綏和二年，哀帝復置司隸校尉，改名為司隸。（參見《漢書・百官公卿表》19上／737）

[11] 參見前引〈漢代使者考論之二〉，頁411-428。

[12] 武帝不與莊助虎符，而令莊助以節至會稽郡發兵，是欲予人印象：莊助出使，見便宜以節令會稽郡發兵。何以武帝捨合法之手續而用權宜之辦法？或是武帝恐予人黷武之印象。或其時武帝祖母竇太后尚在，干預政治。「竇太后好黃帝、老子言，帝及太子、諸竇不得不讀《黃帝》、《老子》，尊其術。」（《史記・外戚世家》49／1975）武帝用竇嬰為丞相，田蚡為太尉，趙綰為御史大夫，王臧為郎中令，迎魯申公興儒術，趙綰等又奏請不必再奏事竇太后。竇太后大怒，竇嬰、田蚡免官，趙綰、王臧下獄死。（參見《史記・魏其武安侯列傳》107／2843 及《漢書・武帝紀》6／157）是武帝初年，竇太后在政治上之權威甚大，武帝不敢明目張膽地出虎符發兵，可能是恐竇太后責難干預！

[13] 傳世漢代虎符尚有可見之圖錄。如羅振玉編《增訂歷代符牌圖錄》有漢代下列虎符之拓片：長沙太守虎符左，吳縣吳氏藏。東萊太守虎符左。玄兔太守虎符左。桂陽太守虎符右，濰縣陳氏藏。常山太守虎符左三，濰縣陳氏藏。常山太守虎符右一，吳縣吳氏藏。張掖太守虎符左。漁陽太守虎符左，吳氏藏。魏郡太守虎符左。南郡守虎符左，據十六長樂堂古器款識撫。廣陽虎符左，陳氏藏。見 羅振玉：《歷代符牌圖錄》，載《羅雪堂先生全集》五編（三），頁1053-1063，台灣大通書局印行；及《增訂歷代符牌圖錄》，載《羅雪堂先生全集》七編（二），頁472-477，台灣大通書局印行。

[14] 參見本文注十二。

[15]《後漢書・杜詩傳》注引《說文》曰：「符，信也。漢制以竹，長六寸，分而相合。」（31／1097）大概凡是符皆分為二半，齒合而取信之，故有「齒符」、「合符」等用語。竹使符為符之一種，亦當分為二半而合符。

[16]參見廖伯源：〈漢代監軍制度試釋〉，《大陸雜誌》七十卷三期，頁22，民國七十四年三月。

[17]《漢書・藝文志》曰：「《虞初周說》九百四十三篇。」注曰：「（虞初）河南人，武帝時以方士侍郎號黃車使者。」（30／1745）《補注》錢大昭曰：「李善注《文選・西京賦》引曰：以方士、侍郎，乘馬，衣黃衣，號黃車使者。今本注有脫落，當從《文選》注增改。」（30／50b-51a） 所謂「衣黃衣，號黃車使者」，是否使者皆衣黃衣，無考。

[18]本文引用《東觀漢記》，為吳樹平校注：《東觀漢記校注》，中州古籍出版社，1987年3月出版。

[19]《後漢書・趙歧傳》：獻帝西狩，李傕專政，「使太傅馬日磾撫慰天下，以（太僕趙）歧為副……所到郡縣，百姓皆喜曰：『今日乃復見使者車騎。』」（64／17a）此處之「使者車騎」，或不僅指使者車，而是包括使者車、旗旛、導從等隊伍而言。其中必然有特殊處，故百姓見而識之，或可作為使者車有特殊標記之旁證。

[20]關於使者有「臨時差遣，事畢即罷」之性格，前後文所引諸例多可為證，且其理易明，可不必專節討論。今當說明者，為前文討論中有所謂「專職使者」，如漢代之司隸校尉、刺史、使匈奴中郎將等，既有使者之身份與權力，又有固定之職掌而為政府編制內之正式官員，不復臨時差遣，而是長期任職。「專職使者」可謂是使者之變態，是使者轉變為行政官員過程中之某一階段。（參見前引〈漢代使者考論之二〉，頁419-428）本節討論使者之性格，是以典型之使者（或稱理想型之使者）為對象，專職使者已有某些性格之改變，不必以其變態牴牾典型使者之性格。

[21]參見前引〈漢代史者考論之二〉，頁405。

[22]《續百官志》不言東漢將軍之俸秩，本注謂大將軍、驃騎將軍、車騎將軍、衛將軍比公。（志24／3563）其他將軍秩位或稍次，然皆屬最高級官員。

[23]參見前引廖伯源：〈漢代監軍制度試釋〉，頁22-26。

[24]本文所引用《說苑》為向宗魯校證之《說苑校證》，北京，中華書局，1987年。

[25] 汲黯與武帝之關係甚深，武帝為太子時，黯為太子洗馬。武帝即位，黯為謁者，官至九卿，是武帝朝前期重要之輔佐大臣。（《史記・汲鄭列傳》120／3105-10）汲黯奉使矯制專擅而得釋，或與此有關。

[26]〈陳湯傳〉言：「丞相、御史亦惡其矯制，皆不與湯。」（70／3016）則可見行政官員以是否違反法度為處事之原則。〈陳湯傳〉又謂「初，中書令石顯嘗欲以姊妻延壽，延壽不取。」（70／3016）謂石顯之不與甘延壽、陳湯是為私怨。按石顯宦者，其人不正，入〈佞倖傳〉，其所持或全以恩怨為左右，其意見可不必重視。然亦有人為陳湯鳴不平。如宗正劉向、太中大夫谷永之徒。則官員之中，部份人意見不同，然不可以此否定大部份官員以維持法度為處事之原則。

[27] 參見廖伯源：〈試論漢初功臣列侯及昭宣以後諸將軍之政治地位〉，載《徐復觀先生紀念論文集》，頁139-144，台北，學生書局，民國七十五年；及〈東漢將軍制度之演變〉，載《史語所集刊》第六十本一分，頁134-146，台北，民國七十八年。

清初至乾嘉年間物價及工資的變動

宋敍五

本文分別說明自清朝初年至乾隆、嘉慶年間，物價上漲及工資相對下降的情形。並擬藉此情況，說明清朝由盛轉衰的原因。

第一節　物價上升的情形

清朝康熙、雍正時期（1662－1735），物價變動幅度不大，至乾隆年間（1736－1795）物價上升幅度開始增高。關於此一時期的物價上升的情形，全師漢昇曾有專文數篇[1]，予以詳論。本段有關物價上升之資料，採用全師論文者甚多。茲將該段時間各種物價的上升情形，分別說明如下：

甲、米價

物價的上升，最主要的是米價。清朝前期，米價最低的時期，是康熙中期（康熙三十年為西元1691）。因為在清朝初入關的時候（順治元年西元1644），農業遭戰亂破壞，米價很貴。到了康熙三十年左右，農業生產漸次恢復，米價下降至最低點。從康熙三十年起，一直到康熙末年（康熙61年為西元1722），米價雖然上漲，但漲幅不大。雍正年間（1723－1735），米價仍算平穩；但到了乾隆年間（1736－1795）米價開始大幅度上升。茲根據史書資料，將當時米價上升情形列表如下：

表 1. 清康熙中葉至乾隆末年（1691－1792）江、浙米價上升資料

中國紀年	西元	地區	每石米價（銀兩）	中值	指數	資料來源及備註
康熙 30	1691	江、浙	0.5 - 0.7	0.6	100	(1)
36	1697	淮陽	0.7 - 0.8	0.75	125	(2)
46	1707	江蘇	0.8	0.8	133	(3)
47	1708	江寧	0.9 - 1.2	1.05	175	(4)
48	1709	江寧	1.2	1.2	200	(5)
48	1709	蘇州	1.3	1.3	216	(6)
54	1715	江南	0.6 - 0.74	0.7	116	(7)
55	1716	蘇州	0.9 - 1.2	1.05	175	(8)
雍正 2	1724	江寧	1.16 - 1.25	1.2	200	(9)
3	1725	江寧	0.9 - 1.1	1.00	166	(10)
9	1731	蘇州	1.14 - 1.20	1.17	195	(11)
乾隆 4	1739	浙江	1.5 - 1.8	1.65	275	(12)
13	1748	蘇州	2.00	2.00	333	(13)
20	1755	江蘇	1.7 - 1.8	1.75	292	(14)
26	1761	蘇州	1.8 - 2.1	1.95	325	(15)
50	1785	蘇州	2.3 - 3.0	2.65	442	(16)
57	1792	蕭山	3.00	3.00	500	(17)

表1 資料來源及備註：

1. 東華錄康熙卷98：康熙55年9月甲申，「江、浙素稱豐富，朕前巡幸南方時，米價每石不過六、七錢。」按康熙帝自康熙23至46年，前後巡幸蘇、杭六次。又彭延慶等修蕭山縣志稿五：「（康熙）35年大有，米斗五分。」可見在康熙35年時，正常米價已在斗米五分之上。今將本資料所述康熙巡幸南方，米石六、七錢之事，作為康熙30年之事。

2. 《關於江寧織造曹家檔案史料》(故宮博物院明清檔案部編，北京中華書局，1975) 第10頁：「江寧織造曹寅奏押運賑米到淮情形摺」：「……臣桑格、曹寅，又經訪到淮陽市賣米價，熟米八錢有零，糙米七錢有零不等。」(康熙36年10月22日)
3. 錢泳：《履園叢話》卷一，「米價」：「康熙46年，蘇、松、常、鎮四府大旱，是時米價每升七文，竟漲至二十四文。」全師漢昇撰〈清朝中葉前之江、浙米價〉一文中，主張當時之銅錢七百文(每石米價)應折銀八錢。
4. 《關於江寧織造曹家檔案史料》第47頁：「江寧織造曹寅奏報自兗至寧一路聞見事宜摺」：「……臣至江寧，訪得江寧上白米價一兩二三錢以下不等，平常細米價一兩以下不等，糙米價九錢以下不等。」(康熙41年3月1日)
5. 同上書第63頁：「江寧織造曹寅奏為婿移居並報米價摺」：「……目下江南，……惟米價新年稍貴，每石一兩二三錢不等。」(康熙48年2月8日)
6. 同上書65頁：「江寧織造曹寅奏報米價及熊賜履行動並進詩稿摺」：「……臣探得蘇州平常食米每石一兩三四錢不等。」(康熙48年3月)
7. 同上書135頁：「江寧織造曹頫奏二次稻不成實緣由摺」：「……江南太平無事，米價照常：每石六錢至七錢三四分不等。百姓安生樂業，鼓腹豐年。」康熙54年12月1日)
8. 引自全師漢昇〈清中葉以前江浙米價的變動趨勢〉一文中附表，康熙55年資料。
9. 《關於江寧織造曹家檔案史料》第163頁：「江寧織造曹頫奏江南蝗災情形並報米價摺」：「……目下米價，上米每石一兩二錢五分，次米一兩一錢六分。」(雍正2年5月6日)

10. 同上書第173頁：「江寧織造曹頫奏報江南米價摺」：「……江南太平無事，目下米價，陳熟上米每石一兩一錢，陳熟次米九錢，新熟米八錢九錢不等。」（雍正3年12月4日）
11. 全師漢昇「清雍正年間的米價」文中附表1，引雍正九年十一月喬世臣奏摺中語。
12. 琴川居士編輯：《皇清名臣奏議》卷35（總頁2934）：「孫灝酌減採買額數疏」：「……臣浙人也，以浙言之，前以數十年，一石之米其值八錢，今則一兩五六錢至一兩七八錢。」
13. 曹允源等撰《吳縣志》（民國22年版）卷79，引「吳門補乘」，謂乾隆13年米價每升十七文。根據當時之銀、錢比價（銀一兩換錢八百餘文），每石米應值銀二兩。
14. 全師漢昇〈清中葉以前江浙米價的變動趨勢〉文中附表資料。
15. 同上。
16. 同上。
17. 見全師漢昇〈美洲白銀與十八世紀中國物價革命的關係〉文中表6，引汪祖輝《病榻夢痕錄》卷下謂：當年米價每石2800文至3100文。又據同文表7，當年銀、錢比價為一兩銀可換1000文錢左右。

上表1，編列康熙中葉至乾隆末年米價。茲為更清楚的觀察這一時期米價上升趨勢起見，特編列下表（表2）：

表2. 清康雍乾三朝江浙米價上升趨勢簡表

時間	本段時間每石米之平均價（兩）	指數
1686-1695	0.60	100
1696-1705	0.75	125
1706-1715	1.00	166
1716-1725	1.10	183
1726-1735	1.17	195
1736-1745	1.65	275
1746-1755	1.90	316
1756-1765	—	—
1776-1785	2.65	442
1786-1795	3.00	500

我們編製表2的用意，主要是為了對這一時期的米價上升趨勢，可以一目了然。所以，我們將這個表，力求簡化。其次，我們以十年為組距(Class interval)，將表1的資料組編，而且用平均數的方式，將每一個十年中的幾個數字平均，這樣，我們就可以將一些偶然的波動消除掉，而表現出一個長期的趨勢來。

根據表2，我們又可繪圖如下（圖1）：

圖1. 康熙中葉至乾隆末年江浙米價上升指數圖

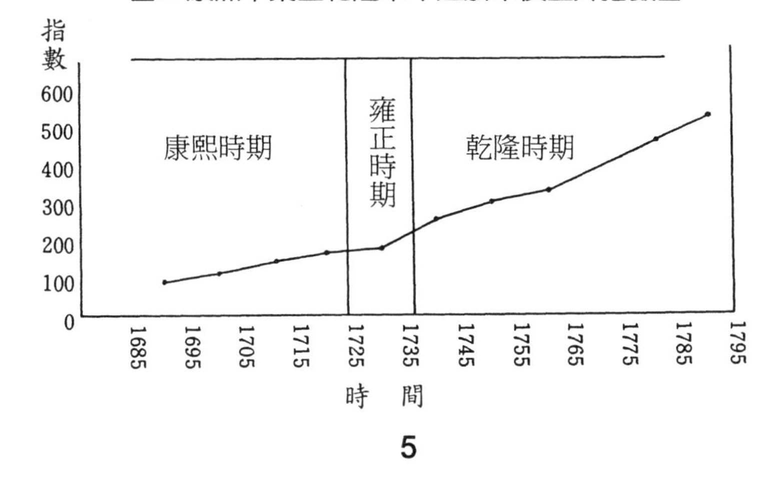

從上圖可以看出：清朝米價最平時，為康熙中葉 (1690)。自此時至雍正時期 (1723-1735)，四十年間，米價指數自100增加到195；年增幅為2.38。又自雍正中期 (1730) 至乾隆末年 (1795)，六十年間，米價指數自195增加到500；年增幅為5.08。

乙、絲價

除了米價之外，絲價亦有顯著的變動。在清朝，生絲除在本國買賣之外，也是一種重要的出口貨物。歐洲各國，在康熙21年（1682），即開始購買中國絲貨[2]。後來，美國獨立了，也派商船來華購買。關於此種情形，H. B. Morse有一本書，叫做 *The Chronicles of The East India Company Trading To China* 1635－1834 (Oxford, 1926)，曾加敘述，可參看。在這本書中，曾經對康熙中葉以後，至乾、嘉之交，在廣州出口貿易中的生絲價格，加以記錄。今據該書資料，列表如下：

表3. 據 H.B.MORSE 書中資料編列自康熙38年至嘉慶3年（1699－1798）生絲在廣州對外貿易中的價格變動　　單位：銀（兩）

年 份	原資料（每擔）	中值	見於 Morse 書中頁數	指數
康熙 38 年（1699）	127 - 137	132	第一卷頁90	132
41 年（1702）	132	132	第一卷頁123	132
42 年（1703）	140	140	第一卷頁121, 124	140
43 年（1704）	100	100	第一卷頁136	100
61 年（1722）	150	150	第一卷頁172	150
雍正 1 年（1723）	142 - 145	143.5	第一卷頁167, 177	144
2 年（1724）	155	155	第一卷頁180	155
9 年（1731）	155	155	第一卷頁203	155
乾隆 15 年（1750）	175	175	第一卷頁288, 291	175
20 年（1755）	190 - 195	192.50	第五卷頁24	193
21 年（1756）	192.50	192.50	第五卷頁47	193
22 年（1757）	225 - 250	237.50	第五卷頁60	238
24 年（1759）	198	198	第五卷頁69	198
28 年（1763）	240 - 250	245	第五卷頁108	245

30年（1765）	269	269	第五卷頁124	269
32年（1767）	265	265	第五卷頁130	265
33年（1768）	265 - 294	279.5	第五卷頁137	280
35年（1770）	300	300	第五卷頁150	300
36年（1771）	265 - 275	270	第五卷頁160	270
38年（1773）	272.50	272.50	第五卷頁178	273
39年（1774）	272 - 278	275	第五卷頁188, 189	275
41年（1776）	275	275	第二卷頁8	275
42年（1777）	265	265	第二卷頁28	265
45年（1780）	265	265	第二卷頁53	265
48年（1783）	275	275	第二卷頁90	275
49年（1784）	310	310	第二卷頁96	310
50年（1785）	290	290	第二卷頁110	290
嘉慶 3年（1798）	288	288	第二卷頁315	288

上表3，因各數字時間差距不同，較難看出一個明顯的長期趨勢。今再用定時分組方式，重編如下：

表4. 1696 - 1805 廣州生絲出口價格變動趨勢

年份	每擔平均價（兩）	指數
1696-1705	126	100
1706-1715	—	—
1716-1725	150	119
1726-1735	155	123
1736-1745	—	—
1746-1755	184	146
1756-1765	229	182
1766-1775	277	220
1776-1785	280	222
1786-1795	268	213
1796-1805	279	221

根據上表4，可繪指數圖如下：

圖2. 1696－1805廣州生絲出口價格變動

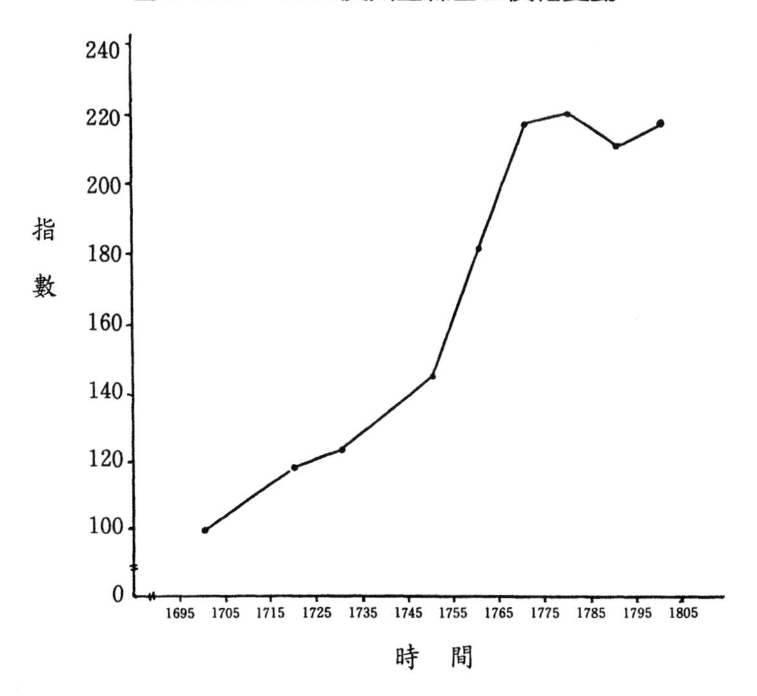

上圖2，可以看出自康熙中葉至嘉慶初年（1696－1805），在廣州出口貿易中，生絲價格的變動趨勢。其特點如下：

第一、絲價在康熙40年左右最低，此後逐漸上升，到乾隆15年(1750)左右，歷時五十年，指數由100，上升到140。

第二、自乾隆15年之後，絲價上升幅度增高，從此到乾隆35年(1770)，二十年之間，指數由140增加到220。這二十年，是清朝生絲價格上升最快的一段時間。

第三、自乾隆35年（1770）之後，一直到嘉慶初年（1800左右），絲價上升趨勢停止；指數盤旋於220左右。這一種情形似乎是難以解釋的。絲價為什麼停止上升呢？

若想解釋這種情形，我們只須認識清楚：上面所列生絲價格，並不是中國本地市場的價格。自康熙中期（1700左右）至乾隆35年（1770）前後的價格上升，一方面表現出中國內地生絲價格的上升，另一方面，又表現出歐洲各國對生絲的需求價格（Demand price），比中國的供給價格（Supply price）為高。到了1770年之後，由於中國絲的供給價格，已經在過往的七十年中，上升了一倍有多（指數由100升到220），可能已經接近了歐洲各國的需求價格，於是就難以再往上漲。前引H.B. Morse書中，又曾記述歐洲各國在乾隆中期至嘉慶初年，從廣州購買生絲的數量。茲將該項資料，列成下表，以供參考。

表5.乾隆40年至嘉慶9年（1775－1804）中國生絲在廣州出口數量

年分	出口數量（擔）	見於Morse書頁數	指數
乾隆 40年1775	3,724	卷二11頁	342
41年1776	1,861	卷二12頁	171
42年1777	3,719	卷二29頁	342
43年1778	2,961	卷二35頁	272
44年1779	4,264	卷二40頁	392
45年1780	3,591	卷二50頁	330
46年1781	2,264	卷二61頁	208
48年1783	1,325	卷二84頁	122
49年1784	1,089	卷二95頁	100
50年1785	2,305	卷二111頁	212
51年1786	3,565	卷二119頁	327
52年1787	2,772	卷二136頁	255
53年1788	3,908	卷二152頁	359
54年1789	5,104	卷二173頁	469
55年1790	3,096	卷二180頁	284
56年1791	2,000	卷二184頁	184
57年1792	3,400	卷二193頁	312
58年1793	1,878	卷二205頁	172
59年1794	2,702	卷二256頁	248
60年1795	1,266	卷二266頁	116

年分	出口數量（擔）	見於Morse書頁數	指數
嘉慶 1年1796	1,974	卷二278頁	181
2年1797	2,404	卷二294頁	221
3年1798	1,608	卷二311頁	148
4年1799	1,134	卷二322頁	104
5年1800	1,164	卷二348頁	107
6年1801	1,000	卷二358頁	92
7年1802	582	卷二389頁	53
8年1803	2,535	卷二401頁	232
9年1804	656	卷二416頁	60

從表5中，可以看出生絲出口數量，自乾隆40年（1775）之後，即沒有顯著的增加趨勢。而且，自乾隆55年（1790）之後，出口數量逐年減少。這就可以看出，一方面，由於中國絲的生產成本（即供給價格），仍然不斷上漲；另一方面，歐美各國的需求價格已經停止增加。於是就壓縮了生絲的出口數量。這一種情形，對中國絲的生產，是有一定的打擊的。

又再根據前引《中國近代手工業史資料》第一卷，關於江寧、蘇州、杭州三處織造，對原料購買的官定價格中，有關絲價的記載，加以觀察，亦可看出在中國本地市場中，絲價上漲的情形。該書第一卷96頁，引「總管內務府現行規例，廣儲司卷二，頁30」謂：

> 乾隆四年四月奏准：三處織造所用上用絲，每兩原價銀八分九釐，酌加銀二分一釐。

又同書97頁謂：

> （乾隆二十年）復准：江寧、蘇州、杭州三處織造買絲，定例上用輕絲，每兩價銀不得過一錢三釐，……本年浙省春雨連綿，蠶絲收成歉薄，以致上用絲，每兩實需銀一錢三分有奇。

同書同頁又謂：

> 為本年（乾隆20年，1755）絲價昂貴，據實奏明等事。……不期本年四月內，奴才等差委員役，赴買丙子年（乾隆21年，1756）應用絲斤，市價頓昂，為數年來未有之貴。查上用絲每兩實需銀一錢三分五釐零。[3]

根據上引各段，我們可以看到三個價格。

第一個價格，為乾隆四年之前的價格，也就是乾隆四年所指的舊價：上用絲每兩為八分九釐。這個價格是何時所定，無可查考；可能是雍正中期。

第二個價格，是乾隆四年的價格。是年奏准：上用絲採購價，在舊價八分九釐之上，再增加二分一釐，為一錢一分。

第三個價格，為乾隆20年的價格。是年上用絲買價為每兩一錢三分五釐。

我們試將三個價格作一比較，假設用第一個為基數，價格為八分九釐，指數為100，可列表如下：

表6. 雍正6年至乾隆20年（1728－1755）江、浙絲價變動

時間	上用絲每兩價（銀：兩）	指　數
雍正 6（1728？）	0.089	100
乾隆 4（1739）	0.110	124
乾隆 20（1755）	0.135	151

表6資料可繪圖如下（圖3）：

圖3. 1728－1755，江、浙絲價變動指數圖

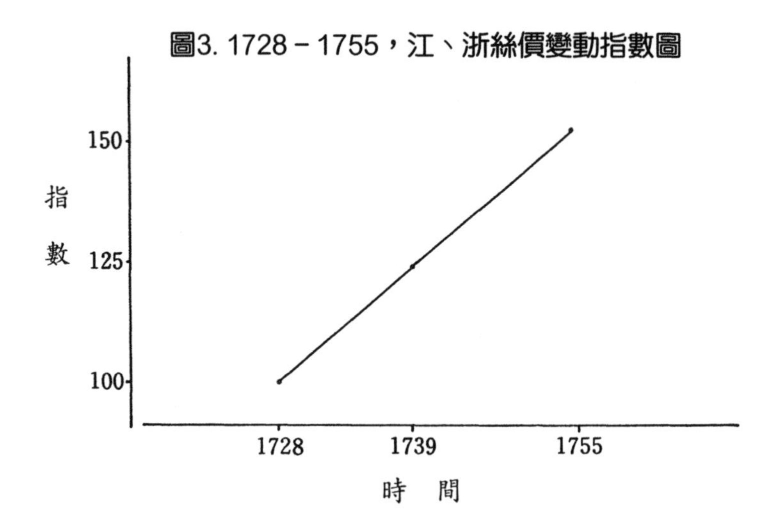

假設我們上面所引乾隆四年以前的價格，為雍正中期（雍正6年，1728）的價格，則從這一年一直到乾隆20年（1755），二十多年之間，指數由100升到151。

我們再試將上面兩個絲價變動指數圖，即圖2及圖3，合併觀察，則可看出兩者在相同的一段時間中，上升幅度相當接近。

圖4. 生絲在本國市場及廣州出口價格變動比較

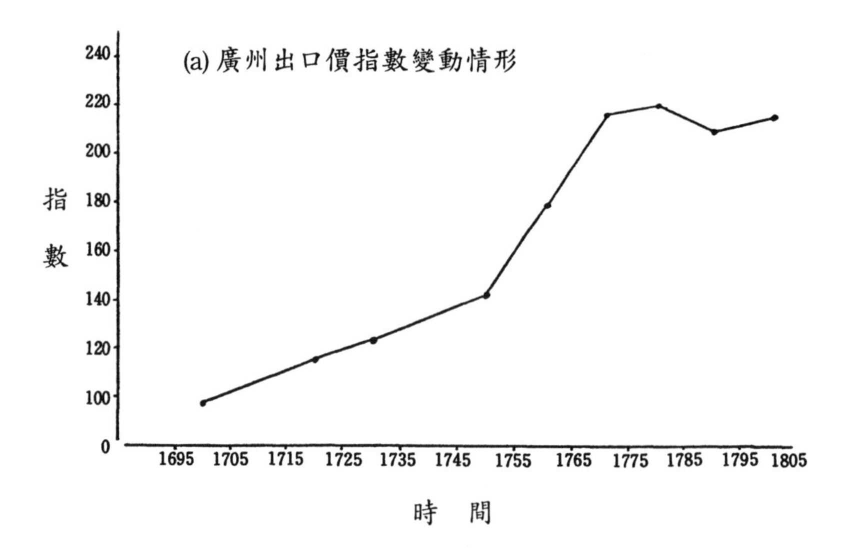

(b) 江浙地區價格指數變動情形

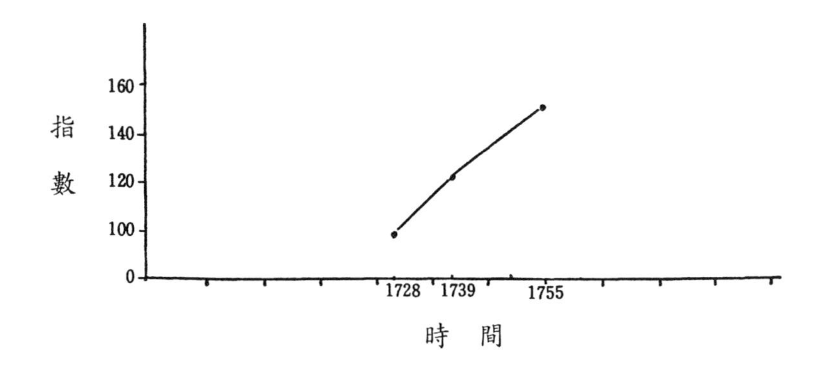

上面討論過絲價上漲的情形；現在要稍為一提與絲價關係密切的綢價上漲的情形。據前引《中國近代手工業史資料》第一卷221頁，引陳荀纕等：《乾隆吳江縣志》，卷38，「生業」謂：

> 按史冊黃溪志，明嘉靖中，綾綢價每兩銀八、九分，絲每兩二分。我朝康熙中，綾綢價每兩一錢；絲價尚止三、四分。今（乾隆十二年）綢價視康熙間增三之一，而絲價乃倍之。此業織綢者之所以生計日微也。

根據上述記載，則知絲價在乾隆12年（1747）時，較康熙中葉絲價最賤時約上漲一倍；而綢價的上漲則僅為三分之一，這是因為工資相對下降的緣故。關於這一個時期工資相對下降的情形，留待本文第二節，詳加討論。

丙、棉花價

其次是棉花的價格上漲情形。全師漢昇在前引「美洲白銀與十八世紀中國物價革命的關係」一文中，引汪輝祖《病榻夢痕錄》卷下，對乾隆57年（1792）浙江蕭山一帶的棉花價格，有所記述：

> 木棉花一斤，制錢八十餘文，嚮不過三、四十文。自（乾隆）五十六年歉收，價至百文。時已少殺，不知何日得復舊也！

棉花一斤，在乾隆57年（1792）時，制錢八十餘文；而在乾隆56年時，因為棉花歉收，價格一度升到每斤百文。引文提到：「嚮不過三、四十文」，但不知道所指何時。

又據：《中國近代手工業史資料》第一卷245頁，引H.B. Morse前引書第100頁，引述1821年，廣州一位英國商人，寫給在印度的另一位英國商人的信上說：

> （廣州）織造棉布疋頭的老闆和紡工之間，通常總是由老闆供給紡工棉花二斤，收回棉紗一斤。

這一種用棉花來交換紗、布的方式，在乾隆時期的江浙地區，非常通行。前引《中國近代手工業史資料》243頁，引黃卬《錫金識小錄》卷一「力作之利」謂：

> 布有三等，一以三丈為疋，曰長頭；一以二丈為疋，曰短頭。皆以換花。

這就證明在江蘇無錫地方，用棉花換布的事例非常普遍。

我們既然知道棉花與棉紗之間的交換比例是：二斤棉花換一斤紗；則就可以知道：一斤棉紗的紡紗工價，等於一斤棉花的價格。

又同上書第一卷235－236頁，引曾紀芬：《崇德老人八十自訂年譜》附錄頁516謂：

> 近閱西醫王立才君所撰致富錦囊，中述其太高祖母張太宜人節孝事略云：每日紡紗十二兩，得工資五十文。

後文又謂：「按王母事略，始於乾隆29年」。可見在乾隆29年（1764）前後，紡紗十二兩之工價，為五十文。以此推之，則紡紗一斤之工價，為六十五文左右，亦即棉花一斤的價格在乾隆29年前後，為六十五文左右。則棉花每斤三、四十文時，應為乾隆初年，亦即是汪祖輝的童年時期。

根據上述推算，我們可以列表如下：

表7. 乾隆時期 (1735-1795) 江浙地區棉花價格變動情形

時期	棉花每斤價（文）	中值	指數
乾隆初期（1735－1745）	30 - 40	35	100
乾隆中葉（1760－1770）	60 - 70	65	185
乾隆末葉（1785－1795）	90 - 100	95	257

根據上表，可製指數圖如下：

圖5. 乾隆時期江浙棉價變動指數圖

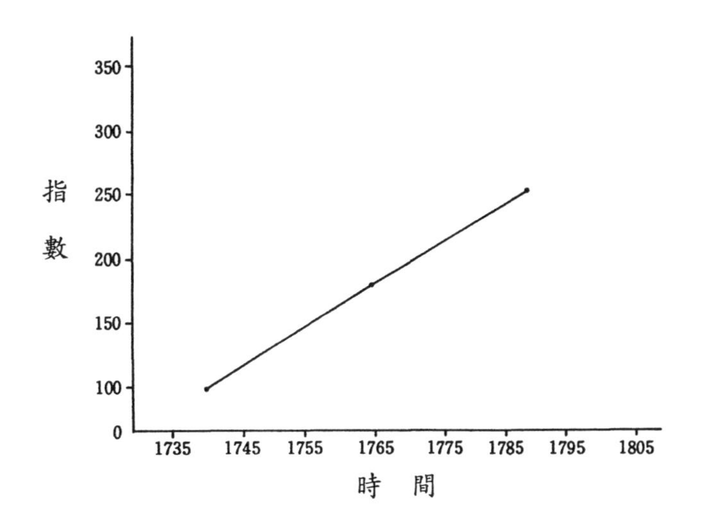

又前引H.B. Morse書中，可以找到一些，在廣州入口貿易中，棉花價格的資料，茲將此類資料，列如下表：

表8. 1764－1789廣州入口棉花價格變動表

年分	棉花每擔價格	見於H.B. Morse書	指數
乾隆29年（1764）	8.20（兩）	第五卷頁118	100
乾隆34年（1769）	9.10（兩）	第五卷頁145	111
乾隆38年（1773）	11.00（兩）	第五卷頁176	134
乾隆39年（1774）	11.50（兩）	第五卷頁189	140
乾隆47年（1782）	11.50（兩）	第二卷頁81	140
乾隆48年（1783）	15.00（兩）	第二卷頁91	183
乾隆54年（1789）	14.00（兩）	第二卷頁173	170

上面表7，所列資料為乾隆初年（1736），至乾隆末年（1795），前後距離為60年；指數自100上升到257。

在表8，時間自1764年至1789年，前後25年之間，指數自100上升到170。

丁、布價

討論過棉花價格變動情形後，連帶而至的是布的價格。洪亮吉在意言「生計篇」中說：

> 聞五十年以前，吾祖若父之時，米之以升計者，錢不過六、七；布之以丈計者，錢不過三、四十。……今則不然，……且昔之以升計者，錢又須三、四十矣；昔之以丈計者，錢又須一、二百矣。

洪氏《意言》，完稿於乾隆58年（1793）。若由是年上推50年，為乾隆8年（1743）。但是，我們在前面討論到米價變動情形時，知道在乾隆初年的米價，是盤旋在一兩七錢至二兩之間，而按照當時的銀、錢比價，是銀每兩值錢八百餘文。[5]若折合為錢文價格，則在乾隆初年每升米應為15文左右，而非六、七文錢。由此可見：亮吉所謂五十年之前，是籠統而言，並不是嚴格計算。

清初米價最低時，前後有兩次：前者為康熙30年（1690）左右；後者為康熙50年（1710）左右。在這兩個時期，都曾出現過米價在六、七文錢的情況。[6]亮吉所指，可能是康熙50年左右的事。如果是，則布價每丈三、四十文，也應該是在康熙50年左右。

關於康熙中葉布價的情形，前引《中國近代手工業史資料》第一卷240－241頁，引蘇州織造李煦，在康熙54年（1715）六月十五日的奏摺，謂：蘇州織造衙門，在康熙34年至44年（1695－1705）之間，每年領用布政司錢糧十六萬兩，採買青藍布三十萬疋。[7]以此推算，則每疋布的價格，約為五錢左右。

前引H.B. Morse書中，亦有廣州出口貿易中，南京布[8]的價格資料，茲據該書資料，編為下表：

表9. 1754－1792年南京布在廣州出口貿易中的價格變動

年分	每疋布價（兩）	H.B. Morse書頁數	指數
乾隆19年（1754）	0.34	第五卷頁19	100
乾隆29年（1764）	0.34	第五卷頁101	100
乾隆33年（1768）	0.38	第五卷頁138	112
乾隆40年（1775）	0.38	第二卷頁3	112
乾隆49年（1784）	0.42	第二卷頁95	124
乾隆58年（1792）	0.50	第二卷頁203	147

圖6. 1754－1792南京布在廣州出口價格變動圖

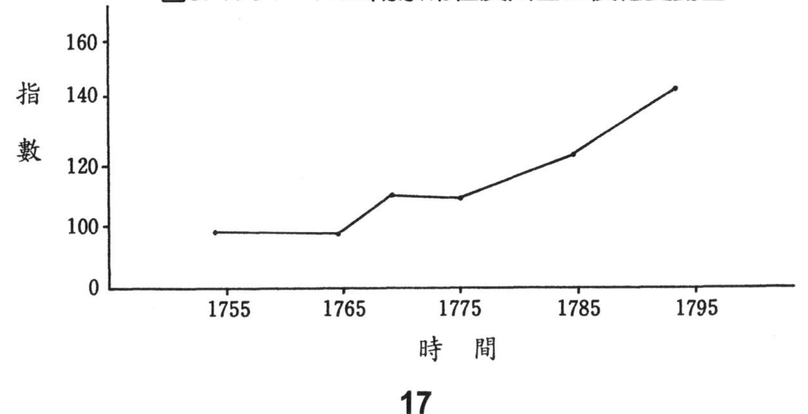

根據前引李煦奏摺中的資料，布價每疋在五錢左右，是在康熙40年左右；而根據H.B. Morse書中記載，南京布每疋出口價在五錢時，是乾隆五十七年（1792）。這種情形，一方面可能是皇室採購的布，品質較優，所以價錢較高。另一方面可能因為官員貪污，所以買價比普通為貴。

又：洪亮吉在乾隆末年寫《意言》(《意言》成書時為乾隆58年，1793)，說當時布價，每丈為一、二百錢。若以三丈為疋計算，則每疋約為400錢至500錢，與H.B. Morse書中，每疋布值銀五錢的記載比較，似乎較低。【9】

我們現在又再將棉花價格與布價兩者的變動比較一下。

在前面表8中，所列廣州出口貿易中，棉花價格的變動，自1764年，至1789年，時間差距共25年，指數由100增至170。而在表9中，所列布疋價格，自1754年，至1792年，時間差距為38年，指數由100增加到147。兩者比較起來，很明顯的看出：棉花價格上升的幅度，比布疋價格上升的幅度大了許多。這其中原因，應該也是與乾隆年間工資相對下降的事實有關。

戊、茶葉價

討論過米價、絲價、布價、棉價之後，我們再來觀察一下茶葉價格的變動。在清朝康熙中葉之後，歐洲各國商船來廣州購買中國茶葉，為數甚多。茶葉成為中國出口貨品中，最重要的商品。在前引H.B. Morse書中，記述茶葉價格的資料甚多。但因為茶葉的品種複雜，而各種茶葉的價錢又相差懸殊。如果將各種茶葉混合列為一表，則因品質不同，價格參差，很難看出明確的價格變動趨勢。因此，我們只選擇兩個品種的茶葉，一種是最常見的，亦是價錢最便宜，交易額最多的武夷茶，MORSE書中稱為Bohea；另一種價錢較貴，交易量較少的熙春茶，MORSE書中稱為Hyson茶的。現在將上述兩種茶葉的價格，分別列表如下：

表10. 1754－1785武夷茶在廣州出口貿易中價格變動

單位：銀（兩）

年分	原資料每擔價	中值	見Morse書頁數	指數
乾隆19年（1754）	12.00-15.00	13.50	第五卷頁19	126
20年（1755）	11.08	11.08	第五卷頁32	103
21年（1756）	10.97	10.97	第五卷頁47	102
24年（1759）	10.50-11.00	10.75	第五卷頁69	100
24年（1759）	11.50	11.50	第五卷頁70	107
25年（1760）	12.22	12.22	第五卷頁86	114
25年（1760）	12.50	12.50	第五卷頁87	116
29年（1763）	14.50-16.00	15.25	第五卷頁108	142
29年（1763）	14.00-17.50	15.75	第五卷頁108	147
30年（1764）	16.95	16.95	第五卷頁110	157
30年（1764）	16.00	16.00	第五卷頁112	149
30年（1764）	17.50	17.50	第五卷頁112	163
31年（1765）	13.50-16.00	14.75	第五卷頁112	137
31年（1765）	16.50	16.50	第五卷頁125	153
31年（1765）	17.50-18.00	17.75	第五卷頁125	165
37年（1772）	13.50-14.00	13.75	第五卷頁168	128
39年（1774）	13.80	13.80	第五卷頁186	128
39年（1774）	13.50-14.00	13.75	第五卷頁188	128
40年（1775）	14.00	14.00	第二卷頁3	130
42年（1777）	13.50-14.00	13.75	第二卷頁28	128
43年（1778）	13.80	13.80	第二卷頁30	128
43年（1778）	13.95	13.95	第二卷頁35	130
48年（1783）	14.50	14.50	第二卷頁91	135
50年（1785）	14.53	14.53	第二卷頁110	135

表11. 1754－1793熙春茶在廣州出口貿易中的價格變動

單位：銀（兩）

年分	原資料每擔價	中值	見於Morse書頁數	指數
乾隆19年（1754）	48.00-50.00	49.00	第五卷頁19	109
20年（1755）	55.00	55.00	第五卷頁32	122
24年（1759）	45.00	45.00	第五卷頁69	100
28年（1763）	43.00-54.00	48.50	第五卷頁108	108
30年（1765）	55.00-60.00	57.50	第五卷頁113	128
30年（1765）	48.00-53.00	50.50	第五卷頁125	112
33年（1768）	60.00	60.00	第五卷頁136	133
37年（1772）	58.00	58.00	第五卷頁168	129
39年（1774）	58.00	58.00	第五卷頁178	129
40年（1775）	58.00	58.00	第二卷頁3	129
42年（1777）	56.00	56.00	第二卷頁28	124
58年（1793）	57.00	57.00	第二卷頁198	127

從表10及表11中，可以看出：兩種茶葉的價格，最低的時期都是在乾隆二十四年（1759），在是年之後，茶價上漲，在乾隆三十年之後，至乾隆三十三年之間（1765－1768），兩者的價格都升到一個高峰。而在這一個價格高峰之後，價格又出現下降之勢；而到乾隆五十年（1780）之後，又復上升。

己、蔗糖價

最後要討論的，是蔗糖的價格。從前引H.B. Morse書中，亦可找到一些蔗糖的出口價格資料。茲將該等資料列表如下：

表12. 蔗糖在廣州出口貿易中的價格變動（1689－1792）

單位：銀（兩）

年分	糖每擔價	見於Morse書頁數	指數
康熙28年（1689）	1.70	第一卷頁80	100
38年（1699）	1.70	第一卷頁106	100
43年（1704）	2.50	第一卷頁133	147
61年（1722）	3.00	第一卷頁172	176
雍正1年（1723）	2.90	第一卷頁177	171
2年（1724）	3.00	第一卷頁180	176
11年（1733）	2.80	第一卷頁219	165
乾隆29年（1764）	4.50	第五卷頁119	265
39年（1774）	4.00	第五卷頁196	235
57年（1792）	5.00	第二卷頁203	294

從表12，可以看到：在康熙中葉，糖價便宜而且穩定。自康熙四十年（1700）起，糖價開始上漲。到了乾隆末年（1792）價格指數達到294。

到此為止，我們共討論過六種商品的價格變動情形。我們的總印象是：每一種商品的價格都在上漲；但是，各種商品的價格上漲幅度又各不相同。茲為清楚比較各種商品的漲價幅度，又再編製一個總表如下：

表13. 清朝康、雍、乾時期主要商品價格上升幅度比較表

指數表編　號	商品名稱	起迄年限	時間差距（年）	指數起迄	指數差距	價格上漲幅度（每年）
4	米（江浙價）	1691-1792	101	100-500	400	3.96%
6	絲（廣州出口價）	1699-1798	99	100-288	188	1.90%
9	絲（江浙採買價）	1728-1755	27	100-151	51	1.89%
10	棉花（江浙價）	1735-1795	60	100-257	157	2.61%
11	棉花（廣州入口價）	1764-1789	25	100-170	70	2.80%
12	南京布（廣州出口價）	1754-1792	38	100-147	47	1.24%
13	武夷茶（廣州出口價）	1754-1785	31	100-135	35	1.13%
14	熙春茶（廣州出口價）	1754-1793	39	100-133	33	0.85%
15	蔗糖（廣州出口價）	1689-1792	103	100-294	194	1.88%

上表（表13）計算出各種商品價格上漲的幅度（年百分比）。我們計算的方式，是將指數的差距，除以年數，所以計算出來的結果，是「年增幅」，即是每年增加指數的百分比點數。

從上表中，可以看出：價格增加幅度最高的，是米。其次是棉花。茲為使讀者一目了然起見，特列簡表如下：

表14. 各商品價格上升幅度簡表

價格增幅大小排列的名次	商品名稱	年增幅
1	米	3.96%
2	棉花（廣州入口價格）	2.80%
3	棉花（江、浙價格）	2.61%
4	絲（廣州出口價格）	1.90%
5	絲（江、浙採買價格）	1.89%
6	蔗糖（廣州出口價格）	1.88%
7	南京布（廣州出口價格）	1.24%
8	武夷茶（廣州出口價）	1.13%
9	熙春茶（廣州出口價）	0.85%

這一個時期，物價之所以全面上升，最主要的原因，應該是人口的增加。全師漢昇又指出：美洲白銀在這個時期，和在這個時期之前，大量流入中國，也是物價全面上升的另一個重要因素。（見全師漢昇：〈美洲白銀與十八世紀中國物價革命的關係〉，《中國經濟史論叢》第二冊，頁475－508）

至於各種物價上升幅度高低不同的原因，我們也想解釋一下。

米的價格上升幅度最大，是由於米為民生必需之品，而且需求彈性固定。在這個時期中，由於人口激劇增加，土地面積不能同比例增加，而耕作技術又沒有突破性的改進，於是，米的供給相對不足，米的需求相對增加，米的邊際效用（Marginal Utility）顯著提高，所以米價上升的幅度便比其他商品為高。這也顯示出：當時的人們，都寧願放棄其他的商品，而將有限的購買力用來買米的心情。

由於人口激增，自乾隆初至乾隆末（1736－1795），人民生計日形窘困。根據近代經濟學的研究，如果民生日趨窘困時，他們必然會將他們的購買力，從其他較奢侈的用途，轉移到糧食的購買。這種因素，也是令到米價上升幅度高於其他商品的原因。

其次是棉花，棉花是布的原料，而布也是民生必需品之一，其重要性除了米之外，要佔到第二位。所以，棉花的價格上升幅度，僅次於米，而較其他商品為高。

與棉花有替代關係的商品是絲，絲的價格上升幅度比棉花小，這是因為民生日趨窘困的緣故。棉與絲都是作衣服的原料，但絲比棉貴。如果民生日趨富裕的時候，許多人都放棄下價商品，轉買上價商品；但如果民生日趨窘困，情形就會相反：許多人都少穿綢緞，多穿布，於是棉花的需求較絲為大，棉花價格上漲比絲快。

由棉花聯帶着提起布。在上述時期中，布價的上升幅度比棉價低，這是因為棉花製造成布的過程中，所用的勞力價格沒有上漲，或者上漲的非常少。在這裡順便要提到的一件事，是在清朝康熙中期，到乾隆末年（1690－1795），這一百年之間，各種物價全面上漲，但是有一種價格沒有上漲，或者說上漲的非常少，這就是勞務價格，也就是工資。關於工資沒有上漲的情形，我們要在本文第二節來詳細討論，此處不擬多談；在此，我們只是指出布價上升的幅度比棉花小，是因為工資沒有上漲的緣故。

同樣的理由，綢緞價格的上漲幅度，比絲的漲價幅度為低，這也是因為工資沒有上漲的原因。

兩種茶葉的上漲幅度，高低不同。下價的武夷茶，價錢漲的多；上價的熙春茶，價格漲的少。這種情形，也與民生日趨貧困有關。生計日絀，原來喝好茶葉的人們，不得已改變習慣，要多喝下價茶了。

第二節　工資的相對下降

本文第一節，詳細討論過清朝康熙年間到嘉慶初年的物價上漲情形；本節則討論另一種價格，即是勞務價格，亦即工資的相對下降情形。

所謂「相對下降」，其意義是說，與商品價格的顯著的上漲幅度比較起來，勞務的價格，即工資，是下降了。近代西方經濟學，對於工資的研究，有名義工資（Nominal Wage）及真實工資（Real Wage）之分。名義工資，是指用貨幣數字來表示的工資；例如某甲每月工資一百元。而真實工資，是指工資的購買力；例如某甲每月的工資，可購得白米一百斤。在清朝康熙中葉（1700年左右開始）至乾隆末年（1795）這一段時期，物價的上升情形，已如上節所述。這就表示貨幣的購買力降低了。如果在同一時期，名義工資的上升幅度，不如物價的上升幅度大，這就表示真實工資下降了。

根據史料觀察，在上述那一段時間中（1700－1795），名義工資沒有顯著的上升。茲將史書所載資料，編為下表：

表15. 康熙中葉至嘉慶初年（1685－1809）工資資料表

年　份	地區	行業	原資料	是年銀1兩兌錢(文)數	折合每月錢(文)數	資料來源
康24（1685）	蘇州	織造	每日銀1.5錢	850	3825	(1)
康24（1685）	蘇州	織造	每日銀1.2錢	850	3060	(1)
康24（1685）	蘇州	織造	每日銀9分	850	2295	(1)
康24（1685）	蘇州	織造	每日銀1.35錢	850	3443	(1)
康24（1685）	蘇州	織造	每月銀2兩	850	1700	(2)
康24（1685）	蘇州	織造	每月銀5錢	850	425	(2)
康24（1685）	蘇州	織造	每月銀2兩	850	1700	(2)
康25（1686）	京城	匠役	每月銀2兩	850	1700	(3)
康25（1686）	京城	匠役	每月銀1.5兩	850	1275	(3)
康37（1698）	京城	鍼線	每日錢80文	850	2400	(4)
康47（1708）	江蘇	織造	每年銀7.3兩	850	516	(5)
雍1（1723）	京城	庫丁	每月銀5錢	1,000	500	(6)
雍6（1728）	京城	匠役	每日錢154文	1,000	4620	(7)
雍6（1728）	京城	匠役	每日錢134文	1,000	4020	(7)
雍12（1734）	江蘇	織造	每年銀18兩	1,000	1500	(8)
乾2（1737）	山西	煤礦	每日銀3分	800	720	(9)
乾2（1737）	直隸	木匠	每日銀1錢	800	2400	(10)
乾2（1737）	直隸	木匠	每日錢80文	800	2400	(11)
乾2（1737）	直隸	木匠	每日銀1錢	800	2400	(12)
乾2（1737）	直隸	木匠	每日錢80文	800	2400	(13)
乾2（1737）	湖南	窰業	每月銀3錢	800	240	(14)
乾2（1737）	北京	成衣	每年銀16.5兩	800	1100	(15)
乾3（1738）	廣東	香粉	每月錢500文	800	500	(16)
乾5（1740）	直隸	燒炭	每月錢650文	800	650	(17)
乾6（1741）	廣東	製糖	每日錢25文	800	750	(18)
乾13（1748）	河南	鐵工	每年錢5000文	800	417	(19)
乾13（1748）	廣東	鐵工	每月錢400文	800	400	(20)

景印香港新亞研究所《新亞學報》（第一至三十卷）

乾16（1751）	四川	煤礦	每月銀5錢	800	400	(21)
乾18（1753）	浙江	堡夫	每月銀1兩	850	850	(22)
乾18（1753）	湖南	守庫	每月銀1兩	850	850	(23)
乾18（1753）	湖南	更夫	每月銀6錢	850	510	(24)
乾19（1754）	四川	煤礦	每年錢7000文	850	583	(25)
乾21（1756）	河南	倉夫	每年米5石	850	1250	(26)
乾25（1760）	四川	裁縫	每月銀6錢	785	471	(27)
乾26（1761）	錦州	鐵工	每月錢5000文	785	5000	(28)
乾26（1761）	湖南	卡役	每月銀1兩	785	785	(29)
乾28（1763）	雲南	燒炭	每年銀7.2兩	785	471	(30)
乾28（1763）	江西	鐵工	每月錢200文	785	200	(31)
乾29（1764）	吉林	建造	三年銀18兩	785	392	(32)
乾33（1768）	直隸	煤礦	每日錢70文	785	2100	(33)
乾34（1769）	四川	燒炭	每月銀6錢	785	471	(34)
乾34（1769）	山西	鐵工	每月錢850文	785	850	(35)
乾34（1769）	浙江	染匠	每月錢800文	785	800	(36)
乾35（1770）	福建	造紙	每月銀5錢	785	392	(37)
乾35（1770）	直隸	土窖	每月錢550文	785	550	(38)
乾35（1770）	陝西	燒炭	每月錢650文	785	650	(39)
乾35（1770）	雲南	鐵工	每月銀5錢	785	392	(40)
乾35（1770）	四旗	建造	每月錢1200文	785	1200	(41)
乾35（1770）	浙江	做餅	每月錢1000文	785	1000	(42)
乾35（1770）	奉天	紡織	每月錢3000文	785	3000	(43)
乾35（1770）	雲南	鐵工	每月銀5錢	785	392	(44)
乾37（1772）	陝西	鐵工	每月錢1800文	785	1800	(45)
乾37（1772）	安徽	豆腐	每年銀10兩	785	654	(46)
乾37（1772）	福建	豆腐	每月錢200文	785	200	(47)
乾40（1775）	江蘇	染匠	每年錢3300文	785	275	(48)
乾42（1777）	四川	煤礦	每月銀5錢	785	392	(49)
乾42（1777）	奉天	木匠	每月錢10000文	785	10000	(50)

乾42（1777）	山西	木匠	每月錢1300文	785	1300	(51)
乾50（1785）	直隸	煤礦	每日錢115文	1000	3450	(52)
乾52（1787）	四川	製鹽	每日錢45文	1000	1350	(53)
乾55（1791）	陝西	建造	每月錢300文	1000	300	(54)
乾55（1791）	江西	豆腐	每月錢750文	1000	750	(55)
乾55（1791）	湖北	爆竹	每月錢600文	1000	600	(56)
嘉1（1796）	直隸	鐵工	四個月錢3500文	1025	875	(57)
嘉2（1797）	甘肅	鐵工	每月錢2000文	1025	2000	(58)
嘉3（1798）	浙江	燒炭	每日錢69文	1025	2070	(59)
嘉3（1798）	福建	煤礦	每月錢2400文	1025	2400	(60)
嘉7（1802）	四川	煤礦	每月錢1000文	1080	1000	(61)
嘉7（1802）	山東	煤礦	每日錢250文	1080	7500	(62)
嘉7（1802）	奉天	鐵工	每月錢7000文	1080	7000	(63)
嘉8（1803）	廣東	糖業	每月錢500文	1080	500	(64)
嘉10（1805）	河南	煤礦	每年錢7000文	1080	583	(65)
嘉10（1805）	江蘇	木匠	每日錢50文	1080	1500	(66)
嘉10（1805）	奉天	紡織	每月錢12000文	1080	12000	(67)
嘉10（1805）	陝西	木籬	每日錢32文	1080	960	(68)
嘉11（1806）	河南	土窰	每日錢30文	1080	900	(69)
嘉11（1806）	山西	煤礦	每日錢50文	1080	1500	(70)
嘉12（1807）	四川	煤礦	每月錢900文	1080	900	(71)
嘉12（1807）	湖北	鐵工	每年錢7000文	1080	583	(72)
嘉12（1807）	山西	作毡	每月錢2000文	1080	2000	(73)
嘉12（1807）	湖南	織蓆	每日錢40文	1080	1200	(74)
嘉14（1809）	四川	煤礦	每月錢1000文	1080	1000	(75)
嘉14（1809）	奉天	鐵工	每月錢15000文	1080	15000	(76)
嘉14（1809）	廣西	鐵工	每年銀24兩	1080	2160	(77)
嘉14（1809）	甘肅	燈籠	每月錢2000文	1080	2000	(78)

表15說明：

1. 關於本表所列各年銀、錢比價，係根據全師漢昇〈美洲白銀與十八世紀中國物價革命的關係〉一文中第一表（《中國經濟史論叢》第二冊477－478頁。）

2. 原資料有按日、按月、按年計算者；亦有用錢文計算者，或用銀兩計算者，今為便於比較起見，全部折合為按月用錢文計算。

表15資料來源：

（1）《中國近代手工業史資料》第一卷九一頁引孫珮《蘇州織造局志》：「（康熙二十四年）機匠工價：緞紗花機，每日工銀一錢五分算，上用、官用同；織匠每日工銀六分；挽匠每日工銀三分；織挽匠每日鹽菜銀五分；每日送飯工銀一分。（是織匠與挽匠除了每日工銀外，另有菜鹽及送飯等銀共六分，分別合計為一錢二分及九分。）緞素機，每日工銀一錢三分五厘，上用、官用同。」

（2）同上書九二頁引孫珮《蘇州織造局志》：「（康熙二十四年）挑花、倒花、畫匠工價：挑花匠，每月給工銀二兩算；倒花匠，每月給工銀五錢算；畫匠，每月給工銀二兩算。」

（3）同上書一五四頁引：欽定總管內務府現行則例，廣儲司卷一、頁三至九：「康熙二十五年，匠藝內有特等精巧者、給食二兩錢糧；頭等精巧者，給食一兩五錢錢糧。」

（4）同上書一五二頁：「（康熙三十七年）鍼線房，設太監領催二人，鍼線婦人四百八十六名，……專司成造上用朝服及內庭四時衣服靴襪等項，承應成造衣服之時，每人每日給飯制錢八十文。」

（5）《關於江寧織造曹家檔案史料》（一九七五年北京中華書局出版）頁五四：康熙四十七年六月：曹寅、李煦奏陳織造事宜六款摺：「……臣等原議誥帛二項人匠，約計三百七十名，歲需銀二千七百兩，即可贍活群工。」如以人數除銀數，平均為每人每年七兩三錢。

（6）《資料》卷一頁一六一：「雍正元年題准……安定門左翼炮局庫丁六名，……軍需庫庫丁八名，每名月支銀五錢。」

（7）《資料》卷一頁一五四至一五五：「（雍正）六年二月呈准：凡成造物件，食糧匠役，如不敷用，雇覓民匠成造，每年自二月初一日起至九月三十日定為長工，每日給制錢一五四文；自十月初一日起至正月三十日定為短工，每日給制錢一三四文。」

（8）《資料》卷一頁七二：海望於雍正十二年奏：「……以上各項匠役，三三一名，一年應領米石布花等項，照市價折算，共計合銀五八三九兩零。」如以人數除銀數，平均為每人每年支十八兩。

（9）《資料》卷一頁四〇一引清代刑部鈔檔：乾隆二年十一月九日，巡撫山西太原等處地方覺羅石麟題：「（山西高平縣）崔硫雇秦珍掏洗舊窰挖煤，言明每日工銀三分。」

（10）《資料》卷一，頁405，引清代刑部鈔檔：乾隆二年七月十八日，兼管刑部事務徐本等題：「（直隸易州）周士云同子周德懷雇給王二傭工，言明大工每日工價一錢；小工每日錢八十文。」

（11）同（10）。

（12）《資料》卷一，頁四〇五引清代刑部鈔檔：乾隆二年五月十五日，總督直隸等處地方李衛題：「（直隸易州）周士云同子周德懷雇給王二傭工，言明大工每工銀一錢，小工每工錢八十文。」

（13）同（12）。

（14）《資料》卷一頁397－398，引清代刑部鈔檔：乾隆三年六月十日，護理湖南巡撫張燦題：「（湖南衡陽縣）李次賢雇劉廷玉提瓦桶燒窰，每月給三錢工價。」

（15）《資料》卷一頁四一三引清代刑部鈔檔：乾隆二年閏九月八日，兼管刑部事務徐文等題：「（北京）劉天德開成衣舖生意，雇陳克文在舖內做活，言定每年給工銀一十六兩五錢。」

（16）《資料》卷一頁四一三引清代刑部鈔檔：乾隆三年二月二十九日：「（廣東恩平縣）梁作茂雇關興旺在香粉廠佣工，議定每月工錢五百文，並無文券。」

（17）《資料》卷一頁三九九引清代刑部鈔檔：乾隆五年五月十八日，刑部尚書那蘇圖等題：「（直隸武安縣）杜四燒窰，雇任可用佣工，言定每月工價錢六百五十文，並未立有文約。」

（18）《資料》卷一頁二六六引清代刑部鈔檔：乾隆六年十一月九日，管理廣東等處地方巡撫事王安國題：「（廣東羅定州）楊仕奕在馬欄西搭寮榨蔗做糖發賣，雇鍾亞卯，鍾蒂保赴寮榨蔗，言定每人每日工錢二十五文，按五日一次給工錢，未有寫立文約。」

（19）《資料》卷一頁四〇二引清代刑部鈔檔：乾隆十三年七月二十二日，刑部尚書盛安等題：「（河南確山縣）李二小與張大生均係鐵匠生理，張大生雇李二小幫同打鐵，言明每年包給工價錢五千文，並未立有文券。」

（20）《資料》卷一頁四〇三引清代刑部鈔檔：：乾隆十三年五月六日，署理刑部尚書盛安等題：「（廣東興寧縣）馮應寧到葉青機的鐵煤廠工作，每月工錢四百文。」

（21）《資料》卷一頁四〇〇引清代刑部鈔檔：乾隆十六年四月十五日，行川陝總督事尹繼善題：「（四川犍為縣）黃君臣雇與鄔昌貴家挖煤，佣工每月工銀五錢。」

（22）皇清奏議第八冊（仁和琴川居士編輯，台北文海出版社印行）卷四九，總頁四〇九七：乾隆十八年，閩浙總督喀爾吉善奏：「……至堡夫月給錢糧，查南河定例每夫月給工食銀五錢，又於隄內撥給淤地十五畝，以資耕食；今浙省海塘內外漲沙，均經民灶承墾，並無隙地可撥，應將海塘堡夫照守糧月給銀一兩，不給月米。」

（23）《資料》卷一，頁364－365，引王闓運等：同治桂陽直隸州志：「乾隆十八年，……至焦源河口應添設官卡一所，守庫及跟隨巡役八名，每名月給薪工銀一兩；水火夫二名，更夫四名，每名月給工食銀六錢。」

（24）同（23）。

（25）《資料》卷一頁四〇〇引清代刑部鈔檔：乾隆十九年十月二日，四川總督黃廷桂題：「（四川犍為縣）周斌與嚴望千伙開煤廠，雇李明在廠挖煤，每年議定工價錢七千文。」

（26）《皇清奏議》第八冊，卷五十，總頁四一九五：乾隆二十一年，河南巡撫圖爾炳阿奏為酌定社會之法以杜侵虧事：「……看倉夫每歲給五石（穀）以作飯食。……」

（27）《資料》卷一頁四一三，引清代刑部鈔檔：乾隆二十五年十月二十九日總督四川管巡撫事開泰題：「（四川三台縣）謝之才雇周四海在裁縫舖幫工，每月工銀六錢。」

（28）《資料》卷一頁四〇二，引清代刑部鈔檔：乾隆二十六年十二月四日，刑部尚書舒赫德等題：「（錦州府寧遠州）王大雇趙大在舖內打鐵幫工，按月給工錢五千。」

（29）《資料》卷一頁三六四，引王闓運等，同治桂陽直隸州志卷二〇，謂：「（乾隆）二十六年，衡永郴桂道孔傳祖檄議，郴州所屬之宜章縣，為郴桂兩廠偷漏銅鉛錫斤要隘，應于宜邑南門外設官卡一所，……卡役四名，月給工食銀一兩。」

(30)《資料》卷一頁三八九，引清代刑部鈔檔：乾隆二十八年九月初四日，刑部尚書署理戶部三庫事務舒赫德題：「(雲南)楊上遵因開窰燒炭，短雇老期做工，老期向伊說明願做長工，每年議給工價銀七兩二錢，先付銀二兩，未寫雇工文契。」

(31)《資料》卷一頁四〇三，引清代刑部鈔檔：乾隆二十九年十月十七日，輔德謹題：「(江西宜黃縣)查周細伩打鐵生理，……乾隆二十八年二月間，潘上達令子潘大伩在周細伩店幫工，每月議給工錢二百文。」

(32)《資料》卷一頁四〇六，引清代刑部鈔檔：「乾隆二十九年六月十四日，刑部尚書秦蕙田等題：「(吉林省)劉志往白都訥租，賃楊成公房屋造車生理，雇張卒之子張福華佣工，言定三年給銀十八兩，立有文契。」

(33)《資料》卷一頁三九九——四〇〇，引清代刑部鈔檔：乾隆三十三年七月初六日，總督直隸等處方觀承題：「(直隸門頭溝)窰主劉智陳三因毛世窰有了水，采不得煤，……雇了三十個人，每人每日給工價大錢七十文。」

(34)《資料》卷一頁三九八，引清代刑部鈔檔：乾隆三十四年七月十五日，總督四川等處地方兼巡撫事阿爾泰題：「(四川酆都縣)喻在海在柴山里燒炭，短雇鄭萬曹在廠上幫工，每月工價銀六錢，沒有立約，議定年限。」

(35)《資料》卷一頁四〇三，引清代刑部鈔檔：乾隆三十四年一月十九日：「(山西祁縣)任正明子雇張威小子在舖打鐵，每月工錢八百五十文。」

(36)《資料》卷一頁四二二，引清代刑部鈔檔：乾隆三十四年十一月四日，管理刑部事務劉統勳等題：「(浙江餘姚縣)余起賢學成了染匠回家，周文遠薦他到龔維能染店去做工，講定每月工錢八百文。」

（37）《資料》卷一頁三九六，引清代刑部鈔檔：乾隆三十五年九月十九日鍾音題：「（福建崇安）據吳貴玉供：小的今年四十二歲，是江西南豐縣人，來到轄下白沙地方開廠做紙，有多少年了。小的廠內雇有工人虞五開，每月工銀五錢。」

（38）《資料》卷一頁三九八，引清代刑部鈔檔：「乾隆三十五年三月一日：「（直隸隆平縣大營村）張灼雇張思祿在他窰上做工，講過每月工價大錢五百五十文，並未立有文契。」

（39）《資料》卷一頁三九九，引清代刑部鈔檔：乾隆三十五年五月九日，管理刑部事務劉統勳等題：「（陝西盩厔）李拜在栗子屏燒炭，雇黨大德及張學溫幫工，言定每月工價錢六百五十文。」

（40）《資料》卷一頁四〇二，引清代刑部鈔檔：乾隆三十五年閏五月十二日，署雲南巡撫明德題：「（雲南嶍峨縣）扈霄漢僱李才幫打鐵，每月工銀五錢。」

（41）《資料》卷一頁四〇六引清代刑部鈔檔：乾隆三十五年一月二十五日：「（四旗）史福隴僱與閻福威廠內打車，言明每月工價大錢一千二百文。」

（42）《資料》卷一頁四〇九，引清代刑部鈔檔：乾隆三十七年三月十日，管理刑部事務劉統勳等題：「（浙江蘭谿縣）鮑佐黃於乾隆三十五年七月受僱在店做糕餅，每月工錢一千文。」

（43）《資料》卷一頁四一一，引清代刑部鈔檔：乾隆三十五年二月四日，盛京工部侍郎兼管奉天府府尹事務雅德題：「（奉天蓋平）姜二到邵至儉家替他紡繭線，每月工錢三千。」

（44）《資料》卷一頁四〇二，引清代刑部鈔檔：乾隆三十五年閏五月十二日，署雲南巡撫明德題：「（雲南南安州）陳之歧打鐵僱李才幫工，每月講定工銀五錢。」

（45）《資料》卷一，頁四〇三，引清代刑部鈔檔：乾隆三十七年六月十二日，管理刑部事務劉統勳等題：「（陝西西鄉縣）藤均美鑄鍋生理，汪士英僱藤均美鑄鍋，每月工錢一千八百文。」

（46）《資料》卷一頁四〇三，引清代刑部鈔檔：乾隆三十七年五月十九日，巡撫安徽等處地方提督軍務裴宗錫題：「（安徽當塗縣）濮玉萬開豆腐店生理，僱巢縣人姚起周陳二在店幫工，每年十兩工錢。」

（47）《資料》卷一頁四〇九，引清代刑部鈔檔：乾隆三十七年九月：「（福建建安縣）姜文煥僱林烏仔在豆腐店幫工，每月許給工錢二百文。」

（48）《資料》卷一頁四一二，引清代刑部鈔檔：乾隆四十年五月十二日，巡撫江寧等處地方薩載題：「（江蘇銅山縣）耿得憑李大說合，投僱韓順染房佣工，議定每年工錢三千三百文。」

（49）《資料》卷一頁四〇〇，引清代刑部鈔檔：乾隆四十二年六月十三日文綬謹題：「（四川重慶府）小的弟兄與鄧仲富伙開煤廠，乾隆四十一年二月僱徐佳有幫工，每月工銀五錢。」

（50）《資料》卷一頁四〇七，引清代刑部鈔檔：乾隆四十二年十月十七日，兼管奉天府府尹事務富察善等題：「（奉天岫岩縣）李高僱給姜士才木匠舖內佣工，議定每月工價市錢十千。」

（51）《資料》卷一頁四〇七，引清代刑部鈔檔：乾隆四十二年十月二十六日，巡撫山西覺羅巴顏三題：「（山西太谷縣）高萬滿叫馮桂林在他木匠舖內做伙計，講定每月工錢一千三百文。」

（52）《資料》卷一頁四〇〇，引清代刑部鈔檔：乾隆五十年六月廿六日，管理吏部刑部戶部三庫阿桂等題：「（直隸懷來縣）傅寬與楊希魁伙開煤窰，……僱覓趙文鏡在窰工作，日給工價一百一十五文。」

（53）《資料》卷一頁二九一，引清代刑部鈔檔：乾隆五十二年十月十九日，總督四川等處地方保寧題：「（四川犍為縣）楊開祿在劉澤洪鹽井包攬推水，轉僱譚中兼幫工，每日四十五文工錢。」

（54）《資料》卷一頁四〇五，引清代刑部鈔檔：乾隆五十五年六月九日，巡撫陝西等處秦承恩題：「（陝西商州）王福貴僱高禮，包蓋草房三間，……高禮轉僱陳東山幫工，議定每月工錢三百文。」

（55）《資料》卷一頁四〇九，引清代刑部鈔檔：乾隆五十五年五月，署理江西巡撫兼提督銜姚棻題：「（江西浮梁縣）何周雨短僱王遂元在店幫磨豆腐生理，每月議給工錢七百五十文。」

（56）《資料》卷一頁四一〇，引清代刑部鈔檔：乾隆五十六年四月十一日，巡撫湖北武昌等處地方福寧題：「（湖北襄陽縣）邱杭來陳斌舖內幫做爆竹，每月工錢六百文。」

（57）《資料》卷一頁四〇三，引清代刑部鈔檔：嘉慶元年十月二十五日，管理刑部阿桂等題：「（直隸容城縣）蕭漢文僱蕭黑子打鐵，講定四個月工錢大錢三千五百文。」

（58）《資料》同卷同頁，引清代刑部鈔檔：嘉慶二年五月十一日，管理刑部事務阿桂等題：「（甘肅敦皇縣）史廷芝幫同史祿林打造鐵器，言定每月工價錢二千文。」

（59）《資料》卷一頁三九九，引清代刑部鈔檔：嘉慶三年五月二十七日，暫兼理刑部尚書蘇凌阿等題：「（浙江桐廬縣）毛如庭包燒高登庭紫炭……轉僱毛如貞等四人相幫工作，言明每名每日工錢六十九文。」

（60）《資料》卷一頁四〇一——四〇二，引清代刑部鈔檔：嘉慶三年十一月十日，管理刑部事務和珅等題：「（福建龍溪縣）歐萬向在楊莫窰內幫做風爐，每月工錢二千四百文。」

（61）《資料》卷一頁四〇〇，引清代刑部鈔檔：嘉慶七年五月二十四日，四川總督管巡撫事勒保題：「（四川彭水縣）周大才僱徐啟蕘在廠內挖煤，每月工錢一千文。」

（62）《資料》卷一頁四〇二，引清代刑部鈔檔：嘉慶七年十一月二日，管理刑部事務董誥等題：「（山東淄川）在煤炭廠佣工之李斯孔，每日工價京錢二百五十文。」

（63）《資料》卷一頁四〇二，引清代刑部鈔檔：嘉慶七年七月三十日，暫帶刑部印鑰覺羅長麟題：「（奉天府岫岩廳）張茂彩僱呂可強打鐵，每月工價市錢七吊。」

（64）《資料》卷一頁二六六，引清代刑部鈔檔：嘉慶八年十二月十六日，管理刑部事務董誥等題：「（廣東英德縣）鍾毓化僱吳書城在蔗寮幫工，議明每月工錢五百文。」

（65）《資料》卷一頁四〇一，引清代刑部鈔檔：嘉慶十年秋審河南巡撫（缺名）題：「（河南宜陽縣）趙大情願在屈振有煤窰內做工，講定每年工錢七千文。」

（66）《資料》卷一頁四〇七，引清代刑部鈔檔：嘉慶十年秋審江蘇巡撫：「（江蘇青浦縣）曹順境僱沈受山在木作店幫工，每日工錢五十文。」

（67）《資料》卷一頁四一二，引清代刑部鈔檔：嘉慶十年七月二十一日，盛京刑部侍郎穆克登額等題：「（奉天鐵嶺縣）張復旺僱姜有染布，講定每月工價市錢十二千文。」

（68）《資料》卷一頁四一三，引清代刑部鈔檔：嘉慶十一年十二月二日，管理刑部事務董誥等題：「（陝西漢中府）朱耀庭僱冉大文編做竹簍，言定每日工價錢三十二文。」

（69）《資料》卷一頁三九八，引清代刑部鈔檔：嘉慶十一年二月二十二日，管理刑部事務董誥等題：「（河南陝州）朱方勛僱甯大做土坯工，每日給工錢三十文，並無主僕名分。」

（70）《資料》卷一頁四〇一，引清代刑部鈔檔：嘉慶十一年（缺月）一日，刑部（下缺）「（山西）牛魁向在本村李維其煤窰作伙，曾僱牛招弟在窰替作短工一日，應給工錢五十文。」

（71）《資料》卷一頁四〇〇，引清代刑部鈔檔：嘉慶十二年四月一日，總督四川等處地方勒保題：「（四川什邡縣）唐武秀短僱蕭連懷幫挖煤炭一月，講明工錢九百文。」

(72)《資料》卷一頁四〇三，引清代刑部鈔檔：嘉慶十二年十一月五日，管理刑部事務董誥等題：「(湖北應山縣）管繼方僱劉光要在鐵鋪內幫工，每年工錢七千文。」

(73)《資料》卷一頁四〇九，引清代刑部鈔檔：嘉慶十二年四月三日，管理刑部事務董誥等題：「(山西歸化城廳）霍鈞僱王瑚在舖做毡，每月工錢二千文。」

(74)《資料》卷一頁四一三，引清代刑部鈔檔：嘉慶十二年二月二十八日，湖南巡撫景安題：「(湖南龍陽縣）張輝澤僱請張輝才來家幫織蘆蓆，言明每日工錢四十文。」

(75)《資料》卷一頁四〇〇，引清代刑部鈔檔：嘉慶十四年三月十日，總督四川等處地方勒保題：「(四川滎縣）鄧高升短僱柯希漢柯希湖挖煤，議明每人每月給工錢一千文。」

(76)《資料》卷一頁四〇二，引清代刑部鈔檔：嘉慶十四年三月六日，兼管奉天府尹事務榮麟等題：「(奉天府蓋平縣）李太和開設鐵爐鋪，僱張克保製造鐵剪，每月工價市錢十五千文。」

(77)《資料》卷一頁四〇三，引清代刑部鈔檔：嘉慶十四年四月十三日，巡撫廣西等處地方恩長題：「(廣西天河縣）黃四珍僱張廷畛在廠幫工，每年給薪資銀二十四兩。」

(78)《資料》卷一頁四一三，引清代刑部鈔檔：嘉慶十四年四月六日，兼管甘肅巡撫事務那彥成題：「(甘肅皋蘭縣）張玉成僱應時在舖內幫做燈籠，講明每月工錢二千文。」

上表（表15）所收的資料，由於地區不同，行業不同，較難看出一個趨勢來。現在再將各項資料，先分地區，後分行業，分別列表如下：

表16. 1686－1805京城及直隸工資變動

（單位：錢（文）；指數：1500＝100）

年分	原資料（每月工資）	中值	指數
1686-1695	1700	1700	113
1696-1705	2400	2400	160
1706-1715	—		—
1716-1725	500	500	33
1726-1735	4620, 4020	4320	288
1736-1745	1100, 650	875	58
1746-1755	—		—
1756-1765	—		—
1766-1775	2100	2100	140
1776-1785	3450	3450	230
1786-1795	—		—
1796-1805	875	875	58

表17. 1756－1815奉天、錦州工資變動

（單位：錢（文）；指數：1500＝100）

年分	原資料（每月工資）	中值	指數
1756-1765	5000, 392	2696	180
1766-1775	3000	3000	200
1776-1785	10000	10000	667
1786-1795	—	—	—
1796-1805	7000	7000	467
1806-1815	1500	1500	100

表18. 1676－1805江、浙地區工資變動

（單位：錢（文）；指數：1500＝100）

年分	原資料（每月工資）	中值	指數
1676-1685	3825, 3060, 2295, 3443, 1700, 425, 1700	2349	157
1686-1695	—		—
1696-1705	—		—
1706-1715	516	516	34
1716-1725	—		—
1726-1735	1500	1500	100
1736-1745	—		—
1746-1755	850	850	57
1756-1765	—		—
1766-1775	800, 1000, 275	691	46
1776-1785	—		—
1786-1795	—		—
1796-1805	2070, 1500	1785	119

表19. 1746－1815四川、雲、貴工資變動

（單位：錢（文）；指數：1500＝100）

年分	原資料（每月工資）	中值	指數
1746-1755	400, 583	492	33
1756-1765	471, 471	471	31
1766-1775	471, 392, 392	418	28
1776-1785	392	392	26
1786-1795	1350	1350	90
1796-1805	1000	1000	67
1806-1815	900, 1000	950	63

表20. 1736－1815湖南、兩廣、福建工資變動

（單位：錢（文）；指數：1500＝100）

年分	原資料（每月工資）	中值	指數
1736-1745	240, 500, 750	497	33
1746-1755	400, 850, 510	587	39
1756-1765	785		52
1766-1775	392, 200	296	20
1776-1785	—		—
1786-1795	—		—
1796-1805	2400, 500	1450	97
1806-1815	1200, 2160	1680	112

茲將前面表16至表20指數繪圖如下：

圖7. 清康熙至嘉慶初年（1675－1815）各地工資變動比較圖

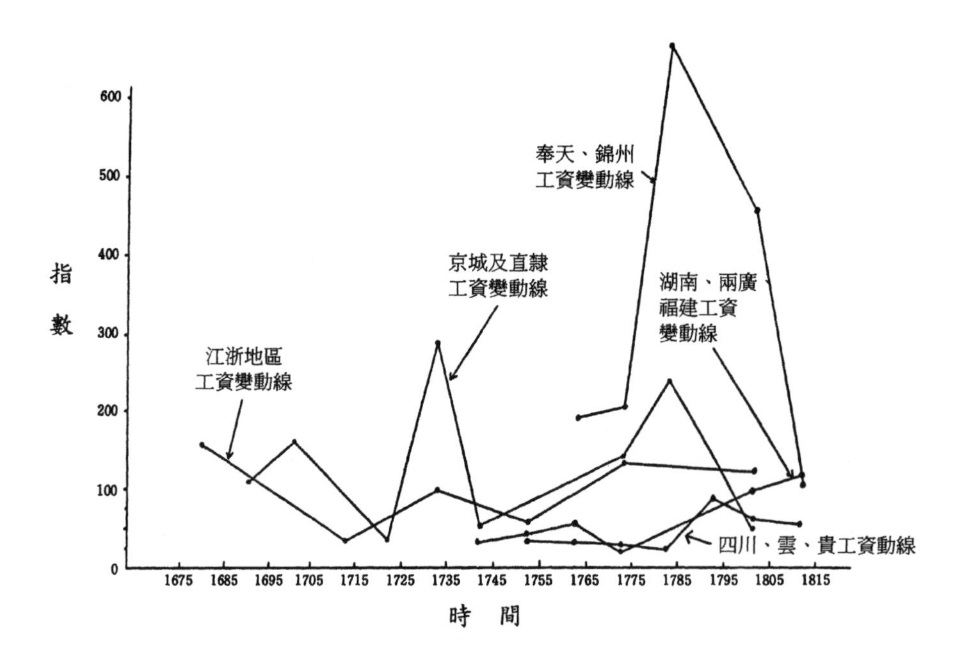

前面以地區來分的幾個工資變動表（表16至表20），指數的基數都是：1500＝100（即每月工資1500文）。所以，不只本地區的工資變動，可以比較；而且不同地區之間亦可以互相比較。

在不同地區來比較，工資最高的要數奉天及錦州等地（表17），因為該等地區為皇族及皇親貴戚聚居之地；其次為京城及直隸（表16），為全國首善之區；再次為江、浙（表18）；工資較低的兩個地區，一個是四川、雲、貴（表19）；另一個是湖南、兩廣及福建（表20）。

從時間的先後來觀察，各個地區都呈起伏不定的現象，看不出上升或下降的長期趨勢。

下面再將表15資料，根據不同行業分別列表，加以觀察比較。

表21. 1736－1815煤礦工人工資變動

（單位：錢（文）；指數：1500＝100）

年分	原資料（每月工資）	中值	指數
1736-1745	720	720	48
1746-1755	400, 583	492	33
1756-1765	—		—
1766-1775	2100	2100	140
1776-1785	392, 3450	1921	128
1786-1795	—		—
1796-1805	2400, 1000, 7500, 700	2900	193
1806-1815	1500, 900, 1000	1133	76

表22. 1676－1775織造工人工資變動

（單位：錢（文）；指數：1500＝100）

年分	原資料（每月工資）	中值	指數
1676-1685	3825, 3060, 2295, 3443, 1700, 425	2458	164
1686-1695	—		—
1696-1705	2400	2400	160
1706-1715	516	516	34
1716-1725	—		—
1726-1735	1500	1500	100
1736-1745	1100	1100	73
1746-1755	—		—
1756-1765	471	471	31
1766-1775	800, 3000	1900	127

表23. 1686－1765匠役工資變動

（單位：錢（文）；指數：1500＝100）

年分	原資料（每月工資）	中值	指數
1686-1695	1700, 1275	1488	99
1696-1705	—		—
1706-1715	—		—
1716-1725	500	500	33
1726-1735	4620, 4020	4320	288
1736-1745	—		—
1746-1755	850, 850, 510	737	49
1756-1765	1250, 785	1018	68

表24. 1736－1805木匠工資變動

（單位：錢（文）；指數：1500＝100）

年分	原資料（每月工資）	中值	指數
1736-1745	2400, 2400, 2400, 2400	2400	160
1746-1755	—		—
1756-1765	—		—
1766-1775	1200	1200	80
1776-1785	10000, 1300	5650	377
1786-1795	—		—
1796-1805	1500	1500	100

表25. 1746－1815鐵工工資變動

（單位：錢（文）；指數：1500＝100）

年分	原資料（每月工資）	中值	指數
1746-1755	417, 400	409	27
1756-1765	5000, 200	2600	173
1766-1775	850, 392, 392, 1800	859	57
1776-1785	—		—
1786-1795	—		—
1796-1805	850, 2000, 7000	3283	219
1806-1815	583, 1500, 2160	1414	94

表26. 1736－1815窰業及燒炭工資變動

（單位：錢（文）；指數：1500＝100）

年分	原資料（每月工資）	中值	指數
1736-1745	240, 650	445	30
1746-1755	—		—
1756-1765	471	471	31
1766-1775	471, 550, 650	557	37
1776-1785	—		—
1786-1795	—		—
1796-1805	2070	2070	138
1806-1815	900	900	60

茲再將上述表21至表26各表指數共繪一圖，藉以比較如下：

圖8. 清康熙中葉至嘉慶初年，各業工資變動比較圖

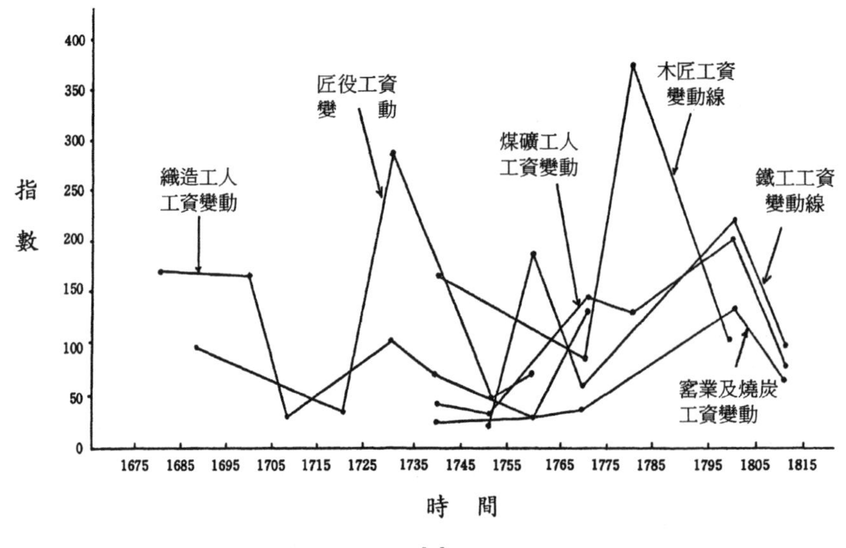

前面自表21至表26，分別將不同行業之工資列表，各表組距相同指數基數相同（1500＝100），可以相互比較繼而再而且將各表指數共繪一圖，藉以比較不同行業工資的高低。但是非常可惜，各條指數曲線，都是呈現不規則的起伏，看不出明顯的上升或下降的長期趨勢。面對着如此的分析結果，我們可以說：自清朝康熙中葉及嘉慶初年，前後大約一百五十年之間的工資水準，沒有明顯的變動趨勢。

又：全師漢昇近作〈清代蘇州的踹布工業〉一文（新亞學報第13卷，香港，新亞研究所出版，1979）文中有「清代蘇州踹布工價與米價的變動」表，茲將該表轉引如下：

表27. 清代蘇州踹布工價與米價的變動 [11]

年分	踹布每疋價（兩）	指數	上米每石（兩）		指數
康熙 4（1665）	0.011	100	0.85		87
9（1670）	0.011	100			
32（1693）	0.011	100	0.98		100
37（1698）			1.00		102
40（1710）	0.011	100			
45（1706）			1.39		141
46（1707）			1.25		128
47（1708）			1.65		168
48（1709）			1.35		138
51（1712）			0.80		82
52（1713）			0.99		101
53（1714）			1.05		107
54（1715）	0.0113	103	1.17		119
55（1716）			1.10		112
56（1717）			1.05		107
57（1718）			0.96		98

年分	踹布每疋價（兩）	指數	上米每石（兩）	指數
康熙58（1719）			0.86	88
59（1720)	0.0113	103		
雍正 1（1723）			1.10	112
2（1724）			1.26	129
3（1725）			1.33	136
4（1726）			1.11	113
5（1727）			1.19	121
7（1729）			0.94	96
8（1730）	0.0113	103		
9（1731）			1.20	122
11（1733）			1.55	158
12（1734）			1.31	134
13（1735）			1.10	112
乾隆 4（1739）	0.0113	103		
13（1748）			2.00	204
35（1770）			4.46	455
37（1772）	0.013	118		

上表自康熙4年（1665）迄乾隆44年（1779），前後歷115年；恰與本文討論時間約略相同。在上述時間中，米價指數自不足100上升至455；踹布工價指數則自100上升至118。如果與米價的上升程度相比，則踹布工價的下降程度是自100下降到26。

此外，我們又可以從計件工資資料中，看出工資在上述時期中的固定情形。前引《中國近代手工業史資料》第一卷398頁：

（四川大竹縣）吳添賜雇孫永恒燒瓦四萬，言明每萬工價銀二兩二錢。（清代刑部鈔檔乾隆三十年——1765——七月八日，總督四川兼巡撫事阿爾泰題。）

同書同頁又記：

（貴州鎮寧州）嚴文通雇謝上品燒瓦，議定每萬塊給工價銀二兩。（清代刑部鈔檔，嘉慶二十三年——1818——二月十六日，管理刑部事務章煦等題。）

以上兩宗有關燒瓦的記載，前後相隔五十三年，但每萬塊工價，前者（1765年）為二兩二錢；後者（1818年）為二兩。

又據《欽定大清會典事例》卷203，第16頁謂：

康熙14年（1675）題准：江南省，蘇、松、常三府，白糧向來雇民船帶運，……每加裝正米一石，給負重銀五分。

同書同卷第17頁又謂：

雍正4年（1726）題准：依照南漕搭運之例，每石給負重銀五分。

同樣是雇用民船搭運漕糧，在康熙14年（1675年）及雍正4年（1726年），前後相隔51年之久，但每石米的負重費仍是五分。

又：清朝兵餉，自清初到清末，固定不變。[12]這就可以看出：清代朝野人士，尚沒有了解到，工資（和一切勞務報酬）應隨物價上升而上升。他們面對物價上升，引起民生日窘，認為是一件壞事；但他們處理這件事的方法，是想辦法平抑物價，以寬民生，而不是提高工資使遷就物價。結果是：物價既如脫繮之馬，無法使之停止；而民生日形艱窘的情形，遂不可免。

清史卷325，列傳111，蔣兆奎傳：

……嘉慶四年（1799），高宗崩。……奏言：整頓漕運，要在恤丁。今陋規盡革（按：指和珅伏法後），旗丁自可節費。而生齒日繁，諸物昂貴，旗丁應得之項，實不敷用。……兆奎又奏：旗丁之費，本有應得之項，惟定在數十百年之前；今物價數倍，費用不敷。……。

所謂旗丁之收入（工資），定在數百十年之前，即是定在清初。自清初定下來以後，就沒有改變。而物價漲了數倍，而旗丁的收入還是當初那樣多。這就是說：名義工資沒有變，真實工資就縮減了許多。旗丁如此；其他各行業的從業員，如果他們的工資沒有與物價同時同幅度的上升的話，則他們的情況也是一樣。目擊這種情況，所以洪亮吉就說：

……所入者（工資）愈微，所出者（物價）愈廣。於是士農工賈，各減其值（工資）以求售；布帛粟米，各昂其價以出市。[13]

物價的上升，與工資的相對下降，這種情形，使得小民的生計，就像處身於剪刀口上，日愈艱難！而在這一百多年之間，清朝政治由盛轉衰，社會由治入亂，其原因主要在此。

註釋：

[1] 全師著《中國經濟史論叢》第二冊所收此類論文有：一、美洲白銀與十八世紀中國物價革命的關係；二、清中葉以前江、浙米價之變動趨勢；三、清雍正年間的米價；四、乾隆十三年的米貴問題；五、清朝中葉蘇州的米糧貿易等五篇。

[2]《中國近代手工業史資料》第一卷474頁引《皇朝經濟文編》卷四五，謂：「泰西之來中國購絲也，始於康熙二十一年。其時海禁初開，番舶常取頭蠶湖絲，運回外洋。」

[3] 本段文字引自《清代鈔檔》乾隆二十年九月十二日，署理戶部尚書阿里袞〈為本年絲價昂貴據實奏明摺〉。

[4] 見《洪北江詩文集》上冊頁34。

[5] 根據全師漢昇「美洲白銀與十八世紀中國物價革命的關係」文中第一表。(《中國經濟史論叢》第二冊，頁477－478。)

[6] 參見全師上文中第二表，《中國經濟史論叢》第二冊頁480－483。

[7]《中國近代手工業史資料》第一卷240頁，載李煦於康熙三十四年（1695）九月奏摺：

> 查今年四月內奉戶部行文，着令織造衙門採辦青藍布三十萬疋。遵照定價，已經如數辦足解交戶部外，……臣細加體訪，再四思維。來年應辦之布，先於今年十月後，農務空閒，不用牙行經紀，預將銀價給與織布之家，從容辦料，乘暇紡織。……於部定價值，每匹可省六分有餘。合三十萬（疋）計之，可省二萬有奇。……

又同書241頁，載李煦於康熙五十四年六月十五日奏摺謂：

> 奴才從前每年領布政司錢糧十六萬兩有零，辦解青藍布疋。……及至康熙四十四年，因內庫布多，戶部題請停辦。……。

合併兩奏摺觀之，可知在康熙三十四年至四十四年（1695－1705），十年之間，李煦每年領用銀十六萬兩餘，採買布疋三十萬疋，平均每疋布，值銀五錢餘。

[8] 在清朝康、雍、乾、嘉時期，歐洲各國商船來廣州交易者，稱中國江浙一帶所生產的布疋為南京布（Nankeen）。可參見《中國近代手工業史資料》及H.B. Morse：The Chronicles of the East India Company trading to China, 1635－1834二書。

[9]《中國近代手工業史資料》第一卷，243頁謂：「布有三等，一以三丈為匹，曰長頭；一以二丈為匹，曰短頭；一以二丈四尺為匹，曰放長。」由此觀之，如布每丈平均一百五十錢，則三丈應值四百五十錢。

[10] 請參閱：「美洲白銀與十八世紀中國物價革命的關係」一文。（《中國經濟史論叢》第二冊頁475－515。）

[11] 此表轉引自全師漢昇「清代蘇州的踹布業」一文（新亞學報第十三卷，新亞研究所，香港，1979）。據全師對於本表資料來源的說明是：「碑刻集」頁33－36，41，47，49，50，57；「雍正硃批諭旨」第八冊頁4514－4515，雍正八年七月二十五日李衛奏摺；及全師著《中國經濟史論叢》第二冊頁483－484，511－522等。

[12] 張德昌先生《清季一個京官的生活》（香港中文大學出版社，1970年2月），第51頁謂：「清代兵餉，制兵的待遇分戰兵、守兵。戰兵月餉為一兩五錢，月給米三斗。守兵月餉則僅為一兩，月給米三斗。這種規定和官俸一樣，歷久不變。」

[13] 見《意言》生計篇。（《洪北江詩文集》上冊頁34）

明清之際中國的海外貿易發展
——以馬戛爾尼使華前的中英貿易為案例

李木妙

一、引言

明末清初之際，在中國近世歷史上是一個重要的時代轉捩點：從政治角度來看，它不僅是中國明、清皇朝交替的關鍵時刻，而且是滿、漢民族統治轉換的重要分水嶺；就文化交流而言，它是中西文化接觸的開始，是時傳教士陸續東來，西方的學術文化與科學源源輸入，近代以前的中西文化正在靜默地互相交流溝通中；以中外交通來說，自地理和東西海上新航路發現後，除擴闊了人類的生存空間之外，海上運輸速度與貨物的裝載量遠超陸上，既能縮短距離，方便訊息的速遞，亦可降低商品的成本價格，促進中外的航海交通與貿易；由經濟層面考察，當時中國的商品經濟相當發達，對海外貿易蓬勃發展中，中國大陸的學者確認為是中國資本主義的萌芽階段？正因為這段時期的重要性，不少學者主張從事中國近代史的研究，必須由清道光二十（1842）年上溯明清之際，尤以研究近代中國的經濟史者為然。

近人論者有謂中國古代四大發明諸如：指南針、印刷術、火藥和紙幣等的西傳，促成近世歐洲的歷史大變遷；然而新航路發現後明末清初之際中國對外的海上貿易，亦不例外地具有世界性意義的震盪作用。據筆者研究所得，是時與中國直接通商的，包括東北亞、東南亞、西南亞及西歐等諸國約為五大層面，間接貿易網更遍及全球，構成一個互動的貿易體系和連結的世界市場。換言之，當時中國的海外貿易除了加強中外航海的交通、增進中外文化科技的交流，對各國社會經濟的發展產生深刻影響之外，更促使環球性貿易與世界市場體系的形成，推進歐洲商業革命的進程，加速資本主義世界性經濟的蓬勃發展，也對同時期的國際性危機造成一定的衝擊作用。

有關明清中外的貿易，歷來學者有不少的研究成果，本文筆者則嘗試以馬戛爾尼使華前的中英貿易為研究案例，藉以考察當時中國海外的貿易發展。研究空間雖局限於西歐一隅的英國，研究時間卻上溯一六〇〇年而下迄一七九三年，前後約一九三年左右。

二、中英貿易的時代背景

明清之際，即自十七至十八世紀，中國對外海上貿易的產生與發展，尤其是中國與英國之間的貿易，有其一定的國際背景和本國的歷史背景，茲分述如下：

（一）國際背景方面

明清之際中、英的貿易發展，在國際方面背景，主要可追溯自十五世紀後期以來，歐洲（特別是西歐）不斷地向外探險及航海，諸如東、西新航路與地理的大「發現」[1]、各國對貿易的需要及西歐殖民地者的相繼東來。然而前者有其宗教上和經濟上的動機，同時也有地理知識和航海技術等方面的憑藉。

1. 東西航路與地理上大發現

除了宗教、經濟的動機[2]之外，使東、西新航路與地理大發現成為可能的憑藉，則是地理知識與航海技術的進步。十五世紀末至十六世紀初，歐人連續不斷地向外探險、航海，諸如：葡萄牙亨利王子（Prince Henry the Na-vigator, 1394－1460）時沿非洲海岸向南的歷次探險，一四八八年葡萄牙人狄亞士（Bartolomew Diaz）發現南非「好望角」（Cape of Good Hope）[3]，一四九二年代表西班牙的意大利人哥倫布（Christopher Columbus, ca, 1446 – 1506）向西遠航美洲新大陸，一四九七年葡萄牙人伽瑪（Vasco da Gama, ca. 1469 – 1524）發現東通往印度的新航路；一五二二年西班牙派葡萄牙籍人麥哲倫（Ferdinand Magellan, 1480 – 1521）及其隨員向西航行，橫渡大西洋、太平洋、印度洋，再繞過南非而返回西班牙，完成人類史上首次的環球航行。上述連串的東、西新航道與美洲新大陸的發現，除了為西歐各國海外擴張及殖民事業奠立基礎之外，更重要的意義則是打通東、西環球的貿易新航路，促使爾後歐、亞、非、美洲等世界各地的市場連結而成一體。[4]

然而當哥倫布西行發現美洲新大陸、達・伽瑪開闢東航路之際，英國人更有另闢蹊徑通航遠東的企圖[5]。一四九五年，英王亨利王子七世（Henry VII）命約翰・卡博特（John Cabot）率隊向西北探險，尋找通向中國的航道，卻發現了北美洲的東岸[6]；一五五三年，倫敦商人組成「莫斯科公司」循東北方向尋找通往中國的商道未果，卻與俄羅斯建立商業關係[7]。又一五七六年，航海家馬丁・弗洛比雪爾（Martin Fobisher）組成「中國公司」，先後三次探險，希望循西北方向通往中國的航道，亦未如所願[8]。此後，英國人多次組織探險隊，繼續尋找通往中國的航道雖均未獲成功，但仍努力不懈。

圖II－1.1 航海地圖與航海儀器

圖II－1.2 葡萄牙航海家亨利王子像

Prince Henry of Portugal who founded the science navigation

圖II－1.3 東西新航路開闢交通路線圖

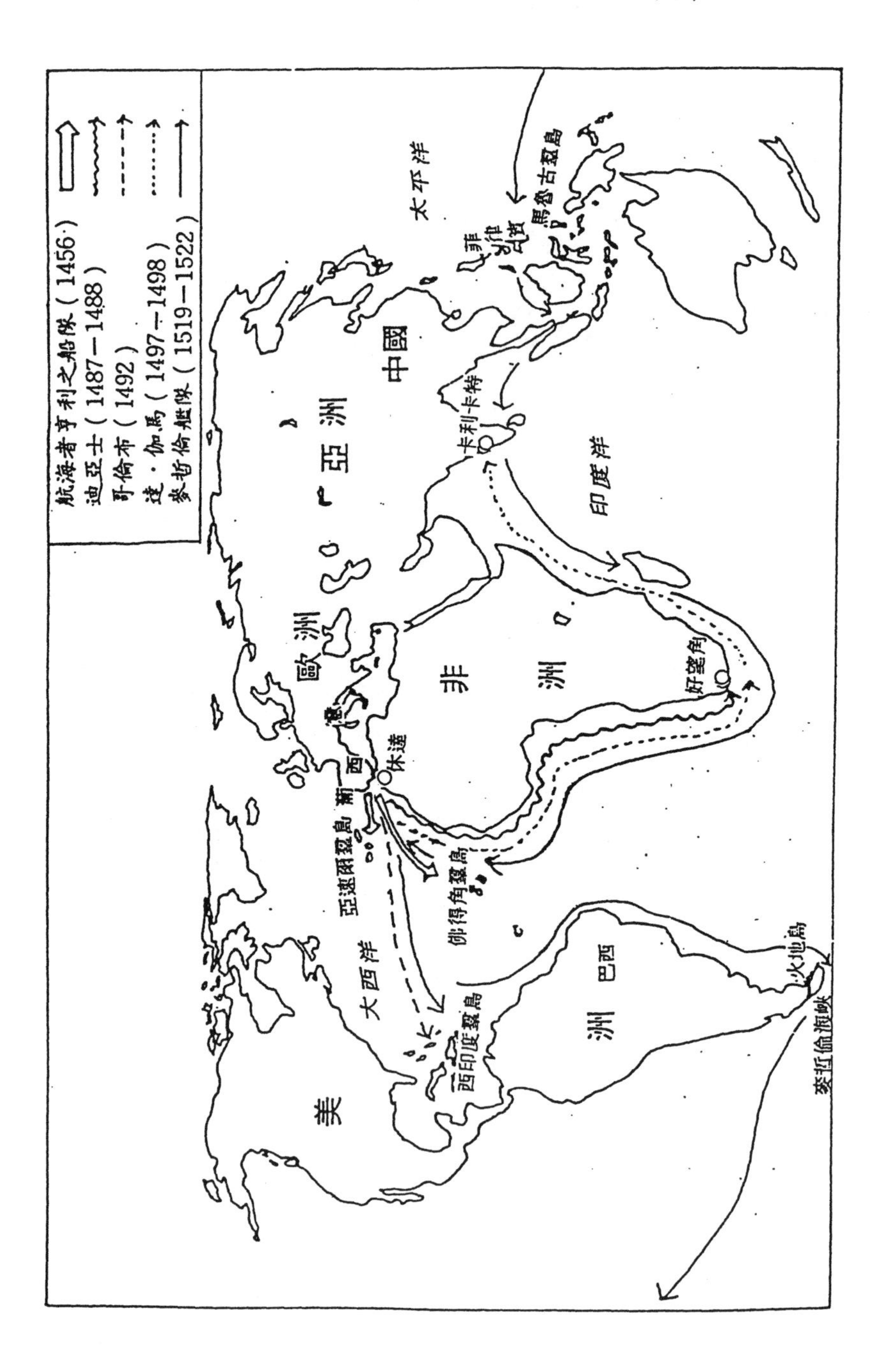

2. 歐洲各國對貿易的需要

歐洲的土地肥沃、礦產豐富，各種生活的資料均不虞缺乏；可是其面積畢竟有限，某些高價值的貨物自古即仰賴從外地輸入。這包括歐洲不能製造的貨品，諸如：絲、棉織品、地毯、香料、寶石、瓷器和優質的鋼鐵；此外，某些用作原料或半製成品的藥材和食品，如糖及更重要的香料，亦是歐人自古以來的必需品。而香料之中如胡椒、肉桂、丁香、荳蔻和薑等物，從來就是製藥、保存肉類（防腐）及調味，而為歐洲人所珍重。但這些物品多來自東方，特別是從中國、印度和東南亞輸入，他們卻未能直接參予東、西方的貿易活動。【9】

長期以來，東方的貿易主要由阿拉伯商人、意大利商人所壟斷。由於貨品越山過海、長途跋涉，運費高昂，加上阿拉伯商人、意大利商人居間謀取高利【10】；貨物由東方運至歐洲，價格往往上漲八至十倍【11】，更甚者，有時貨物的供應常有中斷之虞；因此，自十三世紀以來，歐洲對東方的貿易有擴大的需要。

及至十五世紀後期，西歐隨著「商品經濟」（Manufacture Economy）的發展，使傳統自給自足的「自然經濟」（Natural Economy）為之解體，代之而起的則是資本主義（Capitalism）生產方式的萌發，而封建制度（Feudalism）逐漸走向崩潰，手工業與商業日益發達，自有拓展海外市場的需要，其中尤以葡、西、荷等國為甚，而英國亦不例外。

然而商品、貨幣經濟發展的結果，西歐各國急需大量的貴金屬作為支付手段，故渴望發展東方的海外市場，並獲取黃金；同時自十字軍東征以後，歐洲與東方商業貿易不斷擴大，但一四五二年土耳其帝國的崛起與東羅馬帝國的滅亡，東西交通隨著君士坦丁堡的陷落而中斷，歐人積極尋找東航新海道，發展與東方的貿易更形迫切，而中國更是其通商的重要對象。【12】

3. 西方殖民勢力的東來

隨著十五世紀末至十七世紀初，東、西新航路和地理上的連串大發現以後，西歐各國諸如葡萄牙、西班牙、荷蘭和英國等殖民地相繼東來。可是在十六、十七世紀「西力東漸的第一波」[13]中，歐洲各國以葡萄牙人東來最早，其勢力自一四九八年達·伽瑪（Vasco da Gama）繼迪亞士（Bartholomew Diaz）之後，繞過南非的「好望角」，直抵印度西海岸的柯枝（Calicut），並向東伸展至馬來西亞半島的馬六甲（Malacca），甚至南中國的澳門（Mocau）[14]，所以十六世紀前半為葡萄牙人活躍的時代。

十六世紀後半，西班牙因深受葡國航海探險成就的刺激，乃於一四九二年助哥倫布橫渡大西洋遠航美洲新大陸，其後麥哲倫更橫越大西洋、太平洋和印度洋而完成環球首航；麥氏雖戰死菲島，卻揭開西班牙人征服遠東的序幕。一五六五年西班牙入侵菲律賓，一五七一年正式佔領呂宋島的馬尼拉，於是其勢力由美洲伸向遠東的菲律賓。[15]

十六世紀末期，葡、西兩國的海上勢力逐漸衰落，尤其是一五八八年英國擊潰西班牙的「無敵艦隊」之後，荷蘭、英國海上勢力逐漸抬頭，並侵蝕葡、西兩國的勢力圈而逐漸東進；最初，荷英聯合對付西班牙，十七世紀上半為荷蘭海上稱霸時代，勢力薄弱的英國無法與之抗衡，遂從東南亞撤退，而致力於印度貿易，同時也關閉在日本平戶的商館[16]。十七世紀下半，英國海上強權建立，逐漸取替荷蘭人的地位；英國東印度公司（English East India Company）壟斷東方的貿易，並致力發展對華通商關係；直至清乾隆二十三（1684）年，英東印度公司才獲得中國官方的許可，在廣州設立商館。

（二）中國背景方面

明清之際，中國對外海上貿易的發展有其國內的歷史基礎，明中葉以後商品經濟的發達，尤其是農業、手工業的迅速發展，為海外貿易提供發展的物質基礎；與此同時，明、清兩朝對外的海貿政策，亦深刻地影響海外貿易。

4. 明清商品經濟的蓬勃

明代中葉以後，由於農業商品化的發展，農民受利潤的吸引，而按市場需要安排農業生產的傾向日益明顯，經濟作物的種植在部分地區的農業經濟中，越來越佔重要的位置[17]。一般糧食作物的種植，主要有稻、麥、粟、粱、黍、菽等多種穀類；某些本來可以自給的區域，由於手工業的發展、非農業人口的劇增，或經濟作物種植面積的不斷擴大，使本地生產糧食不能滿足需求，因而每年需從外地輸入大量食糧。[18]

此外，為滿足衣著而在全國各地種植的經濟作物，如蠶絲、桑樹、棉花、麻、苧、茶、甘蔗、蔬果、煙草，還有染料的藍靛、紅花等，這些均為市場需要或供應手工業的原料來源，而為當時的對外海上貿易提供堅實的商品交換基礎[19]；為市場需要而生產的還有荔枝、龍眼、橄欖、棗、梨、香蕉等水果亦為數不少，其他地區有種供製扇的蒕蔓蒲葵、有的種蓆草、有的種油桐、漆、藥材、以及觀賞的花木盆栽等，其中亦有不少加工成商品外銷。

另一方面，明中葉以後，隨著匠籍制度的解體，而促使生產滿足王朝宮廷、軍隊等需要的「官府手工業」日漸式微，代之而興的則是以市場導向而生產的「民間手工業」；其中如棉紡、絲織、陶瓷、冶鐵、造紙、製糖、釀酒、榨油等各個手工行業，於生產技術上的不斷改進，加上大量農村剩餘勞力的投入，進行大規模的商品生產，產量自然劇增，除供應本國市場的需要之外，更有開闢海外新市場的必要。[20]

5. 明清兩朝的外貿政策

中國對外的海上貿易，自唐以降頗為活躍，宋、元時期中外貿易發展空前繁盛。到了明代海外貿易頗有走下坡的趨勢，然其對外貿易主要有官方的「朝貢貿易」和民間的「自由貿易」兩種，前者為官府所認可，而後者則為官府所不容，可是兩者的發展亦為朱明自建政以來施行的「海禁政策」[21]所影響；明代前期實行了約近二百年的海禁政策，期間明廷不擇手段地取締和打擊民間貿易，後期開放時間僅約六十年左右。

滿清入關，對於外人來華貿易，均沿襲明代以朝貢貿易方式來處理，同時亦實施海禁政策。所不同的是，明代實施海禁之目的，主要在於防止外來倭寇的侵擾，海禁幾乎與明朝的存亡相始終；而清朝前期的海禁，則主要係對付國內的抗清勢力，具有戰時體制的特殊臨時措施[22]。至康熙二十三（1684）年，清廷有鑒於來自台灣的軍事威脅消失，才正式解除宣告自順治十三年以來施行近三十載的海禁政策；次年，清廷又宣布江南的松江、浙江的寧波、福建的泉州、廣東的廣州為對外貿易的港口，並分別設立江海關、浙海關、閩海關和粵海關等專責處理對外貿易和徵收關稅等事室。[23]

康熙五十六（1717）年，清廷為斷絕南洋與內地串通聲氣，又下達南洋貿易禁令，直至雍正七（1727）年「十年南洋禁航」始解除；乾隆二十二（1757）年清廷因「洪任輝案」英商擅闖寧波定海後，乃先後撤消松江、寧波、泉州三港海關，並斷然實行「廣州獨口通商」政策，此後直至鴉片戰爭（1840）爆發。

三、中英貿易的發展過程

十六世紀下半開始的英國工業革命，刺激了英國的對外貿易與殖民地擴張的慾望。英王伊利莎白一世（Elizabeth I, 1533－1603）、詹姆士一世（James I, 1566－1652）曾數度致信中國皇帝，要求建立貿易關係，卻未能順利傳遞到中國(24)。明萬曆十六（1588）年，英國擊敗了西班牙的「無敵艦隊」後，一躍而成為海上的強國；四年後，英國又打破葡萄牙人的海上封鎖，獲得取道好望角進入東方的航行權，於是從事海外貿易躉斷的機構紛紛出現，其中尤以英國「東印度貿易公司」（The Governor and Company of Merchant of London Trading to the East India, 1600）的規模最大[25]，並取得英王為時十五年的東方貿易壟斷權，從此開展爭取對華貿易的努力。有關明清之際的中、英貿易，主要可分為以下五個發展階段：

（一）早期中英間接貿易的形成，1600－1636

英國東印度公司剛成立，便急不及待地謀求與中國建立通商關係。事實上，當時西歐對華直接貿易卻為葡萄牙人所壟斷，英東印度公司最初只能在蘇門答臘西海岸的亞齊（Achin）、爪哇西海岸的萬丹（Bantam）等地設立商館，而與當地通商的華商進行間接的貿易。

明萬曆二十八（1600）年，東印度公司派員率商船首度東航，途經滿剌加（Malacca）備受葡人疾恨，便轉往亞齊購買胡椒，並在當地及萬丹設立商館，又與每年抵達南洋的中國帆船商人進行貿易活動[26]。他們不僅把中國的貨物運回歐洲，甚至用中國貨在東方進行貿易；如英商在萬丹、暹羅、北大年等地購入平宜的中國貨，而以較高的價錢於日本、印度、波斯及其他亞洲國家出售中國貨。[27]

萬曆四十一（1613）年，英東印度公司與日本締立通商關係。由於日本靠近中國，不少華商聚居長崎、平戶，所以該處也成為中、英商人貿易通商的據點。次年，公司曾僱用三名赴日經商的華人，企圖通過他們與明朝談判直接通商事宜，而未獲成功。此後數年間，英商為了達成對華貿易的包圍圈，先後在印度、暹羅、蘇門答臘、爪哇、婆羅洲、摩鹿加群島和日本等地建立十多個商館。天啟三（1623）年，英東印度公司鑒於無法打開對華貿易的大門，遂決定裁撤在日本平戶的商館。[28]

英國商船多次試行來華通商，均未能成功。直至明崇禎八（1635）年，葡領印督林哈列斯（Count de Linhares）主動授予英東印度公司，在葡屬遠東殖民地貿易的權利，藉英中立國的地位打破荷蘭人的封鎖；同年葡人租用英船「倫敦號」，赴印度的果亞載貨往中國，7月23日「倫敦號」抵達澳門後，英商便不理會葡萄牙人的阻撓，強行登岸搭棚與中國人做買賣，雖未見收益，卻是英國商船首次非正式抵達中國的澳門。及後英商雖欲謀求與中國通商，卻屢遭葡人的反對，尤其是被禁止進入葡屬的遠東殖民地進行貿易。[29]

（二）明末清初中英的貿易發展，1637－1683

明崇禎十（1637）年英王查理二世特許「葛廷聯合會」（Courteens Association）派威爾德（John Weddell）等率四艦二艇，抵達澳門附近的橫琴島（Wongkum）[30]，為英國商船成功來華之首次，因而揭開此後中英關係的序幕。惟英人抵達澳門要求通商，卻遭到葡萄牙人的從中作梗；英國船隊無法與中國官府接觸，遂擅自闖入珠江，並於8月12日、9月10日、9月19至22日與虎門砲台的中國守軍數度爆發砲戰，戰事雙方均有損失，後由澳葡出面居間調解，英人向中國道歉並退還戰利品，中國遂釋放人質並答應允許英人赴廣州買賣，但聲明英國船以後永不在中國海域出現[31]。而是次英船來華，「沒有賣出一件英國貨，只是拋出了80,000枚西班牙銀元」[32]，及購買數量不多的中國貨物然後離去。

此後不久，中、英雙方政局均告不穩，因而影響彼此之間的貿易發展遲緩。及至清初，由滿清政權推行海禁與界遷，廣東又有澳葡的阻撓，英商乃轉移至福建海域，主要與台灣的明鄭進行貿易活動，並先後在台灣和廈門等地設立商館，直至康熙二十二（1683）年清軍攻陷台灣，及後正式宣佈解除海禁為止。[33]

明鄭據守台灣從事「反清復明」的事業，由於受到滿清和荷蘭人的夾攻，急需外援，遂主動邀請英商來台貿易；而英東印度公司董事會，亦指令萬丹商館開展與日本、台灣或柬埔寨的貿易[34]，於是雙方即洽通商。清康熙九（1670）年6月23日，英商船「萬丹號」（Bantam）偕單桅船「珍珠號」（Pearl）駛抵東寧（即台南）的安平港，並於港外與來往的船隻進行買賣；同年9月10日，鄭英達成通商協議（二年後正式簽訂），給予英商多項特權與豁免關稅的優待，但要求徵收3%的進口貨物稅，及輸入定額的火藥、槍炮、鐵、胡椒、布料等[35]。英國商船此後經常往來貿易，並由萬丹經台灣赴日本通商。

清康熙十三（1674）年，英荷簽訂和約；同年6月，鄭經趁靖南王叛清反攻廈門成功，並更名「思明州」。翌年7月9日，英商船「飛鷹號」（Flying Eagle）載槍炮、火藥及大批禮物抵台，頗受明鄭政權的歡迎；同年，鄭、英訂立協約補充約款。次（1676）年5月23日及30日，英商船「忠告號」（Advice Pink）、「福爾摩沙號」（Formosa Frigate）由萬丹駛向台灣，後者更載有廣幅布料及胡椒等貨[36]；同年10月19日，英商船「台灣號」（Tywan Frigate）載2,690磅貨物，經蘇拉特、萬丹直航廈門。

此後，除台灣外，英國東印度公司每年均派一至四艘商船航走廈門，直至十九（1680）年廈門失陷為止；及後數年，台灣形勢急轉直下，英商相繼關閉廈門、台灣的商館，隨著順治二十二（1683）年台灣明鄭政權的覆亡，英國商館與台灣的貿易關係亦告停頓。

（三）清開海後中英的貿易發展，1684－1714

康熙二十三（1684）年，滿清攻陷台灣後，便撤消海禁；次年開放中國沿海廣東的廣州、福建的廈門、浙江的寧波、江蘇的雲台山等四個口岸對外通商，並在各口岸分別設立「粵海關」、「閩海關」、「浙海關」和「江海關」[37]。與此同時，英國的「光榮革命」（1688年）亦接近完成，中英通商關係從此進入了經常化的階段；英商雖企圖恢復台灣、廈門的商館，及在廣州籌建商館均未獲成功，但英國的商船不斷出現於廣州、澳門，閩海的廈門、福州，浙海的舟山、定海等沿海一帶。[38]

英國商人來華貿易，很想接近中國的絲茶產區，以期降低購買的成本；並能把歐洲的毛呢織品等製成品運銷中國北方，以便擴大銷路[39]。康熙二十五（1686）年，英東印度公司曾訓令公司屬下的商船設法前赴南京（Nanking）及浪白滘（Lampaco Islands）貿易，目的在於尋求廣州以北的口岸，以擴張對華貿易的市場。海禁解除後，寧波、廈門相繼設關通商，可是英商等在該地方的貿易並不如意，因為當地官員貪污賄行、陋規重重，而歐洲貨物除鉛以外，均無人問津。[40]

圖III－3.1 英國商船來中國沿海各港口次數

（1684－1714年）

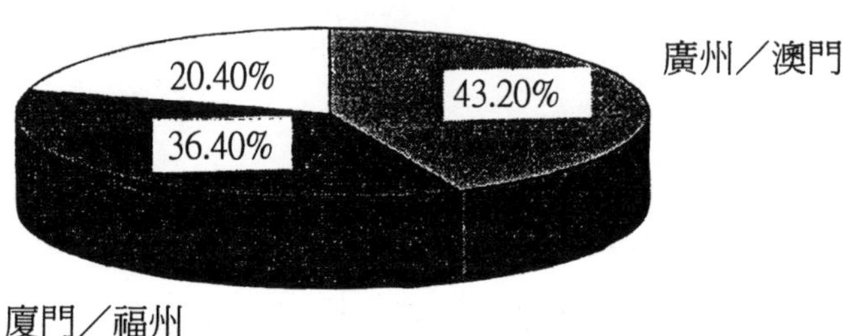

資料來源：H.B. Morse, The Chronicles of the East India Company Trading to China, 1635-1834 (Oxford: Oxford University Press, 1926).

自康熙二十三至五十三（1684－1714）年三十多年間，英國來華貿易的商船多達83艘次，較前期（1637－1683）的34艘次，劇增了144.1%；平均每年有2.7艘次的英國商船抵華貿易，亦比前期的每年0.7艘次，增加達3.7倍。其中有32艘次抵達閩海的廈門、福州，約佔總數的36.4%，頻數多偏前半段；18艘次至浙海的舟山、定海、寧波，約佔總數的20.5%，頻數約在中間；又有38艘次到粵海的廣州或澳門，約佔總數的43.2%，頻數偏在前半段，參見上圖III－3.1。反映英國商船前期多趨往福建的廈門一帶貿易，漸次至浙江的舟山、定海，及後才集結於廣州、澳門通商；據上圖統計顯示，康熙四十三（1704）年以前，英商到廈門貿易多達26艘次，但至廣州、澳門貿易的商船僅有15艘次，主要原因與澳葡阻撓及稅收的輕重有關。

（四）粵設商館後中英的貿易發展，1715－1756

繼荷蘭人叩關貿易之後，英商的貿易亦由台灣、廈門轉移至廣州。康熙二十四（1685）年，英國東印度公司已獲得在廣州成立商館的權利，可是商館卻遲遲沒有成立，大概與英商在廣州貿易不大順利有關；後來經過多次的試探、碰撞和權衡，直來到康熙五十四（1715）年，英國東印度公司方能正式在廣州設立商館，作為對華通商的基地，這標誌著中、英貿易發展的新起點[41]。而繼英國之後，在廣州設立商館的國家還有法國、丹麥、瑞典、荷蘭和普魯士等多國，見下表顯示：

表III－4.1　清季歐洲各國在廣州設立商館一覽，1715－1732

國　家	設　館　時　間	備　　　註
1. 英國	康熙五十四（1715）年	張德昌文為康熙二十八（1689）年。
2. 法國	雍正六（1728）年	
3. 丹麥	雍正九（1731）年	張文為雍正七（1729）年。
4. 瑞士	雍正十（1732）年	
5. 荷蘭	乾隆二十七（1762）年	
6. 普魯士	待查	

資料來源：H. B. Morse, International Relations of the Chinese Empire Vol. I；又張德昌：〈清代鴉片戰爭前之中西沿海通商〉，《清華學報》第10第1期，頁121。

隨著廣州商館的設立，英國東印度公司幾乎每年皆有派遣商船來華。在這段時期，來華的英國商船，最多的年分達10艘以上；從噸位來看，該公司進入廣州的船隻總噸位，逐年由450噸左右遞增至4,491噸。顯然當時葡萄牙人在東方的勢力已經完全衰落，荷蘭人亦開始走下坡，代之而起的則是英國人。自康熙五十四（1715）年起到乾隆二十一（1756）年止，外國商船特別是英國東印度公司屬下的商船，除了雍正十二（1734）年、十三（1735）年開赴廈門，以及乾隆二十一（1756）、二、三年各有一船開赴寧波以外，均集中於廣州貿易[42]。該時，來廣州從事貿易活動的商船有荷蘭、法國、瑞典、丹麥、普魯士等，但以英國的商船居各國之首，見下表統計：

表III－4.2　歐洲各國商船來廣州貿易統計，1715－1756（艘）

年份	英國	法國	荷蘭	瑞典	丹麥	其他	總數	備　註
1715	1							
1716	1							
1717	2						(2)	康熙五十六年
1718	2						(2)	清廷頒南洋禁
1719	2						(2)	航令。
1720	4	1				4	(9)	
1721	4	1				3	(8)	
1722	2						(2)	
1723	5					5	(10)	
1724	1	1				7	(9)	
1725	3						(3)	
1726	1						(1)	
1727	1						(1)	雍正五年、十
1728	4						(4)	年南洋禁航令
1729	4			1			(5)	結束。
1730	5	2	1			1	(9)	
1731	4	2	3		1		10	
1732	6		2	1		2	11	
1733	5	3	4				12	
1734	2	1	1		1		(5)	
1735	2		2			1	(5)	荷船遇風暴
1736	5	3	2	1	1		12	
1737	5	2	3	1	1		12	
1738	5	3	2	2	2		14	

1739	7	3	3	1	1		15	
1740	2	2	2		1		9	
1741	5	2	2	4	1		14	
1742	4						(4)	
1743	2	7					(9)	
1744	4	3					(7)	英擄三法國商船
1745	4						(4)	
1746	6						(6)	
1747	14		6	4	2		26	
1748	5						18	
1749	4						18	
1750	7	4	4	2	2		19	
1751	10	2	4	2	1		19	
1752	6						25	
1753	10	5	6	3	1	1	26	
1754	8						27	
1755	5						22	英法七年戰爭
1756	6	1	6		1	1	15	
合計	185	49	51	22	16	25	396	

資料來源：梁廷枏：《粵海關志》卷24，「市舶」條；H. B. Morse, The Chronicles of the East India Company Trading to China, 1635－1834. Vol. I, II, V.

據上表，四十八年間歐洲各國來廣州貿易的商船約396艘，平均每年8.1艘；其中英國商船約有185艘，約佔總數的48.1%，平均每年約4艘左右。換言之，前來廣州貿易的各國商船中，約近半數為英國商船。

（五）獨口通商後中英的貿易發展，1757－1793

自海關開禁後，英、荷、葡、瑞、普等國相繼在廣州設立商館，海外貿易發展又重新活躍起來，廣州因此成為當時中西貿易的最大商埠，而英商亦多集中在廣州貿易。其後英國等商船再度試航寧波貿易，主要原因有三：第一、避開粵海關的苛索，粵海關徵收船鈔、貨稅雖較低，但各種附加雜捐、禮規等則遠超正稅數倍，惟有另覓港口通商而避開橫徵暴斂的廣州口岸；第二、開拓中國北方新市場，打開毛織品的銷路，以便扭轉對華長期入超的被動局面；第三、另尋找通商口岸，盡量靠近絲、茶等產區，爭取直接出口該等貨物，以便減少轉運費用，謀取更優厚的利潤。[43]

基於以上理由，英國東印度公司，自乾隆二十（1755）年起數度派遣商船，北上閩浙沿海、試航寧波，企圖促使滿清當局能夠改善對外貿易關係，因此導致乾隆二十四（1759）年「洪任輝案」的發生。英國商船連續赴浙，並攜帶大量武器，引起滿清當局的警惕，他們深恐外國商船日益增多，最後可能使寧波變成第二個澳門；為了防微杜漸，乾隆諭令浙、粵督撫籌議辦法，加以取締[44]。後經閩浙和兩廣督臣協商，認為英商赴浙原因在於寧波關稅較廣州為輕，於是會奏提高浙海關稅率，但乾隆卻下諭限關，規定英商「將來只許在廣東收泊，不得再赴寧波，如或再來，必令原船返棹至廣州，不准入浙江海口。」[45]同時通知寧波、定海地方官員，遵旨執行，並向英商諭示。他們表面上雖接受清政府諭旨，暗中仍未停止抵制廣州貿易和北航寧波的貿易活動。

英商不願受限制，東印度公司遂於乾隆二十四（1759）年5月19日，派通事洪任輝（James Filnt）乘「成功號」（Success）從廣州赴寧波，為定海中營守備陳兆龍堵截勸阻回粵，可是他並非返粵，而是揚帆北上天津告狀，上書控告粵海關及廣州商行任意加稅、勒索外商、不還商欠、苛徵日用、往來需索、勒補平頭及保商貽累等七項積弊[46]；呈詞表面上揭發廣州海關及商行的種種惡習，而隱含文字背後的，則是要求清政府改善粵海關、開放寧波等口岸通商。然而當局以洪氏違章北上呈詞為罪，把他押解澳門圈禁三年，且制定了第一個管理外商的正式章程──《防範外夷規條》五款[47]，此後英東印度公司對華貿易被嚴格限制在廣州進行，直至鴉片戰爭爆發。

「洪案」使乾隆帝察覺貿易事小、海防事大，如任由外商隨處貿易，日久居留外人必增多，則海疆、民俗將大受影響，因而他下令禁止英商等赴寧波貿易，同時亦加強對「廣州獨口通商」的貿易政策[48]；廣州因此成為當時中國國際貿易的唯一互市口岸，各國的商船祇限赴廣州通商，不能停泊其他港口，廣州因而在外貿中處於壟斷的地位。其後，外國對廣東的貿易日漸興盛起來，外國商船歷年進入廣州數目增加，其中尤以英國為甚。據統計，自乾隆二十二至五十八（1757－1793）年三十七年間，英國來華貿易的商船逾780艘、噸位達325,771噸，平均每年約21.1艘次、8,805噸位，較前期的4艘，劇增近五倍，而貿易總值則增加達五倍，其中絕大部分商船來廣州或澳門通商，僅有少數商船北移浙江的寧波、舟山一帶貿易。[49]

十八世紀初，中英的貿易總額每年約值銀500,000兩左右，至世紀末已增長至10,000,000兩以上，佔當時中西海上貿易總額的80%[50]，因此英商便企圖與中國建立正式的外交關係，藉以改善和增進彼此的通商關係，再擴大對華的貿易，而乾隆五十七（1792）年英馬戛爾尼（George Macartney, 1737－1806）率團抵華便是為了達成這個使命。英國特使團表面上來華向乾隆皇帝祝壽，實際上則圖謀與中國建立外交關係、改善中英之間的商務，後來卻因覲見儀禮問題而發生歧見，英使堅持拒絕向乾隆皇帝行「三跪九叩」大禮，而致英使團的任務歸於完全失敗的境地。[51]

四、中英貿易的經營特點

十七、十八世紀，中英的貿易，無論在貿易港口、航線、商品、貿易額等方面均各有其特點，當時英東印度公司壟斷英國對華的貿易，而海關及十三行則管理及經營中國對外的通商事務，這同時亦包括英商來華的貿易；當然中英的貿易對兩國的航海交通、物資交換、政治外交，以及宗教、文化和科技交流等方面均有深刻的影響。

（一）貿易的航線與港口

明清之際，中國與海外各國的貿易往來頻繁，直接航線遍佈太平洋，間接遠至印度洋、歐美等區域，國內的貿易港口主要分佈中國東南沿海各省，而中英之間的貿易航線與港口亦離不開上述的範圍。

1. 貿易的航線方面

明末清初，中英貿易航線主要有二方面。其一、由英國、印度至日本：中英在早期建立貿易關係之初，由於葡萄牙、荷蘭等列強先後控制了由歐洲繞道南非好望角，經果亞、南洋的馬六甲至中國澳門的貿易航線，並實行貿易上的壟斷，使英國商船未能直達中國沿海的港口，而僅能從印度的果亞、暹羅的北大年、蘇門答臘的亞齊、爪哇的萬達、香料群島的班達及日本的平戶等地建立商館，而與中國大陸進行間接的貿易活動[52]。其二、由英國、印度至中國：十七世紀下半葉，英國繼荷蘭之後而崛起稱霸海上，英東印度公司在爪哇的萬丹取得立足點，即積極籌備對華貿易，先後在台灣、廈門設立商館，後代荷蘭人而取得印度果亞的控制權，及後又在廣州設置商館[53]，於是章立自西歐的英國、經印度而至中國沿海各港口的貿易航線，並與中國直接通商。

2. 貿易的港口方面

早期中英間接貿易的港口，主要為印度蘇拉特（Surat）、阿格拉（Agra）、阿默達巴德（Ahmedabad）、阿傑米爾（Ajmir）、伯倫布爾（Barhanpur）、馬蘇利帕特南（Masulipata）、卡利卡特（Calicut）；暹羅的猶地亞（Iudea）、北大年（Patani）、蘇門答臘的亞齊（Achin）、占碑（Jambi）、蒂庫（Tiku），爪哇的萬丹（Bantam）、耶加達（Jacatra），香料群島的望加錫（Macassar）、班達（Banda）、日本的平戶（Hirado）等。[54]

中英開始直接貿易後，雙方的貿易港口，多分佈在中國大陸的沿海各省，特別是清康熙二十三（1684）年開放海禁後，主要對外貿易港口有：粵海關的廣州、閩海關的廈門、浙海關的寧波和江海關的雲台山等地，而各關所轄對外開放的大小貿易口岸則多達百處之多[55]；此外，還有浙江的定海、舟山等港口。不過乾隆二十二（1757）年，清廷撤消了福建的泉州、浙江的寧波、江南的上海等三海關，當然開放的沿海港口則有所縮減。

（二）貿易的商品、貿易額與利潤

1. 中英貿易的商品

明末以來，英國商人自廣州輸出的中國貨物，主要以茶葉為最大宗，其次是生絲、土布，此外還有一些零星的貨物，諸如：絲織品、陶瓷、糖、冰糖、大黃、肉桂、樟腦、水銀等；至於由英商進口的商品，主要為棉花、錫、鉛、胡椒、檀香、象牙、黃蠟、皮貨、玻璃、呢絨、羽毛等等。茲將中英之間主要的進、出口貿易商品歸類列表統計如下：

表IV－2.10　中英貿易商品一覽

種類	中國出口英國的商品	英國進口中國的商品	
		英直接輸入的	印間接輸入的
絲織品	生絲、熟絲、染色生絲、南京生絲、披肩絲、綢緞、絲絹、絲帕等。	寬幅絨布、粗絨、長發絨、西班牙混色絨、夏隆絨、火厄爾絨、花絨、高哥絨，麻布、洋布、棉絲、嗶嘰、哆嗶呢。	棉花
棉織品	土布、棉布、南京布、廣州布		

茶葉	功夫茶、武夷茶、紅茶、綠茶、松蘿茶、大珠茶、白毫茶、爪片茶、色種茶、貢熙茶、細茶屯溪茶。	軍火：槍、炮、火藥、火機繩瑟槍。	檀香木、紅木、藍靛
瓷器	青花瓷、白瓷、黃罐、紫砂壺、龍泉青瓷。	皮貨：兔皮、海狸皮、海獺皮。	大象、孔雀
金屬	黃金、白銀、水銀、銅、錢貝、元寶、黃銅、白銅、雲南銅。	白銀、鉛、錫。	
珠寶	紅玉珠、珠母、金鏈。		珍珠、象牙、珊瑚、琥珀
日用品	茶桌、扇、漆器、蓆、手杖、鍋、紙、燒酒、醬油、糕點、白蓉、桂子、蜜餞、鹿皮。	魚翅、人參、葡萄酒、秤、玻璃、黃蠟、蜜蠟、硫磺。	木香、沒藥、乳香、胡椒。

資料來源：H. B. Morse, The Chronicles of the East India Company Trading to China, 1635 – 1834. Vol. I, II, V.

A. 中國輸英商品

十七、十八世紀，中英貿易的商品種類繁多，英商從中國出口英國的商品，主要有茶葉、生絲、土布，其次則是瓷器、蔗糖、冰糖、綢緞、大黃、肉桂、薑黃、樟腦、水銀、白礬、白銅等。茲將英東印度公司從中國出口的主要商品統計如下：

表IV－2.11　英東印度公司自中國輸出的主要商品，1760－1794

年份	出口總值	茶葉		生絲		土布		其他	
	價(兩)值	價(兩)值	佔總值	價(兩)值	佔總數	價(兩)值	指數	價(兩)值	指數
1760-64	876,846	806,242	91.9%	3,749	0.4%	204	0.1%	66,651	7.6
1765-69	1,601,299	1,179,854	73.7%	334,542	20.9%	5,024	0.3%	81,879	5.0
1770-74	1,415,428	963,287	68.1%	358,242	25.3%	950	0.1%	92,949	6.5
1775-79	1,208,312	666,039	55.1%	455,376	37.7%	6,618	0.5%	80,279	6.7
1780-84	1,632,720	1,130,059	69.2%	376,964	23.1%	8,533	0.5%	117,164	7.2
1785-89	4,437,123	3,659,266	82.5%	519,587	11.7%	19,533	0.4%	238,737	5.4
1790-94	4,025,092	3,575,409	88.8%	274,460	6.8%	34,580	0.9%	140,643	3.5

資料來源：Earl H. Pritchard, The Crucial Year of Early Anglo-Chinese Relations, 1750－1800 (Washington, 1939), pp. 391－6, 401－2.

說　　明：以上 1760－1794 年每年平均價值為銀兩，而各貨物價值皆按成本價計算；1776 年前，茶葉量值包括私人輸出在內，其後祇為公司輸出數。

據表IV－2.11統計可知，乾隆二十五（1760）年至五十九（1794）年間，英東印度公司自廣州輸出的各種貨物中，茶葉平均佔74%以上，生絲居次位約佔18%弱，土布及其他各項貨物合計不足8%。其中茶葉於英國亞洲貨物入口值的比重越來越增加，如下表所示：

表IV－2.12　歷年英國輸入華茶的數額及價值，1669－1760

年份	華茶輸入量（磅）	華茶入口值（鎊）	華茶佔入口亞洲貨比重
1669	222	120	0.1%
1671	264	20	0.0%
1673	44	50	0.0%
1678	4,713	207	0.1%
1679	340	36	0.0%
1682	7	13	0.0%

1685	12,070	2,422	0.5%
1686	5,055	371	0.0%
1688	1,666	177	0.1%
1689	26,200	781	0.6%
1690	38,390	1,723	1.4%
1691	12,228	471	0.6%
1692	6,374	1,255	4.8%
1697	8,921	8,091	5.5%
1699	13,082	1,581	0.4%
1701	121,417	17,638	3.0%
1702	43,625	9,125	2.5%
1703	19,395	3,072	1.2%
1704	19,974	4,750	3.0%
1705	2,523	2,718	1.3%
1706	460	47	0.0%
1713	158,107	9,746	1.8%
1714	213,499	24,416	4.9%
1717	397,532	35,085	7.0%
1718	542,443	38,000	8.2%
1719	516,105	39,174	6.1%
1720	318,416	26,243	4.5%
1721	1,241,629	120,750	18.7%
1722	1,355,764	98,017	19.2%
1723	663,311	46,457	6.2%
1724	1,078,600	76,032	9.7%
1725	132,256	8,438	1.9%
1726	717,236	43,896	7.3%
1727	265,087	16,733	2.4%
1728	262,911	19,701	3.6%
1729	1,452,628	68,379	9.2%
1730	1,710,440	113,038	18.5%
1731	1,811,115	118,721	16.4%
1732	1,554,684	68,448	10.2%
1733	820,422	38,008	6.7%
1734	727,499	27,502	3.8%
1735	568,546	32,273	4.3%
1736	672,089	39,338	6.4%

1737	1,644,516	87,228	14.8%
1738	778,498	44,146	7.5%
1739	1,765,694	76,308	10.1%
1740	1,320,935	75,497	13.0%
1741	877,370	42,156	5.4%
1742	1,762,061	86,727	10.0%
1743	1,645,892	88,651	11.5%
1744	725,928	30,289	4.6%
1745	883,070	48,156	6.1%
1746	410,990	23,001	2.9%
1747	3,168,558	158,915	20.0%
1748	3,688,082	205,823	31.0%
1749	2,324,755	139,418	21.2%
1750	4,727,992	229,737	22.6%
1751	2,855,164	142,195	16.4%
1752	3,110,427	155,384	18.0%
1753	3,524,859	153,869	18.3%
1754	3,881,264	165,611	21.2%
1755	3,977,092	203,763	21.8%
1756	3,612,233	175,595	22.3%
1757	3,735,596	168,380	27.1%
1758	2,795,130	101,017	15.7%
1759	3,928,628	146,129	19.8%
1760	6,199,609	280,755	39.5%

資料來源：K. H. Chaudhuri, The Trading World of Asia and the English East India Company, 1660 – 1760 (Cambridge, 1978), pp. 538 – 9.

據上表，可知英商輸入華茶初時數量微不足道，所佔亞洲貨物輸入比例不大，一七二一年輸入達1,241,620磅，至一七四八年已達3,688,082磅，佔輸入亞洲貨物總值的31.0%，一七六〇年的華茶輸入量更高達6,199,609磅，佔總輸入量的39.5%。然而乾隆四十九（1784）年英國本土大幅降低茶葉入口稅後，由英東印度公司輸入英國的茶葉量在十年內卻增長近2.5倍，見下表IV – 2.13所示：

表IV－2.13　東印度公司自華輸英茶葉量，1760－1794

年　份	茶葉量（擔）	指數(1780－84＝100)
1760-1764	42,065	75.7
1765-1769	61,834	111.2
1770-1774	54,215	97.5
1775-1779	33,912	61.0
1780-1784	55,590	100.0
1785-1789	138,417	249.0
1790-1794	136,433	245.4

資料來源：Earl H. Pritchard, The Crucial Year of Early Anglo-Chinese Relations, 1775－1800 (Washington, 1939), pp. 391－6, 401－2.

說　　明：一七七六年前包括私人輸出在內，其後僅為公司輸出數。

B. 英國輸華的商品

另一方面，從英國進口中國的商品，包括：由英國直接輸入中國的毛紡織品、鉛、錫、銅等貴金屬，又英商自印度輸入中國的贗品則有棉花、香料、皮革、象牙、珠寶等。可是，在中、英貿易的商品上，英商輸華的貨物主要來自英國本土和印度，這可根據以下統計數字顯示出來：

表IV－2.14　英商輸華貨物的來源地統計，1775－1794

年份	進口總值(兩)	自英進口		自印度進口	
		價(兩)值	佔總值	價(兩)值	佔總值
1775-79	1,247,472	371,475	29.8%	875,997	70.2%
1780-84	1,301,931	494,502	38.0%	807,429	62%
1785-89	3,612,764	1,000,469	27.9%	2,604,295	72.1%
1790-94	5,007,691	2,021,280	40.4%	2,986,441	59.6%

資料來源：Earl H. Pritchard, The Crucial Year of Early Anglo-Chinese Relations, 1750 - 1800 (Washington, 1936), pp.391 - 6, 401 - 2.

說　　明：以上進口值的數據，為1755 - 1794年每年平均數。

由表中得知，自英國本土輸華的貨物始終佔總值的40%以下，而自印度輸華的貨物卻佔總值的60%至70%以上，可見英商進口中國的貨物大部分來自印度等地。

表IV - 2.15　英商輸華的三項主要商品的價值及其發展趨勢，1775 - 1794

年份	英商輸華英印三項主要商品總值		東印度公司輸華英本土商品 毛織品		東印度公司輸華英本土商品 金屬品		各類英商輸華印度棉花	
	價(兩)值	指數	價(兩)值	指數	價(兩)值	指數	價(兩)值	指數
1775-79	588,260	91.0	277,671	73.3	22,255	64.1	288,334	123.7
1780-84	646,493	100.0	378,696	100.0	34,723	100.0	233,074	100.0
1785-89	2,627,081	406.4	801,879	211.7	127,201	366.3	1,698,001	728.5
1790-94	3,630,023	561.5	1,586,662	419.0	359,875	1033.4	1,683,486	722.3

資料來源：Earl H. Pritchard, The Crucial Year of Early Anglo-Chinese Relations, 1750 - 1800 (Washington, 1936), pp.391 - 6, 401 - 2.

說　　明：以上輸華商品值為一七七五 - 一七九四年每年平均值，指數一七八〇 - 八四年平均＝100。

據上表中統計顯示，由印度輸入的棉花一項大於毛織品的總和，而且它的平均增長速度亦超逾兩者之上，然而毛織品、金屬製品和棉花這三項重要商品常佔英、印輸華貨物總值的70%至80%以上，見下表IV - 2.16。

表IV－2.16 英商輸華主要商品佔英商進口總值的百分比，1775－1794

年份	進口總值(兩)	主要商品值(兩)	主要進口商品佔進口總值%
1775-1779	1,247,472	588,260	47.2%
1780-1784	1,301,931	646,493	49.7%
1785-1789	3,612,764	2,627,081	72.7%
1790-1794	5,007,691	3,630,023	72.5%

資料來源：Earl H. Pritchard, The Crucial Year of Early Anglo-Chinese Relations, 1750－1794 (Washington, 1936), pp.391－6, 401－2.

2. 中英的貿易數額

早期中英的貿易額畢竟有限，一六〇〇－一六三〇年間，幾乎沒有英國商船到達中國沿海各口岸；一六三五－一六三七年間，始有英國商船抵達中國的澳門，卻因澳葡的從中阻撓而未能作成貿易。清初（1644年），英商船「蘇拉特號」（Surat）從萬丹載來藍靛、胡椒、鉛和木香等貨物，價值總計約9,573八單位里亞爾（Reals of eight），但僅在中國做了一點生意。此後，英國商船到達中國的廣州、廈門、舟山等港口逐年增加，載重噸位亦如是，見下表IV－2.21。

表IV－2.21 歷年英國商船抵華貿易統計，1620－1793 (艘/噸)

年 份	船 數	噸 位	年 份	船 數	噸 位
1601-1610	……	……	1701-1710	40	12,059
1611-1620	1	……	1711-1720	26	7,860
1621-1630	1	……	1721-1730	34	13,370
1631-1640	6	990	1731-1740	42	19,970
1641-1650	2	……	1741-1750	64	26,802
1651-1660	3	……	1751-1760	99	43,298
1661-1670	1	100	1761-1770	126	57,880
1671-1680	12	1,340	1771-1780	93	60,042
1681-1690	18	1,630	1781-1790	190	145,273
1691-1700	21	4,640	1791-1793	41	42,611
合 計	65	8,600	合 計	504	429,165

資料來源：H. B. Morse, The Chronicles of the East India Company Trading to China, 1635 – 1834. Vol. I, II, V.

說　　明：有……符號者，則該年商船噸位等無統計數字。

據上表不完全的統計顯示，於馬氏使華以前一七四年間，來華貿易的英國商船約計818艘，載重量約437,765噸，平均每年約4.7艘，載重約2,515.89噸，每艘約載重535.17噸；在較早的八十（1620 – 1700）年間，平均每年約有0.8艘（平均每艘載重約132噸）英國商船來華通商；此後九十三（1701 – 1793）年間，平均年約有5.42艘（平均每艘載重約851.5噸）英商船抵華貿易，商船較前半後劇增達6.8倍，載重噸位則增加近6.5倍左右。其中自乾隆二十二（1757）年廣州獨口通商後至五十八（1793）年，英商來華貿易的船隻逾780艘，多達325,771噸位，平均每年約21.1艘、8,805噸，較前期的5.14艘，增加逾三倍。

表IV – 2.22　中、英進、出口貿易價值及其指數，1760 – 1794 (銀兩)

年份	進、出口總值		進　口		出　口	
	價(兩)值	指數	價(兩)值	指數	價(兩)值	指數
1760-64	1,449,872	42.8	470,280	36.1	979,586	47.0
1765-69	3,383,534	99.9	1,192,915	91.6	2,190,619	105.1
1770-74	3,585,524	105.9	1,466,466	112.6	2,119,058	101.7
1775-79	3,216,242	95.0	1,247,471	95.8	1,968,771	94.5
1780-84	3,385,277	100.0	1,301,931	100.0	2,083,346	100.0
1785-89	9,104,271	268.9	3,612,763	227.5	5,491,508	263.6
1790-94	10,851,405	320.5	5,007,691	384.6	5,843,714	280.5

資料來源：Earl H. Pritchard, The Crucial Year of Early Anglo-Chinese Relations, 1750 – 1800 (Washington, 1936), pp.391 – 6, 401 – 2.

說　　明：指數以1一七八〇 – 八四年平均＝100計算。

由上表，可知十八世紀後半以後，中英之間的貿易總額有不斷增加的趨勢，其中進口價值的增加比出口略大；而發展比較迅速的年代則在乾隆四十九（1784）年以後，原因係該年英國把茶葉進口稅從119%減至12.5%，目的在於消除大量的茶葉走私，同時與歐陸各國競爭中國的茶葉貿易。

表IV－2.23 英國東印度公司對華貿易價值及其指數，1760－1794 (銀兩)

年份	進、出口總值		進　口		出　口	
	價(兩)值	指數	價(兩)值	指數	價(兩)值	指數
1760-64	1,222,776	56.5	345,930	64.1	876,848	53.7
1765-69	2,121,358	98.0	520,059	97.6	1,601,299	98.1
1770-74	2,037,760	94.1	622,332	116.8	1,415,428	86.7
1775-79	1,592,321	73.5	384,009	72.1	1,208,312	74.0
1780-84	2,165,369	100.0	532,649	100.0	1,632,720	100.0
1785-89	5,463,651	252.3	1,026,528	192.7	4,437,123	271.8
1790-94	6,084,283	281.0	2,059,181	386.6	4,025,092	246.5

資料來源：Earl H. Pritchard, The Crucial Year of Early Anglo-Chinese Relations, 1750－1800 (Washington, 1936), pp.391－96, 401－2.

然而在赴廣州進行貿易的英商中，以英國東印度公司為首。據上表IV－2.23顯示，在乾隆二十五至五十八（1760－1793）年間，英國東印度公司對華貿易總值增加近五倍，其中輸華貨物總值增長近六倍，而自中國出口貨物總值亦增加近4.6倍。

表IV－2.24　英商對廣州進、出口貿易的貨物，1792(銀兩)

類型	經營	貨名	數量	單價	貨(兩)值
進口貿易	英國港腳船	棉花	112,854 擔	11	1,241,394
		錫	5,261 擔	15	78,915
		胡椒	5,567 擔	15	83,505
		檀香	8,780 擔	20	175,600
		象牙	330 擔	37	12,210
		黃蠟	564 擔	30	16,920
		小計			1,608,544
	東印度公司船	棉花	43,000 擔	11	473,000
		錫	19,730 擔	15	295,950
		鉛	17,297 擔	5	86,485
		兔皮	195,650 張	0.2	39,130
		海豚皮	68,856 張	4	275,424
		海龍皮	8,314 張	10	83,140
		玻璃	563 塊	?	……
		哆囉呢	8,000 匹	60	480,000
		嗶嘰	130,000 匹	7	910,000
		羽毛	3,000 匹	44	132,000
		小計			2,775,119
		合計			4,383,633
出口貿易	英國港腳船	瓷器	5,133 擔	5.85	30,000
		白銅	36,578 擔	7	256,046
		冰糖	10,749 擔	10	107,490
		糖	26,098 擔	5	130,490
		白礬	18,758 擔	2	37,516
		薑黃	60 擔	4	240
		樟腦	625 擔	30	18,750
		綢緞	79 匹	400	31,600
		水銀	23 擔	50	1,150
		土布	5,500 匹	0.5	2,750
		生絲	1,763 擔	200	352,600
		小計			968,632

出口貿易	東印度公司船	紅茶	156,000 擔	21.9	3,413,054
		綠茶	……	……	624,640
		生絲	1,500 擔	312	468,000
		土布	60,000 匹	0.5	30,000
		瓷器	……	……	3,500
		大黃	339 擔	50	16,950
		肉桂	480	14	6,720
		糖	593 擔	5	2,965
		冰糖	47 擔	10	470
		小計			4,566,299
		合計			5,534,931
合　計					9,918,594

資料來源：H. B. Morse, The Chronicles of the East India Company Trading to China, Vol. II, pp. 201－203.

據上表顯示，乾隆五十七（1792）年英商在廣州貿易的進口商品總值為4,383,633兩，出口貨物總值為5,534,931兩，則進、出口貿易總值合計約9,918,594兩。

3. 中英貿易的盈虧

事實上，在乾隆五十八（1793）年甚至鴉片戰爭以前，英倫本土的出產沒有任何一樣商品在中國市場受歡迎，即使號稱英國王牌的毛織品亦未夠精英和平宜，於中國一直也找不到顧主。

表IV－2.31　英東印度公司輸華商品的盈虧，1775－1794

年份 (銀兩)	毛織品 淨虧（一）	金屬品 ＋盈/－虧	印度產品 ＋盈/－虧	合計 淨虧（－－）
1775-79	- 23,788	+ 7,989	+ 17,512	- 2,831
1780-84	- 22,456	+ 6,754	- 4,849	- 23,199
1785-89	- 26,284	- 4,443	+ 24,829	- 7,906
1790-94	-106,187	+ 24,746	+ 26,703	- 62,141

資料來源：Earl H. Pritchard, The Crucial Year of Early Anglo-Chinese Relations, 1750 – 1800 (Washington, 1936), pp.391 – 396.

說　　明：原表「進口貨物共計盈虧」之數字與分數相加不符，今按分數相加改正；合計淨虧包括毛織品、金屬品、印度產品以外之雜項虧損在內。

在乾隆三十（1775）至五十九（1794）年間，英國東印度公司向中國販賣的毛織品一直是虧本的，平均每年虧蝕45,217兩；乾隆五十八（1793）年前後，每年虧損更高達106,187兩之多。金屬品則可賺錢，其中鉛料雖受歡迎，僅被用來做茶葉、樟腦的打包鉛皮，需量卻有限；其他金屬品更沒多大銷路，因而英東印度公司從金屬品上所能獲得的利潤，平均每年不過8,761兩，有時甚至亦虧本。此外，不少東方的土產卻使公司賺錢，特別是印度的棉花除某些年分有虧蝕外，平均每年可盈餘14,547兩，但綜計全部公司所得盈利仍抵不過毛織品的虧蝕，於是英東印度公司在廣州的整個進口貿易中也就無一年不虧損了，見上表IV – 2.31所示。

另一方面，由於飲茶習慣的流行，英倫本土對中國茶葉的需求卻日益提高，東印度公司在茶葉的貿易上所賺取的利潤更加龐大。

表IV – 2.32　英東印度公司輸華貨物所獲盈利及其利潤率，1775 – 1794

年份	輸華貨物淨虧 (鎊)	出口華貨淨利 (鎊)	出口貿易投資額 (鎊)	出口貿易利潤 (%)
1775-79	- 8,663	272,518	988,361	27.6
1780-84	- 7,791	394,115	1,295,346	30.4
1785-89	- 23,277	402,690	2,226,692	18.1
1790-94	- 26,343	574,914	2,182,313	26.3

資料來源：Earl H. Pritchard, The Crucial Year of Early Anglo-Chinese Relations, 1750 – 1800 (Washington, 1936), pp.397 – 398.

說　　明：表中統計數字為 一七七五 – 一七九四年每年平均數。

據表中統計，乾隆四十至五十九（1775－1794）年，英東印度公司出口華貨（其中以茶葉為大宗）的利潤足以彌補輸華商品虧損以後，平均每年還約有394,546鎊的盈餘；若僅就從中國出口貿易的投資與利潤而言，則通常每年利潤約18.1%至30.4%之間，平均為25.5%左右。

表IV－2.33　中國對各類英商貿易上的出（＋）入（－）超，1760－1794

年份	東印度公司出超 (兩)	公司職員私人入超 (兩)	港腳商人入超 (兩)	合　計 (兩)
1760-64	+ 530,916	- 16,270	- 5,340	+ 509,300
1765-69	+ 1,081,240	- 44,530	- 39,000	+ 997,704
1770-74	+ 793,096	- 54,804	- 85,700	+ 652,592
1775-79	+ 824,303	- 26,060	- 71,944	+ 726,299
1780-84	+ 1,100,072	- 52,238	- 266,419	+ 781,415
1785-89	+ 3,410,595	- 91,685	- 1,440,165	+ 1,878,745
1790-94	+ 1,965,911	- 182,504	- 947,384	+ 836,023

資料來源：Earl H. Pritchard, The Crucial Year of Early Anglo-Chinese Relations, 1750－1800 (Washington, 1936), pp.391－6, 399, 401－2.

說　　明：表中統計數字為一七六〇－一七九四年每年平均數。

顯然，高額的利潤迫使英東印度公司必須堅持茶葉貿易，因之在十七、八世紀早期，所有英商不得不輸出白銀（多是西班牙、墨西哥銀元）到中國來換取貨物；公司來船裝載的白銀經常佔90%以上，貨物則不足10%。十八世紀後半，英商輸華的東方貨物，特別是印度的棉花最吸引中國的資金，英東印度公司就利用這些現金，部分地解決收支平衡問題；可是全部英商對華貿易依然進、出口未能平衡，上表IV－2.33正好說明英商這種逆差幾乎經常存在的，通常在509,300兩至1,878,745兩之間，平均每年逆差約911,724兩，十九世紀二、三十年代更高達二、三百萬兩以上。

（三）中英貿易的經營與管理

中、英於彼此之間的貿易管理與經營上，各有不同的處理方法和形式。英國方面，主要體現在東印度公司對華貿易的壟斷；而中國方面對海外的貿易，則由海關與行商經手處理。

1. 英　國　方　面

受到荷蘭商人抬高香料價格及英商從遠東帶回信息的刺激，一五九九年12月24日，倫敦商人集會成立「與東方貿易協會」，決議建立一個「倫敦商人對東印度貿易的總裁和公司」，並向英國王提出申請。一六〇〇年12月31日，英女王伊利莎白一世（Elizabeth I）正式頒發特許狀，批准倫敦商人的請求，允許該公司在十五年間壟斷好望角與麥哲倫海峽之間的貿易，同時禁止其他英商未經批准不得在這片地區貿易，違者要受懲罰。一六〇九年英王詹姆士一世（James I）又頒予追認特許狀，並授權該公司的壟斷貿易權變成永久；一六六一年，英王查理二世（Charles II）再頒追認特許狀。一六九八年，在國會法令的授權下，英王威廉三世（William III）給予另一個競爭的公司「英國對東印度貿易公司」（The English Company Trading to the East Indies）以特許狀，一七〇九年新、舊兩公司實行合併而成「英國東印度公司」（The English East India Company）[56]。由於英國國王授予獨佔貿易的特權，因而使中、英之間的貿易，亦成為東印度公司的貿易壟斷範疇。

A. 英東印度公司

英國東印度公司（E.I.C.），除擁有商業獨佔權之外，還享有政治特權[57]。早期係約章公司性質，無固定資本，每次航行均由參予公司者自行出資、準備貨船，它可說是一個享有壟斷貿易特權的商人聯合體；最初由倫敦的商人、貴族、市議員及冒險者等215名組成，並選出總裁及二十四位董事。一六一二年起，公司改組成合股公司，由參加者自認股金，按股分紅，並建立股東大會和董事會，作為公司最高的權力機關；

後因資金不足，擴大招股，這樣，公司始具近代商業組織的一般形式。一六五七年創立新的共同股份，才構成公司的永久資本。

圖IV－3.1 英東印度公司組織結構

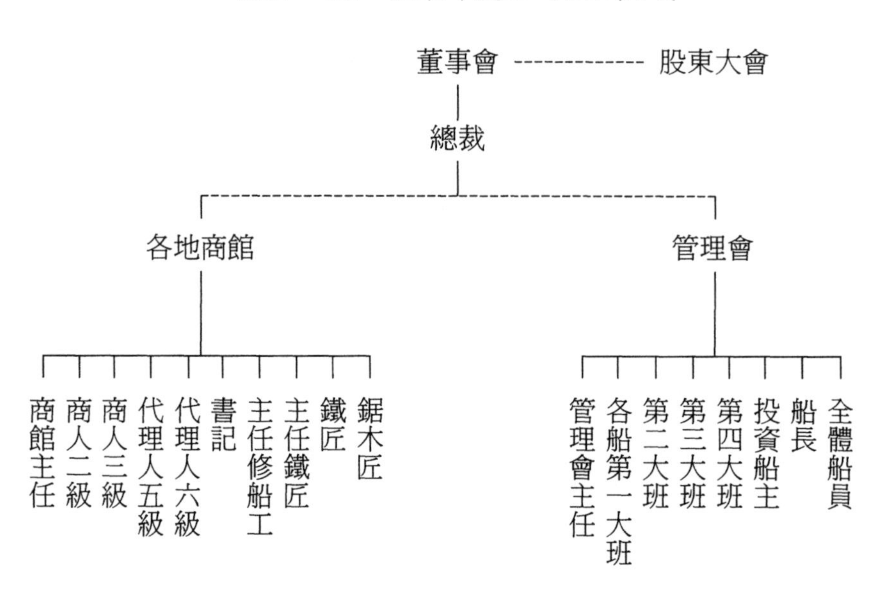

公司的業務主要交由隨船往返的大班（The Company's Supercargoes）管理，他們是船的資本主在船上的代表，能勝任售出船貨和「資金」，把現金兌換該國的通貨，並購回船主「投資」的貨物，其質量和價值足以保證運返本國口岸時能賺得利潤。通常每條出航貿易的船有三至四名大班，而在公司的指令下依序排列；其工作異常艱鉅且重要，工薪卻很低，這皆因公司按政府標準支付工作人員的工薪直至十九世紀。為了加強他們的誠實、刺激他們的熱情和堅定其忠心，公司盡可能給予職員各種優待：即是在保證公司本身利益的限度內，准許他們做一些私人買賣，有時將在華投資主成本的佣金賜給他們，有時把英倫運出的船上資金貨物和白銀分小部份給他們。通常公司大班除應得的年薪外，他們的佣金一般是3.5%或4%；分配辦法是：第一大班佔1.75%，第二大班佔1%或1.25%，而第三大班則佔0.75%或1%左右。[58]

一七〇〇年以後，支付佣金的制度已不大普遍，公司在大班所參予的投機中，算大班是合夥人之一，仍保留一定數額的私人貿易，但他們獎勵的主要來源是將船上某部分的資金，指定分配給大班；船返倫敦後，又將所得利潤，按規定分給各代理人。不過，一七一五年公司改變它的經營辦法，每艘商船不再是分別投機方式，而是該船艙貨的帳目和交易是獨立的；各船到達廣州時，各船上大班共同組成管理會，指定一位為主任，其他的則預先排列名次，但所有命令、帳目及決定則由管理會全體成員共同簽署，僅有船上艙貨的帳目是各船分開的。這個制度在一七二二年的貿易季度成為定型，該年有四艘英國商船開到廣州，各船大班共有七人；抵埠後，即聯合組成一個「管理會」，而公司給予他們的工獎有三種：一、「津貼」船上公司資金的一部分，按規定比例分配利潤給各個大班；二、「准許」規定每人攜帶一定數量的外國銀幣，用該款購買黃金回運；三、「特准」各別隨船員工投機，往返攜帶私貨[59]，及後更按職分配船載噸位。

每次的中國航運，大班為公司服務時間為期三年；期間，實際服務時間約二十個月，往返航程約十四至十五個月；十六個月逗留在英倫，約有六個月須不斷努力從事緊張和困難的工作。就以一七二二年主任大班尼什（James Naish）及一七二四年主任大班皮特（G. M. Pitt）應得獎金為例，參看下表：

表IV－3.1　英駐廣州「管理會」主任大班工薪與獎金(鎊)

年份	主任大班	供資所得	津貼	准許	特准	年薪	合計
1722	Mr. Naish	1,700	2,400	600	600	240	3,840
1724	Mr. Pitt	10,150	1,200	4,000	450	240	5,890

資料來源：H. B. Morse, The Chronicles of the East India Company Trading to China, 1635－1834 (Oxford, 1926), Vol. I, pp.77.

英東印度公司除委派隨船代理大班外，又在各地遍設商館（站，Factory），以便接待往來航運的船貨及人員。他們的待遇以一六八一年廈門商館主任的工薪每年是80鎊，其同僚即「管理會次級成員」年薪40鎊、書記年薪10鎊；當台灣的商館隸屬於廈門商館時，台灣商館主任的工薪卻由80鎊減為60鎊，其食宿則由公司負責。下表為一六九九年公司派駐婆羅洲（Borneo）商館職員實際工資：

表IV－3.2　英駐婆羅洲（Borneo）公司職員工薪表，1699年

職稱	年薪
商館主任	100鎊 0 先令 0 便士
商人（二級）	60鎊 0 先令 0 便士
商人（三級）	60鎊 0 先令 0 便士
代理人（四級）	40鎊 0 先令 0 便士
代理人（五級）	40鎊 0 先令 0 便士
書(4)記（每人）	10鎊 0 先令 0 便士
主任船工（每人）	60鎊 0 先令 0 便士
主任鐵匠（每人）	40鎊 0 先令 0 便士
船隻木匠（每人）	40鎊 0 先令 0 便士
鐵匠（每人）	33鎊 6 先令 8 便士
鋸木匠（每人）	35鎊 0 先令 0 便士

資料來源：H. B. Morse, The Chronicles of the East India Company Trading to China, 1635－1834. pp. 70.

公司有制度，在一定的限度准許私人作個人貿易，即允許他們用自己的錢銀投資，獲取如公司投資賺得的同樣利潤，但通常禁止其工作人員買賣構成公司主要貿易部分的商品，如生絲、茶葉和香料等。如一六七四年公司對印度投入的資金：貨物約110,000鎊、白銀約320,000鎊，合計為430,000鎊，而此次投資價值運回英倫的貨物約達830,000鎊。在同一年，同一艘商船上的大班、船長和職員，從英倫帶出的私人投機資金：

貨物約45,000鎊，白銀90,000鎊，合計135,000鎊，差不多為公司公共投資的三分之一。

B. 英國的散商

除東印度公司以外，同中國貿易的還有英國私商和港腳商人，統稱為「散商」(Private Merchant)，這是指獨立於英國東印度公司以外的來華英國自由商人；從廣義來說，它還包括英領印度國殖民地的來華商人。中國商人對英國散商和東印度公司一視同仁，而給予同等條件的貿易；雖然英國私商（如科爾亭商團）一部分是獲得英政府的特許狀，卻侵犯了英東印度公司的貿易獨佔。而某些私人、個體置法律於腦後，並配備船隻前往貿易；英東印度公司對於這樣的侵犯者是擁有司法權的，當不經許可的私商被緝拿時，立即遭受懲辦。某些印度商人獲得公司的特許後，也可到廣州經營進、出口生意的「港腳貿易」(Country Trade)，這便是所謂「港腳商人」。

一七六〇年以前，英國散商對華貿易主要係由英國東印度公司的大班（即船貨管理，Supercargo）經營或代理。事實上，英國對華貿易本屬於英東印度公司的壟斷範圍，可是公司為獲得職工的熱心和忠誠，通常允許他們進行一定量的「私人貿易」(Private Trade)【60】，對於這種私人貿易的優惠，公司往往配給他們免費的「優待噸位」(Privileged Tonnage) 攜帶私貨；如一七〇二年公司董事會具體規定：公司職員和水手可享有該年來華商船噸位的3%，此外還允許大班獨享從中國回程總噸位的1%，包括自華抵印的回程船隻【61】；而獲得這些免費「優待噸位」的公司職員，又常常把它賣給英國散商，尤其在印度的私商，通常每噸20至30鎊不等【62】。公司隨船大班便在廣州直接充當這些私商對華貿易的代理人(Agent)，為私商承銷承辦進、出口貨物，收取佣金（Commission)，通常為4%。【63】

早期的英國散商（包括印度商人），畢竟在英東印度公司的許可下，分享一點對華貿易的餘瀝而已。據後來散商的投訴，大班往往恃勢強迫散商們於不利的條件下買賣貨物[64]；因此，他們並不滿意將其對華的貿易長此交由公司的大班代理經營，於是某些屬於散商的隨船大班便開始以各種藉口爭取留居澳門和廣州，以便獨自直接從事生意買賣。而最早的例子就是一七六四年來華的喬治・史密斯（George Smith），他尋找了種種似是而非的理由，騙得公司的同意，允許他逗留在廣州兩載，以便清理其私人的業務，但後來卻無視公司要其回國的催促，而繼續留駐廣州。及至七十年代，他的樣榜又被其他散商們紛紛所效法，後來他們更試圖組成協會集體反對公司大班的代理業務[65]；結果適得其反，公司董事下達對這些散商的嚴厲驅趕令，且獲政府法令授權充分管轄來華的散商。[66]

可是為時不久，散商們便採取攻破該項法令的策略，這就是持其他國家的證件和委任狀來華留駐。諸如：一七八七年丹尼爾・比爾（Daniel Beale）攜普魯士國王派駐廣州領事委任狀抵粵[67]，一七九一年其弟湯姆士・比爾（Thomes Beale）則以該國秘書身分來華；一七九三年，查理士・施奈德（Charles Schneider）以熱內亞副領事身分、戴維・里德（David Reid）持丹麥皇家軍隊上尉委任狀先後來廣州。次年，來華的勞倫斯（Laurent）和迪金遜（Dickerson）亦聲稱得到波蘭王國的護照[68]；直至十九世紀初，仍有不少英國散商持他國的委任書赴粵駐留，並乘機建立行號，直接經營或代理其他散商對華的貿易業務。面對散商的強烈挑戰，後來英東印度公司被迫讓出印度對華貿易的代理業務部分，結果使散商在廣州的英國散商代理業務迅速增加，見下表所示：

表IV－4.1　各類英商對華進、出口貿易中所佔的比重，1760－1784(銀兩)

類別	年份	英商輸華總值(兩)	東印度公司		公司船員私人		港腳商人	
			價(兩)值	%	價(兩)值	%	價(兩)值	%
進口貿易	1760-64	470,286	345,930	73.6	86,436	18.4	37,920	8.0
	1765-69	1,192,915	520,059	43.6	394,936	33.1	277,920	23.3
	1770-74	1,466,466	622,332	42.4	376,614	25.7	467,520	31.9
	1775-79	1,247,472	384,009	30.8	256,712	20.6	606,751	48.6
	1780-84	1,301,931	532,649	41.0	289,575	22.2	479,707	36.8
	1785-89	3,612,764	1,026,528	28.4	523,394	14.5	2,062,842	57.1
	1790-94	5,007,691	2,059,181	41.1	812,001	16.2	2,136,509	42.7
出口貿易	1760-64	979,586	876,856	89.5	70,160	7.2	32,580	3.3
	1765-69	2,190,619	1,601,299	73.1	350,400	16.0	238,920	10.9
	1770-74	2,119,058	1,415,428	66.8	321,810	15.2	381,820	18.0
	1775-79	1,968,711	1,208,312	61.4	230,652	11.7	529,807	26.9
	1780-84	2,083,345	1,632,720	78.4	237,337	11.4	213,288	10.2
	1785-89	5,491,508	4,437,123	80.8	431,709	7.9	622,676	11.3
	1790-94	5,843,714	4,025,092	68.9	629,497	10.8	1,189,125	20.3

資料來源：Earl H. Pritchard, The Crucial Year of Early Anglo-Chinese Relations, 1750－1800. pp.391－6, 401－2.

說　　明：表中統計數字為一七六〇－一七九四年每年平均數值。

由表中得知，在進口貿易方面，一七六〇－六四年間散商輸入僅佔英國輸入總值的8%左右，至一八九〇－九四年則上升到42.7%，增長5.4倍；又出口貿易方面，一七六〇－六四年間散商輸出僅佔輸出總值的3.3%，到一七九〇－九四年間則上升至20.3%，增長約6.2倍。可見整體英商對華貿易總額中，東印度公司輸華貨物總值所佔數額始終未達半數，而自華出口的貨物平均卻佔總額的74%或以上。

英國東印度公司既然是東方貿易的主宰，而享有對華貿易的壟斷權和管轄權，卻容許散商勢力在其羽翼下迅速膨脹，這是該公司所不願見到的；而事實上，公司曾採取不少的抑制措施。但另方面，散商對華貿易於公司來說，卻非常重要，不能不加以利用。這由於東印度公司在貨物進、出口結構上，一直存在著中國貨物輸英遠超英國商品及其他地區商品的對華輸入，因而造成公司對華貿易的巨額逆差，急需英國散商把印度的粗重棉花、違法鴉片等冒險輸往中國市場，以便解決採購中國商品所需的巨額資金問題，同時藉此打擊參予對華貿易的歐洲其他國家的競爭對手。【69】

2. 中 國 方 面

中國明代對海外貿易的管理，主要承襲唐、宋、元以來的辦法，由市舶司專管。明清之際，鄭氏海商集團採取對華商、外商分別管理的政策，是為新的海關管理制度的開始；而鄭、英之間，曾於康熙十一（1672）年交涉締結雙方通商協議，是為中國與外國正式簽訂首個貿易條約，雖進口貨物一律按協議款項的3%低稅率徵稅，但這卻是正式徵收關稅的開始【70】。及至清季，對海外的貿易管理改由口岸管理和關稅管理；而關稅管理，首先則有賴海關的設置與關稅制度的確立。康熙二十三（1684）年開海以後，清廷相繼設置閩、粵、江、浙四海關，並制定了相應的關稅制度和稅則；而海關對外商及商船的管理，則是通過保商及行商來執行。這是因為清政府對來華經商者抱懷疑與不信任的態度，為了避免外商來華節外生枝，政府一直不願直接與外商接觸，而通過一個中間環節：保商與行商來達成管理、控制外商的目的。

A. 粵海關的外貿管理

康熙二十二（1683）年，滿清政權消滅明鄭統一台灣後，翌年解除海禁並開海貿易，同時分別設立江南、浙江、福建、廣東四海關，史稱「四榷關」，為清廷海外貿易政策的執行機構，專門管理寧波、松江、廈門、廣州四港口的海上貿易和徵收關稅的事務。乾隆二十二（1757）

年，特別是「洪任輝案」後，清廷正式宣佈西洋商船只許在廣東收泊貿易，不得在其他口岸通商，於是廣州迅速發展成為中外貿易的一個集結點，粵海關顯然壟斷了當時的海外貿易，尤其是對英國的貿易，地位格外重要。

粵海關全稱「欽命督理廣東沿海等處貿易稅務戶部分司」，粵海關監督「督理廣東沿海」的貿易稅務；其管轄口岸甚多，遍佈於廣東沿海各處，按其行政統屬關係，可分為總口和小口兩類，負責口岸船隻出入與中外貿易關稅管理。粵海關共設有廣州省城大關、澳門總口、潮州巷埠總口、惠州烏坎總口、高州梅菉總口、雷州海安總口和瓊州海口總口，七總口下分別管轄七十五個小口，其收支的情況由各總口造冊彙報監督，彙解海關的關庫【71】。各大小口岸按其功能的不同，又可分為「正稅口」、「掛號口」和「稽查口」三類。一、「掛號口」：約有二十二個，是對剛入港的商船進行檢驗，發給「清單」，然後由海關人員護送至徵稅口；二、「正稅口」：約有三十一個，主要負責徵收船鈔、貨稅和禮規等關稅；三、「稽查口」：約有二十二個，主要負責檢查往來、出入的商船，載運違禁物和非法移民等，以防走私漏稅。由於「掛號口」、「正稅口」分別負責報關登記、填寫稅單和收納關稅，故又合稱「收稅口岸」。【72】

在關稅的管理上，粵海關的正稅包括「船鈔」和「貨鈔」兩項。一、「船鈔」：即明代的「水餉」，係海關根據商船長寬尺度而徵收的船稅；解禁開海之初，海關對西洋商船徵收船稅較多，後減徵20%，康熙三十七（1698）年規定外國商船均按東洋船例徵稅。二、「貨稅」：係清代海關對進、出貨物所徵收的商品稅，即明初的「抽分」（實物稅）、後期的「陸餉」（進口貨物稅），按貨物的種類與價值不同課稅，折銀徵收【73】。此外，還有許多附加雜稅，是關員通過行商向外商收取的額外手續費，俗稱「陋規」，如分頭銀、擔頭銀、掛號、禮規繳送、飯食舟居銀、平餘、罰料、截曠、耗羨等，粵海關人員每年私自徵收的驗艙、丈量、放關、分頭、擔頭等規銀多達六、七萬兩[74]。這些名目繁多的陋規，均為外商特別是英商所不滿與非議，亦是爾後中英貿易糾紛的重要環節。

B. 十三行商扮演的角色

「洋行」初稱「洋貨行」，又稱「外洋行」，乃相對於專管國內貿易的「金絲行」，是清代開海以後，專門經營、管理海外貿易的行鋪。每個洋行的主辦人員稱為「洋商」，又叫「行商」；而行裡還有通事（即今翻譯）、買辦、管店、司事等職工。洋行的設立，除廣州外，廈門、寧波等口岸皆有，但這些地方對外貿易不及廣東的發達，而且乾隆二十二（1757）年以後，廣州又成為中外貿易的唯一通商口岸，故此廣州的洋行特別著名，通常稱有十三「行」（Hongs），其實並無定數，據說是沿襲前代廣東「官牙」十三行而來，早在粵海關建制以前已存在。

康熙二十四（1685）年清廷設置粵海關後，為了方便住稅、行稅的分開徵收，而公議成立「金絲行」、「洋貨行」。住稅（落地稅）投前者報單，往佛山稅課司繳納；行稅（進出口稅），投後者報單，赴關部交稅[75]。次年四月，廣東巡撫李士禎出告示招殷實商人承辦「洋貨行」（「十三行」的前身），代表政府、粵海關經營對外貿易[76]；正因當日「行商」為官府管理外貿，兼有官和商的雙重身分，故又常稱「官商」。康熙五十九（1720）年十一月二十六日，廣州十三行商集會，歃血為盟，成立「十三行」會組織，後稱「公行」（Co-Hong），並簽訂行規十三條；規定：除少數零星商品以外，所有交易必須由公行議價，不准行外商人直接與外商交易，准許行外商人直接賣給外商的零星商品，也要從價30%交納公行，這表明公行行商擁有中國對外貿易的專利。行商按三等分攤營業額：主管公行事務為首的行商，佔一全股，次者佔半股，其餘佔1/4股[77]；為首的商行也就是資財最雄厚的，如著名的怡和行五秉鑒和同文行的潘啟官，都是行商的首領。

公行壟斷中國對外貿易的地位，使外商不能有一個貴賣賤買的自由市場，因外商特別是英商反對激烈。在公行成立的次年，由於英商的抗議，且以停止貿易相要脅，行商迫不得已，同意由英商支持的兩家行外商人參予貿易；這無形挑戰了公行獨立的權利，可是不久又恢復原狀。乾隆十九（1754）年，粵海關監督規定，外國商船來粵須先於公行行商中覓一保商，負責保徵稅餉，管理外人；外商買賣貨物均須經過保商，外商如有違法行為，保商亦須負責任，這便是所謂「保商制度」【78】。翌年，官方又明令嚴禁公行的散商與外商買賣。二十二（1757）年，清廷限定廣州為中國沿海的唯一通商口岸，因而使公行壟斷中國對外貿易的地位更為鞏固。二十五（1760）年，公行奉命再度成立，專辦歐西貨稅，稱為「外洋行」，當然外商特別是英商累次要求取消公行未能如願；及至三十六（1771）年，英東印度公司以100,000銀兩收買兩廣總督，再次取消公行。可是四年後，外洋行商又重新組織公行，從此直至鴉片戰後訂立中英《南京條約》，才被迫取消公行壟斷海外貿易的權益；及後，行商多轉業為茶商。咸豐年間，商館和十三行均被焚毀。

然而，清廷藉著行商達到四個作用：一、壟斷貿易，即一切外洋進口的貨物，由洋商承銷出售，內地出口的貨物，亦由洋行代辦購入；二、保納徵稅，即外商應繳納出、入口稅（船鈔和貨稅），不能自行到海關繳交，而均由洋商及承保代交；三、被授權管束外商，若外人在廣州居留活動，須由洋商負責照管監督，若外國商人出外滋事，或與當地人民交結，唯洋行是問；四、傳達政令，凡清廷有向外商傳達文件或外人對中國政府有所要求，概由洋商傳遞辦理。【79】這又要使行商充當外國商人與中國政府之間的中介，因此在中西關係中，他們實際上擔負著商業和政治的雙層任務。

五、結論

總括而言，明、清之際，中、英的貿易發展，幾乎由英東印度公司、中國海關及十三行商所包辦；前者幾乎壟斷英國對華的貿易，而後者則獨攬中國對外的通商。明崇禎八（1635）年以前，英商先後在印度、馬來半島、暹羅、蘇門答臘、爪哇、婆羅洲、摩鹿加群島及日本等地建立商館，並與華商在這些地區從事間接貿易；此後，英國商船經常抵達中國東南沿海各港口，如廣東的廣州、福建的廈門、台灣的東寧（即台南）、江浙的舟山等地進行直接的通商活動。彼此貿易的商品：英商自中國出口的物品，主要以茶葉為最大宗，其次是生絲、土布、其他諸如絲織品、陶瓷、糖、冰糖、大黃、肉桂、樟腦、水銀等；而經由英商入口的貨物，主要為棉花、錫、鉛、胡椒、檀香、象牙、黃蠟、皮貨、玻璃、呢絨、羽毛等是。

清康熙五十四（1715）年，英商在廣州設立商館，標誌著中、英貿易發展的新起點。於此以前，英商為求擴張對華的貿易市場，商船不斷出現於粵海的廣州、澳門、閩海的福州、廈門、及浙海的舟山、定海等地；在康熙二十三至五十三（1684－1714）年間，抵華通商的英商船約83艘次，較前期（1635－1683年）的34艘次，增加近144.1%，平均每年約2.7艘次，亦較前期的平均每年0.7艘次，增加達3.7倍。在此之後，英商多集中在廣州貿易，來華貿易的商船更較前躍升，自康熙五十五至乾隆二十一（1715－1756）年止，英商船約有185艘次來華，平均每年約4艘，佔西歐各國來華商船總數的48.1%；而乾隆二十二至五十八（1757－1793）年間，英國來華商船多逾780艘次，載貨量達325,771噸，平均每年約21.1艘次、8,805噸，較前期的4艘次，劇增近5.3倍，貿易總值亦增加達5倍。

事實上，在乾隆五十八（1793）年甚至鴉片戰爭以前，英國並無一項產品於中國市場受到歡迎，即使號稱王牌的毛織品亦不夠平宜，而於中國找不到顧客。因此，英東印度公司向中國販賣的毛織品一直是虧本，僅有金屬如鉛料及印度的棉花在中國才有銷路，但所得的盈利仍抵不過毛織品的虧蝕。另一方面，由於飲茶的流行，英倫本土對中國茶葉的需求卻日益提高，英東印度公司雖在茶的貿易上賺取龐大利潤，而至十七、八世紀英商不得不輸出大量白銀到中國來換取貨物，英商對華出、入口貿易依然未能平衡，這種貿易逆差幾乎經常存在；十八世紀後半平均每年逆差逾九十萬銀兩，十九世紀二、三十年代更高達二、三百萬兩以上。

正因中、英貿易額有不斷增長的趨勢，彼此貿易逆差日趨擴闊，以及中、英之間壟斷性貿易存在著種種問題與糾紛急需解決；因而有乾隆五十八（1793）年英使馬戛爾尼率團使華之舉，企圖建立中英平等外交關係，及改善和增進彼此的通商關係；可惜英使堅持拒絕向乾隆皇帝行「三跪九叩」大禮，以致使團任務歸於完全失敗的境地，此後中英貿易糾紛接踵而來，導致中英關係交惡終於爆發戰爭，和平對話無管道疏通，雙方唯於訴諸武力解決，亦從此揭開中國近代悲慘的序幕，其對近代中國的影響不可謂不大！

本文榮獲中華民國教育部專題研究補助特此鳴謝！

附註

[1]「發現」(Discovery)一詞，英文的解釋是「使世人知道」；中文解釋，古稱「通」，如「張騫通西域」。據歷史學者研究，亞洲人(特別是中國人)、北歐人、愛爾蘭人等早在哥倫布以前已到過美洲。據說最早棋渡大西洋的聖布倫丹(St. Brendan)和愛爾蘭人，其時約在七世紀左右；維京人(The Vikings)則在十一世紀期間，曾經登陸北極地域；英國布里斯托港(Bristol)的水手在四個世紀後，也曾抵紐芬蘭(New Fondland)。但他們都不能說「發現」了美洲，因為這只是他們自己的知識，而沒有能為世人普遍的知識。只有哥倫布到了那裡，舊大陸才驚悉新世界(以歐洲為中心的稱呼)的存在，而美洲對舊大陸的人才有了意義(一件東西、一樁事情要對人有意義可言)。

[2]東西航路與地理上大發現的宗教動機，主要是擴展基督教勢力、尋找基督教約翰王國共同對抗穆斯林信徒的進攻；經濟動機主要則是尋找黃金熱和發展東方貿易。

[3]「好望角」，位於非洲最南端的暴風角(Cape of Storms)，乃一四八八年巴托洛梅烏·狄亞士(Bartolomew Diaz)所發現，後來葡萄牙王約翰二世因期望探索新航路成功，便更名為「好望角」(Cape of Good Hope)。

[4]參看拙作《明清之際海外貿易史研究》(香港：新亞研究所講義，未刊稿)，頁11-12。

[5]劉鑒唐、張力等編《中英關係繫年要錄》(成都：四川省社會科學院出版社，1989年6月)，頁29-30。

[6]前揭書，頁30。

[7]前揭書，頁44。

[8]前揭書，頁53。

[9]王曾才編：《西洋近世史》(台北：正中書局，1979年)，頁8。

[10]李慶餘：「十六世紀葡萄牙在『非洲之角』的侵略擴張」，《史學論叢》1979年第2輯，頁117。

[11]鄭如霖：「新航路發現的背景及其後果」，《歷史教學》1961年10月，頁26。

[12]同4註，頁13-14。

[13] 在十六、十七世紀歐洲勢力擴張的第一波時，西歐各國只能奪取較未開化的美洲大陸與亞洲若干重點，及一些東南亞的島嶼，作為殖民地以外，對於已經具有其本身的農業文明國家如中國、日本、越南、暹羅、緬甸、印度、波斯等地，卻尚未給予很大的衝擊；由於在十九世紀「西力東漸第二波」，改變了整個世界的局面，所以人們往往認為十六、七世紀西力的東漸改變了整個亞洲的局面。

[14] 拙　作，前揭書，頁14-15。

[15] 前揭書，頁15。

[16] 前揭書，頁16-17。

[17] 曾　玲：「試論明清福建手工業發展的自然與人文環境」，《中國社會經濟史研究》1992年第2期，頁62。

[18] 拙　作，前揭書，頁24。

[19] 同上註。

[20] 前揭書，頁38。

[21] 所謂「海禁政策」。

[22] 李金明：「清康熙時期開海與禁海的目的初探」，《南洋研究》，出版期數及頁數待查。

[23] 李士禎：「議復粵東增豁稅餉疏」，《撫粵政略》卷一。

[24] 同5註，頁58、68、91。

[25] 石源華等編：《中外關係三百條》（上海：上海古籍出版社，1991年），頁193。

[26] 張軼東：「中英兩國最早的接觸」，《歷史研究》1988年第5期，頁34。

[27] William Hawkins, The Journal of Jourdain(1680-1617).pp. 166-167；S.Purchas, His Pilgrimes, vol. I, pp.39-40.

[28] 同4註，頁105。

[29] 前揭書，頁111。

[30] H.B. Morse, The Chronicles of the East India Company Trading to China, 1635-1834. Vol. I, p.17.

[31] H.B. Morse, op. cit., pp.22-23.

[32] Ibid, p.8.

[33] 拙　作，前揭書，頁242。

[34] 周學譜譯：《十七世紀台灣英國貿易史料》（台北：台灣銀行經濟研究所，民國四十八年），頁24。

[35] 賴永祥：「台灣鄭氏與英國的通商關係史」，《台灣文獻》第16卷第2期，頁2-4。

[36] Paske-Smith M., Western Barbarians in Japan and Formosa in Tokugawa Days,1603-1868(Kobe: J.L.Thompson & Co., 1930), P.30.

[37] 拙　作，前揭書，頁131。

[38] 同5註，頁671-685；　H. B. Morse, op. cit., vol., I pp.307-309.

[39] H.B. Morse, op. cit., vol. I., p.109.

[40] 拙　作，前揭書，頁138。

[41] 前揭書，頁249。

[42] 前揭書，頁252a。

[43] 前揭書，頁152-153。

[44] 前揭書，頁154。

[45] 參看《清乾隆朝實錄》，頁8,046。

[46] 參看《軍機處錄副奏析·外交類》卷158，中國第一歷史檔案館藏檔。

[47] 參看「（戶）部覆兩廣總督李侍堯議」（乾隆廿四年），《粵海關志》卷28，頁22-28。

[48] 拙　作，前揭書，頁161。

[49] 前揭書，頁165。

[50] 張伊興：「英國為甚麼先後向中國派出馬戛爾尼使團和阿美士德使團？」，《中外關係三百題》，頁196。

[51] H. B. Morse, op. cit., vol. I, p.214.

[52] 參看拙作，前揭書，頁239。

[53] 參看前揭書，頁239-243。

[54] 前揭書，頁239-254。

[55] 前揭書，頁301。

[56] H. B. Morse, op. cit., vol. I, pp 6-7.

[57] 同5註，頁73-75。

[58] H. B. Morse, op. cit., vol. I. p 74.

[59] H. B. Morse, op. cit., vol. I. pp.75-76

[60] H. B. Morse, op. cit., vol. I. p 71.

[61] H. B. Morse, op. cit., vol. I. p 128.

[62] 格林堡：《鴉片戰爭前中英通商史》（北京：商務印書館，1961年），頁11。

[63] H. B. Morse, op. cit., vol. I. p 154.

[64] 格林堡，前揭書，頁22。

[65] H. B. Morse, op. cit., vol. II. p 11.

[66] H. B. Morse, op. cit., vol. II. p 33.

[67] H. B. Morse, op. cit., vol. II. p 150.

[68] H. B. op. cit., vol. II. pp 206-207.

[69] 陳尚勝：「英國散商對華貿易的發展與鴉片戰爭」，《閉關與開放》，頁343。

[70] 林仁川：「明代海關管理制度的演變」，《平淮月刊》第四輯下冊，頁204-207。

[71] 參看《大清會典究例》卷190，頁六上；又《皇朝食貨志》，「食貨志」六、「關稅」七。

[72] 參看《軍機處檔》第5779號。

[73] 陳國棟：《粵海關與清代前期的中英貿易，1683-1842》（台北：台大歷史研究所，民國68年碩士論文，未刊稿）第五章，頁6-8。

[74] 參看《粵海關志》卷八，「稅則」。

[75] 彭澤益：「清代廣東洋行制度的起源」，《歷史研究》1957年1月，頁16。

[76] 李士禎：「分別住行貨稅」文告，《撫粵政略》卷六，頁55-56。

[77] 梁嘉彬：《廣東十三行考》（上海：商務印書館，民國26年2月），頁78-82。

[78] 前揭書，頁130。

[79] 前揭書，頁2-3、388-389、394-395。

華北煤炭運輸體系的建立，1870－1937

張偉保

一・前言

中國的煤炭工業，有非常悠久的歷史。唯以土法生產，無論在質量和數量方面，都不能滿足市場要求。特別是在十九世紀中葉以後，由於輪船和軍工企業的不斷發展，傳統煤炭工業，因生產方法和運輸系統的落後，不能提供大量的優質燃料，令中國出現嚴重的漏卮。於是，一些洋務官員便開始籌劃試辦新式煤礦。其中，開平煤礦是中國第一個成功建立的新式煤礦，為我國煤炭工業樹立典範。

直至一九三七年，華北四省已成功建立了不少的新式煤礦，其中最重要的有河北省的開灤、井陘、怡立；山西省的陽泉、大同；河南省的中福、六河溝；山東省的中興、魯大等煤礦。值得特別注意的，是以上各大礦皆以鐵路為運輸煤炭的主要工具，而輔以水運，以便源源不絕的運往中國的各主要消費市場——上海、天津、武漢、廣州——或出口。我們知道煤炭是質重價廉的商品，它不能負擔高昂的運費。因此，幾乎所有中國新式大礦都位於中國主要的鐵路幹線——京奉（後稱北寧）路、京漢（後稱平漢）路、京綏（後稱平綏）路、津浦路、隴海路——及其支線附近，再利用礦山鐵路將兩者連接起來。

本文以四個較具代表性的新式煤礦的建立和發展為例，來說明新式煤礦與現代化運輸系統的特殊關係。首先交代運輸革命對煤炭生產的意義，再以位於河北省的開平煤礦的建立來分析中國第一條鐵路幹線的艱苦創辦情況。最後，再選取其餘三省的大礦（山東省的中興煤礦、山西省的保晉煤礦和河南省的焦作煤礦）的建立和發展的歷史，來說明它們的成功與其完備的運輸系統有密不可分的關係。

二・煤炭生產與運輸革命

十八世紀下半葉，英國已開始工業革命，蒸汽機的發明為傳統交通運輸業的革命帶來了新的曙光。蒸汽機與鐵路的創始實有極大的關係。英國的煤業在此期間已非常發達，但產量增加卻引來了新的運煤問題。由礦區至煤炭消費市場的距離既遠，道路復崎嶇不平，如要把大量的煤運至水道（包括天然水道或人工運河），便需要更有效的陸上運輸工具。原先是利用牛馬拖運煤車，後來又用木板或鐵片，鋪於地上，使煤車行駛其上，以減輕煤車與地面的摩擦力。[1]於是，煤炭便能較經濟地從礦區搬至水道旁，再用剝船（煤船）把它轉運至重要的消費區出售。一八二五年，英人George Stephenson乃創造一輛蒸汽機車，能拖帶若干輛煤車，行駛於軌道上。[2]

自英國製造首架蒸汽機車後，煤炭運輸遂出現革命性的進步。此後歐美各國，紛紛仿效，世界性的鐵路發展期，遂正式開始。[3]亞洲地區以英屬印度最早，第一條鐵路在一八五三年完成。日本在一八七〇年以後，開始計劃建造鐵路，第一條長十八英里的東京——橫濱線成於一八七二年。兩年後，神戶——大阪線也相繼完成，並於一八七六年延伸至京都。當時日本因舉借外債過多，政府乃不得不設法鼓勵私人資本來擔負鐵路的建設。為了加快完成大規模的築路計劃，日本政府仿效美國，把鐵路所需的土地免費供給鐵路公司，並且第一段路在十年內政府擔保有八釐利息於投資者。這些有利的投資條件，吸引了不少日本人投資於鐵路事業。所以，到了一九〇六年，日本的鐵路總里程的三分之二是由私人資本所建設及私人經營的。[4]

與日本是一水之隔的中國，是一個面積龐大的國家，鉅大的空間距離對於經濟發展構成深刻的影響，對鐵路的需求自然是更為殷切。費慰愷（Albert Feuerwerker）指出「束縛中國本國商業發展的市場結構主要不是沉重的官方勒索，而是近代以前的交通運輸的各種限制。」[5]他又說：「就中國而言，國家面積的因素更起著作用，因為它的經濟制度有著基本上是自給自足的微小的經濟組織，它們由一種相對地說未發生變化的運輸體系維持著。」[6]費氏的說法是有事實根據的。直至十九世紀中葉以前，傳統的交通運輸恰好為當時的經濟體系服務，原來的大車、獨輪車、牲畜馱運、帆船、沙船甚至是腳夫正在發揮其最佳的運輸功能。只有在不正常的天氣情況下，才短暫地出現一些人們已習以為常的延誤。

最先打破這個安穩的均衡狀態是輪船的出現。與傳統的運輸方式比較，輪船具有快捷、安全、運量大的各種特質。漸漸地，憑著其優點和中外貿易的增加，輪船成為沿海運輸的重要工具，使運費節節下降，並迫使沙船業面臨被淘汰的命運。

為了分洋人之利，在一八七二年中國出現了輪船招商局。數年間，它購下旗昌的輪船，船隊愈形龐大。一方面，它需要有充足廉宜的煤炭燃料；另一方面，它希望從轉運北方出產的煤炭而獲得可觀的水腳收入，因此，招商局的負責人還積極參與開採開平煤田的龐大計劃。為了把煤炭從礦井運到船上，他們修建了一條鐵路和兩條運河，從而使質重價賤的煤炭經濟地從內地運至消費區，為煤炭開拓了廣闊的市場。[7]

有了第一條鐵路後，華北便進入鐵路時代。輪船和鐵路是近代運輸革命的兩個法寶，它們在短短幾十年間從外國輸入，正式打破了傳統的運輸體系。有了這個良好的開始，中國的運輸業便出現了革命性轉變。可是，由於資金不足和傳統體系的穩定性，到了一九一一年，輪船、汽艇以及鐵路深入中國內地的程度極其有限。[8]

華北地區蘊藏極其豐富的煤炭，已為中外人士所熟知。最惹人注意的，莫過於李希霍芬的調查報告。一八九九年，福公司在取得山西、河南等地區的煤炭開採權後，派遣格那士前往山西調查礦產。其後，他說：「多方觀察所得，顯示李希霍芬關於山西煤、鐵礦豐富的報導，與事實相符合。在我們由山西北部前往南部的路途上，簡直到處都是煤礦。……我們看見許多騾子運著煤前往各處市場出售。在煤礦區域的市鎮，煤被人自由使用著。」[9]值得特別注意的，是這種情況直至二十世紀二十年代仍沒有多大的改變。[10]全漢昇師指出「在中國佔儲藏量三分之二的山西煤礦，一方面得不到河流交通的便利，他方面和海岸的距離又非常之遠，並沒有便宜的水運來幫助它擴展銷路，以從事大規模的生產。」[11]在格那士的同一份報告中，他說「(山西)已開之煤井甚多，然出煤不見多者，非礦產不豐，皆道路崎嶇，載運不便之故耳。運路稍便之處，及有來往轉運貨物兩便之處，運煤之費，無論以牲馱、以手車、以騾車，每噸每英里，約需二便士半。其運路不便之處，每噸每英里銀五便士」[12]如以「淺井所出之煤每噸成本不足六便士。」[13]計算，不出三英里，煤價便倍增。由此可見，傳統運輸方式並不能使煤炭的銷售擴大到遠方。[14]

煤炭資源豐富的華北煤礦，在傳統的運輸方法的束縛下，並沒有多少的發展餘地。因為幾乎所有重要的煤田，都距離水道相當遠。煤炭的價值有限，體積卻相當大，它不能負擔高昂的運費。在陸地上，煤炭經濟而有效的運輸工具，應以鐵路為首。李鴻章在一八八〇年提出要開發山西煤炭，必須「以火車運送，斯成本輕而銷路暢，銷路暢而礦務益興。」[15]何漢威指出「若有鐵路作為運輸工具，這樣，煤的銷場便可以擴大，隨而刺激煤的產量增加。這種現象，在一般的工業國家，如英國、日本、法國、德國、比利時等，莫不如此。」[16] Tim Wright則強調，鐵路的引進可推動新式煤礦的建立。因為鐵路能提供大規模的運輸，而煤為利用此有利條件時「就需要大規模的生產設備或至少是大規模的裝載設備。大規模生產（是）為了充分利用固定資產需要長期進行生產，而在長期裏，小規模生產的外部不經濟就變得明顯了。」這便與土法小礦有所分別了。因為「使用手工方法短期內成本是低的，但這意味著煤田工作中缺乏組織，而長期內則是不經濟的。」[17] 然而，由於中國缺乏資金的情況，在北方尤為普遍，使大規模投資於煤礦的數量偏低，發展也相當緩慢。以二十世紀初才建成的幾條大鐵路為例，它們在完成建築後，鐵路沿線才陸續開始出現新法煤礦。[18] 而且，各個煤礦的資金也少得可憐。以旁近京漢路的磁縣怡立煤礦為例，在民國以前的投資額只有數萬元，遠遠不足以應付新式煤礦所需的鉅大投資。[19]

簡略地回顧一下華北鐵路在一九三七年前的發展概況，是重要的。在一八九五年前，中國只有一條天津至新民屯和台灣一條短短的鐵路（基隆至新竹）。[20] 一八九五年至一九一一年，華北地區重要的鐵路除延至瀋陽的京奉路外，有京漢路、津浦路、京張路、膠濟路和一些支線如正太路、道清路和汴洛路。這些在華北地區的鐵路是中國鐵路建設的重點，建路的速度也相當快。一九一二年至一九三七年，華北的鐵路建設比較緩慢，重要有由京張路延伸至包頭的京綏路，由汴洛路兩邊伸展以連接西安和連雲港（海州）的隴海路。此外，山西境內的同浦路也快將完成。[21]

總之，有了便捷的交通工具後，華北煤炭才能源源不絕從礦山運銷至各大消費區，以供居民和工業的應用。由於煤炭的運費因利用鐵路、輪船而下降，煤炭的銷售量便節節上升。從前因價格較昂不能利用煤炭的居民，現在價格下降，使它比柴薪更為廉宜，更多的人改為利用煤炭為其日常的燃料。反之，如原來能利用廉價煤炭作燃料的，一旦遇上鐵路運輸系統因戰爭而終斷，煤價因供給減少而上升，人們負擔不了昂貴的煤炭，便會改為利用柴草的燃料。現代化的運輸既然對煤炭工業的發展有深刻的影響，我們在本文其餘各節對此問題作進一步的探討。

三・開平煤礦與華北第一條鐵路幹線

中國幅員廣闊，地區差異頗大，對交通運輸需求因地而異。南方水道交通便利，河川分佈綿密，有助於地區間經濟的聯繫。其中，長江的運輸能力極高，從上海至漢口，大型輪船可終年通航，加上其他支流，南方的水上交通運輸對中國東南地區的發展，產生重大的經濟效益。[22]相對而言，中國北部黃河中、下游（即華北地區），通航能力遠不及長江流域，加上冬季冰雪封河，令交通運輸大受影響。整體而言，南方因水運發達，使經濟蓬勃；北方則水運不重要，運輸以陸上為主，經濟便稍形遜色。

中國煤田主要分佈在華北地區，[23]要大規模開發華北煤田，以保證中國在工業化過程中有充足而質優價廉的燃料和材料（如冶金用的焦炭），便需要改善傳統的運輸系統。鐵路運輸的出現，促進了華北煤炭的大規模開採。它在煤礦工業的發展史上，擔當極重要的角色。可以說，鐵路的推廣和普及是現代化新式煤礦誕生的必要條件。開平煤礦的建立和發展，正好是一個典型。

最先在中國建築鐵路是英商怡和洋行。在一八七四年，怡和洋行以上海商務日盛，而上海離吳淞口太遠，船隻出入不便，便私自修築了一條長約九英里，軌距僅三十吋的吳淞路。一八七六年初試車，效果不錯，年中遂正式開車。初期營業的收入甚好。不料開車才一個多月，有一人在軌道上行走，為火車撞斃，於是地方大起交涉。由於怡和洋行並未被授權築路，最終決定由中國政府於一年之內備價285,000兩，將鐵路財產全部購回。一八七七年九月，清政府將款項付清後，便即令工匠掘起路軌，划平路基，拆毀車站房屋。後來，此批材料被運往臺灣。[24]這個不愉快的經驗令人懷疑中國能否儘快建立自己的鐵路系統。

面對強大的外界壓力，中國需要一個精明能幹、有毅力、有企業家的創新精神的商人將這個困局打破。一八七六年，負責輪船招商局的唐廷樞，為了保證其龐大船隊獲得適當的燃料供應[25]和改善招商局輪船回空（從津至滬）的情況，以增加水腳收入，[26]受北洋大臣、直隸總督李鴻章之命前往灤縣的開平煤田調查。結果，唐廷樞發現這個煤田的儲量非常豐富，單就「已開之一格，尚有煤六百萬噸，則將來探有別格，其數更鉅。」[27]

然而，要大規模開採開平煤田，運輸卻是個大問題。唐氏估計，若「仿照西法採煤，每天應運五六千擔，須僱大車（傳統的運輸工具）三百乘方足敷用，不獨無此多車，且車價（因需求驟增而）騰貴，更難化算。」[28]所以，他指出「欲使開平之煤大行，……苟非由鐵路運煤，恐終難振作也。」[29]唐氏隨即估計建築鐵路需銀約四十萬兩。其中包括購地用銀一萬八千兩、填土四萬五千兩，築路拱一萬兩，更樓一萬兩，機車貨車客車八千兩，木料五萬兩，鐵料二十萬兩，造路一萬兩，墊磚石二萬五千兩，築碼頭二萬四千兩。[30]一八七七年八月三日，唐廷樞向李鴻章稟請「開採開平煤鐵並興辦鐵路」中，表示當年夏天他曾到臺北查核鐵路修建事宜，認為「該處鐵路價值（指造路的費用與去年他在開平的估計）亦屬相仿。若有鐵路運煤，便可多開一井。」說明修築鐵路能令煤產倍增。[31]唐氏又強調「煤本不難取，所難者，使其逐日運出費力。」因此，唐氏希望李鴻章能夠批准他「仿照臺北築做用馬拖車小鐵路一條，」以便利煤鐵的運出和各項礦井機械的搬運。[32]

李鴻章在收到唐氏的稟摺後，沒有正面回覆做小鐵路的要求。他表示「直省開採（煤、鐵礦），本係奉旨准行之事」，指出磁州煤鐵因「運道艱遠」等原因而中止。他只表示「臺灣開煤已照洋法興辦，直境亟應仿照試行。」[33]李鴻章的批文迴避了對修築小鐵路要求的直接回答，只隱晦地表示了支持唐氏效法臺北礦務。唐氏在收到批文後，對李鴻章的用意心領神會。[34]不出三個星期，唐氏在〈稟覆遵批議定開平礦務設局招商章程由〉中，將他與丁壽昌、黎兆棠一起擬訂的「直隸開平礦務局章程」十二條，仔細開列各項招股、管理事宜，但卻無一字涉及築做小鐵路一事。而李氏在審批該章程時，亦有意對此避而不談。[35]

李鴻章在修築鐵路的態度比較穩重。鑑於社會風氣問題，李氏雖位尊權重，但要推行鐵路，亦深感阻力重重，沒有很大的信心。一八七八年九月十五日，盛宣懷在天津協助李氏辦理賑務時，寫信給礦司郭師敦，表示「開平雖已開工，而……陸路轉運愈覺艱難，」[36]反映李鴻章仍對開平築做鐵路之事，仍有保留。[37]

礦局初期招股並不完全順利。[38]在資金不足的情況下，建築鐵路便更困難。一八七九年初，即傳出「開平修築鐵路之議業已打消。鐵路必經之地大半係旗地，如避開此等旗地另築曲折的路線，則將所費不貲；此外，北方經常晝夜川流不息的騾馬車輛很多，難保無虞。[39]再者，距礦井二里有一小河，若挖深拓寬，則可行水運直達海濱。」[40]次年，一位參觀過開平礦務局的洋人報告說：「（這條小河叫淩河）只有一條小溪，只能在雨季利用，其他各季太淺，有時甚至於無水。明年（一八八一年）打算從礦廠到蘆台修一條運河，約長一一〇里，以便運輸煤炭等物。」[41]

一八八〇年九月，唐廷樞正式向李鴻章提出開河運煤。他首先指出局中開支龐大，所招股金有限，「總連建造開井，已需用四十萬兩」，「現已多用十萬兩有零，如要再籌墊十四萬兩挑河，實為心力不逮。」要求李鴻章「於機器、海防支應兩局酌撥銀五萬兩，暫資工需急用，於本年職局（開平礦務總局）所交之煙煤、焦炭及船捐三項抵銷；如有不敷，亦統於光緒八年（一八八二年）底無論何項一律繳清，」其餘款項，由唐氏「極力設法挪移」。[42]唐氏的請求沒有全部實現，只預支到三萬兩。[43]我們知道，資金不足對創辦初期的開平礦務總局的發展產生嚴重影響，幸好由唐氏大力籌墊資金，使該長二十一英里餘的運河及一條長約六英里半的鐵路，能在一八八一年初完成。這條被唐氏稱為「快車路」[44]或「硬路」[45]的東西，就是第一條由中國人出資修造的唐胥鐵路。同時，工程師金達「在礦廠中已製成一個火車頭。如果中國人不加反對，即可使用。目前擬先用馬在軌上拉。」[46]

李鴻章在一八八一年四月二十三日奏上〈直境開辦礦務摺〉中，提及與唐氏謀暢開平運道之議。他指出：

> 「由唐山至天津必經蘆臺，陸路轉運維艱。若夏秋山水漲發，節節阻滯，車馬亦不能用。因於六年（一八八〇）九月，議定興修水利，由蘆臺鎮東起至胥各莊止，挑河一道，約計七十里，為運煤之路。又由河頭接築馬路十五里，直抵礦所，共需銀十數萬兩，統歸礦局籌捐。非但他日運送煤鐵諸臻便利，……而本地所出鹽貨，可以暢銷。」[47]

金達對中國能夠成功籌建鐵路，有很深刻的體驗，他說：

> 「煤礦有一條小鐵路——中國唯一的一條鐵路。長六英里半，在鐵路盡頭把煤裝上剝船以便沿運河運走。這條小鐵路建造時很謹慎，倡議者一點點地試著進行。第一座火車頭是在本地造的，行駛了幾個星期，沒有引起煩言。但不久便被命令停駛，停了幾個星期。過些日子，又可以開行了，以後一直在使用著。……因為煤質鬆軟，運河運輸顯然不宜。用鐵路直達裝船碼頭會便宜些。原來本計劃修築鐵路，但因北京方面反對，只好做為罷論。」[48]

除此之外，鐵路初時是計劃用騾子拉曳的，唐廷樞則希望在事機成熟之時會採用機車曳引。[49]金達根據這個指示建造他所謂一種「非常特殊設計」的機車。[50]「機車尚未造好，準備的情況卻傳出去了，結果奉到立即停止製造的嚴厲的命令。可是，幾星期後，在這個期間（唐廷樞——引者註）曾一再與李鴻章商量，又重新允許繼續建造這個龐然大物。」[51]

另一個關於唐胥路是軌距問題。原先的計劃是採用英國的標準。可是，在決定動工的最後階段，唐廷樞當時為了財力的關係，決定把軌距縮減為三十吋窄軌。金達認為這條礦山鐵路的軌距必須放寬；因為他認識到這條路一定會成為巨大的鐵路系統中的一段（指京奉路），對中國將來鐵路的發展有極重要的關係。在金達的堅持和解說下，這個意見被接納了。[52]

Tim Wright認為「李（鴻章）為開平建築鐵路的暗中保護是對這個礦成功的重大貢獻，這又一次說明，沒有官吏的保護，一個礦的繁榮是不可能的；即使李（氏）也不敢把這件事情向朝廷報告，所以其他任何公司建築鐵路都是不可能的事。」[53]

一八八一年，開平煤礦正式投產。它的前景變得樂觀，加上成效已著，願意購買開平股票的人增加。另一方面，招商局因有開平煤的供應，使其獲得了廉價燃料和大量貨運的雙重利益，投資者亦增加不少。上海股票市場在這兩個企業的優厚盈利前景帶動下，一八八一年至一八八二年間，市道異常興旺，股價急升，人們都爭著去購買股票，漸漸形成熱潮。在這個條件下，開平煤礦很快就獲得投資者的支持，迅速集股一百萬兩。[54]

財政狀況的改善，令開平煤礦能擴大其生產計劃，他們首先是增加採煤和運煤的各種設備。[55]一個全新的礦井為何在見煤投產的第一年內便需要增加其生產和運輸設備呢？原因之一，是從前礦局因資金不足，需要減低支出，所以訂購機器和物料的規格較少，如「第二號礦井只裝配了一架小型的齒輪機，每日提煤不能超過三百噸，」[56]就是一部較小型的提煤機器。其他如用了較輕的鐵軌，[57]對運輸亦產生不利的影響。此外，唐廷樞為了儘早出煤，煤井只有三十丈深，[58]未能開採最佳的煤層。當資金變得充裕後，唐氏的要求自然提高，以增加礦井的產量和開採那些高質的煤層。

可是，礦井的設備雖然有重大的改善，每日產量由三百噸增至五六百噸。但是，由一八八三年起，運輸問題變得相當迫切，礦井外「堆積待運煤已達二萬五千噸，還有二千噸焦煤」，「礦務局問題主要在如何改善通往天津的運輸線。……如果運輸能改善，每日定可有六百噸以上的煤運至天津和大沽。」[59]究竟開平礦務的運輸線出現甚麼問題呢？它如何限制開平煤礦的業務發展呢？礦局的負責人又如何解決這些問題呢？問答這些問題，相信會對了解其他新式煤礦在改善煤炭運輸上，有很大的幫助。

我們知道除了礦井附近的各種工業消費外，天津是開平煤礦的最重要市場。從礦廠起計，煤車從唐胥路運至一條河水很淺的運河，經特別修造的剝船（每隻載重二三十噸，吃水二十四至三十吋）。[60]金達指出「在北塘（運）河上使用拖船拖帶剝船……很困難。所以，只好用縴繩，但每日運輸量超過二千噸時，拉縴運輸才值得。」[61]由此可見，每日產量僅五百噸左右的開平煤礦必須增加其產量，才能更經濟地把煤運出。然而，運河卻有另一個難以解決的問題。一八八二年十二月十日華北捷報有一則報導：

> 「礦局在兩條運河上已花費了很多錢，但冬季冰凍時全然無用，並且淤塞得很快。……礦局急望此鐵路（唐胥路）能修至北塘河，則煤斤即可運載上船。冬季人工較賤，市場上又需要煤時，礦上卻只做半天工，因為礦局無法加強運輸，只好在當地賣一賣；每天用大車運走約一百噸，（而）每日煤產量本來很容易地提到一千噸。」[62]

這種令人難以滿意的運輸狀況，促使礦局切實地去考慮各種解決辦法。這是因為開平當時的運輸線與原來唐廷樞所構想的不同。唐氏曾預計「由開平至澗河口築鐵路（一百里），每年運煤十五萬噸」[63]的規模，但由於築路計劃受阻，使開平出現「以運定產」的嚴重問題，此亦即唐氏所謂「煤本不難取，所難者，使其逐日運出費力」。[64]煤炭運輸既出現阻礙，則生產未能發揮其最大效力，對煤炭的成本和效率產生很大的影響。

一八八六年，天津海關稅務司德璀琳替開平礦務總局總工程司金達安排了一個機會，使他和直隸總督李鴻章會晤，以便他得以表達對延長鐵路的意見。最後，李鴻章同意金達把鐵路延至蘆臺的要求。可以肯定的說，唐廷樞對金達也是大力支持的。得到李氏首肯後，開平礦局遂以其所設鐵路難以適應運煤需要，「恐誤各兵船之用」為理由，要求展築唐胥路。[65]為了更有效地發展這個鐵路系統，「經邀集眾商公議，咸願湊合股銀，接辦鐵路六十五里，從胥各莊到閻莊止，名曰開平鐵路公司。……如蒙憲台（李鴻章）批准，應將鐵路公司與開平礦局分為兩事，出入銀款，各不相涉。」[66]同年十月，李鴻章致函奕譞，向他推薦這個計劃。信中，他介紹了開平的性質及其經營情況後，對奕譞說：

> 「臣鴻章稔知西洋煤礦，必有火車接運，乃能興旺。開平既仿西法開採，日出煤八九百噸，北洋兵船、機器局實賴此煤應用，以敵洋產，遇事必當量予維持。察其所擬接修鐵路辦法，尚屬妥洽，遂批准令其試辦。擬俟辦有成效，再行奏陳。」[67]

李並向奕譞表示自己雖「憂時感事，亦未敢冒不韙以獨申己見」，只是希望「藉此漸開風氣。」[68]稍後，李鴻章更擴大其計劃，把鐵路「接至大沽北岸，以就兵船領煤，商船運貨之用。」但在資金籌集方面卻出現困難。奕譞對李氏的計劃表示支持，並建議「由閻（莊）至（大）沽一段，可否由海署（海軍衙門）奏明，由貴處（指北洋公署）籌築，為調兵運軍之用，名曰試辦，……徐為擴充。」[69]

李鴻章得到奕譞的支持後，便立即籌備把鐵路展築至大沽。為了獲得朝廷支持，他強調這條新鐵路對國防的關係至大。他指出「直隸海岸亘七百里，……大沽口距山海關約五百餘里，夏秋海濱水阻泥淖，炮車日行不過二三十里，且有旱道不通之處，猝然有警，深虞緩不濟急。且……防營太少，究嫌空虛。如有鐵路相通，遇警則朝發夕至，屯一路之兵，能抵數路之用。……今開平礦務局於光緒七年創造鐵路二十里後，因兵船運煤不便，復接造鐵路六十五里，南抵薊河邊閻莊為止。此即北塘至山海關中段之路，運兵必經之地。若將此鐵路南接至大沽北岸，北接至山海關，則……（軍隊萬人），在此數十（百？）里間馳騁援應，不啻數萬人之用。……且北洋兵船用煤，全恃開平礦產，尤為（北洋）水師命脈所繫。開平若接至大沽北岸，北接至山海關，則出礦之煤，半日可上兵船。若將鐵路由大沽接至天津，商人運貨最便，可收取洋商運貨之資，藉充養鐵路之費。」[70]

從一八八六年十一月，鐵路在胥各莊一端動工起計，至一八八七年二月奉上諭批准興建天津——大沽口——閻莊鐵路，整個工程進展迅速，一八八八年八月初全路完成。整條鐵路由改組的中國鐵路公司負責，「自天津府門外河岸起，經寧河縣之塘沽、蘆臺，以至閻莊止，計長一百七十五里，橋樑、棧房、機車、客貨等車，一律齊備，共用銀一百三十萬兩中除招集商股外，暫借洋債（百萬——引者注）[71]，並動用公款十六萬兩。……自閻莊起至灤州之唐山止，計長八十五里，為各商舊造鐵路。」[72]

同年九月五日，李鴻章「前往查驗，直抵唐山。並就便履勘唐山煤礦。（該礦）出產既旺，銷路亦暢，北洋兵商各船及各機器局，無不取給於此，規模宏闊，機器畢具，自中國有煤礦以來殆未見有如此局勢者。」[73]有了便利的運輸，唐廷樞遂決定在林西增建另一大井，並築鐵路二十里以連接原來的鐵路。[74]此外，為了增加鐵路的收入，以便歸還所借造路款項，奏辦津通鐵路。[75]不幸的是，此次津通鐵路的籌建卻引起極大的爭議。經反覆辯論後，朝廷決定採用張之洞緩建津通，改籌蘆漢。上諭指出「海軍衙門原奏（修建鐵路），意在開拓風氣，定一至當不易之策，即可毅然興辦，毋庸築室道謀。」[76]

上諭發出不久，奕譞電告李鴻章「緩津通正為速開路，」指出「張（之洞）別開生面，與吾儕異曲同工，西果行，東亦可望，但爭遲早耳。……竊靜觀詳審，非另闢徑，門終難開。……區區心志，不言可喻，舍此實難為力」。他更表明「範圍用張，條目在我，庶內閱息而外事成，此千載一時之機也。」[77]

單就開平礦局而言，津通鐵路雖決定緩造，然開平至天津鐵路既通，運道無礙，原來「以運定產」的難題迎刃而解。開平煤源源運抵天津，再經輪船運往東北之牛莊，山東之烟台及長江各口岸，銷量大增，使開平礦局有迅速的發展。能夠完成閻莊至天津的鐵路實賴李鴻章、奕譞二人之維持和保護。

有了直接而快捷的運輸系統後，開平煤礦進入穩定發展期。以下是庚子事變（1900）前開平煤礦的產量和外銷額。

表1 開平煤礦產量及外銷量（1882－1899）

年份	產量（噸）	天津輸出量（噸）	輸出量佔產量的比例（%）
1882	38,383	8,185	21.3
1883	109,090	8,503	7.8
1884	179,255	13,731	7.7
1885	241,385	17,485	7.2
1886	130,870	34,100	26.1
1887	226,525	46,492	20.5
1888	240,097	38,042	15.8
1889	246,699	51,959	21.1
1890	242,957	56,855	23.4
1891	285,415	95,552	33.5
1892	313,805	85,589	27.3
1893	322,745	81,840	25.4
1894	402,310	140,796	35.0
1895	348,817	96,775	27.7
1896	609,288	128,098	21.0
1897	663,351	193,353	29.1
1898	731,921	202,214	27.6
1899	778,240		

資料來源：引自中國近代煤礦史編寫組《中國近代煤礦史》（煤炭工業出版社，1990）頁33。

根據上表，我們知道開平煤礦投產後經歷兩個發展階段。從一八八三至一八八八年為第一階段，它的產量從十萬噸增至二十四萬餘噸，發展雖然迅速，但曾因運輸能力的限制，出現一些反覆。一八八九至一八九八年可稱為第二階段，產量開始穩步上升，運輸和銷售較有良好的發展，一八九八年產量達七十三萬餘噸，約是十年前的三倍，成為中國第一個年產量超過五十萬噸的大礦，這種成就，自然與它擁有現代化的運輸系統關係最大。

四・其他華資大礦的運輸體系的建立

中國發展最快、成果最大的開平煤礦在一九〇〇年的動亂中失去，是我國煤炭工業史上的一次重大挫折。自此以後，中國雖不斷出現一些華資煤礦，但無論在規模和發展潛力而言，再沒有一個煤礦能與它匹敵。更甚的是，在一九〇六年，袁世凱委派周學熙籌組之灤州煤礦，卒因種種原因而被迫與開平煤礦合併，組成開灤礦務總局，日後並成為年產逾五百萬噸（1932年）的超級大礦。[78]

開灤煤礦的迅速發展，因素很多，其中當以它的優越位置和科學化生產和管理有關。[79]但是，最重要的，應該歸功於它完備的運輸系統。事實上，中國近代主要的新式煤礦都能利用便宜和迅速的鐵路運輸系統。

表2 華北鐵路沿線重要新式煤礦表　單位：噸

鐵路	礦地	距路遠近	儲量	每年產量
京奉路關內段	臨榆石門寨	距秦皇島約40里，有狹軌路線。	約8千萬	約8萬

	灤縣開平	林西、唐山近在路旁，趙各莊、馬家溝20哩上下，各有支路。	約6億	約400萬
	宛平齋堂	距鐵路110里，正在修築支路。	約4千萬	尚未大採
	宣化雞鳴山	距站3里，有支路。	約360萬	3萬餘
	大同左雲懷仁	自大同至口泉有支路40里，自礦至口泉，數里至60里。	約10億	約20萬
京漢路	井陘	礦距正太路自數里至20里。正太路井陘至石家莊約150里，井陘礦務局及正豐公司均有礦山鐵路。	約2.2億	約60萬
	平定	陽泉站附近2里至20里，陽泉至石家莊250里。		
	臨城	距鴨鴿營站28里，有支路。	約2億	約20萬
	磁縣（怡立）	馬頭鎮至西佐村有支路約30里。	約4億	約25萬

	安陽六河溝	距豐樂鎮站約60里，有支路。	約1億	約30萬
	修武焦作	道清路焦作至新鄉站約150里。	約3億	約120萬
	新安繩池	在汴洛路旁。	約1億	約共5萬
津浦路	嶧縣棗莊	距臨城60里，有臨棗支路，又有棗莊至台莊支路90里。	約1.6億	約80萬
膠濟路	淄川博山	張店至博山支路24英里，三里溝至大荒地又有支路十餘里。	約2億	約120萬

資料來源：據翁文灝《路礦關係論》（1929年單行本，原在《農商公報》1925年12月，總139號發表）第16－32頁〈鐵路沿線重要礦產表〉整理。是翁氏根據當時搜集的資料整理而成。

對於這些大礦，鐵路交通的中斷表示它們交上惡運，引致負債累累。相反地，如運輸暢順，車輛供供應充足，則該礦自然會進入生產的鼎盛期，營業收益也會相應增加。這種極端倚賴鐵路運輸的情況，在我國是非常顯著。因此，我們可以知道所有重要的煤礦公司對於它們的運輸系統，一般都非常注意的。

表3 中國年產超過50萬噸的大礦（1870－1936）

公司名稱	年份	是年產量	主要交通工具	資料來源
1・開平煤礦	1896	609,288	鐵路、輪船	《中國近代煤礦史》頁33。
2・撫順煤礦	1909	593,091	鐵路、輪船	《礦業週報》326號，1935年，頁221。
3・萍鄉煤礦	1909	557,670	鐵路、煤船	全漢昇師《中國經濟史研究》下冊，頁41引《中國礦業紀要（第五次）》。
4・德華礦務公司（坊子，淄川煤礦）	1911	533,393	鐵路、輪船	王守中《德國侵略山東史》（山東人民出版社，1988）頁229。
5・福公司	1917	506,087	鐵路、煤船	《中國近代煤礦史》附表二。
6・井陘煤礦	1918	642,024	鐵路	《中國近代煤礦史》附表二。
7・中興煤礦	1918	518,593	鐵路、煤船	《中國近代煤礦史》附表二。
8・中原公司	1919	832,762	鐵路、煤船	《中國近代煤礦史》附表二。

9・六溝河煤礦	1923	509,054	鐵路	《中國近代煤礦史》附表二。
10・北票煤礦	1929	509,872	鐵路	《中國近代煤礦史》附表二。
11・本溪湖煤礦	1929	521,000	鐵路	《中國近代煤礦史》附表二。
12・保晉公司	1930	508,100	鐵路	《中國近代煤礦史》附表二。
13・淮南煤礦	1936	585,000	鐵路	《中國近代煤礦史》附表二。
14・怡立煤礦	1936	517,011	鐵路、煤船	《中國近代煤礦史》附表二。
15・西安煤礦	1936	624,000	鐵路	《中國近代煤礦史》附表二。

表3是關於我國年產五十萬噸的大煤礦，它們都是以鐵路為主要的交通工具，其位置都距離主要鐵路線不遠。這些大礦的產品，都需要靠鐵路來運送到消費區。以上十五個礦，除奉天（今遼寧省）、江西、安徽共六個外，其餘九個均在華北區，即佔全部大礦的百分之六十。其中，開平煤礦發展因有京奉路（關內段）的築成，是一九〇〇年前唯一的大礦，當時主要路線亦只有京奉路一段。因此，足以說明我國新式煤礦與鐵路的密切關係。至一九一一年，京漢路、津浦路、京奉路（關外一段）、膠濟路、正太路、道清路、汴洛路相繼通車，北方整個鐵路網絡初步完成。鑑於鐵路網絡的建設，北方交通運輸的前景非常優良，引致一些位於各條鐵路附近而儲量豐富的煤田，吸引到不少人的投資。以京漢路為例，鐵路經過磁縣、安陽等地，引致六溝河煤礦和怡立煤礦分別在

一九〇三及一九〇八年建立。又如一些舊有的煤礦，因附近有鐵路的籌備和通車，引致投資的增加，如京漢路的臨城煤礦和正太路的井陘煤礦，都是一些顯著的例子。

就華資煤礦的生產與發展而言，第二個繼開平煤礦在華北成為年產五十萬噸以上的是山東嶧縣的中興煤礦公司。中興煤礦的成功，最重要的應該是它把煤炭運輸放在首要位置，其運輸系統堪稱同業中的典範。中興煤礦的初期發展，因資金短絀、運輸困難，在一次嚴重的工業意外後，被政府下令封閉。[80]它的重新發展並興旺是以德人強佔膠州灣為契機。德人在一八九八年強迫清政府訂立膠澳租界條約、山東煤礦章程等不平等條約、協定，將山東劃為其勢力範圍，引致中國出現瓜分危機。她取得了膠濟路、膠沂路（後未築）的修築權和沿線三十里內的礦山開採權。德人覬覦有豐富煤儲的嶧縣煤田，曾不斷派人來棗莊勘察，並商購煤田。當時，以張蓮芬為首的一群士紳恐防該煤礦落入德人手中，喪失絕大權利，便重新籌集資金，並尋求政府支持以重新開掘該區煤炭。

張蓮芬認為德人可能會取得沂濟路的建築權，便決定籠絡德人，擬由德璀琳負責招集四成德股，但只賦予他們財政監察權，把管理礦廠的全權保留在華資股東身上。德股事實上是沒有招集到，所以，中興煤礦雖稱為華德合辦，實際上卻沒有分毫德國資本在內。一九〇〇年後，德人取得津鎮路（後改為津浦路）的部分權利，認為嶧縣貼近該路，要求干涉。清政府則指出中興煤礦是「華人已開之礦，應准其辦理」，拒絕了德人的無理要求。[81]可見，若非張蓮芬等預見德人的企圖，趕在津鎮路定案前復工，則該煤田可能會落入德人手中。

中興煤礦在未有鐵路之前，「專恃運河上下游為銷場。距礦九十里之台兒莊（或簡稱台莊），為運河大商埠之一。」「本礦所出煤斤，多數載往轉運，以牛車躑躅於台棗間，日必百餘輛。」但是，「牛車載運，既覺遲緩，亦不經濟」，故必須加以改善。[82]有作者指出：「運輸事業，為煤礦第二生命。前此中興煤礦之所以興隆，並非專由於工程上之之良善，至若該礦……所以演成此種巨大之規模者，半由於交通便利，運銷暢旺之故」。[83]對中興的運輸系統，極為重視。

然而，運輸的改善必須在地利外，加上人謀。張蓮芬等認為大車運輸既不經濟，運量有限，對發展中興煤礦是一個重大的障礙，便決定籌建一條連接礦地與運河的台棗鐵路。由於公司連續數年的營業狀況相當好，資本由十萬餘元增至三十餘萬元，而公司的資產總值逾七十萬元，加上在一九〇六年當地的一場大水災，對公司毫無影響，增加了股東和投資者的信心。同時，中興在一九〇七年生產已達十萬餘噸，獲利十四萬餘元。在這個基礎上，公司便擴大招股，把資金增至一百萬餘元。[84]

中興公司經營規模的擴大，和煤炭產量的增加，到一九〇八年以後，運銷跟不上生產發展要求的問題，愈來愈嚴重。

表4 中興煤礦產銷分配（1908－1910）

年份	產煤量	銷煤量	存煤量
1908	101,438	101,479	65,352
1909	162,983	109,339	119,059
1910	145,425	113,874	166,038

資料來源：中興煤礦檔案、帳冊；轉引自葛懋春〈棗莊中興煤礦公司的建立和發展（1899－1937年）〉，收於氏著《史論集》（山東大學出版社，1991）頁278。

表4說明中興煤礦在清末數年間，生產量與銷售業嚴重脫節，最重要的是運銷能力的限制。到了一九一〇年，存煤量竟超過了全年生產量，形成了「以運定產」的收縮局面，對公司的發展和盈利，產生嚴重的影響。

這個困局，當台棗鐵路在一九一二年通車後，便稍為舒緩。該路共長九十餘里，以台莊為起點，共分台莊、泥溝、嶧縣、棗莊四站。[85]

表5 台兒莊至各主要銷場的距離

台兒莊至	距離	行程
韓莊	84里	2日
徐州	150里	3日
清口（江？）浦	360里	5日
鎮江	750里	10日
濟寧	380里	5日

資料來源：《第一次山東礦業報告》，頁159。

煤斤到了台兒莊後，本應轉以水運，但運河水勢無定，沿路水閘甚多，上下之水，同時未必均便航行，必須靜候時機，方能一馳。故煤斤到台莊後，不能直接登船，尚須堆積煤廠中，等候裝船。[86]因此，中興煤炭的運輸，仍須另籌善法。

津浦路的修築對中興公司的運輸系統，最具價值。由於得到充任津浦路督辦朱啟鈐的幫助，公司不但順利借得鉅款來修築台棗路和第一個現代化大井，並在津浦路動工的同時，一併修建了一條三十公里長的臨（城）棗（莊）支線。實際上，這條支線完全是為了中興公司運煤的需要而築的。[87]

一九一二年，台棗鐵路和津浦路及臨棗支線通車，使公司的運輸系統不但有運河的使用，也可以憑津浦路把煤炭運往津浦沿線各地。同時，「往日盡數日或十數日始可一達者，今則數小時可至」。較之以從前以牛車及單靠運河的系統而論，其效果更不可同日而語。此外，據資料顯示，台棗鐵路未修成之前，由台莊至棗莊的運費平均每噸須四元以上，台棗路通車後的運費，每噸只須一元。雖然津浦路通車後，中興公司的運輸重心，由運河沿岸轉移到津浦路沿線各地，因而使台棗路的運煤量相對減少，但平均每年按十萬噸計算，台棗路每年亦可節省了三十萬元的運費。【88】

更加重要的，是津浦路通車後，中興公司所產的煤，突然進入了一個北起濟南，中經泰安、兖州、徐州、蚌埠，南至浦口的廣闊市場。津浦路在運價上，亦特別予以優惠，其條件是中興公司每年亦以特價售煤予津浦路。有了廉宜快捷的運輸保證，中興公司的銷售便逐年增加。以下是津浦路、台棗路通車後，公司數年間的營業情況：

表6 中興煤礦產銷分配（1912－1914）

年份	產煤額	銷煤量	存煤量
1912	109,170	120,750	136,917
1913	210,120	278,646	106,307
1914	248,425	325,963	63,763

資料來源：同表4。

由於鐵路的修築，中興煤礦無論在生產和運銷上，都進入一個鼎盛時期。以一九一三年為例，較上一年的生產和運銷量都增加了一倍以上，反映了中興的優良營業狀況。此後，公司營業狀況日佳，除一九一五年因水淹意外造成嚴重損失外，經營情況理想。一九二一年，公司改定資本為一千萬元（實招750萬），為我國華資煤礦投資最多者。[89]然自一九二四年以後，因受戰爭影響，公司的運輸出現困難。由於「交通阻梗，銷路不好，積煤如山，」[90]公司只好減少生產。戰爭令津浦路的正常運輸大受影響，商運車輛大減。公司原有「機車九輛，煤車二百九十輛」。到了一九三〇年左右，「只剩下機車四輛，十五噸煤車二十四輛，其他煤車機車，均散在他路，無法收回。而此二十四輛小煤車，又須分津浦及台棗兩路應用」。[91]其捉襟見肘之情，反映公司當時面對的運輸困難。此外，公司曾與津浦路簽署運煤特價合同，在該礦被充公的一段時間內，失去其效力。以棗莊至浦口，原訂特價為每噸二元二角，取消特價後約為九元。[92]至此，公司營業「一敗塗地，由虧累而至停業。今雖復工，而運輸艱難。昔日每年盈餘二三百萬者，今則每年虧損一、二百萬矣！公司股本不過七百五十萬，而負債竟達一千餘萬之多」。[93]

一九三一年後，戰事大致結束，津浦路恢復暢通，並恢復了運煤合同，中興公司才擺脫逆境，再次恢復它原來的生氣。由於津浦路運出的煤一般約佔中興煤三分之二以上，津浦路恢復正常對公司的發展，自然有極大的幫助。但是，公司也發現過分倚賴津浦路隱藏著很大的危險。為了使將來的運輸增加一條路線，並擴展公司的銷路，決定另籌運道。早在一九三〇年二月，公司董事鑑於津浦路受戰爭的影響，它的車輛主要被用於軍事物資的運輸，一時難以恢復運煤，遂「不得不另闢蹊徑，尋覓出口較近區域以期推廣銷路」。[94]他們認為台兒莊與隴海路之間僅距六、七十里，而海州地區政治軍事較為統一，中興煤若由隴海路至海州出口，可以減少受軍事的影響，遂計劃將中興煤礦自用鐵路台棗線與隴海路接通。可是，其中還有一些困難。因為當時隴海路東端的大浦港日漸淤塞，應付不了源源不斷的貨物的疏運任務。在中興煤礦公司的多次催促下，隴海路決定把鐵路延伸到老窰（即現在的連雲港）。

連雲港的建築由荷蘭治港公司進行，初期的建設並不順利，主要的石壩曾出現下沉、漂移現象，引致築港工程的延誤。於是，治港公司與隴海路發生爭執。中興煤礦公司出於擴大煤炭運銷的需要，積極從中調停。在中興公司代表積極斡旋下，工程才恢復及加速進行。[95]此外，正當連雲港碼頭建築工程開始時，中興煤礦正值復興時期，生產量不斷提高。中興煤礦考慮到每年十月至次年五月，為隴海路貨運暢旺時期，連雲港原來的設計僅有一個碼頭，必不能兼顧中興煤炭的出口。為了方便煤炭的轉輸，中興終於與隴海局達成協議，規定中興煤礦公司借給隴海局一百萬元（年息8厘），添築二號碼頭，隴海局則允將填海所得的土地，租給中興公司六十畝土地，作為堆煤之用，並同意在不影響隴海局對碼頭的所有權和管理權的前提下，將所築碼頭的三分之一留作中興煤礦公司專用泊位，三分之一為裝煤公用泊位（中興煤礦公司有停靠的優先權），為中興煤的出口提供了不少的方便。[96]

在連接台棗與隴海路方面，中興公司從降低運費成本考慮，曾決計將之接通。隴海局為招撥貨源，也有意於兩路的展接工作。一九三〇年，隴海局將修築台（莊）趙（墩）鐵路的計劃上報，獲得批准，但因經濟拮据未能動工。一九三二年，路礦雙方經過協議，決定由中興公司借墊工款一百萬元，由隴海局負責施工。一九三五年三月一日，台趙支線正式通車。實現了津浦、臨棗、台棗、台趙、隴海五條鐵路的貫通。台趙支線的啟用，使棗莊至連雲港的煤炭運輸路程，由原來利用臨棗、津浦、隴海三線的三五〇公里，縮短為二四〇公里，節省了運費和加快了車輛的周轉。[97]

與此同時，中興煤礦公司更投資一百五十萬元購買輪船七艘，共三萬一千四百一十五噸及拖輪鐵駁，成立了中興輪船公司。另外，又分別花費了七十五萬元及四十萬元在浦口和上海浦東設立煤碼頭，使中興的運銷系統更為完備，為它在三十年代的煤炭市場的爭奪上建下堅實穩固的基石。[98]

另一種較具代表性的新式煤礦是位於山西省的保晉公司。山西省是中國煤儲量最豐的省份，能否成功開發其煤炭資源對中國的近代化自然有極大的影響。然而，到了一九三六年，山西省的煤炭產量只及全國的十分之一，成績難稱滿意。[99]山西煤炭運輸的困難，應該是一個比較重要的因素。保晉公司是山西最大的煤礦企業，本文嘗試以它為例子，作一個案的研究。讀者如把它與開平和中興兩大煤礦的運輸系統作一比較，便能知悉山西煤炭在抗日戰爭前未能大力開發的部分原因。

一八九八年，英商福公司獲晉撫胡聘之批准開採山西煤、鐵礦產，訂有章程。後經晉籍在京官員抗議，轉由福公司與總理衙門直接交涉。最後，在英國的脅迫下，總理衙門與福公司擬出〈山西開礦制鐵以及轉運各色礦產章程〉二十條，經由山西商務局和福公司在總理衙門內畫押。約中所牽涉的範圍，除平定、盂縣、澤州、潞安之外，又加上平陽一帶地區。而且也不再用晉豐公司的名稱，乾脆由商務局直接「轉請福公司辦理」，一切工程、用人、理財，皆規定由福公司全權負責。新章程議定之後，由於義和團運動和山西內地無鐵路，交通不便，福公司遲遲未開展其工程。其後，正太鐵路即將修通，福公司即派人到晉勘礦，並請英使照會外務部，謂按照所訂章程「凡潞、澤、平、盂、平陽各礦，不准他人再開。並土人所開各洞，均一律封閉。」於是，引起了山西人民的公憤，掀起了轟轟烈烈的收回礦權運動。全省士紳、商人、學生紛紛起來要求廢除山西商務局與福公司的議約，收回礦權，自行開辦。[100]

一九〇六年初，福公司董事哲美森到達太原，要求晉撫發給開礦憑單，並嘗試平息各界的反對。可是，他的活動被山西的學生所悉，遂群起向他抗議，迫使哲美森倉忙地返回北京。[101]此次「哲董來晉，與商務局紳會議二次，意見未合，」[102]又哲美森在開會期間，「有索賠語」[103]顯示福公司態度轉變。

稍後，晉省紳民鑑於空言反對福公司，未必能收回利權，遂設立一公司，來直接開發全省礦產。當時，山西的民族工業在外國資本的影響和刺激下逐步興起。太原等地陸續出現了火柴廠、招商局、機械局等一批近代工業。這些工業的投資者包括渠本翹、劉懋賞、馮濟川等是由票號經營者轉向為第一批投資新式企業的山西商人。這批紳商都積極參與此次爭礦運動。[104]地方官員如巡撫張人駿、恩壽等都在輿論壓力下表示支持爭礦運動，恩壽並密電外務部，指出「福公司礦務合同本已大錯，哲美森尚求專辦，若不爭回，則數十萬窮民生機立斷，故紳民爭持甚堅。……乞兄維持，若能挽回，則造福無量，不僅弟一人之私感也。」[105]在這個背景下，由紳商劉懋賞、馮濟川等聯名稟請恩壽創設山西商辦全省保晉礦務有限總公司，簡稱保晉礦務公司或保晉公司，推舉山西票號商人渠本翹為總理，負責開採全省各種礦產。一九〇七年春，復經山西京官趙國良等擬具章程，呈請農工商部奏准立案。他們先領畝捐銀二十萬兩作為創辦資本。嗣由晉省當局通飭所屬，勸集礦股，大縣三萬兩，中縣一萬五千兩，小縣一萬二千兩，另將遙平、太谷、榆次、祁縣四個較富的縣提出特別辦理，限三個月報齊。經派員分道協催，先後共收股銀一百六十九萬餘兩，又各省附股十八萬兩，官場設股五萬餘兩，共收股一百九十三萬餘。至福公司方面，則迭經晉省官紳向外務部與福公司力爭，遂於光緒三十三年（1907）十二月，由山西商務局與福公司另訂贖礦合同十三條，議定以二百七十五萬兩，將潞、澤、平、盂、平陽各礦產向福公司贖回，該款就晉省畝捐下按期交付。[106]

保晉公司最重要的礦廠設於正太路中心的陽泉，距離太原和石家莊都是一百二十公里左右。保晉公司在陽泉地區設立六個礦區，是公司最重要的生產地點。除在本地分銷外，所有的煤都是由正太路運出的。因此，要先交待一下正太路的歷史。一八九六年，清政府接納張之洞建議修築蘆漢路，同時，還提出以蘆漢路為幹線，鄰近各省可以修築支線與其連接。同年六月，山西巡撫胡聘之請求開通太原至正定的支線，以實現張之洞「利用晉鐵」的主張。他並且聲明所用款項由山西商務局借外債支應。七月八日，清政府下旨允准。山西修築鐵路的消息一傳開，俄國搶先得到了借款權，並通過華俄道勝銀行推薦法國工程司越黎負責勘察線路。越黎經勘察後，認為正太路所經之地雖地勢險要，但是沿途物產豐富，確有開築的必要。[107]一八九八年，山西商務局與之簽訂借款合同，借法金二千五百萬法郎。其後，清政府以此路為蘆漢路之分支，應歸併於鐵路總公司，由盛宣懷統籌辦理。一九〇二年，盛氏與銀行改訂借款合同二十八條，又行車合同十條，規定借款法金四千萬法郎（合約1300萬兩），九折交付，週息五厘，竣工期限定三年，總工程司託銀行代聘，並派人員代為經理行車。在代辦行車期內，所得餘利以十分之二為銀行酬金。[108]

當法籍工程司勘測路線後，以此路山陘崎嶇，難容寬軌（工程費可能達10,000萬法郎），建議用一公尺狹軌。清政府在無可選擇下，唯有同意。軌距問題既有了決定，便開始進入實質工程階段。此路由石家莊經獲鹿、井陘、娘子關、陽泉、壽陽、榆次，以達太原。一九〇七年十月，全線建成通車。[109]正太路使用狹軌，運輸能力大受限制，[110]加以列車不能轉入京漢路，以致貨物多一重裝卸，[111]是晉煤外運困難的一個重要技術性因素。

原來，福公司遇到資金不足、晉省人民強烈反對和未能修築一條直達長江的鐵路等困難，才放棄晉省的開採權，以換取二百七十五萬兩的贖礦合同。以修築運煤鐵路而言，當時正太路是俄、法資金擁有的，京漢路是法、比資金擁有的，對英國人相當不利，為防完全受制於俄、法，福公司積極爭取建築直達長江的運輸系統。在經過實地的勘度後，福公司計劃修築全長五百七十英里的澤（州）浦（口）鐵路，把山西和長江接通。福公司表示「該公司業經先行測繪，經費亦屬不少，自欲將該礦採辦之舉，立於不敗之地。如山西內地開礦，非有合宜運法，費同虛擲。是以該公司不能不預行訂准江河接運之鐵道，方能放手開採。」[112]福公司估計如鐵路築成，單是該路沿線的銷售量，便達二百萬噸。此外，再由海輪在浦口直接出口至國外市場，約五十萬噸。假定每噸煤的淨利為六先令，福公司每年光是售煤一項便可獲利七十五萬鎊。但是，這個計劃受到盛宣懷的反對，認為有損京漢路的利益，因而落空。[113]在沒有鐵路轉輸煤炭的情況下，福公司遂集中精神在河南發展它的事業。

保晉公司在開辦之初，曾用畝捐銀二十萬兩，在陽泉附近收買了土窰五十餘座及一些較大的公司。公司初期資金共有一百九十三萬兩，但卻借了一百一十七萬兩來作為贖礦款項，雖原先聲明由畝捐項下撥還，在該款未清償前，畝捐銀不得另作他用。可是，因辛亥革命爆發後，畝捐被挪充軍費，引致公司完全缺乏資金去擴大它的生產。[114]

可是，陽泉保晉公司面對的最大問題，卻在運輸方面。據虞和寅的實地調查，「陽泉在崇山之中，道路崎嶇，交通不便，雖有桃河橫亙於前，而河水盈涸不常，不特無舟楫之便，反有礙於交通，故曩日煤鐵出境，俱用驢騾載運。」[115]保晉公司的煤必須利用正太路才能大量運出。在公司建立不久，總理渠本翹已向晉撫寶棻稟稱：「礦務發達，必以減輕成本，疏通運道為切要之圖。晉礦因各路運費過鉅，轉輸不便，而正太一路為尤甚。現計平定煤產，由礦井運至屯棧，每噸所費不及三元，以每車二十噸計，不過五十元上下。而自平定所屬之陽泉，由火車運至石家莊，再（經京漢，京奉路）運天津，統計運費二百元上下，是運費較煤價竟增至四分之三，每噸核計成本十二元有零，而津地行銷之唐山煤，僅售洋九元上下。價值懸殊，何能暢銷？此後晉礦出貨日多，正賴火車源源輸運，若為運路所阻，則礦務必致坐困。……影響將及於全局，」要求減價五成。此事經寶棻向清政府奏上，經郵傳部指出唐山煤礦與京奉路訂有互惠合同，並認為「鐵路所得運價，即是國家常項。……查鐵路係子母商業，其訂定運價，均按各國通例，以本路每年支出經費及撥本還息之數為比例，並非意為增減，否則暗中虧折，從何取償」。故對其申請減價一事，只予輕微調整。[116]當時，正太路對陽泉保晉公司規定之運價為每噸三分二厘，[117]以公司距石家莊一百二十公里計，平均每噸煤炭運費為三點八四元。由於運費奇昂，銷路自然大減。所以，表面上陽泉煤因產銷量不多，以致託運有限，運輸似乎沒有多少阻滯，實際上卻是銷售有限，故運量稀少。以一九一八至一九二二年一段較為繁榮的時期，陽泉煤經正太路運出的數量只有一百零六萬七千一百四十五噸，平均每年只有二十一萬餘噸。[118]一九二四至一九二八年間，五年內共運出一百四十二萬三千九百九十噸，平均每年運出二十八萬四千七百八十八噸，平均較前一期增加三分之一左右。[119]

由於保晉公司需在石家莊再裝京漢路火車，手續較繁、裝卸費也不少，故保晉公司的主要銷場便集中在石家莊。[120]更甚的是，「京漢路轉載車輛，異常缺乏」，[121]引致運輸出現樽頸位置，阻礙公司的發展潛力。而且，京漢路運價「原章亦重，雖經……核減一次，仍較各大礦為重。」[122]對陽泉煤的銷售，仍產生不利之影響。再加上山西距離主要消費市場如天津、上海、漢口等地極遠，故它所處的地位就更加不利。[123]此外，虞和寅的調查也指出：「陽泉附近，煤窰煤棧，星羅棋布，自由售煤，跌價競爭」，也是保晉公司發展障礙的一個主要原因。[124]

保晉公司自一九二五年後，因交通阻斷，營業虧累，到了三十年代初期，戰事漸緩，交通陸續恢復，經營才稍有起色。[125]然而，當正太鐵路的運費在一九三六年有明顯下降時，這表示陽泉煤輸出的費用能夠進一步降低，對它在市場上的競爭能力將會進一步加強，可惜不久抗日戰爭開始，一切改革亦告吹。正太鐵路原來的高運價政策，對保晉陽泉煤礦在初期發展上設置不少障礙。當然，它的經營者也曾對此作出辯護。他們的理由，是「這條鐵路的經營費用比其他鐵路高，因為它行駛過比較困難的地形；並且帶到山西的回頭貨又比較少」。[126]然而，正太路在所有中國鐵路中賺得了最高的營業利潤，因此，正太路的運費率是可以減低的。[127]

另一個與福公司有關的是位於河南省懷慶府修武縣的焦作煤礦。福公司在山西的礦權雖由該省出價二百七十五萬兩贖回，河南省的礦權則仍保留在他們手上。福公司派出工作人員實地勘察，並在一八九九年由工程師葛拉斯提出調查報告。報告肯定了懷慶左右煤、鐵蘊藏量十分豐富，質量優良，開採成本低廉，但提出運輸不便，影響銷售，必須建築鐵路。於是，福公司續派成批工程技術人員，分別由工程司利德、柯瑞率領，分兩路進入河南。其後，因義和團運動日盛，工程人員便撤回湖北，以策安全。【128】

稍後，福公司為提高自身的地位，經英國駐華公使薩道義介紹，委聘英國駐上海總領事哲美森（George Jamieson）擔任福公司駐華辦事處總董事長。有作者指出，哲美森「本系顯官，兼悉華情，一切交涉直接總署，封疆大吏視作上賓。」【129】有了哲美森作為代表，福公司在河南的地位便日益鞏固，生產建設隨即展開，包括選定懷慶府修武縣老牛河（今河南省焦作市）作為礦廠總部，並著手修築道清鐵路。

為了改善運輸系統，福公司通過英國政府電令英國駐華公使竇納樂：「福公司為了連接河南北部的煤區，決計開建一條鐵路，由清化起經由拼輝往拼河上的道口，以便到達運河。」【130】福公司原來的構思是在山西澤州起築一鐵路，直達河南的道口鎮（即澤道鐵路）。由於山西河南兩省交界處多崇山峻嶺，工程困難，故福公司決定先修河南境內一段鐵路。這時，清政府已頒的《礦務章程》，其中第八條規定：各礦建支路只准通至幹線或水口。而福公司擬在河南修築的鐵路既通幹線（蘆漢路），又通水口（道口鎮）。最後，經外務部規定鐵路修成後只能運煤，不能搭客載貨，福公司則答應鐵路專運礦產之用，不做別項生意，而全長一五四公里的道清路在一九〇四年一月全部竣工通車。【131】

一九〇五年，英使建議將道清路由中國收回，歸中國鐵路總公司辦理。遂由盛宣懷與哲美森談判收贖事宜。同年七月，兩人在北京簽訂了《道清鐵路借款合同》和《道清鐵路行車合同》。【132】中國能贖回道清路的主因是福公司面對很大的財政困難。盛宣懷在一九〇三年九月致外務部及商部電稱：

「福公司初得豫、晉公司合同，集股極少（二萬鎊——引者注）。事成，股價飛漲數十倍。末後添股百萬鎊（應作百五十萬鎊——引者注），至今未能招足。因其路本不敷，致難開礦，以是哲美森力謀鐵路借款，……俾騰出福公司資本全力開礦。」[133]

福公司初期資金不足，花費在道清鐵路上約用了六十一萬四千六百鎊，[134]而所建的哲美森廠一、二、三號因技術原因，遲遲未能正式投產，引致福公司股票大跌，故亟欲將澤道鐵路（道清段）改作中國借款，以彌其闕。[135]道清路遂由中國政府贖回。路權雖由清政府贖回，而福公司所出產的煤炭仍可利用道清鐵路源源運出。日後更與中原公司合作，成立福中總公司，實行分採合銷，業務日趨興隆。[136]

以上各大煤礦的運輸系統，均以鐵路為主。除鐵路外，也有些煤礦公司利用水運來轉運煤炭。水運的途徑有三：(i)運河；(ii)長江或其他可以通航的水系；(iii)海運。華北煤礦能夠直接利用水運把煤炭從礦區運至消費地點是很少的，主要是利用鐵路轉運至水口。以下是一些可以利用水運的華北新式煤礦的資料：

表7 華北能利用水運的重要煤礦*

礦名	轉運過程
開灤	(1)唐胥鐵路→運河→北塘→津沽
	(2)北寧鐵路→秦皇島港→海運
	(3)北寧鐵路→塘沽→海運
怡立	輕便鐵路→碼頭鎮→釜陽河→邯鄲→天津
中福	道清鐵路→道口→衛河→運河→天津
淄博	膠濟鐵路→青島→海運
中興	(1)台棗鐵路→運河→濟寧、清江浦、鎮江
	(2)台趙支線→隴海鐵路→海州→海運

資料來源：《中國礦業紀要（第五次）》第84－85頁；《連雲港港史（古、近代部分）》第97－98、107頁。

*不包括以平漢路的漢口和津浦路的浦口為轉運至長江各消費區的路線。

水運的重要性在於補充鐵路的不足，特別是在鐵路運輸中斷的年代，很多煤礦希望加強鐵路沿線以外的銷場，來增加銷售煤斤的數目。例如在一九三二年因受到戰爭的影響，「津浦南段停運，中興煤由運河水運南銷者達二十三萬噸，」以增加礦局的收入。[137]水運另一個重要性是它的運費較便宜，以下是一些口岸至銷售區的水運運費。

表8 煤炭水運運費　單位：元

運程	噸煤運費	運程	噸煤運費
浦口至上海	0.60－1.00	塘沽至上海	2.20－2.40
青島至上海	1.60－1.80	秦皇島至上海	1.50－1.80
漢口至上海	1.40－3.00	秦皇島至漢口	3.50
青島至日本	2.00－3.00	秦皇島至大阪	1.65

資料來源：《中國近代煤礦史》，第265頁。

由於水運的費用較為廉宜，一些內地的煤礦如山西的大同煤便希望能利用最直接的路線，運至港口，以便輪船轉運至上海和出口，以擴大其銷場。然而，水運亦有其缺點，最重要的是受冰封、水量小、速度緩等因素影響，特別是在華北地區如中福的衛河、開灤的胥各莊至北塘運河，都是一些顯著的例子。此外，港口輸出能力亦受到碼頭設備的限制，除一些較大的煤炭碼頭如秦皇島、青島大港、連雲港外，其他港口輸出量有限。

五・結論

我國新式煤礦的出現，導源於晚清的特殊經濟環境。傳統煤炭工業因開採技術和運輸問題，無法適應新時代的要求。本文着重剖析運輸革命與新式煤礦的關係，指出華北鐵路系統的出現與發展，與新式煤炭工業幾乎同步前進。原因之一，是新式煤礦對現代化運輸體系的極端倚賴，它是新式煤礦的成功的首要條件。通過開平、中興、焦作等煤礦的例子，可以肯定的說，現代化運輸在礦產資源的開發上扮演非常重要角色。另一方面，本文也以山西保晉公司為例，說明新式煤礦在運輸上出現的困難，將會直接影響它的健全發展。該礦因使用窄軌的正太路，對保晉公司的擴展設置極大的障礙。比較以上四大礦發展的歷史，對掌握抗戰前中國煤業的發展規律，是有一定的幫助。總而言之，在一八七〇至一九三七年間，華北新式煤礦的較佳發展，實在與該區現代化運輸體系——包括鐵路、港口、輪船——的建立有不可分割的關係。

註釋

[1] 凌鴻勛《中華鐵路史》(台灣商務印書館，1981年）第1頁。

[2] 同上。關於英國鐵路初期的發展，可參看F.C. Dietz, An Economic History of England, Henry Holt and Company, 1942, pp.407－416.

[3] 凌鴻勛，前引書，第1－2頁；史維煥譯《交通論》(商務印書館，1927）第117－119頁。

[4] John E. Orchard《日本新工業之發展》(周劍譯，商務印書館，1938年）第85－87頁。

[5] 《劍橋中國晚清史》(中譯本，上海人民出版社，1983）下卷，第57頁。

[6] 同上書，第65頁。

[7] 參看下一節。

[8] 參看《劍橋中國晚清史》第67頁；全漢昇師〈清季鐵路建設的資本問題〉，《中國經濟史研究》(新亞研究所，1976)，下冊。

[9] 《東方雜誌》第八卷第九號（宣統三年九月）英倫敦福公司工程師查看山西、河南兩省路礦工程的報告。

[10] 耿步蟾等編《山西礦務誌略》(1920年版)，卷四，第88、98、106頁。

[11] 全漢昇師〈山西煤礦資源與近代中國工業化的關係〉，《中國經濟史研究》，下冊，第750－752頁。

[12] 同註[9]。

[13] 同上。

[14] 參看拙著《華北煤礦的生產、運輸與銷售, 1870-1937》(未刊稿，新亞研究所博士論文，1994）第9－10頁。

[15] 李鴻章〈妥議鐵路事宜摺〉(光緒六年十二月初一日)，轉引自全漢昇師，前引文，第754－755頁。

[16] 何漢威《京漢鐵路初期史》(香港中文大學，1979）第113頁。

[17] Tim Wright《中國經濟和社會中的煤礦業，1895－1937》(丁長清譯，東方出版社，1995）第45頁。

[18] 何漢威，前引書，第113頁。又Tim Wright，前引書，第47頁。

[19] 前引拙著，第102－103頁。

[20] Tim Wright，前引書，第58頁。

[21] 凌鴻勛，前引書，第84－123、156－158頁。

[22] Rhoads Murphey，《上海——現代中國的鎖匙》（上海社會科學院歷史研究所編譯，上海人民出版社，1986）第108－115頁。

[23] 參看前引拙著，第30－34頁。

[24] 宓汝成《帝國主義與中國鐵路》（上海人民出版社，1980），第37－41頁；凌鴻勛，前引書，第4－5頁。

[25] 為了獲得廉價質優的煤，招商局的輪船曾需往日本長崎購煤。

[26] 唐氏估招商局每年可「多得回頭水腳十餘萬。」見孫毓棠編《中國近代工業史資料，第一輯》（科學出版社，1957，以下簡稱《孫編史料》，下冊，第620頁。又參看同書，第636頁〈清國出張報告書〉稱：「向來自上海至天津貨運很多，自天津返上海時，則率多空船回歸」，唐廷樞的輪船招商局一向對此種情況深感不滿。這也是唐氏開採開平煤礦的主要原因。又參看同書第643－644頁捷報的報導。

[27] 同上書，第618頁。

[28] 同上書，第620頁。

[29] 同上。

[30] 同上書，第621頁。

[31] 同上書，第627頁。

[32] 同上書，第625頁。

[33] 同上書，第628頁。

[34] 宓汝成指出李鴻章「聽任（實際也就是支持——原注）唐廷樞在他自己行政轄區內修築鐵路。」見氏著，前引書，第59頁。

[35] 《章程》及李氏批文見《孫編史料》下冊，第628－632頁。

[36] 《盛宣懷檔案資料選輯之二》（上海人民出版社，1985，以下簡稱《盛檔之二》），第342頁。

[37] 盛宣懷是李鴻章辦理洋務的最重要助手，且他當時在李氏身旁，他的看法可以說明李鴻章當時對小鐵路有所保留，因為若李氏決定辦鐵路，則引文的內容便無法解釋。

[38] 參看前引拙著，第52－53、58－63頁。

[39] 吳淞路的拆毀導因於在一次交通意外中車死了一人。

[40] 捷報，1879年2月7日，引自《孫編史料》下冊，第638頁。

[41] 同上，第639頁。

[42] 同上，第640－641頁。

[43] 張國輝《洋務運動與近代企業》（中國社會科學出版社，1979）第204頁。又同頁張國輝認為直至1881年，開平只用了50萬兩，與一般指唐氏用了70萬兩不同，疑誤。

[44] 《孫編史料》下冊，第641頁。

[45] 同上書，第643頁。

[46] 同上書，第642頁。

[47] 同上書，第646頁。

[48] 同上書，第649－650頁。

[49] 肯德《中國鐵路發展史》（李抱宏等譯，三聯書店，1958）第25頁。

[50] 同上書，第25－26頁。

[51] 同上。肯德原沒有指出誰與李氏商量，但據當時的情況，這個人應該是唐廷樞。

[52] 同上書，第25頁。

[53] Tim Wright，前引書，第209頁。又此點也是金達的經驗。

[54] 《孫編史料》下冊，第643－644頁。

[55] 同上。

[56] 同上書，第649頁。

[57] 同上書，第655頁。

[58] 同上書，第649、654頁。

[59] 同上書，第654－655頁。

[60] 金達指出：「此地（開平）開採煤礦的最大影響之一，是附近有幾種工業又恢復起來了；以往因為浮面採煤將竭，煤價過昂，此地這些工業已經漸漸衰敗了。」見《孫編史料》下冊，第649頁。

[61] 同上書，第649－650頁。

[62] 同上書，第650頁。

[63] 同上書，第620－621頁。

[64] 同上書，第625頁。

[65] 肯德，前引書，第27頁。宓汝成，前引書，第60頁。

[66] 申報，光緒十二年（1886）六月二十六日。引自宓汝成《中國近代鐵路史資料，1863－1911》（3冊，中華書局，1984，以下簡稱《宓編史料》）第1冊，第126頁。

[67] 同上書，第127頁。

[68] 同上

[69] 同上書，第128－129頁。

[70] 同上書，第130－132頁，〈海軍衙門請准建津沽鐵路摺〉，光緒十三年（1887）二月二十二日。同日硃批：依議。

[71] 向怡和洋行借637,000銀兩，華泰銀行439,000餘兩。見何漢威，前引書，第3－4頁。

[72] 《宓編史料》，第1冊，第142－144頁〈總理海軍衙門請許造津通鐵路摺〉，光緒十四年（1888）九月至十月間。

[73] 同上書，第144－145頁。

[74] 《孫編史料》下冊，第658－659頁。

[75] 《宓編史料》，第1冊，第142－144頁，〈津沽鐵路股商請許接造津浦鐵路稟〉，光緒十四年。

[76] 同上書，第170－171頁，上諭，光緒十五年（1889）四月六日。整個爭議可參看同上書，第142－178頁。

[77] 奕譞致李鴻章電，光緒十五年四月九日、四月十七日，見於同上書，第172－173頁。

[78] 《中國鑛業紀要（第五次）》（地質調查所，1935），第296頁。

[79] 沈宜甲《開灤五礦調查記》，1930年，收藏於中央研究院近代史研究所《經濟部檔案》編號17-24-01第6之7。這份調查以該礦的工程設備為主，頗為周詳，甚具參考價值。

[80] 謝家榮《中國鑛業紀要（第二次）》（地質調查所，1926）第35頁。

[81] 參看葛懋春〈棗莊中興煤礦公司的建立和發展（1899－1937年）〉，載於氏著《史論集》（山東大學出版社，1991）第270－273頁。

[82]《第一次山東煤礦報告》，第158頁。

[83] 同上書，第268頁。

[84] 葛懋春，前引文，第276－278頁。

[85]《第一次山東礦業報告》，第157頁。

[86] 同上書，第159頁。

[87] 葛懋春，前引文，第278頁。

[88] 葛懋春，前引文，第279頁。

[89]《中國近代煤礦史》（煤炭工業出版社，1990），第139頁。

[90] 同上書，第139－140頁；葛懋春，前引文，第299頁。

[91]《第一次山東礦業報告》，第268－269頁。

[92] 同上書，第278頁。

[93] 同上書，第157頁。

[94] 棗莊礦務局檔案〈民國十九年二月二十五日第一九一次董事會決議錄〉。轉引自《連港港史（古、近代部分）》（人民交通出版社，1987年），第63頁。

[95]《連雲港港史（古、近代部分）》，第71－85頁。

[96] 同上書，第97－98頁。

[97] 同上書，第98頁。

[98] 葛懋春，前引文，第301頁。

[99] 全漢昇師〈山西煤礦資源與近代中國工業化的關係〉，第750－752、764－765頁。

[100] 汪敬虞《中國近代工業史資料，第二輯》（科學出版社，1957，以下簡稱《汪編史料》）下冊，第742－746頁；《中國近代煤礦史》第131－134頁；謝家榮，前引書，第40頁。

[101]《北華捷報》1906年1月12日；第56頁〈太原府〉；《汪編史料》，下冊，第744－745頁。

[102]〈晉撫致外務部電〉，引自《汪編史料》下冊，第745頁。

[103]〈全（晉）省士民致外部電〉，引自同上書，第746頁。

[104]胡忠貴《山西煤炭工業簡史》（山西科學教育出版社，1988）第38－43頁。

[105]密電引自《汪編史料》下冊，第745頁。

[106]保晉公司的集股情況，參看胡忠貴，前引書，第45－46頁。

[107]參看徐月文主編《山西經濟開發史》（山西經濟出版社，1992）第435頁。

[108]凌鴻勛，前引書，第101－102頁。

[109] 同上。

[110]全漢昇師，前引文，第756頁。

[111]凌鴻勛，前引書，第103頁。

[112]《交通史，路政編》，第十三冊，第4774－4775頁，轉引自全漢昇師，前引文，第759－760頁。

[113]全漢昇師，前引文，第760頁。

[114] 《中國近代煤礦史》，第137頁。

[115]虞和寅《山西平定陽泉附近保晉公司煤礦鐵礦報告》（農商部礦政司印行，民國十年，以下簡稱《保晉公司報告》）第1頁。

[116]《汪編史料》下冊，第1150－1152頁；何漢威，前引書，第151頁，註56，又郵傳部只將聯運京漢鐵路的煤減價15%，不登京漢路者照舊，見《保晉公司報告》，第88頁。

[117]《保晉公司報告》，第90－91頁。

[118]胡榮銓《中國煤礦》（上海商務印書館，1935）第209頁。

[119]引自何漢威，前引書，第154頁，註97。

[120]同註[107]。

[121]同上書，第80頁。

[122]同上書，第88頁。

[123] Tim Wright，前引書，第120頁；又《中國礦業紀要（第四次）》作者指出：「正太路運費較昂，故該公司不易進步。」引文見該書第303頁。

[124] 同上書，第80頁。

[125]《中國鑛業紀要（第四次）》第303頁。

[126] Tim Wright，前引書，第119頁。

[127] 同上書，第120頁。

[128] 薛毅《英國福公司在中國》（武漢大學出版社，1992）第25－26頁。

[129] 胡汝麟《福公司礦案略述》（稿本），原書未見，轉引自同上書第27頁。

[130] 轉引自《宓編史料》，第2冊，第462頁。

[131] 薛毅，前引書，第45－46頁。

[132] 同上書，第49－58頁；徐梗生《中外合辦煤鐵礦業史話》（商務，1947）第86頁。

[133] 轉引自徐梗生，前引書，第87頁。

[134] 據詹天佑之實地估勘，見薛毅，前引書，第49頁。

[135]《宓編史料》，第2冊，第906頁。

[136] 關於中原公司的發展過程及與福公司的合作情況，可參看前引拙著，第95－98頁。

[137]《中國礦業紀要（第五次）》，第84頁。

白狼水及石城川等五水圖說

李啟文

前言

《水經注》卷十四〈大遼水注〉：「（白狼）水出右北平白狼縣東南[1]，北流西北屈，逕廣成縣故城南。」然後敘白狼水北流，分別有石城川水、方城川水、高平川水、自魯水、濫真水五水，以次自西注於白狼水。酈《注》之白狼水即今大凌河，自《熱河志》[2]（卷七十、七一）、《清一統志》[3]（卷四三）、《蒙古游牧記》[4]（卷二）、《承德府志》[5]（卷十七）、《畿輔通志》[6]（卷七五）諸書以來，已成定論[7]。但大凌河有南北二源，楊守敬《水經注圖》（北二東一）以白狼水主源即忒布克河，石城川水即生機河。日人箭內亙以傲木倫河為石城川水[8]，嚴師歸田先生則以生機河為白狼水主源，忒布克河為石城川水[9]。然楊《圖》所據者，以胡林翼《圖》為底本（見《水經注圖》〈凡例〉），而胡《圖》又取康熙、乾隆時內府所頒圖編製，即所謂《大清一統輿圖》是也（見《大清一統輿圖》嚴樹森〈跋〉）。惜《大清一統輿圖》於大凌河水道及其支流之描繪，訛誤極大，故無論楊守敬或箭內亙所說之白狼水及石城川水，皆有謬誤，嚴師說亦欠安。近趙永復先生編次之《水經注通檢今釋》[10]於白狼水及石城川等五水分別釋為：

（一）白狼水——今大凌河，

（二）石城川水——今遼寧建昌縣[11]北滲津河，

（三）方城川水——今大凌河北源，

（四）高平川水——今遼寧朝陽縣西牤牛河，

（五）自魯水——今遼寧朝陽縣西德力吉河，

（六）濫真水——今牤牛河。

但檢《中華民國地圖集》「熱河察哈爾地形、人文圖」[12]（以下簡稱「地圖集」），建昌（即凌南）縣北、朝陽縣西之河流俱無稱滲津河、牤牛河、德力吉河者。即據一九七九年版之《中華人民共和國地圖集》（地圖出版社出版）第37圖遼寧省（以下簡稱「遼寧省圖」），及一九九三年出版之「遼寧省地名圖」（哈爾濱地圖出版社出版），建昌（凌南）縣北、朝陽縣西之河流，俱無標示曰滲津河、牤牛河、德力吉河者[13]。斯篇之作，即擬綜合「地圖集」及「遼寧省圖」，參以《畿輔輿圖》[14]，以《畿輔通志》卷七五〈河渠略〉大凌河條為據，試為圖釋白狼水及石城川等五水即今之某水，以糾楊《圖》、箭內亙說之謬；並及《大清一統輿圖》中大凌河與本文有關之幾處訛誤也。

（一）白狼水主源——今建昌縣（凌南）南大凌河南源（約E119°24´・N40°30´）

〈大遼水注〉云：「（白狼）水出右北平白狼縣東南，北流西北屈，逕廣成縣故城南。」《畿輔通志》卷七五〈河渠略〉大凌河條曰：

> 「白狼水蓋有三源，一南兩北，蒙古皆曰傲母林。《紀要》謂之惡河，亦曰惡木林。《水道提綱》作傲木倫。《熱河志》作傲穆楞。各本書寫雖異，以土音取之則一也。傲穆楞者，譯言凌河也。」

然則白狼水主源，應即楊《圖》（北一中）之傲木楞河。楊氏以忒布克河當之，誤；嚴師以生機河當之，欠安。

酈《注》言白狼水出白狼縣東南，北流西北屈，逕廣成縣故城南；廣成縣故城，即今建昌（凌南）縣治，《畿輔輿圖》作犍牛屯者是也[15]；而白狼縣故城則在今凌源縣（舊建昌）平房子（E119°36´・N40°54´）[16]南（詳下），即在廣成縣故城（今建昌〔凌南〕縣治）之西北。是白狼水先逕廣成縣，而後逕白狼縣。然《畿輔通志》大凌河條云：

「按白狼縣有二，而白狼水復北流至廣成縣，知白狼縣在廣成縣故城之南矣。《水經注》又曰：又西北，石城川水注之，北逕白狼縣故城東，王莽更名伏狄。此則漢白狼縣之故城，更在廣成縣故城之西北，在莽時已改稱伏狄矣。二白狼縣，一在廣成之南，一在廣成之北。《紀要》云，建安中魏公曹（案「公曹」當是「曹公」之誤）伐烏桓，登白狼堆，蓋即漢白狼縣舊址也，城廢故曰堆。若其南之白狼縣，則晉咸康中慕容燕之所置也。」

案《畿輔通志》此說無據。酈《注》敘白狼水所以先及白狼縣者，非謂另有一白狼縣在廣成縣南，蓋以白狼縣之得名，與白狼山、白狼水有關[17]，縣、山、水皆以白狼為名，同一語源，故敘白狼水時，先揭此水出於與其有關之縣東南，《畿輔通志》蓋未曉酈《注》之義[18]。

（二）石城川水——今滲津河，即生機河（約E119° 18´・N40° 48´）[19]

〈大遼水注〉云：「（石城川）水出西南石城山，東流逕石城縣故城南，……北屈逕白鹿山西，即白狼山也。……其水又東北入廣成縣，東注白狼水。白狼水北逕白狼縣故城東。」石城川水，楊《圖》以為即生機河，是；箭內亙以為傲木倫河，誤。《畿輔通志》大凌河條云：

「僧機圖河，建昌縣水也，即古石城川，亦曰生機河，名見《一統輿圖》。《熱河志》曰：僧機圖河出喀喇沁左翼西四十里之僧機圖山，漢名窟窿山，僧機圖河，猶言窟窿山河也。……又東稍北，逕三道營村後，又東流北折，逕龍山縣故城東；又北屈，……遞迤而東北流，至公營子西南入白狼水。」

是楊《圖》之生機河，即《熱河志》之僧機圖河。檢《熱河志》卷七一僧機圖河條云：「源出建昌縣屬喀喇沁左翼西四十里之僧機圖山，在縣治南境，東流，逕平房兒入大凌河。」平房兒，即《畿輔輿圖》之南平房，又即「遼寧省圖」之平房子，其地理坐標為E119° 36´．N40° 54´。而李文信先生云：

> 「石城川水今名森吉河，也作滲津河，發源於凌源縣的白石嘴子、溝門子群山，東流北屈經過白狼山西，東流至喀左縣桃花池村注入大凌河。」[20]

案李先生所謂滲津河，即《畿輔通志》之僧機圖河。溝門子之名，見「遼寧省圖」，其地理坐標為E119° 18´．N40° 48´。白石嘴子，「遼寧省圖」無載。惟檢《中國分省明細圖》[21]第二十五圖（熱河省），白石嘴在山嘴子西，一河流（當即生機河）上源以西處；據李文信先生所言，知白石嘴子當在溝門子附近[22]。觀「遼寧省圖」，知發源於今凌源縣南溝門子附近而向東流之河，正於平房子（E119° 36´．N40° 54´）之南注入大凌河，其流入大凌河處，即李先生所謂「喀左縣桃花池村」[23]。然則僧機圖河、生機河、森吉河、滲津河諸名，蓋一音之轉，其實皆指同一河流，即酈《注》之石城川水是也，其河源之經緯，約E119° 18´．N40° 48´。

石城川水逕白狼山西，自《熱河志》以來，皆謂白狼山即布祜圖山，「在建昌縣屬喀喇沁左翼東三十里」(《熱河志》卷六七)[24]。嚴師歸田先生據酈《注》，推斷白狼山應在白狼水主源之西，是[25]。李文信先生亦云：

> 「酈氏所指白鹿山即白狼山，正是今凌源縣天勝號公社的窟窿山。這座山海拔八百四十九米，是凌源南部最高的山峰，山頂岩石有孔，遠望透亮，故又有崆峒山的稱呼。」[26]

案李先生所謂「天勝號」者，不見於「遼寧省圖」，然據〈凌源富家屯元墓〉之「圖一」所示[27]，天勝號村在滲津河北岸、三家子（E119° ．N40° 48´）東北二公里強處（富家屯屬凌源縣三家子鄉老宮杖子村）[28]。該文謂富家屯「東南15公里為凌源縣有名的窟窿山」，據此，則窟窿山似應在滲津河之東南。窟窿山，即上引《畿輔通志》所言之僧機圖山，在喀喇沁北翼西四十里（又見《熱河志》卷六七），是古白狼山確在今大凌河南源西岸、滲津河之南[29]。

〈大遼水注〉敘石城川水東注白狼水後，白狼水北逕白狼縣故城東，《畿輔通志》謂漢白狼縣故城在大凌河西岸，是，但未實指其位置。近年考古發現，謂「喀左縣黃道營子古城為白狼縣」[30]。案黃道營子雖不見於今日地圖，但當在平房子（E119°36´・N40°54´）之南[31]。據上引《畿輔通志》之言，僧機圖河（石城川水）流逕三道營村後，「又東流北折，徑龍山縣故城東」；《熱河志》卷九八「龍山故城」條云：「今縣屬喀喇沁左翼旗西南八里大凌河之旁有廢城址，周三里」，頗疑考古發現在黃道營子村東之白狼城，即龍山故城。縱二者有別，二城當亦相距不遠[32]。

復案《大清一統輿圖》（北一中），傲木楞河發源後於不遠處即與生機河相匯，若此，則傲木楞河主源失諸太短。其次，據上引《畿輔通志》及同書卷四八「建昌縣圖」、《畿輔輿圖》之「建昌縣圖」，喀喇沁左翼旗庭在滲津河（生機河）流入大凌河處之大凌河東岸，但《大清一統輿圖》（北一東一）則將「喀喇沁左旗」五字置於忒布克河流入大凌河處之東，此易招誤會，以為喀喇沁左翼旗駐地即在忒布克河流入大凌河處東岸[33]；再者，忒布克河亦非如《大清一統輿圖》所示，自西向東流入大凌河者（說並詳下）。

（三）方城川水——今大凌河北源，又名小河子（約E119°18´・N41°12´）

酈《注》敘白狼水北逕白狼縣故城東後，有方城川水西來東注。方城川水，即今大凌河北源。《畿輔通志》卷七五大凌河條云：

> 「北源有二：一出（喀喇沁）左翼西之水泉子，在建昌縣（今凌源縣）二十里鋪之南十餘里，今謂之克爾河，即《水經注》所謂方

城川水也，是為大淩河之中源。酈氏曰：方城川水東流北屈，逕一故城西，世謂之雀目城。計其地當在建昌（今凌源）縣南小河南道口之西南，與河西十里舖河東北遙相望（案「舖」字下疑脫「隔」字）。又東流至縣治南小河南村之西南，則北源又出左翼西北之三官營，在建昌縣北迤而東南流；又受二水：其東股曰阿蘭善河，其西股曰蘇巴爾噶河。」

案《畿輔通志》所言之水泉子，「遼寧省圖」有之，正在今凌源（舊建昌）縣治西南，其地理坐標約E119° 06´・N41° 05´）[34]。《畿輔通志》云，雀目城當在小河南村西南，近年考古發現，今凌源縣治南、大淩河北源南岸之安杖子村發現戰國至漢古城址[35]，或以為係石城縣故城[36]，然據酈《注》，石城縣故城當在石城川水（今滲津河）北岸、白狼山（今窟窿山）之西；若以安杖子之古城當之，似太北。安杖子古城，或係雀目城歟？

《畿輔通志》又云：「阿蘭善河，……漢言神水河，……在（建昌〔今凌源〕）縣治北迤西四十里，其發源之處，俗名熱水湯，……東南流逕三官甸子（原注：即三官營），……與北源合。」案熱水湯，《畿輔輿圖》之「建昌縣圖」、《畿輔通志》卷四八之「建昌縣圖」，皆置於建昌（今凌源）縣治西北、河源（即阿蘭善河）西岸。然《熱河志》卷五四云，三官營在建昌縣治北十五里，「朱勒格在三官營西北五里，小城子在朱勒格西北十里，熱水湯在朱勒格東北三十里」，是熱水湯當在建昌（今凌源）縣治東北。檢「地圖集」，熱水湯正在今凌源縣治東北、河湯溝（E119° 24´・N41° 18´）之西北、一小河之東岸，則此小河當即《畿輔通志》所云之阿蘭善河是也。三官營（即今三官甸子），在今凌源縣治東北數公里、河湯溝之西[37]，其地理坐標，約E119° 21´・N41° 18´[38]。

《畿輔通志》又云：「蘇巴爾噶河，《一統輿圖》作蘇巴爾漢，又謂之忒布克河，即句（原注：音溝）水，以其源出句邱梁東，俗訛呼為狗水。……又東至（建昌〔今凌源〕）縣東北，與北源合。」案「地圖集」，今凌源縣治西北、熱水湯西南，正有一小水與上述之阿蘭善河相合，知此小水當即忒布克河。楊《圖》以忒布克河即白狼水主源固非，而《大清一統輿圖》（北一中）將此條流入大凌河北源之小水忒布克河，畫成較傲木楞河及生機河為長（此指二河未相合前之一段言），誠為大謬；且忒布克河與阿蘭善河相合後，亦非如《大清一統輿圖》（北一東一）所示，自西而東流入大凌河南源者。其次，《一統輿圖》中建昌縣治之位置失諸太北——既不在忒布克河下游，又太近老哈河，且與義州（今義縣）州治幾乎同一緯度。凡此，皆其疏也。

復案《畿輔通志》明言發源於僧機圖山（今窟窿山）、東流，於喀喇沁左翼旗西南流入大凌河之水為僧機圖河（今滲津河），又明言忒布克河為今凌源縣（舊建昌）治北、大凌河北源之西股（皆見上引），但同書卷四八〈輿地略〉之「承德府全圖」，卻將僧機圖河寫作忒布克河，是又自相矛盾也。

《畿輔通志》又云：「北源挾兩河以南流，至小河南村東，復與中源相遇，於是北中兩源會而東流。」又云：「北源又迤北而東流至三官營（原注：即三台小營），又東，與南源合，古皆名之曰白狼水，今皆呼之為大凌河。」案今流經凌源縣治南之大凌河北源為酈《注》之方城川水已如上述，此一段河道，即今日所謂小河子者是也[39]。

（四）高平川水——今葉柏壽東之牤牛河（約E119°36´．N41°24´）

〈大遼水注〉敘白狼水又東北，「高平川水注之。水出西北平川，東流逕倭城北，蓋倭地人徙之；又東南，逕乳樓城北，蓋逕戎鄉邑，兼夷稱也；又東南，注白狼水。」檢今日地圖，大凌河北流，逕大城子（E119°42´．N41°06´）後，於葉柏壽（E119°36´．N41°18´）東有一河東南流入大淩河，當即酈《注》之高平川水。此河於《熱河志》曰南土河，又名圖爾根河（見《熱河志》卷七一）。《畿輔通志》卷七五大淩河條云：

「南土河，即圖爾根河。圖爾根，漢言土也。此平泉州水也。謂之南者，以朝陽縣北境亦有一圖爾根河入土默特右翼境，故呼此水為南圖爾根河以別之。其源出平泉州屬喀喇沁右翼東南一百八十里之錫默特山，東流，逕臥佛寺南，又迤南而東流，遙逕擔杖溝南，入朝陽縣境；又一折而東南流，至永來店北，入大淩河。其北岸為圖爾根村，因河而得名也。」

檢《畿輔輿圖》之「平泉州圖」，臥佛寺在夜不收東北，公營子之西。公營子之名，仍見於「遼寧省圖」，其地理坐標為：E119° 42´．N41° 18´。夜不收，即今日地圖之葉柏壽，蓋音轉耳，其地理坐標為：E119° 36´．N41° 18´。據《熱河志》，臥佛寺在夜不收東十里[40]；觀「遼寧省圖」，今葉柏壽（中共地圖為建平縣治）東北為萬壽村，疑即《熱河志》之臥佛寺，縱非，臥佛寺當在其附近，要之，在今葉柏壽之東是也。又據《畿輔輿圖》之「朝陽縣圖」，永來店在今大淩河南岸、木頭城子（E120°．N41° 18´）之西、波羅赤（E119° 54´．N41° 24´）之南。《畿輔通志》云，南圖爾根河逕臥佛寺南，東南流至永來店北入大淩河，此正今日地圖上在葉柏壽東、向東南流入大淩河、名牤牛河者是也[41]。

《畿輔通志》敘南圖爾根河東南流入大淩河，但不以此河為酈《注》之高平川水；其所謂高平川水者，別指另一河，但不足據（詳下），故今仍以南圖爾根河（牤牛河）當高平川水。酈《注》言高平川水東流，逕倭城北，今日葉柏壽東北、牤牛河西岸，考古發現一西漢古城址[42]，或即酈《注》之倭城歟？

（五）自魯水──今老虎山河（E120°・N41°36´）

〈大遼水注〉云：「（自魯）水導西北遠山，東南注白狼水。」自魯水，即今老虎山河，《畿輔通志》之卑努克河。惟《畿輔通志》以為卑努克河乃酈《注》之高平川水，而以另一河──布爾噶蘇臺河──當自魯水，其說不足據，下文當以次辨之。

《畿輔通志》卷七五大凌河條敘南土河入大凌河後，「大凌河又迤北而東近木頭城子」，「又屈曲東流，北逕西平房之西。《熱河志》曰：平房兒在噶察爾西二十五里。即此。其北岸有卑努克河自西北迤東而南流注之。」檢《畿輔輿圖》之「朝陽縣圖」，西平房在大凌河之北、一河流入大凌河處之東岸（此河未標示名稱）。據《畿輔通志》卷四八「朝陽縣圖」，流經西平房之西而入大凌河者，稱為卑努克河，知《畿輔輿圖》中此一河當即卑努克河。《畿輔通志》云，西平房即《熱河志》之平房兒；據《熱河志》卷五四，「木頭城子在平房兒西南二十五里」。檢「遼寧省圖」，木頭城子（E120°・N41°18´）在大凌河南岸，其東北不遠處大凌河北岸名大平房（「地圖集」作太平房），知《畿輔輿圖》之西平房，即今日地圖上之大平房，其地理坐標為：E120°06´・N41°24´；而《畿輔通志》所謂卑努克河者，即今日在大平房西、自北而南流入大凌河之老虎山河（「地圖集」漏去此一河流）。《畿輔通志》以為卑努克河即酈《注》之高平川水，其言曰：

> 「卑努克河，《一統輿圖》作貝努克，云出貝努克拜商；建昌縣北境水也，而即古高平川水。《熱河志》謂高平川水無考。今以《水經注》證之，其即卑努克河歟？酈氏曰：水出西北平川，東流，逕倭城北，蓋倭地人徙之；又東南，逕乳樓城北，蓋逕戎鄉邑，兼夷稱也；又東南注白狼水。案白狼水受高平川水，在自魯水之先，且出平川，並非山谷，則卑努克河源出牛膝和屯西北三

> 十里之熱水湯，真平川也。迤南流四十餘里，折而東達冷陘。冷陘者，故鮮卑庭，後為奚、契丹兩部分據；鮮卑，東胡種也；《水經注》倭城，殆謂此歟？又遞迤而東南，逕青鸞嶺西；又逕其南。又遞迤而東南，皆行蒙古部落，無村聚，真戎鄉矣。《水經注》所謂乳樓城，雖莫詳其所在，而乳樓之兼夷稱，固必出於戎狄，其在蒙古部落中歟？又東南，至青溝汎西，注白狼水，則平房兒西也。」

案卑努克河之名，不見於《熱河志》。《畿輔通志》謂此河「源出牛膝和屯西北三十里之熱水湯」，據《熱河志》卷五四，自建昌（今凌源）縣治北十五里之三官營[43]北行一百六十里，踰平泉州境，復入建昌縣界，即至牛膝和屯；熱水湯（此熱水湯與上述在建昌〔今凌源〕縣治東北數十里者同名異地）則「在牛膝和屯西北三十五里」。檢《畿輔輿圖》之「建昌縣圖」，此熱水湯在四家子、老虎山之西北（圖中無標示牛膝和屯之位置）、三官營子（此三官營子與上述在舊建昌縣治北十五里者同名異地）之南；而四家子則「在牛膝和屯東二十里」（《熱河志》卷五四）。檢視今圖，四家子之名仍在，其地理坐標，約E120° 03´・N41° 48´[44]。「地圖集」於四家子之南微西，更有老虎山村，其地理坐標，約E120° 02´・N41° 45´[45]。至於三官營子，「地圖集」作三官營，在四家子西北、馬廠（E119° 42´・N42° 06´）[46]之東北，其地理坐標，約E119° 54´・N42° 08´[47]，即在今孟克河上游東岸[48]。《畿輔通志》云，「卑努克河源出牛膝和屯西北三十里之熱水湯，真平川也」；然觀「遼寧省圖」，今老虎山河發源於四家子附近，此一帶皆努魯兒虎山山地，四家子南之大青山主峰（E120° 06´・N41° 42´），海拔更達一一五四公尺（「地圖集」作一一一五公尺），則酈《注》所謂自魯水導西北遠山者，捨今老虎山河外，似更無他水以應[49]。

《畿輔通志》云，卑努克河「東達冷陘；冷陘者，故鮮卑庭。……鮮卑，東胡種也，《水經注》倭城，殆調此歟？」是以冷陘為倭城所在。案酈《注》明言倭城乃倭地人徙之，是倭與鮮卑有別，豈能因鮮卑為東胡種，遽謂冷陘即倭城所在，《畿輔通志》所言，失諸籠統。《畿輔通志》謂卑努克河又逕青鸞嶺西，「青鸞嶺在朝陽縣屬土默特右翼西北一百八十里」（《熱河志》卷六七），《熱河志》卷四九之「朝陽縣圖」，置青鸞嶺於黑山之西。同書卷六七云：「超圖喀喇山，漢名黑山，在朝陽縣屬土默特左翼西北五十里」；又卷四九之「朝陽縣圖」，黑山在北圖爾根河上游西岸。案北圖爾根河，即今日在北票以東流入大凌河之牤牛河（詳下），《熱河志》所謂超圖喀喇山漢名黑山者，未知是否即北圖爾根河上游西岸之黑山，蓋此黑山距離土默特左翼駐處當不止五十里也[50]。要之，在北圖爾根河（今牤牛河）西岸之黑山，當即「地圖集」之大黑山，其主峰約在E120°24´・N42°，海拔一〇八〇公尺。據《畿輔通志》之言，卑努克河自熱水湯迤南流四十餘里，逕冷陘，又東南，逕青鸞嶺西，又逕其南；而《熱河志》又置青鸞嶺於黑山以西，則所謂青鸞嶺者，當即今日之大青山（E120°06´・N41°42´）。《畿輔通志》又云，卑努克河「遞迤而東南，皆行蒙古部落，無村聚，真戎鄉矣」；蓋謂酈《注》之乳樓城，即在此蒙古部落中。案此亦犯以後事釋前事之病，北魏之世，今朝陽縣北之地，為庫莫奚、契丹之活動範圍，室韋則遠在千里之外（參《魏書》卷一百、《太平寰宇記》卷七一營州），焉有蒙古部落在其中？《畿輔通志》之言，未可為據。要之，卑努克河即今老虎山河，酈《注》之自魯水[51]。

復案，《畿輔通志》既言卑努克河即《大清一統輿圖》之貝努克河，但《大清一統輿圖》（北一東一）之貝努克河，卻在朝陽縣治南入大凌河，其誤一。又《一統輿圖》中木頭城之位置，在一河流入大凌河處之大凌河南岸；此河未標示名稱，其上源流經色冷達布囊村南，疑即今日在葉柏壽東流入大凌河之牤牛河（南圖爾根河）。依《畿輔通志》所言及對比今日地圖，《大清一統輿圖》中木頭城之位置失諸太西，其誤二[52]。復次，《熱河志》卷五四明言土默特右翼旗駐處在朝陽縣治東北五十里[53]，但《大清一統輿圖》中「土默特右翼旗」六字卻置於朝陽縣治西南、大淩河北岸、貝努克河南岸處，此亦易招誤會，以為土默特右翼旗駐處即在朝陽縣治西南。

《畿輔通志》敘大淩河逕平房兒（今大平房）西後，又云：「大淩河又迤南而東流，逕喀喇城南。此城即遼聖宗所改置建州故城也。過此城東有布爾噶蘇臺河自西北來注之。」《熱河志》卷九八「建州故城」條云：「今土默特右翼旗西至百七十里，地名黃河灘，有廢城址，……蒙古名喀喇城，……當為故建州城。」案《熱河志》之土默特右翼旗駐地，在朝陽縣治東北五十里[54]，若依《熱河志》之言，則喀喇城當在朝陽縣治西一百二十里外，而不得在大淩河北岸矣，疑《熱河志》之「西至」為「西南」之誤。《畿輔通志》敘大淩河經大平房後，又迤南而東流至喀喇城西；又迤南而東流，逕喀喇城南；則喀喇城當在今大平房之東。據《熱河志》卷五四，平房兒（今大平房）在朝陽縣治西南九十五里[55]；《畿輔通志》則云喀喇城「在今朝陽縣西八十里」[56]；要之，喀喇城當在大平房（E120° 06´．N41° 24´）之東是也[57]。

《畿輔通志》既以卑努克河（今老虎山河）為酈《注》之高平川水，其於自魯水，則以在喀喇城東之布爾噶蘇臺河當之。今先引其說如下：

> 「布爾噶蘇臺河，《提綱》作布爾乾臺河，朝陽縣水也。漢名柳河，又以流逕喀喇城，而喀喇城漢言黑子城，故亦呼黑子城河，蓋即《水經注》之自魯水也（原注：按盧弓玈矢皆訓黑，而鐘鼎款識每作魯弓鹵矢，知魯與盧通用矣。然則自魯水其亦有黑水之義歟？）而自魯水，《熱河志》列於無考水中，謂其當在朝陽縣境，誠以軌流移徙，古今異名，難臆測也。然統計白狼水所滙諸水，自高平川以下，無更大於此者。凡記瑣物，必舉其鉅以為誌，通例也。《水經注》於高平川水注後即云：又東北，自魯水注之，水導西北遠山，東南注白狼水。又云：白狼水又東北，逕

> 龍山西，據此，則自魯水之來注，在龍山之大西南可知。龍山者，今土默特右翼東南二十里[58]之鳳凰山是也。……今布爾噶蘇臺河源出土默特右翼西北一百九十里[59]之威遜圖喀喇山，正酈《注》所謂西北遠山也。屈曲東南流，逕三道梁汎西；又迤東而南流，逕嘎里嘎梁東；又屈曲東南流，逕波洛赤（原注：《熱河志》作波羅齊）村西；又南流，逕茶棚梁西；又迤東南流，至大板村西；又南入大凌河。相其源委方嚮，自龍山以西，平房以東，除此皆近小水，更無自西北遠山導至者，故今之布爾噶蘇臺河為自魯水無疑。」

案《畿輔通志》此言不足據。喀喇城雖有黑子城之號，但此城係遼聖宗時改置，黑子城及黑子城河之稱，當係以後之名，自魯水是否有黑水之義，酈《注》無說，豈能因布爾噶蘇臺河有黑子城河之號，遽謂自魯水亦有黑水之義，因而牽合附會，謂此河即自魯水。若自魯水之魯有黑義，則今老虎山河上源以東不遠處有大黑山（約E120° 24′・N42°），屬努魯兒虎山山脈，則老虎山河（即卑努克河）自亦可謂即自魯水也。

其次，《畿輔通志》云，自高平川以下，無更大於自魯水者；又謂自龍山以西、平房以東，除布爾噶蘇臺河外，皆近小水，更無自西北遠山導至者；則酈《注》之自魯水為一大河，而《畿輔通志》所言之布爾噶蘇臺河亦一大川。但檢《畿輔通志》卷四八之「朝陽縣圖」、《畿輔輿圖》之「朝陽縣圖」、《大清會典圖》卷一四一之「承德府圖一」，除畫出卑努克河及北圖爾根河注入大凌河外[60]，未見有所謂布爾噶蘇臺河者。即就近日出版之「遼寧省地名圖」以觀，亦未見有導西北遠山而在西平房（今大平房）以東、朝陽縣治以西流入大凌河之大川。

復次，就《畿輔通志》敘布爾噶蘇臺河之流程以觀。《通志》謂河「屈曲東南流，逕三道梁汎西」；據《畿輔輿圖》之「朝陽縣圖」，三道梁汎在金廠溝東北[61]、東烏梁蘇台及西烏梁蘇台[62]之北、蒙古營西北。檢視今圖，金廠溝梁之地理坐標為E120° 12′・N41° 54′；蒙古營為E120° 48´．N41° 54´。今圖之東官營子（E120° 36´．N41° 55´）[63]及西官營子（E120° 30´．N41° 54´），分別即《畿輔輿圖》之東烏梁蘇台及西烏梁蘇台。據「地圖集」，東官營子之北微東為前三道梁，在大黑山之東，似即《畿輔輿圖》之三道梁汎；縱非，三道梁汎當在前三道梁附近。而「地圖集」之前三道梁，似又即「遼寧省圖」之上湯溝（約E120° 36´．N42° 06´）[64]；縱非，當在其附近。《畿輔通志》又云，布爾噶蘇臺河「又迤東而南流，逕嘎里嘎梁東」。據《畿輔輿圖》之「朝陽縣圖」，嘎里嘎梁在金廠溝之東北，當即今努魯兒虎山山脈其中一山嶺。《畿輔通志》又云，布爾噶蘇臺河「又屈曲東南流，逕波洛赤村西」；據《畿輔輿圖》之「朝陽縣圖」，波洛赤在大三家西南、召都巴北、大廟之東北。檢視「遼寧省圖」，大三家之地理坐標為E120° 36´．N41° 48´，召都巴之地理坐標為E120° 24´．N41° 36´，大廟之地理坐標為E120° 12´．N41° 36´；據此，波洛赤之位置亦可得，其地理坐標，約E120° 24´．N41° 42´[65]。《畿輔通志》又云，布爾噶蘇臺河「又南流逕茶棚梁西，又迤東南流，至大板村西，又南入大淩河」；據《畿輔輿圖》之「朝陽縣圖」，茶棚梁在西大營之西，大板則在茶棚梁西南。檢視「遼寧省圖」，西大營子之地理坐標為E120° 18´．N41° 30´，則茶棚梁及大板之位置亦可知，其地理坐標，分別約為：E120° 14´．N41° 30´[66]及E120° 12´．N41° 25´[67]。《畿輔通志》云，布爾噶蘇臺河遙逕三道梁汎（約今上湯溝）西，又遙逕嘎里嘎梁東，又逕波洛赤西、茶棚梁西、大板村西而入大淩河；然觀「遼寧省圖」，在朝陽縣治以西、大平房以東流入大淩河之水流，並無一條如《畿輔通志》所言流經上述各地之大河者。觀今圖，在大平房以東有一小河，其上源為時令河，發源於大青山主峰（E120° 06´．N41° 42´），逕西五家子（E120° 06´．N41° 36´）之西，東南流入大淩河，未知是否即《畿輔通志》所言之布爾噶蘇臺河；但此河之不逕三道梁汎（約今上湯溝）西及嘎里嘎梁東可知也。要之，《畿輔通志》所言，不足為據。又趙永復先生之《水經注通檢今釋》謂自魯水即今朝陽縣西德力吉河，據《畿輔輿圖》之「朝陽縣圖」(《畿輔通志》卷四八同)，卑努克河下游有得力營，在西平房（今大平房，E120°06´・N41°24´）西北、波羅赤(E119°54´・N41°24´）東北、卑努克河西岸；未知其所謂德力吉河者，是否即流經得力營東之卑努克河。要之，《畿輔通志》之卑努克河，即今之老虎山河，亦酈《注》之自魯水是也。楊《圖》(北二東一)之方城川水及高平川水雖誤，其自魯水則大體以卑努克河當之，近是[68]。

（六）濫真水——今北票東之牤牛河（E121°・N42°06´）[69]

酈《注》敘自魯水注白狼水後，又云：「白狼水又東北，逕龍山西。燕慕容皝以柳城之北、龍山之西[70]，福地也，使陽裕築龍城，改柳城為龍城縣。……白狼水又北，逕黃龍城東，……《魏土地記》曰：黃龍城西南有白狼河，東北流，附城東北下，即是也。」案龍山，即今朝陽縣治東南、大凌河南岸之鳳凰山[71]。柳城故城，在今大凌河南岸、袁台子村（屬十二台營子〔E120°18´・N41°24´〕）北一公里許[72]。黃龍城（即龍城）故城，在今朝陽縣治[73]。白狼水逕黃龍城東後，酈《注》云：「濫真水出西北塞外，東南歷重山，東南入白狼水。」濫真水，即今北票東之牤牛河，《熱河志》(卷七一）所謂北土河者是也。《畿輔通志》大凌河條云：

> 「北土河，蒙古呼圖爾根河（原注：此與平泉州之圖爾根河別），即《水經注》之濫真水也。酈氏曰：濫真水出西北塞外，東南歷重山，入白狼水。今此圖爾根河出朝陽縣屬奈曼南五十五里之塔本陀羅海山，漢名五鳳山，在縣治北境，逕綽諾圖山，盤流紆曲，凡歷岡阜數十，折東南流……」

然後敘北土河逕北官營以西等地,「南流,逕金教寺北,又折而東,迤南入大凌河。」據《畿輔輿圖》之「朝陽縣圖」,北官營在于喇嘛子之西微北、鄂爾土板西南。于喇嘛子,「遼寧省圖」作于寺,其地理坐標為E121° 12´·N42° 12´;鄂爾土板,即「地圖集」之鄂爾圖板,其位置似即「遼寧省圖」中之青龍山村(E121° ·N42° 24´),縱非,當在其附近;則北官營之位置亦可得,其地理坐標約E121° ·N42° 12´[74]。金教寺,據《畿輔輿圖》之「朝陽縣圖」,在老貝子府之東、一河流(未標示名稱)入大凌河處西岸;大凌河與此河相會後,東南流,逕九關臺門北,入義州(今義縣)界。《畿輔通志》亦云,大凌河「東流,逕老貝子府南,亦土默特右翼故庭也;又迤南而東流,逕金教寺南,亦道口也。」是金教寺在老貝子府之東。老貝子府,即「地圖集」之貝子府,其地理坐標,約E120° 50´·N41° 42´[75],正在牤牛河流入大凌河處西岸[76]。據此,知《熱河志》、《畿輔通志》所言之北圖爾根河(北土河),即今日流經鄂爾土板西、在貝子府東入大凌河之牤牛河,亦酈《注》所謂濫真水者是也。

北土河既在貝子府之東注大凌河,則《畿輔輿圖》、《畿輔通志》(卷四八)之「朝陽縣圖」中,在老貝子府、金教寺東入大凌河之河流,當即北土河無疑;《大清會典圖》卷一四一之「承德府圖一」,正標示此河曰「北圖爾根河」。但《畿輔通志》卷四八之「承德府全圖」,竟將之稱作那拉特河,是又如前述之將僧機圖河(今滲津河)誤作忒布克河,蓋受《大清一統輿圖》之惑,致張冠李戴也。

《大清一統輿圖》(北一東一)中朝陽縣治東北,並無畫出一條東南流入大凌河之北土河,此其疏也[77];抑九關臺門之位置,又在義州(今義縣)州治之北、大凌河之東北。據《畿輔輿圖》之「朝陽縣圖」,北土河注大凌河後,大凌河東南流逕九關臺門之北,入義州界。《畿輔通志》大凌河條亦云,大凌河「又東南流,逕九關臺門北流入柳邊,至盛京義州之西北境。」是《大清一統輿圖》中九關臺門之位置顯誤[78]。復次,同圖（北二東一）中朝陽縣治以北、「土默特左翼旗」六字之西北，有一西南至東北流向之河，曰那拉特河。此河介於大凌河與老哈河之間，南不入大凌河，北不注老哈河。意者，《大清一統輿圖》中既未畫出一條在朝陽縣治東北注入大凌河之北土河，而在朝陽縣治以北卻別有一條西南——東北流向之那拉特河（《大清會典圖》未畫出此河）；繪畫《畿輔通志》（卷四八）「承德府全圖」之士，或以《大清一統輿圖》為據，遂誤以為此那拉特河，即《通志》「朝陽縣圖」中發源於奈曼旗南、在金教寺東入大凌河之北土河，於是逕書之曰那拉特河。《通志》明言「北土河蒙古呼圖爾根河」，是那拉特河與圖爾根河各異。頗疑所謂那拉特河者，即今之孟克河【79】；要之，其與北土河各別，洵可知也。

結語

白狼水及石城川等五水各相當於今之某水，已如上述。今綜上所言，再條釋如下：

（一）白狼水主源——今建昌（凌南）縣南之大凌河南源，即《大清一統輿圖》之傲木楞河。

（二）石城川水——今喀喇沁左翼旗蒙古族自治縣（治大城子，在舊喀喇沁左翼旗駐處之北微西）西南二十餘公里之滲津河，即《大清一統輿圖》之生機河。

（三）方城川水——今凌源縣治南之大凌河北源，又名小河子。

（四）高平川水——今葉柏壽東之牤牛河，即《熱河志》之南圖爾根河（南土河）。

（五）自魯水——今朝陽縣西之老虎山河，即《畿輔通志》之卑努克河。

（六）濫真水——今朝陽縣東北、北票東之牤牛河，即《熱河志》之北圖爾根河（北土河）。

其次，《大清一統輿圖》（北一東一、北二東一）中有關大凌河水道之訛誤而與本文相涉者，條列如下：

（一）大凌河南源（傲木楞河）之流程太短，且在與生機河相會前，並無畫出酈《注》所謂「北流西北屈」之勢。

（二）喀喇沁左翼旗駐處，應標示在生機河與傲木楞河相會處之大凌河東岸。

（三）《畿輔通志》云，大凌河北源有二[80]，其一在今凌源（舊建昌）縣治南，其一在縣治東；後者上源又受二水，忒布克河僅為其中一水（西股）。《大清一統輿圖》中，既未畫出在今凌源（舊建昌）縣治南之北源，而忒布克河亦較生機河、傲木楞河長，皆誤。

（四）忒布克河與東股之阿蘭善河相會後，應向東南流，於今凌源（舊建昌）縣治東會另一支北源後，東南流入大凌河南源；《大清一統輿圖》中之忒布克河與另一河流（未標示名稱，當即阿蘭善河）相會後，卻自西而東流入大凌河南源，誤。

（五）建昌（今凌源）縣治之位置偏離西北，竟置於老哈河上游東岸不遠處；且與義州（今義縣）州治幾同一緯度，皆誤。

（六）木頭城之位置偏離西南。

（七）貝努克河（卑努克河，今老虎山河）並非在朝陽縣治南注入大凌河。

（八）土默特右翼旗駐處，應標示在朝陽縣治東北。

（九）朝陽縣治東北、奈曼旗南，應有北土河自北而南流入大凌河；《大清一統輿圖》卻付闕如。

（十）九關臺門應在大凌河南岸；《大清一統輿圖》中，大凌河卻在九關臺門西南流入義州（今義縣）境。

復次，《畿輔通志》卷四八之「承德府全圖」與本文有關者，其誤有二：

（一）將生機河（今滲津河）誤稱為忒布克河。

（二）將北土河（今北票東之牤牛河）誤書為那拉特河。

今綜上所言，作白狼水及石城川等五水圖（底圖採自「遼寧省圖」部分而加以放大），以為本文之附。

一九八七年七月十七日初稿，
一九九四年二月廿一日改訂，
四月二十六日定稿。

注釋

[1] 案楊守敬《水經注疏》此處作「水出右北平白狼縣，東南逕廣成縣」（見《水經注疏》點校本，江蘇古籍出版社，一九八九年版，頁一二六八－九）。戴震校本無「逕」字，又刪「廣城縣」三字，以「東南」二字屬上句（見戴校《水經注》〔陳橋驛先生點校〕，上海古籍出版社，一九九〇年版，頁二九二）。戴本是，楊《疏》誤，詳下。

[2] 文海出版社鉛印本，一九六六年版。

[3]《四部叢刊》續編本，上海涵芬樓影印，一九三四年版。

[4] 文海出版社影印本，一九六五年版。

[5] 光緒十三年重訂本，成文出版社影印，一九六八年版。

[6] 光緒十年本，上海商務印書館影印，一九三四年版。

[7] 案大淩河之「淩」字，惟《清一統志》及《畿輔通志》作「淩」，从水。本文依今日慣用之「凌」，从冫。

[8] 見《滿洲歷史地理》第一卷（南滿洲鐵道株式會社，一九一三年版）第四篇〈晉代之滿洲〉（頁二七四、二七六）。

[9] 見《唐代交通圖考》（中央研究院歷史語言研究所專刊之八十三）第五卷「河東河北區」（一九八六年版）篇伍壹〈歷代盧龍塞道〉，頁1712。

[10] 復旦大學出版社，一九八五年版。

[11] 案中共地圖之遼寧建昌縣，即民國地圖之熱河凌南縣。

[12] 張其昀先生主編，國防研究院，一九六六年第五版。

[13] 檢《中國水系大辭典》（附《水系分佈圖》）（朱道清先生編纂，青島出版社，一九九三年版）之「遼西沿海水系」大凌河條，朝陽縣西亦無滲津河、德力吉河之目。

[14] 又名《畿輔輿地全圖》，成文出版社影印，一九六九年版。

[15] 參《畿輔輿圖》之「建昌縣圖」，頁976；又《畿輔通志》卷七五大凌河條云：「犄牛屯，蓋即漢廣成縣故址」。

[16] 平房子經緯度，見《中國地名錄》（地圖出版社，一九八三年版）。以下各地名經緯，皆採《地名錄》，除須特別說明外，不再注釋。

[17]《漢書．地理志》右北平郡白狼縣，顏師古注：「有白狼山，故以名縣。」

[18] 案白狼水之主源既為楊《圖》中之傲木楞河，以是知楊《疏》之作「（白狼）水出右北平白狼縣，東南逕廣成縣，北流西北屈，逕廣成縣故城南」，實不如戴校本之作「（白狼）水出右北平白狼縣東南，北流西北屈，逕廣成縣故城南」。蓋大凌河南源向北流，並無「東南逕廣成縣」之流向；且下文既敘「北流西北屈，逕廣成縣故城南」，上文自無須重出廣成縣，戴刪是也。復案箭內亙以為酈《注》白狼水出白狼縣東南之「東」乃「西」之誤（見《滿洲歷史地理》第一卷第四篇〈晉代之滿洲〉，頁277），其說更不足據。

[19] 案嚴師〈歷代盧龍塞道〉以此河之經緯度歸諸忒布克河（頁1711），欠安，說詳下。

[20] 李文信先生，〈西漢右北平郡治平剛考〉，載《社會科學戰綫》，一九八三年第一期，頁166。

[21] 上海新宇輿地學社編繪，一九四一年版。

[22] 檢「遼寧省地名圖」，白石嘴子在溝門子西約二公里。

[23] 案桃花池村雖不見於「地圖集」、「遼寧省圖」及「遼寧省地名圖」，但據靳楓毅先生〈論中國東北地區含曲刃青銅短劍的文化遺存（上）〉（載《考古學報》，一九八二年第四期）之附圖二及說明，知桃花池村正在平房子之南、滲津河流入大凌河處附近（頁423、425）。

[24]《清一統志》卷四三、《蒙古游牧記》卷二、《承德府志》卷十七等，皆從《熱河志》說。但《熱河志》卷四九之「建昌縣圖」，卻置布古圖山（古白狼山）於今大凌河南源（即《熱河志》之「東源」）西岸，即在喀喇沁左翼旗駐處之西，《一統志》卷四二「承德府圖」同。案《熱河志》卷六七僧機圖山「在建昌縣屬喀喇沁左翼西四十里」，同書卷四九之「建昌縣圖」僧機圖山在布古圖山（古白狼山）之西，二者皆在今大凌河南源西岸，疑《熱河志》布祜圖山「在喀喇沁左翼東三十里」之「東」乃「西」之誤。

[25] 見《唐代交通圖考》第五卷，頁1712。惟嚴師以為白狼水主源即生機河，故置白狼山於生機河西北（約E119°20´．N41°10´），欠安。

[26] 同注【20】。

[27] 見《文物》，一九八五年第六期，頁55。

[28] 案「遼寧省地名圖」三家子東北約二公里為天盛號鄉，當即所謂「天勝號」。

[29] 案《熱河志》卷六七僧機圖山漢名窟窿山，但據同書卷四九之「建昌縣圖」，布古圖山（古白狼山）在僧機圖山之東，二者有別；或布古圖山與僧機圖山分屬此一帶山脈之二山峰，故別稱焉。復案，據李宇峰先生〈遼寧建平縣兩座西漢古城址調查〉一文（載《考古》，一九八七年第二期）注【6】，謂劉新民先生有〈白狼山與白狼城考〉一文，載《遼寧省考古博物館學會成立大會會刊》（一九八一年），但該《會刊》未得見，不知劉說白狼山如何。

[30] 見李宇峰先生，上引文，頁107。

[31] 李文信先生〈西漢右北平郡治平剛考〉謂白狼城在「喀左縣平房子公社黃道營子村東」（頁166），是黃道營子屬平房子。酈《注》敘石城川水注白狼水後，白狼水北逕白狼縣故城東，是白狼故城必在石城川水（今滲津河）之北，今平房子之南。

[32] 箭內亙因誤以為白狼水出白狼縣「西」南，故定白狼縣故城在今大城子東北、大凌河之西（見〈晉代之滿洲〉，頁276），誤。又譚其驤先生主編《中國歷史地圖集》第六冊（地圖出版社，一九八二年版）頁5、頁50之龍山故城，在今大凌河東岸，似誤。

[33] 案楊守敬《水經注圖》（北二東二）將白狼山置於底圖「喀喇沁左翼旗」東，或即受《大清一統輿圖》誤導。蓋《熱河志》謂白狼山「在喀喇沁左翼東三十里」，不知《熱河志》之「東」或「西」之誤，而喀喇沁左翼旗駐地又當在傲木楞河與生機河相會處之東也。日人稻葉岩吉及箭內亙二氏即因據楊《圖》定白狼水主源為忒布克河，又以為白狼山在喀喇沁左翼東三十里，故其論石城縣及白狼縣故城所在皆不足據（分見《滿洲歷史地理》第一卷第二篇〈漢代之滿洲〉、第四篇〈晉代之滿洲〉，頁158、163、275、276）。

[34] 據《中國地名錄》（頁204），水泉緯度為41°，但據「遼寧省圖」所示，其位置更在41°稍北。

[35] 見李文信先生，上引文，頁164。案安杖子村位置，「遼寧省圖」無載，「遼寧省地名圖」亦然，但據上引靳楓毅先生一文之附圖二（頁423），安杖子村正在凌源縣治西南、今大凌河北源南岸；又參〈遼寧建平縣的青銅時代墓葬及相關遺物〉（載《考古》，一九八三年第八期）之圖一（頁679）。

[36] 同注【30】。

[37] 見李恭篤先生，〈遼寧凌源縣三官甸子城子山遺址試掘報告〉，載《考古》，一九八六年第六期，頁497。

[38] 案三官甸子與河湯溝同一緯度，而又處凌源縣治及河湯溝之間（見李恭篤先生，上引文，頁497之圖一），故其經度亦取二者之半（凌源縣治地理坐標為E119°18´．N41°12´）。

[39] 見〈遼寧喀左大城子眉眼溝戰國墓〉，《考古》，一九八五年第一期，頁7之圖一。

[40] 案《熱河志》卷五三云：「中關營在夜不收東四十里，臥佛寺在中關營西三十里」，是臥佛寺在夜不收東十里。

[41] 今圖在朝陽縣東北、北票鎮東流入大凌河者亦名牤牛河，此牤牛河即《熱河志》之北土河（北圖爾根河），詳下。至於在葉柏壽東流入大凌河之河流，「地圖集」、「遼寧省圖」及「遼寧省地名圖」皆未標示名稱，據上引李宇峰先生文之圖一（頁105），此河流今曰牤牛河，即趙永復先生所謂「朝陽縣西牤牛河」(《水經注通檢今釋》，頁37）者是也。

[42] 見李宇峰先生，上引文，頁105－107。

[43] 三官營，原文作「五官營」，「五」當為「三」之誤。《熱河志》卷五四明言「三官營在（建昌）縣治北十五里」，「五官營在（建昌）縣治南十里」，故在建昌縣治北十五里者當係「三官營」，即所謂三官甸子者是也。《承德府志》卷七仍蹈《熱河志》之誤，未予改正。

[44] 四家子經度，《中國地名錄》(頁205）作E120° ，但觀「遼寧省圖」，四家子更在E120° 之東，故此處約取E120° 03´ 。

[45] 據「地圖集」，老虎山村在朝陽縣治（E120° 24´ ・N41° 30´ ）通往建平縣治（E119° 42´ ・N41° 54´ ）及金廠溝梁（E120° 12´ ・N41° 54´ ）通往四家子（E120° 03´ ・N41° 48´ ）二公路之交會點上。「遼寧省圖」無老虎山村之名，然參以「地圖集」，知老虎山村在喀喇沁（E120° ・N41° 42´ ）東北、四家子西南，今仍屬四家子者（見〈敖漢旗老虎山遺址出土秦代鐵權和戰國鐵器〉，《考古》，一九七六年第五期，頁335。案該文謂老虎山遺址〔在老虎山村東約1公里之台地上〕「南距小凌河約0・5公里」，誤。據其後文云，老虎山「遺址台地東側有一段城牆遺址」，其「南端臨大凌河支流河畔」；而此「支流南北穿努魯兒虎山，南流百餘華里入大凌河」〔頁336〕，則此條所謂「大凌河支流」者，當即今老虎山河。小凌河在大凌河之南，而老虎山村則在今老虎山河上游，下距大凌河百餘里，安得云老虎山遺址「南距小凌河約0・5公里」？謂「南距老虎山河約0・5公里」則是也)。今敘老虎山村經度，約取喀喇沁（E120° ）及四家子（E120° 03´ ）之半──E120° 02´ ；其緯度，約取喀喇沁（N41° 42´ ）及四家子（N41° 48´ ）之半──N41° 45´ 。

[46] 案馬廠緯度，《中國地名錄》(頁143）原作N42° ，但在馬廠正東之新地緯度則為N42° 06´ （見《地名錄》中頁251)，故今改從。

[47] 案三官營在馬廠東北，馬廠緯度為N42°06´，故三官營緯度約取N42°08´；其經度則與新地（E119°54´·N42°06´）同。

[48] 案「地圖集」未標示孟克河之名。三官營子在今孟克河上游東岸，見〈內蒙古敖漢旗孟克河上游的遺址調查〉，《考古》，一九六三年第十期，頁525之圖一。

[49] 檢《中國水系大辭典》「遼西沿海水系」老虎山河條，此河「源出內蒙古自治區敖漢旗南部努魯兒山脈大青山西北麓，海拔高程一〇八六米」（頁65）；則老虎山河（卑努克河）並非如《畿輔通志》所言出平川也。

[50]《熱河志》卷六七云：「邁達里山，漢名彌勒山，在朝陽縣屬土默特左翼西北六十里，伊瑪圖河發源於此。」同書卷七一又云：伊瑪圖河「在（朝陽）縣治東北境南流，至清河邊門之東入義州境，名細河」；是伊瑪圖河即今日在清河門（E121°24´·N41°42´）以東流入大凌河之細河（「遼寧省圖」作西河）上游。邁達里山既在北圖爾根河上游東岸（參《熱河志》卷四九之「朝陽縣圖」），則超圖喀喇山當不得在北圖爾根河上游西岸。若超圖喀喇山即《熱河志》卷四九「朝陽縣圖」之黑山（在北圖爾根河上游西岸），則同書卷六七所記之里距當有誤。

[51]《畿輔通志》言卑努克河發源於牛膝和屯西北之熱水湯，東南流，逕冷陘、青鸞嶺、青溝汎，至平房兒西入大凌河；但同書卷四八之「朝陽縣圖」，卑努克河之河源僅始於青溝汎西；《畿輔輿圖》之「朝陽縣圖」、《大清會典圖》（光緒二十五年刻本，台灣啟文出版社影印，一九六三年版）卷一四一「承德府圖一」，並同。又民國六年三版之《中國新輿圖》（上海商務印書館印行）第三圖（熱河特別區域），卑努克河（圖中無標示名稱）之河源，亦僅始於青溝汎西，東南流，至西平房（即平房兒）之西入大凌河。凡此，皆失諸太短。

[52] 檢《中國分省地圖（一九一八年——一九四四年）》（日本凌雲書房株式會社重編，一九八一年版），其「直隸省全圖（北部）」之木頭城在平房子（今大平房）東北、朝陽縣治南微西之大凌河北岸，更誤。

[53]《畿輔輿圖》之「朝陽縣圖」，土默特右翼旗駐處已移至朝陽縣治正北百里之外（疑即今之貝子府〔E120°18´·N42°06´〕，「地圖集」作固山貝子府），故《畿輔通志》卷七五大凌河條敘察罕河時亦云：「土默特右翼旗在朝陽縣治正北。」又朝陽縣東北、今北票東南有老貝子府，蓋土默特右翼故庭，詳下。

[54]《熱河志》卷五四云，自朝陽縣治東北至土默特右翼駐處五十里；但同卷又云：「十里舖在（朝陽）縣治東稍北十里，長板營在十里舖東十里，大碾上在長坂營東十里，又東十里為土默特右翼駐處。」則土默特右翼旗庭，似又在朝陽縣治東北四十里。

[55]《熱河志》卷五四云：「爛泥塘在（朝陽）縣治西稍南三十里，臥佛寺在爛泥塘西二十里，噶察爾在臥佛寺西二十里，平房兒在噶察爾西南二十五里。」是平房兒在朝陽縣治西南九十五里。

[56] 見《畿輔通志》卷七五大凌河條敘碓嘴河時原注。

[57]《中國歷史地圖集》第六冊（頁5），建州州治（永霸）在今老虎山河入大凌河處西岸，即今大平房之西，未知何據。

[58] 案《畿輔通志》所謂「今土默特右翼東南二十里」者，係據《熱河志》而言（見《熱河志》卷六七）。蓋《熱河志》之土默特右翼旗駐處，在朝陽縣治東北五十里（見《熱河志》卷五四）；其後則移至朝陽縣治正北百里外。參注【53】、【54】。

[59] 案此處所謂「土默特右翼西北一百九十里」，亦據《熱河志》，見《熱河志》卷六七威遜圖喀喇山條。

[60] 案《畿輔輿圖》之「朝陽縣圖」，注入大凌河之二河皆未標示名稱。《畿輔通志》卷四八之「朝陽縣圖」，僅標示卑努克河之名；而北圖爾根河之名則付闕如。

[61] 案《畿輔輿圖》之「朝陽縣圖」，三道梁汎在朝陽縣治西北，誤。據此圖後所載：「三道梁汎，縣東北一百四十里，千總外委駐焉。」是三道梁汎應在朝陽縣治東北一百四十里。

[62] 東烏梁蘇台及西烏梁蘇台之名，見《熱河志》卷五四；《畿輔輿圖》分別寫作東烏良束台及西烏良束台，蓋音轉耳。

[63] 據《中國地名錄》（頁51、236），東官營子與西官營子緯度同。觀「遼寧省圖」，前者較後者微北，故此處東官營子緯度作N41°55´。

[64] 案上湯溝緯度，《中國地名錄》（頁192）原作N42°。觀「遼寧省圖」，上湯溝與其西之新地同一緯度，據《地名錄》（頁251），新地緯度為N42°06´，故改從。

[65] 波洛赤經度，取召都巴（E120°24´・N41°36´）；其緯度，取東五家子（E120°12´・N41°42´）。

[66] 茶棚梁經度，取東五家子（E120° 12´．N41° 42´）而微東；其緯度，取西大營子（E120° 18´．N41° 30´）。

[67] 大板經度，取東五家子；其緯度，約取十二台營子（E120° 18´．N41° 24´）。

[68] 楊《圖》（北二東一）因以忒布克河為白狼水主源，故以《大清一統輿圖》（北一中）內流經色冷達布囊村南之河（疑即今葉柏壽東之牤牛河）當方城川水（北二東二）。楊《圖》（北二東二）之自魯水，大體以卑努克河當之，故方城川水與自魯水間之高平川水，於其底圖上無「今水」以應，遂自行畫出。《畿輔通志》云：「卑努克河，《一統輿圖》作貝努克，云出貝努克拜商。」觀《大清一統輿圖》（北一東一），卑努克河（圖中無標示此河名稱）之上源有二：一出貝努克拜商南，一出其西南之努楚渾拜商西北；楊《圖》（北二東二）以出努楚渾拜商之一支作自魯水上游，與《畿輔通志》所言微異。

[69] 此處之地理坐標，據《中國地名錄》，頁148；然觀今日地圖，牤牛河（即北土河）上游約在E120° 54´，中游約在E121° 03´，下游又約在E120° 54´。又《中國水系大辭典》「遼西沿海水系」牤牛河條云：「源出內蒙古自治區奈曼旗南部大青山脈沙力好耒與黃花塔拉之間山丘，……南流經阜新蒙古自治縣與北票市之間（界河）。」（頁65）

[70] 「西」，戴本作「南」，楊守敬謂當改作「西」，是，見《水經注疏》點校本，頁一二七二。

[71] 見《熱河志》卷六七，又參《畿輔輿圖》之「朝陽縣圖」。

[72] 見〈朝陽袁台子東晉壁畫墓〉，《文物》，一九八四年第六期，頁29。

[73] 見《熱河志》卷九八「興中故城」條。

[74] 北官營經度，取青龍山村（E121° ．N42° 24´）；其緯度，取八家子（E121° 30´．N42° 12´）。

[75] 貝子府經度，約取蒙古營子（E120° 48´．N41° 54´）；其緯度，取東五家子（E120° 12´．N41° 42´）。

[76] 「地圖集」之牤牛河上源太短，竟不經鄂爾圖板之西。

[77] 楊《圖》（北二東二）之濫真水，因其底圖缺去此條於朝陽縣治東北流入大凌河之「今水」，故亦自行畫出。但其濫真水之上源，在朝陽縣治西北，東南流入大凌河；此與今日牤牛河之上源在朝陽縣治東北、奈曼旗（E120° 36´・N42° 48´）之東南，自北而南流入大凌河者大異其趣。

[78] 案《畿輔通志》卷四八之「承德府全圖」、「朝陽縣圖」，九關臺門皆在大凌河南岸。

[79] 據《大清一統輿圖》（北二東一）所示，那拉特河為西南——東北流向，最後流入一水泊。檢《中國分省地圖（一九一八年——一九四四年）》，其「直隸省全圖（北部）」內亦有那拉特河，發源於貝努克拜商東北，自西南向東北流入一水泊中；細讀沿河西岸各村名稱，當係採自《大清一統輿圖》（北二東一）者。今孟克河發源於敖漢旗境內南部，河水曲折向東北流去，注入奈曼旗之孔春廟泡子（見〈內蒙古敖漢旗孟克河上游的遺址調查〉，《考古》，一九六三年第十期，頁525）。案孔春廟泡子，申報《中華民國新地圖》（一九三四年版）第十六圖「熱河人文詳圖」作工程廟泡子（案此圖工程廟泡子旁並無畫出一自西南流向東北復東屈而入泡子之河；迨一九三九年第四版之申報《中國分省新圖》〔頁43〕，工程廟泡子側已畫出一西南——東北流向復東屈而入泡子之河，惜仍未標示名稱），蓋一音之轉；「地圖集」則作林沖廟泡子，「遼寧省圖」又作西湖，其地理坐標為：E120° 36´・N42° 48´。復案前引《中國分省地圖（一九一八年——一九四四年）》之「直隸省全圖（北部）」中那拉特河所流入之水泊，在綏東縣西南，其地理坐標在該圖上約E121° 10´・N42° 50´；而在那拉特河以西，別有一小河亦自西南向東北流入另一水泊哈沙胡都克（《大清一統輿圖》〔北二東一〕作哈沙圖胡都克）。哈沙胡都克之地理坐標在該圖上約E120° 20´・N42° 40´，似即今之西湖（孔春廟泡子），但今西湖正在八仙筒（申報《中國分省新圖》作八仙冎，即綏東縣治）西南，則那拉特河所流入之水泊，正今日之西湖（孔春廟泡子）。「直隸省全圖」乃日本東亞同文會編纂之《支那省別全誌》卷末所附地圖，成於大正十年（一九二一年），當中自有不少偏差者，如綏東縣及阜新縣之地理坐標在該圖上分別約為E121° 20´・N43° 10´及E119° 55´・N42° 20´；然今圖八仙筒（綏東）及阜新縣之地理坐標應分別為E121°　・N43° 12´及E121° 36´・N42°　。要之，「直隸省全圖」中那拉特河所流入之水泊，當即「遼寧省圖」之

西湖（孔春廟泡子）。又民國十九年曾修《朝陽縣志》，然原書未見，不知其說那拉特河如何。今檢《中國水系大辭典》「遼河水系」孟克河條，則謂此河乃內陸河，「源出遼寧省東部努魯兒虎山北麓。西北流折向北流，……穿行青山水庫，至長勝東南消失於沙漠之中。」（頁62）

[80] 據申報《中國分省新圖》及「遼寧省圖」所示，北源當不止有二。

後記

此文初作，距今幾近十年。稿成，與另一文同呈歸田師省閱，師謂此文無多大發明，因置諸笥篋。一九九四年春，偶然檢出，欲改投《學報》發表，遂增補改訂，再呈嚴師省覽。師謂雖考證細微，然今日學術界流行所謂「宏觀」者，此等考證文章，似不合時宜，囑勿再為之云云。世情幻變，人事紛繁，此文刊登之日，歸田師已不復睹矣。

一九九七年一月廿三日

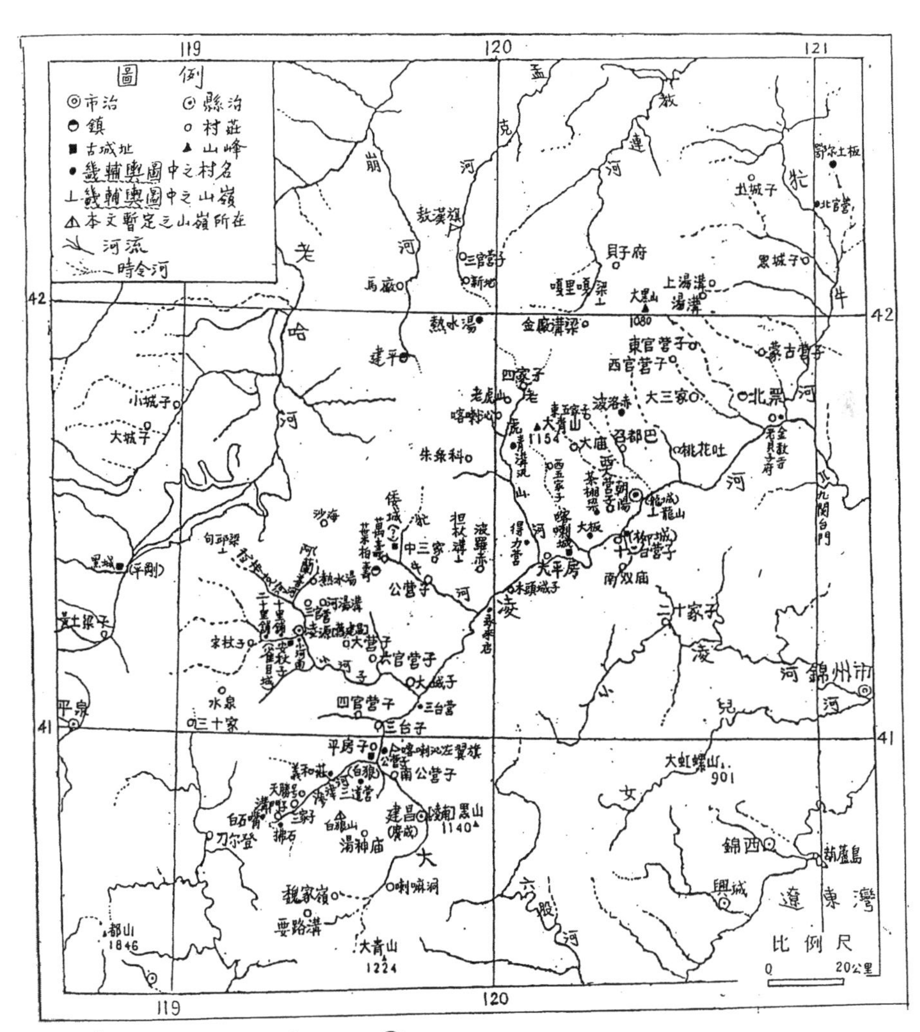

白狼水及石城川等五水圖

宋代轉運使之職權

謝興周

宋代轉運使「職任至重」[1]，凡「軍儲、租稅計度及刺舉官吏之事、分巡所部」[2]皆為所掌。惟此等職權，轉運使並非自始就得掌之。宋初，漕使只掌轉餉應軍之責，且為臨時性工作，軍息使罷。及至天下稍定，在趙普獻議下，遂置轉運使主理諸道錢穀，以革去地方截留財賦之弊，於是漕使始掌財賦之事。又至太宗間，天下已平，遂分路而治，各路分置轉運使，以為朝廷之「耳目」[3]，令其「按察糾舉，使諸路郡守、縣令無不職之人」[4]，漕使在此情況下，便漸成為地方最高長官，故一路之內，無論民政、戶籍、保安、土地、國防、財經、文化、考試、人事、刑獄等事，皆得掌之，神宗曾言：「周材難得，如守令即專治民，三司判官專治金穀，開封府推、判官專治刑獄，轉運司無所不總。」[5]可見漕使「繁重之寄」[6]，但其權非於一時得之，乃有其時代性與需求性而使然。漕使除有一般職權外，在某些路份，漕使更有特殊職權，如「河北、河東、陝西轉運使副」，因處於重要邊路，故須常「按行邊陲，經度軍費」，其責遂「比之他路為勞」[7]，又如荊湖南路，蠻事繁重，且須隨機應變，故其路轉運使往往擁有「便宜從事」之權。又有些漕使在財計上有調配大權，如「舊制，每道有計度轉運使，歲終則會諸郡邑之出入，盈者取之，虧者補之，故郡邑無不足之患」[8]，此為「計度轉運使」特有之權。

據此，轉運使之職權可謂繁重，但南宋轉運使之職權，在軍事興起，帥臣主政下，大受侵削，且大部分地區之轉運使已變為帥臣之屬員，非再為地方首長，縱有轉運使為某路首長，該等路份多為不重要之地，故在南宋，漕使職權遠不如北宋，如「祖宗以來，遣將出師，統制官掌兵，轉運使措置錢糧，應副軍兵，各不相統攝，使掌錢糧官得以修舉職事，自嘉祐、熙寧以來，莫不如此，近日將帥，殊不思祖宗以來曹、潘下江南、王全斌下蜀，彼皆一時英傑名將、亦皆守此法。如劉光世係禦營副使，今乃輒行劄子下淮南監司，顯見不當」[9]，知漕使職權被侵。現因篇幅所限，只摘轉運使之重要職權分述如下：

（一）隨軍應副

宋初始置轉運使一職，就是為了隨軍應副軍需，故運使最早職掌，亦只此一責。《長編》卷一云：「（建隆元年）命戶部侍郎壽陽高防、兵部侍郎陽曲邊光範並充前軍轉運使。」又卷十云：「（開寶二年）以右補闕大名王明為荊湖轉運使，將用兵於嶺南也。」則知宋初立國，即置轉運使，其職在隨軍應副用兵所需。及至南宋，轉運使猶領此職責。《宋會要．禮》五云：「（紹興六年）移運錢糧草料之類，並令隨軍都轉運使梁汝嘉措置應辦……」見運使掌兩宋之隨軍應副軍需責。此責非常重要，對戰爭之成敗、運使本身之褒貶、國用之平衡及百姓之生計均有莫大影響。王銍《默記》卷上云：

>「（狄）青討至嶺下，隨軍廣南轉運使李肅之等迎於界首，具櫜鞬謁青，曰：某等隨軍轉運使，今已入本界，請大軍糧食之數，及要若干碩數，月日多少，請預備之。青答曰……既曰隨軍轉運，須著隨軍供贍……若少一人之食，則先斬轉運使。肅之等悚然而退。故其軍食足而成功……高遵裕之為將取靈州也，范純粹、胡僧孺為轉運使。既至軍前，大陳軍儀，會將校。二漕同稟：此行軍糧多少月日？遵裕……言曰：且安排一月。二漕應諾，對遵裕呼吏書取紙，自書一月軍糧狀，遵裕判押照會訖廼罷。其後靈州城下軍潰乏食……置獄華州，二漕使出遵裕所押一月軍食狀自解……」

則知軍食足與否，影響戰爭成敗。對轉運使本身而言，常因應軍足缺而有褒貶。《長編》卷四：「戶部判官、南面軍前水陸轉運使滕白坐軍儲損敗，免所居官。」見應副損敗而貶。同書卷十七云：「以荊湖南路轉運使、太子中允許仲宣為刑部郎中，京西轉運使、起居郎李符為比部員外郎，左補闕、權知昇州並江南轉運使楊克讓為兵部員外郎，皆以調發軍備有勞。」見漕使應軍有勞而升官。從國用而言，應副軍需，開支龐大。《長編》卷一百二十四云：

「直集賢院富弼上疏曰……外則轉運司以至州縣，勤勞供職，嚴峻用刑，所急之須，惟財賦是務，盡農畝之稅，竭山澤之利，舟車屋宇，蟲魚草木，凡百所有，無一不征，共知困窮，都為賦斂。自來天下財貨所入，十百八九贍軍。軍可謂多矣，財可謂耗矣……」

《繫年要錄》卷一百七十五云：「潼州府路轉運官（疑脫判字）王之望言：四川軍興以來，供億至重，民不堪命，公私困竭……」則兩宋軍費之大可見，而轉運使則主籌措之責。此對百姓造成困苦。《長編》卷二百二十云：

「（范）育又奏……宣撫司妄舉重兵，軍需暴併，而成於轉運司倉卒應命，計慮不精，使一路務本勤儉之民，蕩析生業，瀕於死亡之患……今宣撫司韓絳率麟、府萬兵……無所定勝取當，而三十萬之民轉餉於道，其資費五六百萬……」

又卷三百十九云：

「种諤初被詔當以兵會靈州，而諤枉道不進，既發夏州，即饋餉乏絕。諤駐兵麻家平，士卒飢困，皆無人色。諤欲歸罪漕臣，誅（李）稷（權鄜延路轉運使）以自解，或私告稷，稷請身督漕運，乃免。民夫苦摺運，多散走，稷不能禁，使士卒斬其足筋，宛轉山谷間，數日乃死，至數千人。稷初被詔得斬知州以下乏軍興者，上下以嚴令相驅迫，選人攝官，部夫上道，即專戮，惟百姓多被殺云。」

據此，知漕使運糧應軍有全權，至可殺人，以完成運糧應軍任務。因之，漕使之做法，往往影響運夫及百姓之生命與生計，國用亦隨之而耗用。運使既擁應副軍需全權，故其運糧隨軍時，有其一定聲威與規定。《邵氏見聞錄》卷第十云：「……李稷……移陝漕，方五路興兵取靈武，稷隨軍，威勢益盛。一日早作，入鄜延軍營，軍士鳴鼓聲喏，帥種諤臥帳中未興。諤怪之……曰：帥未升帳，輒為轉運糧草官鳴鼓聲喏，何也？借汝人頭以代運使者。」見運使隨軍運糧之聲威。《長編》卷三百十七云：「詔：李稷（轉運使）部押夫糧隨軍，令沈括差與禁軍二百為親兵。」知轉運使運糧有親兵保衛。漕使雖有親兵，有聲勢，惟於行伍間，亦得聽帥臣之命。《長編》卷四十八云：「先是，轉運使耿望行部至定州，（王）顯與宴，數勸望酒，望數有風裁，且不能多飲，固拒之。顯不悅，徐曰：它日望都自當飲耳。望都、契丹兵衝也。凡元帥出軍，轉運使隨軍給饋餉，疾徐惟元帥之命，轉運使往往得罪，故顯語及之……」(《太平治蹟統類》卷四略同)《長編》卷三百十六云：「鄜延路經略副使種諤言：轉運使李稷置帳在臣軍中，與所部兵夫遙遠，其閒彈壓不定，慮致不虞。詔李稷於可以照管夫糧處軍中安下。」見轉運使隨軍應副軍需，疾徐惟聽命於帥臣，甚至安泊何地，亦受帥臣制肘。現分應副軍需、調配錢糧、巡視軍需、建造營房及籌計財源各項分述之。

1. 應副軍需：《長編》卷七十二云：「……仍發陝西兵嘗經戰陣者付之，緣邊給兵器……遣陝西轉運使李士龍乘傳……等偕行，供給軍需。」《太平治蹟統類》卷一云：「擢授王明為秘書少監，領韶州刺史廣南諸州轉運使。王師南征，明知轉運事務，萬眾仰給無闕……」則運使應副軍需可知。所應副征戰之物為何？大致言之，有糧草、軍衣、器甲、木材、軍賞等物。

A. 糧草：所謂糧指士兵食用者，草者，指軍馬所食之物。應副糧草，為轉運使應籌軍需最困難之工作。包括：計度糧草、規劃糧道、市集糧草、運送糧草及儲糧等。

a. 計度糧草：此指行軍前，轉運使有責得知行軍時期而預置所需行軍之糧草。《長編》卷五十二云：「命度支使梁鼎與河北轉運使耿望計度饋邊芻糧。」又卷八十一云：「遣使乘傳詣陝西，與轉運使計度軍糧乏少處，增價市糴。」見漕使計置糧草責。

b. 市集糧草：即市買或向民集糧之責。《長編》卷一百六云：「出內藏庫緡錢二十萬，下京西轉運司市糴軍儲。」又卷二百七十一云：「詔：自京至廣西轉運司，已指揮逐程各準備兵二萬，馬三千，一月芻糧……」見市買糧草責。又卷五十五云：「上聞河北大稔……出內府綾羅錦綺，計直百八十萬，命……與轉運使定價出市，糴粟實邊。」卷二百五十四云：「上又批：昨據王韶言，本路荒田白草，可與稈草相伴飼馬。聞洮西以累得雨，野草茂盛，民間以錢四十市草三十斤，比之官場價幾十倍，其令制置糧草，並轉運司速定價，督責吏收買以助邊食。」則見糧草之價錢，為漕使所定。其所謂糧草所指為何？《長編》卷二百七十七云：「廣南西路轉運司言：準詔給錢四十六萬餘緡付本司，已市價三十六萬石，粟豆四萬四千八百餘石，草三十六萬餘束，並牛、羊、豬、酒，應副宣撫司須索。」《宋會要・食貨》四十云：「戶部尚書黃叔敖言江浙、荊湖、廣南、福建路都轉運司張公濟，兩浙轉運副使梁汝嘉被旨給降空名官告於浙西州軍，勸誘博糴米五十萬石，馬料一十五萬石……」知糧料為米、粟豆、草、牲畜等物。而糧草之買與否，權亦在轉運使。《長編》卷二百二十云：「詔河東發民夫運糧輸邊，可聽民從便就邊州糴納。河外糧草如稍有備停運。及有可以寬民力者，令轉運司從宜施行。」

c. 規劃糧道：轉運使對於運糧通道及所花運費須作出規劃。《長編》卷十六云：「……始發和州三縣丁夫，鑿橫江河以通糧道。從京西轉運使李符之策也。」同書卷一百三十三云：「初，河東轉運使文洎，以麟州餉道回遠，軍食不足，乃按唐張說嘗領并州兵萬人出合河關，掩繫黨項於銀城大破之，遂奏置麟州，此為河外之直道……故河關路廢而弗治，洎將復工，未及就而卒。及洎子彥博為河東轉運副使，遂通道銀城，而州有積粟可守。」見通糧道之責。卷五十二則云：「詔：河北諸軍部署，如進軍北向，須萃定州，轉運司以飛輓之艱，慮成勞費。」見規計運糧所費。

d. 運送糧草：此為應副糧草工作之最艱者。《長編》卷四十七云：「陝西轉運使、度支郎中陳緯，部芻粟過瀚海，為李繼遷所邀……緯皆戰沒……」同書卷二百七十四云：「廣南西路轉運使李平一言：安南宣撫司牒臣隨行餉軍，乞下湖南、廣東發平底船千隻，雇水手運載錢穀，及乞先發兵控扼太平、永平寨，所貴運糧無虞。從之。」見漕使部署運送糧草及親督運送之責。而此責並不容易執行。《長編》卷三百二十七云：

> 「先是，朝廷知陝西困於夫役，下詔諭民更不調夫。至是，李憲牒都轉運司復調夫饋糧，以和雇為名，官日給錢二百，仍使人逼之，云：受密詔，若軍需不辦，聽擅斬都轉運使以下。民間騷然，出錢百緡不能雇一夫，相聚立柵於山澤，不受調，吏往，輒毆之……州縣無如之何……倉庫蓄積，所在空竭。」

見運糧為漕使艱困之任務。而給食輓夫亦時或困擾漕使。《宋史》卷二百八十一云：

> 「……高遵裕西征，運期迫遽，陝西八十縣饋輓之夫三十萬，一旦悉集，轉運使范純粹、李察度受其賦而給之食，必曠日乃可。會僚屬議，皆不知所為，以諉（畢）仲游。仲游集諸縣吏，令先效金帛緡錢之最，戒勿啟扃鐍，共簿其名數以為質，預飭具斛量數千，洞撤倉庾牆壁，使贏糧者至其所，人自爽斗槩，輸其半而以半自給，不終朝霍然而散。翌日，大軍遂行……」

知給糧役夫為漕使困擾之一。

e. 貯糧以備應副：為免倉卒集糧，朝廷往往命運使預積芻糧，以備軍用。《長編》卷一百二十二云：「直史館蘇紳上疏曰……仍命轉運使備數年軍食，方秋冬之交……轉粟補卒，為曠日持久之計……」(《宋史》卷二百九十四略同)《長編》卷三百二十六：「詔：陝西都轉運司已支司農寺錢二百萬緡、內藏庫銀三百萬兩、鹽鈔二百萬緡，可均給諸路。鄜延、環慶、涇原路委轉運司，秦鳳路委都轉運司……乘夏熟，於緣邊市糴軍糧封樁，以須軍事。」可見漕臣貯糧備應軍需之責。

B. 軍衣：行軍所需之軍衣及絹等，轉運使亦須籌集。《長編》卷八十七云：「河東轉運使陳堯佐言：本路屯兵，舊以兩川輦運帛匹充衣賜，今請於本路自備，今年冬衣，計省綿絹五十餘萬，以為上供。丁謂曰：河東本無綿絹，非可籌畫。此蓋轉運司每歲大計其數，故積羨爾。」《繫年要錄》卷七云：「兩浙轉運判官吳昉以淮南軍衣不足，詰（翟）汝文，汝文檄昉言……應州縣有合寬恤事……今有漕司，乃報故違，抗拒君命……」見兩宋轉運使皆掌管軍衣綿絹事。

C. 戰具及器甲：轉運使對戰具及器甲供應，亦須負責。《長編》卷四十七云：「王均多為橥矢射官軍……密設礮架於文翁坊。高繼勳白轉運使馬亮，願得楷稈油糗，乃合眾執長戟巨斧，秉炬而進，悉焚之。」又卷二百三十七云：「入內供奉官李憲言：方築武勝軍，乞令本路經略、轉運司應副守城戰具等。」見漕使應副戰具責。同書卷二十云：「(許）仲宣為嶺南轉運使。仲宣有心計，能辦大事，江表用兵，軍中須索百端，仲宣皆豫儲蓄無闕。曹彬怪之，夜攻城，因取陶器數萬件，分給攻城卒燃燈自照，仲宣已預料置，如其數付之，它物類此。」又卷二百九十云：「上批：鄜延路新團諸將及定守禦堡寨所闕器甲什物，係軍器監、轉運司應副者……限半年內應副。」知運使須應副器甲。

D. 木材：《長編》卷三百十六云：「種諤乞計置濟渡橋栰椽木，令轉運司發步乘運入西界。詔……今諤計置材木萬數不少，如何令轉運司應副步乘？」則運使有應副木料責，只因種諤要求過多，而為皇帝所卻。

E. 軍賞：《長編》卷三百四十八云：「河東轉運使、天章閣待制陳安石，權轉運判官、奉議郎莊公岳，各罰銅二十斤；轉運司管勾文字、奉議郎晏朋，宣德郎王惟，各罰銅十斤。坐不應副麟、府州賞功絹也。」

2. 兵食之調配：《長編》卷二百四十六云：

「權永興軍等路轉運使皮公弼言：沿邊城寨糧草多寡不均，少者支數月，不免貴糴或費官錢搬運，多者及數年，往往陳腐。乞下諸路帥臣，候見本司關報多寡處，即度城寨緊慢，移軍馬赴寬剩所就糧。從之。」

知有獻議移兵就糧，以節耗費之事。

3. 閱視軍需：如《長編》卷三百六十三神宗元豐八年，有詔諸路轉運使歲分州縣閱視諸將軍需。

4. 營造：轉運使在應副軍需過程中，時須建造營房及開井等工作。如王超等初抵無定河，水源涸絕，軍士病渴，河東轉運使索湘亟輦大鍬千枚至，即令鑿井，眾賴以濟。(《長編》卷四十及《宋史》卷二百七十七略同）兩浙路計度轉運副使劉敏士奉旨蓋步軍司寨屋千間。(《宋會要・兵》六）

5. 籌度軍費及財源：如呂蒙正等言備邊經費，計臣之責，近者但委轉運使。（《長編》卷四十八）又如詔河北、河東、陝西轉運使副，按行邊陲，經度軍費，（同書卷五十五）可知是三路轉運使須按邊經度軍費。至於應副軍需之財賦來源甚多，如內出府錢、銀、絹等物，出賣貢品，度僧牒，稅收，截留上供錢物，募人入錢及從他司借錢物等。由於史料甚多，現各舉一例。

「內出銀三十萬兩付河北轉運司貿易軍糧。」(《長編》卷五十七）

「出內藏庫緡錢二十萬，下京西轉運司市糴軍儲。」(《長編》卷一百六）

「陝西都轉運使張存請留川陝等路上供銀絹於永興軍、鳳翔府，以備邊費，從之。」(《長編》卷一百二十三）

「仍令轉運司聽商人於緣邊及內地入見錢，給以香藥、象牙、鹽茶，或與恩澤。」(《長編》卷一百三十二)

「轉運司又請借常平、廣惠倉錢十萬緡，助糴軍糧，從之。」(《長編》卷二百十九)

「賜度僧牒五百為杭州市易本錢，又給二百賜河北西路轉運司市草。」(《長編》卷二百三十四)

「詔兩漕臣措置鎮江酒稅務，助其軍費。」(《宋史》卷三百六十九)

「戶部所儲三佛齊國所貢乳香九萬一千五百斤，直可百二十餘萬緡，請分送江浙、荊湖漕司賣之，以糴軍餉。」(《宋史》卷四百四)

綜合言之，轉運使掌管應副行軍一切所需物料，包括軍食、器甲、軍衣及營造兵寨等。任務非常重要，常影響戰爭成功或失敗。而此工作在兩宋間，轉運使皆得掌之，並為其眾多職責中之最早及較重要者。

（二）巡行按部

宋代轉運使另一重要職掌為行部，《歷代名臣奏議》卷三十九云：「哲宗即位初，起居舍人刑恕上疏曰……唐之所謂採訪使，今之所謂轉運使副判官……此即代天子巡狩者，其任不輕也，明矣！」宋史卷二百八十二向敏中傳云：「太平興國五年……出為淮南轉運副使，時領外計者，皆以權寵自尊，所至畏憚，敏中不尚威察……」據此，可知轉運使有代天子巡察州縣官吏之責，故其職權重要，有威尊。但其間亦有怠懶而不出巡者。《長編》卷五十五云：「(真宗咸平六年)詔：監司之職，刺舉為常，頗聞曠官，怠於行部，將何以問民疾苦，察吏臧否？自今諸路轉運使，令編至管內按察。」則知於咸平六年時，朝廷正式下詔要轉運使行部察吏問民之責。於是，遂有二員同出巡至數次而擾州縣，要令其迭出。《長編》卷六十三云：「(景德三年)詔河北轉運使副自今迭出巡行州軍。先是，邊臣患其數至，或兩員俱到，屢有陳奏。上曰：使者按部，是其職也，第令互往焉。」[10]亦有一歲一巡之制。《長編》卷一百十三云：「（明道二年）詔諸路轉運使副，自今出巡，須歲一編所部，止得以兩吏自隨，仍委諸州軍具所至日月以聞。」至北宋末，則改為兩年一周巡。南宋初，《宋會要・職官》四五云：「（紹興二十六年）詔諸路監司仰依法分上下半年出巡修舉職事……」可知半年一巡。知兩宋間，轉運使有巡行按部之責。朝廷亦有明令不出遍巡者須受杖罰。《慶元條法事類》七：「諸監司巡歷所部不編者杖一百，編而不申減二等。」惟亦有因暑炎或偏遠而不行者，《長編》卷六十六云：「詔廣南路提點刑獄官許乘傳按部，若炎瘴之地，盛夏許移牒點檢，至秋乃出巡。及大中祥符末，轉運使副亦聽準例。」[11]《長編》卷二百四十七云：「（熙甯六年）知桂州沈起言：邕州、左右江溪洞，前此職司未嘗巡歷。今轉運判官杜璞獨往，慮諸蠻以故驚疑。」[12]《長編》卷三百十云：「（元豐三年）權荊湖南路轉運副使、瓊管體量安撫朱初平言：瓊管限隔巨浸、監司未嘗巡歷，故官吏恣為姦贓。臣欲乞歲或間歲，專遣廣西監司一員，量與支賜，令過海巡歷。」則見偏地可免巡歷。亦有因避親嫌而免巡歷者。《宋史》卷二百七十八云：「有終（雷德驤子）……德驤任陝西轉運，奏為解州通判，特許德驤不巡察是州。」及至南宋，運使不出巡事常有之。《皇宋中興兩朝聖政》卷四十七云：「（乾道五年）新江東運副程大昌朝辭。上宣諭曰近來監司多不巡歷，卿為朕編行諸州，察守令藏否民情寬抑，悉以聞奏。」可知兩宋均有命運使巡行按部之詔諭，但仍有怠惰者。漕使巡部有其依據與原則。《宋會要・方域》四云：「帝謂輔臣曰諸轉運司提點刑獄廨宇同在一州，非所以分部按舉也，宜析處別州，仍條巡察之令以付之。」知有條令以為巡察之依據。同書〈職官〉四五云：「刑部言增條諸轉運……歲以所部州縣量地遠近互分定，歲終巡遍……詔依聽受……」見以遠近分巡為原則。巡部原意本以吏治、問民疾苦為目標，但行之既久，則弊端百出，反變為擾亂郡政之制。《長編》卷八十九云：「（真宗天禧二年）屯田員外郎郭乘，言諸路轉運使……所至州軍，務為苛暴，無益治道，望行戒約。」則按舉有傷治道。同書卷一百十六：

「度支判官、刑部員外郎、直集賢院段少連為兩浙轉運副使。舊使者所至郡縣，索簿書，不暇殫閱，往往委之吏胥，持以為貨。少連命郡縣上簿書，悉緘識，遇事間指取一二自閱，摘其非是者按之……由是吏不能為姦……」[13]

知有姦吏藉巡部為姦之事。《長編》卷二百七十七：

「（熙甯九年）侍御史周尹言：河北西路轉運判官李稷苛刻佻薄，務為氣勢，摧辱官吏。至湘州，專捃吏人小過，委官決責，務以凌辱韓琦。從來州有兩門，其東知州出入，其西以待賓客，稷怒閽者不啟東門，追赴本司杖之。知琦適與客會食，故往謁琦，琦聞稷來，徹食退客，遽易冠帶迎稷，稷復引去。行移公牒，言詞侮慢。吏民皆以琦將相不臣，而為稷肆意輕辱，萬口嗟憤。」

則知凌辱州郡官吏事，至有聞監司來巡，州縣長官吏人逃離而避之者。《慶元條法事類》七云：「諸州公吏因監司巡歷點檢，逃避者杖一百……」可見其對郡治之弊。《長編》卷三百三十二云：

「（元豐六年）奉議郎、駕部郎中王欽臣為陜西轉運副使，耑在本司。前此，轉運司言：本司官法當分巡州縣，歲遍，不敢留官在司，凡有承受朝省文字，不免於巡歷所在追逐，故報上行下率多稽違。」[14]

則神宗末，行部之制，已影響運司流暢掌管郡縣之行政。現分漕使巡歷工作範圍及其巡行規限二項詳述之。

1. 巡歷工作範圍：其工作有多種。《宋會要・食貨》四九云：

「詔曰漕運之職，表率一方，如聞邇來頗懈巡按，鄉閭疾苦安得盡知，官吏能否，若為詳察特行戒諭，用警因循，宜令諸路轉運使副自今編往管內點檢錢穀、刑獄、察訪官吏及公私利害，從長施行……」

又云：

「詔令廣南東西、京湖南、江西路轉運判官，每周巡歷……依條點檢刑獄、錢穀、盜賊等公事外，如有廢置利害及舉劾移易官員，並與轉運使同共施行。」

《慶元條法事類》七云：「諸監司每歲分定下半年巡按州縣，具平反冤訟、搜訪利害及薦舉循吏，按劾姦贓以聞。」據此，漕使巡歷工作有平冤訟、捕盜賊、點檢錢穀、刺舉官吏及公私利害等。

A. 點檢錢穀：《長編》卷一百五十：「（慶曆四年）淮南都轉運按察使、兵部員外郎、天章閣待制王素為刑部郎中、涇原路經略安撫使、兼知渭州。素在淮南，行部至郡邑場務，所問者課額羨與否而已……」又卷二百：「（英宗治平元年）河北都轉運使趙抃至大名，欲按視府庫……即往視之。」《宋會要・職官》六一云：「湖北轉運副使孫漸奏先任京西轉運判官，巡歷汝州魯山縣，點檢得官庫金銀鹽鈔，歷各有少數……」《慶元條法事類》七云：「諸夏秋稅增收錢物……轉運司因巡歷點檢，如巡歷不至者，委官分詣，歲一週遍……」據上四條，知漕使巡歷時，點檢錢穀工作。

B. 平獄訟：此亦為運使巡部時主要工作之一。《長編》卷二十五云：「（太宗雍熙元年）以右補闕喬維岳為淮南轉運使……嘗按即至泗州，慮獄，法掾誤斷囚至死，維岳詰之、法掾俯伏且泣曰：有母八十餘，今獲罪，則母不能治矣……」又卷二十八云：「（雍熙四年）以國子博士范正辭為江南轉運副使……（饒）州捕繫十四人，獄具，將死。正辭行部，引問之，囚皆泣下。正辭察其非實，命徙他所詢鞫。」此工作至南宋時不變。《繫年要錄》卷六十七：「（紹興二年）詔諸路監司分按州縣，親錄囚徒，以察冤滯，以久旱用工部員外郎臨海朱締奏也。」見朝廷對平冤獄甚重視，故設有獎賞。《慶元條法事類》七云：

「監司（指轉運使、提點刑獄及提舉常平三者）歲終巡歷州縣，疏放冤抑禁囚一百人以上

減磨勘一年

二百人以上

減磨勘二年。」

C. 平賊捕盜：《長編》卷二十八云：

「（雍熙四年）以國子博士范正辭為江南轉運副使……正辭行部……有告群盜所在者，正辭潛召監軍王愿。未至，盜覺，遁去。正辭即單騎出廓三十里追及之。賊控弦持矟來逼，正辭大呼，以鞭擊之，中賊雙目，仆之，賊自刃不死。餘賊渡江散走，追之不獲……」[15]

《宋朝事實類苑》卷二十三：「王立……河東路轉運使。并州有群盜……立行部至并州，選巡檢軍士十五人自隨……掩捕盡獲之……」知巡部時捕盜平賊之亂責。

D. 刺舉部官：《宋會要・職官》四五云：「臣僚言乞申儆中外俾膺監司之任者，每歲各季輪流巡按管下州縣稽察官吏……」見巡按官吏。《宋史》卷二百九十五〈楊察傳〉云：「歷江南東路轉運使……及行部……專以舉官為急務。人或議之，察曰：此按察職也……」知舉官之責。

E. 巡視災情：《長編》卷一百十三云：「（仁宗明道二年）詔梓州路仍歲旱疫，令轉運使親按所部民，蠲其租。」見巡視天旱災情。

F. 檢驗鑄錢：《慶元條法事類》三十二云：「諸鑄錢監所鑿錢，每貫熟重四斤五兩，轉運……司巡歷所至，依樣校驗。」知校驗鑄錢之責。

G. 檢視祀儀：《慶元條法事類》七云：「諸州縣長官到任親謁社稷，點檢壇壝，若春秋祈報非有故不得差官，監司巡歷檢察得壇壝修飾，有不如儀者，具事因奏聞。」知有檢察祀儀之責。

H. 招納蠻夷：《長編》卷三百二十九云：

「（元豐四年）權荊湖北路轉運副使趙楊等言：巡歷至誠州，城池足以保民無患，上江、多星、銅鼓、羊鎮等團並至城下貿易、可漸招撫，置城寨。及下荊湖南路安撫轉運司，委知邵州關杞於蒔竹縣招諭芙蓉石驛未歸明人戶。詔且令招納，未得置城寨。」

見巡部須留意招撫蠻夷事。

I. 軍事上：包括閱弓手、軍需、招禁軍及上奏邊事等。《慶元條法事類》七云：

「諸監司巡歷所至，按閱弓手，每歲一閱，不至者聽差官。諸守戍禁軍因差出枉路私歸營，若緣路託疾寄留避免征役宗官司容縱及察驗不實者監司因巡歷覺察按劾……諸將下軍需什物，轉運……司歲一點檢。諸州招填禁軍，轉運司巡歷所至，聽點檢有違法者……諸監司按閱弓手，其武藝優者，以銀楪子賞之。」

見檢視軍需、弓手、禁軍及賞弓手之責。《長編》卷二百四云：「（英宗治平二年）司馬光言：竊聞陝西都轉運使陳述古昨因巡邊，妄奏朝廷，稱邊郡寧靜，不足為慮……」見巡邊上奏軍情責。

2. 巡部之規限：有四限二禁：吏人之限，船驛之限，受物之限，住州縣日數之限，禁宴，禁迎送及申報巡歷紀錄及所支錢糧等規限。

A. 隨員之規定：轉運使隨行人員有多種，而兩宋各有不同。《長編》卷一百十三云：「（明道二年）詔諸路轉運使副，自今出巡，一編所部，止得以兩吏自隨……」《宋會要．食貨》四九云：「詔令逐路轉運使副，今後一年之內遍巡轄下州軍，將帶本司公人兵士不得過二十人，司屬不得過兩人，如闕人於所到州軍差撥……」此為北宋情況，及至南宋，《慶元條法事類》七：

「監司官巡按

吏人	二人 （應付軍期及別奉朝旨幹辦，別帶二人）
通引官或客司	一名
書表司	一名
當直兵級	一十五名
搬擔軍人	一十五人

發運監司官互權遇巡按別差

擔負公案軍人　　五人

山險私雇人抬轎子每員

監司　　　　一十人

屬官　　　　六人」[16]

此為南宋轉運使巡部所帶隨人之數。其人員轉運使不可擅改，故《慶元條法事類》七云：「諸監司官巡按般擔人有人應差而私雇者徒二年。」可見對轉運使按部之隨人有嚴格規定。

B. 船驛之規定：《慶元條法事類》七云：「諸監司沿流應給船，非遇巡按輒差占牽駕人兵，若巡按而差過數或已歸本司，不即發遣者，各杖一百。」則見巡部有船及人兵供應，但有嚴格規定。同卷又云：

「給遞馬鋪兵數

發運監司　　　　二四七人」

又云：「諸發運監司巡按隨行公吏違法出給驛券及所給官司各徒二年。」可知有驛馬、驛人及驛券供給之規定。

C. 點檢公案日數：《默記》卷中云：「劉原父……時父立之為湖北轉運使。按部至鄂州，與郡守王山民宴黃鶴樓，數日不發……」則似有住留日數之限。《慶元條法事類》七云：「諸監司巡歷所至、止擄公案簿書點檢，非有違法及事節不圓，不得分令供析，無公事，不得住過三日。」知在一般情況下住留不過三日。

D. 禁迎送：轉運使出巡按部，初本無明文規定部官須迎送，惟其為一路最高長官，巡歷至境，官員於禮儀上出境迎接，後漸成禮節。《宋史》卷二百七十七云：「……轉運使雷德驤以威望自任，嘗巡按至境，官屬皆出迎候。」則太宗時運使出巡，屬部官員有出迎之事。其後則因路遠，有禁迎送之詔。及至南宋更不斷下詔禁迎送，以免官吏隳職守，軍兵妨奪教閱。《宋會要・職官》四五云：「（紹興二十七年）左司諫凌哲言：比來州縣官吏每遇監司巡按……例皆傾城遠出……乞……不應迎送而輒出迎送……寘之典憲……從之。」又云：「臣僚言乞下諸路州縣應監司使命經從，祇令於門外相見……並不許迎送，免使官吏曠職守，軍兵妨奪教閱。從之。」《慶元條法事類》七云：「諸監司巡按巧作名目追呼巡尉弓兵將帶出本界者杖一百。」則知南宋時，已明命不得迎送運使前來巡歷。惟州縣迎送漕使巡按如常。《容齋三筆》卷第三云：

> 「今監司巡歷郡邑，巡檢、尉必迎於本界首，公裳危立，使者從車內遣謁吏謝之，即揖而退，未嘗以客禮延之也。至有倨横之人，責橋道不整，驅之車前，使徒步與卒伍齒者。予記張文定公所著縉紳舊聞中一事云：『余為江西轉運使、往虔州，巡檢殿直康懷，乘於三十里相接，又欲送至大庾縣，遂與偕行。及至縣驛，驛正廳東西各有一房，予居其左，康於右。日晚，命之同食，起行數百步，逼暮而退。夜聞康暴得疾，余亟趨至康所，康已具舟將歸虔，須臾數扶翼而下，余策杖隨之。』觀此，則是使者與巡檢同驛而處，同席而食，至於步行送之登舟，今代未之見也。」

此為南宋漕使巡歷受迎送之詳細敘述，可見禁而不止，迎送尚有之。

E. 受物之限：漕使巡部，於禮儀而言，下官送物似無大害，但其後演成要索請託，妨害公正，甚至以所得物變賣為錢，或送物者折以錢送之，造成按部不行，故於淳熙年間禁漕使及隨行公吏兵級受物。《宋史》卷三百一十七云：「邵亢……從父必……為京西轉運使。居官震厲風采，始至郡，惟一赴宴集：行部，但一受酒食之餽。以為數會聚則人情狎，多受餽則不能行事，非使者體也。」則知北宋時漕使按巡，可受餽物與酒食。《宋會要・職官》四五云：「（建炎三年）知平江府湯東野言元豐政和令節文諸……監司因點檢或議公事，許受酒食，其巡歷所至，薪炭油燭酒食，並依例聽受……」可知北宋時漕使可受物及酒食，南宋初亦然，而所受之物有薪炭油燭酒食等。惟禁買酒，《宋會要・職官》四五云：「詔應監司巡歷去處，除合得供給處，輒以米麵價錢於所部公使庫買酒入已者以自盜論……」知不得買公使庫酒。所得送之酒亦不得賣易。《慶元條法事類》七云：「諸發運監司巡按以所得酒賣易，杖一百。」亦有漕使以受折錢代物者，故時有禁絕收受折錢之詔。《宋會要・職官》四五云：「詔諸路監司互相餽遺及毋行部，輒受折送者，以贓論。以臣僚言近歲監司臨按多受餽餉，行部則例有折送錢物，數目至多，又有無忌憚者，諸司亟以錢物餽送，皆以折酒為名賕餉相通來濟私，欲乞嚴寘刑章……在外許諸司互察，故有是詔。」[17] 則因巡部而造成私相授受，影響巡部原旨，故禁收折錢及酒等。至於隨行人吏兵級，則似兩宋間皆禁受物。《慶元條法事類》七云：「諸監司巡按隨行公吏兵級於所部受乞財物者，許人告。」又云：

「告獲監司巡按隨行公吏兵級於所部受乞財物

笞罪　錢二十貫

杖罪　錢三十貫

徒罪　錢五十貫

流罪　錢一百貫。」

則知漕使巡部隨行公吏兵級絕不可受乞財物，否則置之重典。

F. 禁赴宴集：此為防漕使因宴集而有視事不公之情況。《長編》卷一百九云：「（仁宗天聖八年）轉運使副巡歷所至，除遇公筵，方得赴。」《宋會要・職官》四五云：「（淳熙十年）起居郎木待問言監司巡按州縣乞如制臺不報謁……仍不得赴州縣宴集。」可見兩宋間，轉運使在巡部時，除公筵外，不得赴州縣宴集。

G. 具奏：此可謂為漕臣巡部之紀錄。可分為三方面：漕使須具奏巡部時人夫之支出及所至州縣之日月；州縣方面亦須具奏監司到巡之日月。《長編》卷二百八十二云：「（熙甯十年）詔河北東西路轉運判官汪輔之、黃莘，各具巡歷到州軍所支人糧斛樣附遞入進。」《慶元條法事類》七云：「諸監司巡按搬擔人所至關廂軍遞補兵差者支係省錢私雇，仍每季申轉運司差官點檢。」見漕使於隨行人夫所用錢數須點檢上奏。《宋會要・職官》四五云：「詔諸路監司應曾燒劫州縣，並親巡歷，一歲再遍，所至具月日申尚書省……」可知南宋初，轉運使須申報巡歷事及具月日於尚書省。其巡按奏狀內容及式樣如下：

「監司歲具巡按奏狀

具位

准

令云云臣某年分遍歷所部州縣巡按，今有下項事件須至奏

聞者

一平反冤訟共若干件共計若干人（無即云無）

某州

某處

某公事若干件

餘州依此開

一搜訪利害共計若干件（無即云無）

某州

某處

某事利害若干件

餘州依此開

一薦舉循吏若干人（無即云無）

某官任某州某縣某差遣某人委有是何治狀顯著，臣已具奏

聞訖

餘人依此開

一按劾姦贓共若干人（無即言無）

某官任某州某縣某差遣某人緣犯是何姦贓事本司於某年月

日具事因何如按劾

了當

餘人依此開

右謹件如前謹錄奏

聞謹奏

年　月　日依常式」[18]

據此，知漕使按巡歲須具奏。各州縣亦須具奏運使巡歷月日以聞，以作朝廷監察漕使巡歷工作之依據。《長編》卷一百十三云：「（明道二年）詔諸路轉運使副，自今出巡，須歲一編所部……仍委諸州軍具所至日月以聞。」[19]及至南宋，規定州縣具奏漕使巡按之事更具體。《宋會要・職官》四五云：「（紹興二十七年）詔諸州軍上下半年多開具監司出巡將帶人數並批支口券數目及有無應副過酒索物件供申戶部點檢。」則時運使巡歷之隨人及酒物之供索，州縣須每年上奏二次，以監察運使巡歷之事。

綜言之，巡按州縣為運使之重要工作，其能影響州縣吏治之清濁，故有巡部之嚴格規定，以防貪贓枉法，私相授受，請託舞弊，行部不成。但亦有需索事，至有乞受折錢與餽酒，影響行部之工作，造成吏治失衡，因此，行部之制，至南宋中期，已失去代天子巡狩之意，反成貪官暴吏發財之途徑，故本為禮節上之送受酒食與禮物之事，須下詔禁絕。至迎送運使巡部之禮，本無規限，但因傾城遠迎，廢怠吏事，教閱不常，故詔禁之，惟不能止之，終兩宋世，乞受財物及迎送，仍為轉運使巡按時一大問題。

（三）部官之薦用與考劾

(1)　薦舉部官

宋代官制，薦舉官員，以備任用，為一重要事件，轉運使作為地方最高長官，故得掌之。如宋真宗云：「外官要切惟轉運使」，故「令舉之」[20]，因之有轉運使「在部專以舉官為急務」，此因其認為「此按察職也」[21]，由是可知，北宋轉運使有薦舉官員之重大權責。及至南宋時，舉官之責，漕使仍掌之，如「舊兩浙漕司歲舉京官四十員，至是（紹興二十八年）亦減十員」（《繫年要錄》卷一百八十）。轉運使始掌舉官責之時間，似應在太宗太平興國六年，《長編》卷二十二，太平興國六年條云：「令諸道轉運使察訪部內官吏，有履行著聞、政術尤最及文學茂異者，各舉二人」，卷八十二云：「太平興國初，程能為轉運使，舉官至濫，人多鄙之」，據此推之，轉運使得掌舉官權責最遲不過太宗登位之初。而所謂「舉官至濫」，則可知當時朝廷並無對轉運使舉官權責作出規限，及至咸平四年始詔「諸路轉運使、副自今薦舉官屬，當歷任無贓私罪，及條其績效以聞，異時擢用，不如舉狀者連坐之」[22]，是時始以「連坐」之法嚴轉運使舉官之濫，此可能造成漕使不敢舉官，因此，真宗創定酬獎舉主之制，《宋會要・職官》四二，大中祥符二年條云：「詔運使……所舉官如後五年無過有勞幹者特獎舉主……論監司失察罪：分天下為郡縣，總郡縣於守令，總守令於監司……此我朝內外之紀綱也。故欲擇守令必責之轉運……既嚴連坐之罰，又定舉官之賞，而失察者又有罪，賞罰行，紀綱正矣……」（《長編》卷七十一、《呂中宋大事記講義》（以下簡稱《講義》）卷七及宋綬之《宋大詔令集》卷一百六十五略同）。真宗時，定轉運使舉官賞罰之制，以正紀綱，可知轉運使舉官之重要性，故有轉運使坐失舉而被追官罰銅者，如「元豐三年，詔前權河北東路轉運副使陳知儉、權發遣河東路轉運判官黃莘各追一官，罰銅十斤，衝替。並坐失舉也」[23]。真宗亦詔轉運使副「不許預先移牒報知」所舉官，「免立私恩，庶臻公道」（《長編》卷九十二）。至是舉官規限已甚嚴格，仁宗時更規定須多過一個舉主始可擢用，如「仁宗天聖元年，詔吏部流內銓，自今轉運使舉選人為京官者，更增舉主一人。先是，兩浙轉運使任臯舉崇德縣令向昱為京官，上令中書俟再有薦者乃擢之，因著為　令」[24]，則知漕使有不能單獨薦舉官員為京官之限制。而所舉官中，「閤門祇候」一職，轉運使更須與「尚書員外郎、諸司使以上」官，「共七人舉之，方許引對」[25]，見某一官職，轉運使須與他官同舉薦。至崇寧五年又令轉運使「舉部內所知二人」，但須於「到所部半年或因赴闕奏事」[26]方許，則北宋末舉官又有另一規定。舉官之法雖為朝廷所定，漕使奉行之，但漕使亦可上呈獻議，如「淮南轉運使上書請分舉官為三科，州郡亦分三等。明言某人某材堪充某州，某官、某縣令」[27]。

由是觀之，轉運使最遲於太宗時掌舉官權責，由任意舉官至行連坐法，再加酬賞法，實行賞罰舉官，以正紀綱，見轉運使舉官之重大影響。而漕使在一路之中，在此舉官制下，為最高與最終決策者，此見於《長編》卷五十六：「（真宗景德元年）詔：諸州民詣闕舉留官吏，多涉徇私……及經鄰部舉留官吏，如實有善政，候轉運使州郡得舉陳，仍委本使察訪能否以聞。」可見漕使有權對官民所要求舉留之官吏作審查與最後之薦舉，故一路薦舉權，可知掌於轉運使。

原則上，一路之內之大小官員，均為轉運使所舉，但亦間有不可薦舉者，以下分述之。至於舉官人數之規定，在初期而言，似無規定，如「仁宗天聖七年，詔：知州軍、文武陞朝官歲舉見任判官、主簿、尉，有罪非贓私，有出身三考，無出身四考堪縣令各一人，轉運使副不限以數」[28]，知仁宗天聖間轉運使舉縣令，並不限人數。縱有人數之限，如太宗淳化四年詔「諸道轉運副使」，「各於所部見任幕職，州縣官內，舉吏道通明及儒術優茂者各一人」[29]，但薦舉次數，似無所限。但仁宗時淮南轉運使蔣堂則可「歲薦部吏二百員」[30]之多。可見漕使舉官人數之限，隨時代而變，仁宗景祐三年，「吏部流內銓詳定」舉幕職、州縣官數時，明定「轉運使副不限人數」[31]，再據上二條，見太宗時定各一人，仁宗時則不限人數。此一現象，詳見下述各項。

1. 勾當市舶使臣：如「大中祥符九年，太常少卿李應機言廣南勾當市舶司使臣，自今望委……本路轉運使奏廉幹者充選。從之。」[32]可見舉薦官員充市舶使者。

2. 知州、通判：史載甚多，舉例如下：

> 「（天聖五年）詔西川維茂黎三州，自今令轉運使……舉本路官為知州。」[33]

「（仁宗慶曆三年）逐路轉運使……舉知州五人。」[34]

「神宗熙甯五年）詔轉運使……舉知州軍一員。」[35]

可見轉運使有舉知州之權責，初於本州內施行，後至諸路行之，而可舉員數亦因時代不同而各異。但於劇郡，轉運使不能行使舉任知州之權，《長編》卷一百九十二云：「（仁宗嘉祐五年）詔：齊登密華邠耀鄜絳潤婺海宿饒歙吉建汀潮凡十八州，並煩劇之地，自今令中書選人為知州。其知潮州，委本路轉運、提點刑獄司同保薦之。」可見劇郡漕使不能薦舉知州，縱得薦舉，亦須與提刑同薦之。《長編》卷一百七十云：「（皇祐三年）詔威茂黎集壁等州及戎瀘州通判，自今令轉運司舉本路京朝官知縣，前任成資今任一年，或前任一年今任二年者為之。」（《宋會要・職官》四七同）又如《宋會要・選舉》二七，太平興國六年條「詔諸州通判，委逐路轉運使各舉二人以聞」（《宋大詔令集》卷一百六十五略同），則知轉運使有薦舉官員為通判之權責。

3. 知縣令：轉運使亦有權責舉官為知縣令，而人數則因時代不同而有不同規定，如《宋大詔令集》卷一百六十五太平興國六年條，「令轉運使薦知縣二人」，知太宗時轉運使可舉薦知縣二人，及至仁宗天聖間則不限人數，如前引《長編》卷一百八天聖七年條「詔知州軍……歲舉……堪縣令者各一人，轉運使副不限以數」，而仁宗慶曆時則有人數之限，《長編》卷一百四十三慶曆三年條「逐路轉運舉知縣、縣令共十人」，則時漕使可舉十人為縣令，及仁宗皇祐間，轉運使可舉官為縣令之規定更明確而嚴格，非但有人數之限，更有路份之別，《長編》卷一百六十八云：「（皇祐二年）詔：舉官為縣令，自今河北、陝西轉運使副，歲各舉十二人……河東、京東西、淮南轉運使副各十人……兩浙、江南東西、福建、荊湖南北、廣南東西、益、利、梓轉運使副各四人……夔州路轉運使副四人……」（《宋會要・職官》四八及《燕翼詒謀錄》卷五同），則知仁宗在皇祐二年時對各路轉運使舉薦縣令有明確之人數規定，至其原因，則同書同卷云「初，同提點京西刑獄張易官臨滿將代，併舉縣令十六人，上因謂輔臣曰：縣令與民最近，故朕設保舉之法，今易所舉猥多，必以請託故也。遂令裁定其數」，則可知因舉官過濫而有裁定各路漕臣舉薦縣令人數之規定。哲宗時，則舉數大減，《宋史》卷十七，元祐元年條「詔監司各舉縣令一人」，則時減至漕使只可舉一人。以上為北宋漕使舉薦知縣縣令之概況。南宋時，漕使亦有此權責，但可舉人數比起仁宗皇祐時為少，如《慶元條法事類》十四有「歲舉迪功郎充縣令，轉運使副三人，判官二人」之記載。而一些邊縣，須舉武臣為知縣者，則不限人數，《長編》卷一百六十八及《宋會要・職官》四八皇祐二年條云：「詔雄州歸信、容城知縣自今罷差京朝官，其令本路轉運使舉武臣有才勇及曉兩地民情者為之。」由是可知，漕使於兩宋間，有舉薦知縣縣令權，但有人數規限，且各時代有所不同。

4. 巡檢：如「（仁宗慶曆三年）詔諸路轉運使舉所部兵馬都監及監臨場務使臣有材勇堪任巡檢者以名聞」（《長編》卷一百四十三及《宋會要・職官》四八），可知有舉薦巡檢之權。

5. 武臣將帥：漕使基本上雖不預兵事，但有權舉薦將帥，如「仁宗康定元年，詔諸路轉運使各舉部內才任將帥者，以名聞」（《長編》卷一百二十六），又如「仁宗慶曆二年，諸路轉運使、副各舉武臣一人」（《長編》卷一百三十五）。

6. 都監：如「真宗大中祥符二年，陝路都監侯延賞病，轉運使舉侍禁張明，請以代延賞」（《長編》卷七十二），見舉都監權。

7. 知押：如「仁宗皇祐三年，請自今令轉運鈐轄司，舉官為知押，從之。」（《長編》卷一百七十）。

8. 監涖場務官：如「真宗天禧二年，詔諸路轉運……於幕職，令錄內各保舉一人充京官監涖場」（《長編》卷九十一）又如「監倉場監官令轉運司輪舉」（《宋會要・職官》四二）。知舉監涖場務官之權。

9. 常平官：如「仁宗景祐元年，詔轉運使舉所部官專領常平倉粟」（《宋史》卷十），見舉常平官。

10. 國子監學官：如「天聖四年，國子監闕學官，詔諸路轉運司所部幕職、令錄京朝官有通經術、長於講說者，以名聞」(《長編》卷一百四)，見舉學官。

11. 勾當官：此指運司本司屬官，如「熙甯三年，詔許三路轉運司舉知縣資序京朝官充本司勾當各二員，京東、京西、淮南、兩浙路各一員」(《長編》卷二百一十三)，此為神宗熙甯三年時之可舉員數，及至十年時，則有所增加，如「權發遣秦鳳等路轉運副使趙濟同經制熙河路邊防財利，許舉勾當公事文武官五員」(《宋會要・職官》四四)，則見地區不同，有不同之員數。

12. 承受使臣：此為漕使不可奏舉之官，如「真宗景德三年，河東轉運使宋搏等薦代州承受使臣王白，上曰：朝廷置此職，欲令視軍政，察邊事……因詔諸路無得奏舉承受使臣」(《長編》卷六十三及《宋會要・職官》四一)，則見有些使職，漕使不可薦舉。

以上為轉運使可或不可薦舉之官職，而在神宗熙甯間，更詔轉運使薦舉一些「文臣才行堪升擢官一員」，以備「中書審察，隨才試用」[36]，可見一路文臣之薦舉權，漕使可掌。

由是觀之，宋代轉運使在有人數規定下，可舉薦部內文武大小官員，甚至非為部官，亦可舉之，如市舶使臣。此可影響一路吏治，故可見其權責甚重。

(2) 差注官員

轉運使在宋代有差注官員之權責。而細分之，則可分成差官權、注擬權、辟屬官權、審批用官權及調官權等五種。有關轉運使差官權之史料甚多，如《長編》卷九十三「詔廣南福建路京朝、幕職、州縣官丁憂者，委轉運使權差官放離任」(《宋會要禮》三六同)，而其差官種類亦非常多，如《長編》卷一百四十二「兵部員外郎、兼侍御史知雜事方偕請文武官以罪謫監當者，轉運司毋得差權知州軍、通判、知縣、監押、巡檢。詔從其請」，此可見轉運使有權差遣一州軍內之大小官員權責。以下分項述說之：

1. 權攝轉運事：如「降知楚州職方員外郎胡楷通判秦州，提點淮南刑獄、秘書丞祖無擇知黃州。初，王素（轉運使）自淮南徙渭州，移文楷攝轉運按察使事，無擇既不平，因與楷互訟……」（《長編》卷一百五十三）見轉運使差官攝轉運使事權。

2. 知州：如「尚書省言勘會二廣州軍多係荒僻……無人願就，有久闕守臣去處，詔令諸路監司帥臣依吏部破格外，於見任得替待闕寄居官初任通判及第二任知縣……內選辟申朝廷給降付身」（《宋會要・職官》四七），是有差知州權。

3. 通判：差通判之權，見前引《長編》卷一百四十二。

4. 知縣：如「詔諸路轉運使，自今因事降充監當人，不得差權知縣事」（《長編》卷九十八）是有差知縣權。又如「詔訪聞虔吉州管一十二縣，見闕正官，權官苟祿不切任事……仰轉運司限一月依格選那合入資任人差填……」（《宋會要・職官》四八）。及至南宋，轉運使差縣官權仍有之。如「諸縣久不治或繁難當選縣令聽監司……奏差」（《慶元條法事類》十五）。

5. 都監：如「鄜延路轉運司言，已差左藏庫使、英州刺史、鄜延路鈐轄第三副將劉紹能權河中府都監」（《長編》卷三百十六）。

6. 巡尉：如「提點兩浙刑獄公事高士曈言……本路見闕巡尉……詔令本路運司限一月差注……」（《宋會要・職官》四八），見差巡尉。

7. 監官：如「詔監當官闕，許轉運司具名奏辟一次……」（《宋史》卷一百六十七）

8. 租稅官：如「詔鎮定等路水災，其除積年欠負；今年秋稅仍令轉運司差官減放以聞」（《長編》卷一百七十三），見差稅官權。

9. 酒稅官：如「河北轉運司言：自今應酒稅闕官，本州及鄰州實無可差，即許於本路待闕內差權。……從之。」（《長編》卷三百九）

10. 鹽官：如「監察御史林大鼎面對，言……鹽場待左見有三十餘闕，久榜不銷，祇為監司郡守差權官之奇貨……」(《繫年要錄》卷一百六十二)，見差鹽官權。

11. 田官：如「(王) 安石曰：程昉淤田……令程昉差一官，又令京東轉運司差一官，同權量定驗」(《長編》卷二百四十九)。

12. 糧草官：如「秦鳳路轉運使蔡延慶言：比差三班奉職伊懷寶管押糧草出洮西……」(《長編》卷二百四十七)。

13. 排岸官：如「權發遣兩浙路轉運副使應安道言本路浙西諸州，除杭州、鎮江府已有專排岸兼管船場公事外，有常秀湖州、平江府自來只是兵官兼管……欲乞逐州各專置排岸一員兼管船場公事，仍從本司於文武臣內踏逐奏辟。從之」(《宋會要・職官》二)。

14. 試官：如「進士考試差官，屬之轉運使」(《燕翼詒謀錄》二，並參本文考試一節)。

15. 文學：如「詔邕欽廉三州進士內韋堯詢與本州文學，免試注權官：馮雄等六人，並令轉運司與攝官」(《長編》卷二百七十三)。

16. 宮觀官：如「詔……漕臣於逐州軍縣鎮選擇寄居宮觀年六十已下通判資序已上人一員，申尚書省就差管幹」(《宋會要・禮》五)。

17. 嶽廟官：如「詔四川添置嶽廟……下逐路轉運司定差使闕」(《宋會要・職官》八)。

觀此，轉運使可差委之大小官員，不下十餘種，可見其任用權之大。

至於注擬官員權，只限於八路，其後更僅得四川有此權，如《繫年要錄》卷一百二十三：「中書舍人兼直學士院勾龍如淵言：昔福建、四川、廣東凡八路，以其去朝廷之遠，士艱於往來，而以銓法付在漕司，自車駕南幸，而二廣、福建則舉而歸之吏部矣，惟四川漕司差注之獨在……」見八路注擬權在運司，亦可知何以吏部下放注擬權於漕司。但《朝野雜記》卷十二則有不同說法，其云「初，祖宗朝以廣南地遠利入不足以資正官，故使舉人兩與薦送者試刑法於漕司，以其合格者攝兩路……其注擬皆自漕司，建炎初敕歸吏部，踰年無願就者，吏部請復歸漕司。從之。」（同見《繫年要錄》卷十八）則漕司得廣南注擬權是因利入不足而出現。其所謂八路者，《宋史》卷一百五十九云：「川陝四路，廣南東、西二路、福建一路，後增荊湖南一路，始立八路定差之制，許中州及土著在選者隨意就差，名曰『指射』，行之不廢。」據此，知八路為何。至其八路轉運使於何時始有注擬權，《宋會要・職官》八云：「知成都軍府事汪應辰劄子奏……熙甯三年始定八路差官法，昔之籍于銓曹者，委之各路轉運司……」，又《宋史》卷一百五十九云：「神宗更制，始詔：川陝、福建、廣南之官罷任，迎送勞苦，其令轉運司立格就注，免其赴選。於是七路自常選知州而下，轉運司置員闕籍，具書應代時日……後荊湖南亦許就注……」，據此，則八路轉運使得掌注擬權始於熙甯三年。而據之，亦可知其注擬何官，大抵自知州而下，皆得注擬。現略舉例說明之。

1. 知、通：各州軍之知州與通判，在八路注擬法下，本屬轉運使差注，惟時至南宋，運使權削，甚至淪為宣撫使等之屬員，故其差注知州及通判之權，間為宣撫使等所奪。如《宋會要・職官》四一云：「川陜等路宣撫處置副使王似等言……乞將運司舊來擬注知、通窠闕……權許本司選官……」，又〈職官〉四七：「（紹熙五年）臣僚言：朝臣廷舉四蜀之地付之制司，其權不輕，其責甚重……而州軍守臣赴上之銓量反歸之四路之漕司。夫漕司之權比制司為輕，而漕司之責亦不如制司之重……不若以銓量守臣之柄，一付之制司……從之」，則可知本為漕使差注知、通之權，間為宣撫、制置等使所奪。其後通判差注復歸漕司，宋會要職官四七：「（淳熙十四年）……通判……依八路法，送本路轉運司擬注」（宋史卷一百六七略同）。

2. 簽判：如《宋會要・職官》四八「夔州路轉運司言忠州簽判闕官半年以上……破格定差初任知縣資序……人，仍銓量差注……從之」。

據此，知轉運使於神宗熙甯三年，因八路遠去朝廷，注擬官員往來艱苦，於是始掌注擬之責，而所注擬之官員，自知州通判以至路內之當等官皆得差注，只因南宋時軍人權重，至時有使者奪去漕臣差注守臣通判權之現象。

轉運使除上述差官與注擬官員權責外，亦有奏辟屬官之權。如《宋會要．職官》四三「臣僚上言監司各有官僚……可以自辟，如……轉運」，又《宋史》卷一百六十七「詔三路漕臣，令自辟屬各二員」，見轉運使可自辟屬員。而其自辟之法，有其限制，《慶元條法事類》十五「諸路監司……奏辟官屬，先次取索真本付身印紙、委通判對讀審驗，別無偽冒……申尚書吏部」，可見漕使辟屬員，受到監驗。

原則上，一路之大小官員，皆為轉運使所差派或注擬，惟時亦有他司可奏辟官員，當此時，則轉運使有審批他司奏辟官員之權。《宋會要．職官》四五「四川茶馬司奏……文州通判從本司奏辟……轉運司審度連書保奏」，可見漕使有審批任官之權。

漕使既有差注官員權，當亦有調官權。《宋會要．職官》六一「尚書吏部員外郎徐林言淮南收復之初士大夫零落略盡，諸州窠闕，一時從權……或自舉辟正任，其間多鄉曲輕猾之徒，營私盜貨之事，無不為也。乞應係淮南州軍士人所任差遣，並委轉運司限一月對換鄰州一般差遣，其不願對換者即罷，從之」，則可知轉運使有對換官權責。

綜合言之，宋代轉運使有任用一路大小官員之大權，故甚至以此為「奇貨」之現象。漕使亦以此能成為一路最高長官，因他司多無任官權，時至南宋，軍人用權，以致漕使任用官員之權受削，漕使亦因之漸不為地方最高長官。惟整體而言，轉運使於兩宋間均掌任用地方官員之權，其權責包括差遣、注擬官員，調換官員，審批他司任用官員及自辟屬員之權，而注擬官員之權責，始於神宗熙甯三年，並局限於二廣、四蜀、福建及荊湖南八路行使此權。

(3)考劾部官

宋代轉運使有考劾部官之權，其始掌此權似在開寶九年，《長編》卷十七開寶九年條云「詔諸道轉運使，各察舉部內知州、通判、監臨物務京朝官等，以三科第其能否，政績尤異者為上，恪居官次，職務粗治者為中，臨事弛慢，所涖無狀者為下，歲終以聞」(《宋會要・職官》九五、《講義》卷四及《宋史》卷四略同)，據此，知漕使掌考劾部官之職始於此，其後不斷有詔令漕使考劾部官，如「上勵精求理前詔轉運使考案諸州，凡諸職任，第其優劣」(《長編》卷十八太平興國二年條)，則太宗時亦有詔令轉運使切實執行考劾部官之責，甚至有漕使坐失察而責官者，如「左拾遺韋務昇責授右贊善大夫，坐為陝西北路轉運使日，縱程德玄等於部下私販竹木，不舉劾故也」(《長編》卷二十一)，可知漕使不劾違法官吏會受罰。及至仁宗慶曆三年，更明令轉運使兼領按察使職銜，如「詔諸路轉運使皆領按察使，歲考本道官吏能否以聞」(《皇宋十朝綱要》卷五及《玉海》卷一百三十一)，至為何明令漕使帶此使銜，則《隆平集》卷十一云「慶曆初監司稱寬弛，故加轉運司按察之名」，可見其因，但及至慶曆五年，則因「雖將相大臣出守方郡者，不免窘辱」，「遂罷去按察」，以「稍抑其權」(《隆平集》同前卷)。至紹興末年，漕使仍掌考劾之權，如「御史臺言乞專委諸路轉運司，每月取索所部州縣有無違法差過權官申本司，從之」(《宋會要・職官》六二紹興三十一年條)，又如「高斯得改江西轉運判官，上奏曰：祖宗以來，未有監司按吏一不施行者」(《宋宰輔編年錄補》卷二十德祐元年條)，可知至宋末，漕使考劾部官權責不改。漕使此一職權影響至大，《講義》卷四云：

> 「轉運置於乾德，本以總利權耳，而兼糾察官吏，自此始，厥後有判官、有副使……皆以糾察官吏，此漢部刺史職也……本朝之監司以臺省寺監為之，亦許彈劾，此我宋三百餘年無藩鎮之患者，蓋以此也。」

又云：「監司之職其一道守令觀望歟，故監司志於舉廉，則賣犢還珠，郡有賢太守矣，循矩鳴琴，邑有賢令尹矣；監司志於律念，則望風解印自甘遁迹者矣，故人私恩難庇二天者矣，此我太宗特重轉運以察官吏者……」則見漕使察考部吏之深遠影響，可影響吏治之澄清與污濁，可令宋代三百餘年無藩鎮之患，故知漕使考劾部官之權重，無怪王禹偁贈雷德驤父子為轉運使詩句有云「屏除奸吏魂應喪」（《宋朝事實類苑》卷三十四），權重至「奸吏魂喪」，故吏治可澄清，藩鎮可消去。

轉運使考劾部官之法如何？前引《長編》卷十七云「以三科第其能否」。所謂三科即以「政績尤異」、「恪居官次，職務粗治」、「臨事弛慢，所 蒞無狀」等分定為上中下三等為考劾依據，及至景德元年，三等之法，內容有變，「公勤廉幹，惠及民者為上」、「幹事而無廉譽，清白而無治聲者為次」、「畏懦而貪猥者為下」（《長編》卷五十七），則見由初重在考劾部官之政績而轉而為重在考劾清廉勇幹之內容。時至大觀元年，轉運使「所定守令考課等第」，仍以「上中下」為據，但須上呈中央，以備御史臺重行審察」，以防轉運使「或既於親故」，或因「貴勢」，甚至有「以貪為廉，以暴為良」（《宋會要・職官》五九）等枉法行為，影響考劾結果不公。而轉運使須上呈考劾部官之治狀，似始於仁宗景祐四年，《長編》卷一百二十景祐四年條云「詔諸路轉運使自今按察所部官，須具實狀以聞」，可見是時，轉運使不能無據上奏部官之治績，及至神宗熙甯間，轉運使更須將「知州、通判」之「治狀」於其「得替前一月」上報「中書，委檢正官注籍」（《長編》卷二百四十六），則知對於知、通之考績報告上呈，在神宗時已有更嚴格之規定。

至於轉運使可考劾何官，《宋會要・食貨》四九，太宗淳化三年，「詔累降敕命令轉運使副，覺察部內知州、通判、監當場務京朝官使臣幕職州縣官等顯有榮績及慢公不理諸般罪犯，並具畫一聞奏」，又《長編》卷二百七十三熙甯九年詔河北、河東、陝西將官，委監司於未替半年前具治狀保明聞奏」，則可知漕使有權考劾部內之文武大小官員，現舉例分述之。

1. 知州：史例甚多，現就《長編》舉例如下：

卷五十七「徙知廬州、右諫議大夫宋太初知汝州、轉運使言其被疾多遺忘故也。」

卷八十三「詔獎知麟州、禮賓副使李直己，轉運使言其干事故也。」

卷三百四十八「河北路轉運判官張適劾奏知澶州呂希道郡事不治，境內賊盜充斥，致煩朝廷專官捕逐未獲，乞重置朝典。」

以上三例，見轉運使有考劾知州權責。

2. 縣令：現就《長編》舉例如下：

卷六十一「潭州攸縣令扈維翰坐弛慢，轉運使劾奏衝替。」

卷一百十九「詔諸路轉運使察所部知縣令不治者以聞。」

卷二百六十一「江南東路轉運司言……宣城縣化成圩去歲旱蝗，而令佐不受訴狀，乞檢放二分。從之，仍令轉運司劾令佐以聞。」

見轉運使奏劾知縣令之權責。

3. 武臣：據《長編》，有以下之記載：

卷一百四「初，涇，環州屬羌作亂，陝西轉運使王博文劾奏周文質、王懷信擁兵玩寇，耗邊食，請用曹瑋及田敏代之。」

卷一百五十七「詔廣南西路轉運司……體量邕、欽、廉近海三州，宜、融、柳近溪峒三州……兵馬監押、寨主、巡檢使臣罷懦不任事者。」

卷一百六十一「降廣西鈐轄元贇為邕州本城馬步軍都指揮使，永不敘用。轉運司言贇在連州縱所部卒屠耕牛市之，及宋守信等入山討猺賊，而贇逗留不至也。」

及據前引卷二百七十三，轉運使可考奏「河北、河東、陝西將官」，以作升黜之用。則知漕使有考績武官之權責。

4. 捉賊官：如《長編》卷一百六：「鹽鐵判官、太常博士、直史館蕭貫為京東轉運使。時提舉捉賊劉舜卿者，善捕盜，號『劉鐵彈』，恃功為不法。前後畏其凶悍，莫敢治。貫至、發之、黜為民。」知轉運使有權考劾捉賊之官。

5. 物料官：如《長編》卷一百十九：「澶州言，橫攏水口西岸物料場火，凡焚薪芻一百九十餘萬。詔轉運司劾主守官吏以聞」，則物料官亦在轉運使所劾考之內。

6. 糧草官：《長編》卷三百四十云「陝西轉運副使李察言：緣邊州軍糴買糧草官，乞委監司考較，每州各定一員，優劣行賞罰。從之。仍令河北、河東準此」，則三路轉運使有考較糧草官之權。

7. 通判：此指一些特殊州軍之通判，轉運使須密奏其工作表現以聞，如《長編》卷六十云「詔應訪、團、刺史在本任及知州處見任通判、令轉運使密具能否以聞」(同見《宋會要・職官》四七)，則知刺史等所在或為知州處之通判，轉運使在考較其工作表現時，須以密奏方式進行。

綜言之，轉運使得掌考劾部官之權，應始於太祖開寶九年，其法以三科為依據，初以政績為主，後則重於考其清廉勇幹，而漕使得掌此責於南宋仍不替。所得考劾之官，由文官至於武臣之大小官員皆可考較，可見權重。

(四)財務

(1) 稅收

宋初建置轉運使，其工作之一是為主錢穀，所謂錢穀就是今人之稅收，故稅收為宋代轉運使之主要職務之一。《長編》卷六云：

> 「(乾德三年)自唐天實以來，方鎮屯重兵多以賦入自贍，名曰留使、留形，其上供殊鮮。五代方鎮益彊，率令部曲主場院，厚斂以自利，其屬三司者，補大吏臨之，輸額之外輒入己，或私納貨賂，名曰貢奉，用冀恩賞。上始即位，猶循常制，牧守來朝，皆有貢奉，及趙普為相，勸上革去其弊。是月，申命諸州，度支經費外，

凡金帛以助軍實，悉送都下，無得佔留。時方鎮闕守帥，稍命文臣權知，所在場院，間遣京朝官廷臣監臨，又置轉運使、通判，為之條禁，文簿漸為精密，由是利歸公上而外權削矣。」[37]

可知轉運使之置乃為削外財權，使主稅收，直輸中央，使地方財賦全歸朝廷。同書卷一百十五云：「（景祐元年）罷淮南、江、浙、荊湖制置發運使，仍詔淮南轉運使兼領發運使司事，其制置茶鹽礬稅，各歸逐路轉運使司。」則知仁宗時仍掌稅收事。又卷三百三十九云：「（元豐六年）京東都轉運使吳居厚乞並提舉京東路鹽稅司入轉運司為鹽事案；又乞青州等十二處監鹽官，令本司奏差兩次，及非州縣處場務獨員闕官，亦令本司選差。並從之。」知神宗時漕使仍掌稅收，且權力日益擴大。《慶元條法事類》三十六云：「諸稅務以收稅法並所收物名稅錢則例，大書版牓揭務門外，仍委轉運司每半年一次再行體度市價增損適中行下應創立者審定申尚書戶部，……」見南宋時轉運使仍掌稅收，工作範圍已及商稅。漕使收稅有其一定則例依循。前引《慶元條法事類》三十六及《宋會要輯稿補編》卷一萬七千五百五十七云：「詔令兩浙江西都轉運諸路轉運司取索本路應干稅物則例……」可見漕使依則例收稅，不可隨意收稅。轉運使之置本為革去地方截財之弊，使財歸中央，令國家運作復能正常化，本為極好之官制，惜其後運使為突出其主錢穀才能，於是不斷獻議，增大稅網，不斷搜刮地方財利，以至能獻羨餘，祈得遷賞，造成民不聊生。《長編》卷一百云：

「（天聖元年）鹽鐵判官俞獻卿亦言：天下穀帛日益耗，欲民力之不屈，不可得也。今天下穀帛之直，比祥符初增數倍矣。人皆謂稻苗未立而私糴，桑葉未吐而私買。自荊湖、江、淮間，民愁無聊。轉運使務刻剝以增其數，歲益一歲……皆出於民，是以物價益高，民力積困也。」

則仁宗時已有轉運使專務刻剝而收稅之現象，致令民貧困。所謂刻剝者，其一為擴大稅網。同書卷一百二十四云：「（仁宗寶元二年）太子中允、直集賢院富弼上疏曰……外則轉運司……惟財賦是務，盡農畝之稅，竭山澤之利，舟車屋宇，蟲魚草木，凡百所有，無一不徵，共知困窮，都為賦歛……」又卷一百二十七云：「先是，轉運使韓瀆急於籠利，自薪芻、蔬果之屬皆有算……」[38]《長編》卷一百五十一云：「（慶曆四年）包拯言……天下茶鹽酒稅，逐處長吏曲徇轉運使之意，以求課額羨溢，編民則例遭配買，商族則信行誅剝，為國歛怨，無甚於此……其諸處茶鹽稅，亦乞除元額外，不得擅增課利，搔擾人戶。」此云之「擅增課利」究有多少呢？同書卷一百六十云：

> 「（慶曆七年）上封者言：諸路轉運司廣要出剩，求媚於上。民輸賦稅，已是太半之賦，又令加耗，謂之潤官。江西諸路州軍體例，百姓納米一石，出剩一斗，且以江西一路歲百萬石為準，若每石取米一斗，以一百萬石計之，所收已及一十萬石。若於民間取十萬石耗米入官，則下民必食貴米。此只粗引一路之弊，況天下之廣，賦稅之饒，其弊無極。臣恐諸路轉運使尚有似此無名刻削。願陛下閱其奏目，或有橫加收歛，名為出剩，乞賜黜貶……必然止絕。上覽之……下詔止絕之。」

於是，有詔禁絕。同書卷一百七十四：「詔：如聞諸路轉運使多掊克於民，以官錢為羨餘，入助三司經費，又高估夏秋諸物，抑人戶輸見錢，並宜禁絕之。」據上各條，可知轉運使在有權訂定稅值、所收項目及收額外之稅下，並因轉運使為突出其職，獻羨餘以求恩寵之心態下，造成於仁宗時，稅收苛削，民不能生情況，此非原置運使以革地方財弊之意也。因篇幅所限，現只摘漕使之重要稅收工作言之。

轉運使之稅收工作，計有多種：改革稅弊、訂定稅值、增減稅收、擴大稅收、稅利商度、稅官之監差、催稅、曉諭人民輸稅條例及日期、立簿及上計等。

A. 改革稅弊：前云運使之置，本為革去地方財弊，故改革地方稅弊為運使稅收中重要之工作。《長編》卷三十七云：「詔除兗州歲課民輸黃蓓、荊子、茭芰十六萬四千八百圍。因令諸路轉運使，檢按部內無名配率如此類者以聞，當悉蠲之。」又卷四十三云：「遣使乘傳與諸路轉運使、州軍長吏按百姓逋欠文籍，悉除之。」[39]《長編》卷五十一云：「江南轉運使……陳靖……江南自李氏橫賦於民，凡十七事，號曰『沿納』，國朝因之，而民困不能輸。靖極論其弊，詔為罷其尤甚者數事。」《宋史》卷二百六十五〈張齊賢傳〉云：「……先是，江南諸州小民……猶納勾欄地錢，編木而浮居者名水場錢，皆前代弊政，齊賢悉論免之。」據上各條，知運使稅收工作之一為革去前代稅弊。

B. 訂定稅值：稅收之物品，其稅值均由漕使制定。《長編》卷六十云：「自有事二邊戍兵寖廣，師行饋運……其入中之價，靈州斗粟有至千錢以上者……邊地市估之外，別加抬為入中，價無定，皆轉運使視當時緩急而裁處之。」見定米價。同書卷九十五云：「三司言福州官莊舊止隨私產一例收租，請估宜見田民買之。詔……與轉運使依漳、泉州例，均定租課。」見定租課之值。又卷三百三十九云：「戶部言：侍郎蹇周輔言：『河北鹽稅太輕，宜倍增稅錢，乞下所屬參較立法。』本部欲下河北轉運司相度。從之。」見商度鹽稅。《慶元條法事類》三十六云：「諸稅務以收稅法並所收物名稅錢則例……委轉運司每半年一次再行體度市價增損適中行下應創立者審定……」則商稅之值亦為漕使所定。由是可知稅值均由漕使訂定。

C. 稅法改革：《長編》卷一百七十云：「初，四稅法止行於並邊諸州，有司蓋未嘗請，即以康定元年詔書從事。自是三稅、四稅二法並行於河北。未幾，茶法復壞，芻粟之入，大約虛估居十之八。米斗七百，甚者千錢……知定州韓琦及河北都轉運司皆以為言……」見對稅法之獻議。《宋史》卷二百八十四云：「(陳）堯叟上言曰……今其民除耕水田外，地利之博者惟麻苧爾……然布之出，每端止售百錢，蓋織者眾，市者少……欲望自今許以所種麻苧頃畝，折桑棗之數，諸縣令佐依例書歷為課，民以布赴官賣者，免其算稅……詔從之。」見奏改收稅之法。同書卷二百九十九〈李仕衡傳〉云：「……為河北轉運使……建言：河北歲給諸軍帛七十萬，而民難於得錢，悉預假於里豪，出倍償之息，以是工機之利愈薄。方春民不足，請戶給錢，至夏輸帛，則民獲利而官用足矣。詔優其直，仍推其法於天下。」見創改稅法以利天下。及至南宋，更改稅法之責仍為運使所掌。《繫年要錄》卷一百八十七云：

「初，兩浙民戶歲輸丁錢，而湖州為紬絹八萬匹有奇，每三丁輸一匹，其始丁少，遂均科之，休兵日久，丁口多，而科猶如故，由是諸邑增收丁錢，以資他用，民甚苦之，左司郎中呂廣問之為兩浙轉運副使也……乞自今增丁不得增絹。丁亥，從之。」

觀此，轉運使有議改稅收之法之責任。

D. 體量稅收之增減：稅收之增加或減免，乃有各種不同原因，其增加者，多因運使要搜刮遺利而出現，而減罷則因災傷、民貧、遇有赦命、作為獎賞等。而增減之權操於漕使之手。《長編》卷八十八云：「大名府、澶相州民伐登聞鼓訴霜旱，宰臣請令轉運使體量，上曰：比者轉運使固言無災傷，故州縣不為蠲減……」則知減稅權取決於漕使之奏。同書卷一百三：「初，夔州路提點刑獄盛言：忠州鹽井三場，歲出三十六萬一千四百餘斤，近歲轉運司復增九萬三千餘斤，主者多至破產……」見增稅權在轉運使，以下略舉數例，以見運使執行增減稅收之情況。

「東、西、河北轉運使言河決壞民田，輸稅艱阻。詔應經水州縣，夏稅許從便送納，田產壞者特倚閣之。」[40]

「上封者言河中府、同華州比歲旱災，民多流徙，請免支移稅賦……特詔轉運司量減其數。」[41]

「廣西轉運使王罕言，右江丁壯隨蕭注擊賊未經賞者，乞特免夏稅一年，從之。」[42]

以上為北宋轉運使執行減稅之情況。南宋時，運使亦有奏請減稅之情況。《繫年要錄》卷九十四云：「詔商販米斛往旱傷州縣者，所過免收力勝稅，時江東漕司以為請。」則可知兩宋間，漕使有權奏減稅錢。

E. 擴大稅收：此指運使為增稅收，有職責擴大稅區、稅網及創行稅法。《長編》卷六十一云：「三司言利州轉運使稱閬州素出瓷器，請約所售價，收其算……」《宋史》卷三百三十四〈李稷傳〉云：「……為陝西轉運使……奏民作舍道傍者，創使納『侵街錢』……」知漕使積極擴大稅網。《長編》卷一百六云：「析荊湖北路安州隸西路。先是，京西轉運使言，本路供億費多而賦入少，故有是請，從之。」見擴大稅區之請。亦有搜刮遺利以擴增稅收者。長編卷八十六云：「陝西轉運副使張象中言：安邑、解縣兩池見貯鹽三千二百七十六掩，計三億八千八百八十二萬八千九百二十八斤，計直二千一百七十六萬一千八百緡。竊慮尚有遺利，望條約。」則見搜遺利以增稅收。南宋亦有創立稅法以增稅收事，《繫年要錄》卷十八云：「陳亨伯為陝西轉運使，始創經制錢……」據此，兩宋轉運使對地方財賦之搜刮，可謂無孔不入。

F. 商度稅利：朝廷當要更稅收之法時，須命運使商度其利害始作決定。《長編》卷二十二：「王文壽建議：李氏取民稅錢三千以上及丁口多者，抽點義師……乃詔……與轉運使商度，條上其利害。（張）齊賢奏……例皆稅戶……不若且仍舊貫。」見漕使向朝廷獻議稅制利害。

G. 催稅責：長編卷一百七十四云：「詔江南東路、淮南路皇祐四年，京東路慶曆八年、皇祐元年，人戶逋貸糧見行催納者，其令轉運司候夏秋豐熟舉行之。」見有催民納稅之責。

H. 稅官之差監：轉運使有權差委監稅之官，並有責監察之。《長編》卷九十二云：「判三司都催欠憑由司……宋綬言：本司屢經恩赦除放欠負，差官詳定，內有事節未圓者，凡六十八州軍，共六百七十三萬貫石斤兩，計三千二百餘人，至報應未備。望令轉運司選官與長吏，催欠官詳酌……」同書卷一百六云：「河北轉運使言，天下場務歲課三千緡以上者，請差使臣監臨。」又卷三百三十九云：「京東都轉運使吳居厚乞並提舉京東路鹽稅司入轉運司為鹽事案；又乞青州等十二處監鹽官，令本司奏差兩次，及非州縣處場務獨員闕官，亦令本司選差，並從之。」由是可知漕使有請置監稅官及差選稅官之權。此職權至南宋中期不變。《慶元條法事類》三十六云：「諸商稅監官躬親檢視收納即時附曆令客人垂腳書字，州委職官，縣委令佐常切點檢察，轉運司覺察。」同書事類四十七云：「諸受納二稅官轉運司委知通前期於本州縣官內公共選差訖申本司檢察。」可知對稅官有選差與監察之職權，因之漕使於稅官之賞獎亦有責，此可從其上申「稅租虧失酬賞狀」得知。《慶元條法事類》四十八云：

「某路轉運司

　據某州申據某官姓名狀准某處槎磨勘出某州某縣某年夏或秋料稅租某物虧失陳訖酬賞今勘今下項

一某官某年月日准某處差磨勘某州某縣夏或秋稅租鈔旁籍曆等

一某縣稅租共管若干戶於某年月日磨勘至某月日畢

一磨勘出虧失稅租下項

　某鄉村某戶姓名下係某年月日如何虧失某料租稅某物若干至今計若干料共計虧失若干

一審計院磨勘司審磨並同官吏姓名

一干繫人姓名等各已如何勘斷及追理

一磨勘吏人姓名等已如何給賞（各詳具之）

一檢准令格云云：

右件狀如前勘會某官磨勘出某州縣虧失某年縣料稅租某物共若干准令格該某酬賞本司保明並是詣實謹具申尚書戶部謹狀

　　年　月　日依常式」

可知推賞稅官之職權在運使。

I. 根括逃稅：《長編》卷三百三云：「詔權發遣淮南路轉運副使、都官員外郎李琮根究逃絕戶下虧陷稅役等錢。」知根究欠稅役之事。

J. 輸稅地點之審度：宋代輸稅，有移他州輸之者，故交通成一問題，因此，運使須上奏議定地點。《長編》卷三十五云：「令諸路轉運使，每歲部內諸州民租轉輸他郡者，通水運處，當調官船，不通水運處，當計度支給，勿得煩民轉輸。」見有責助民轉輸。同書卷二百七十八云：「河北西轉運司言，欲以懷州武陟縣五等以上人戶，秋稅移赴邢、趙州，闕糧倉輸納。從之。」議請移輸納地點。南宋亦然。《慶元條法事類》四十七云：「人戶稅租應付他處輸納而願就本縣納者，轉運司量地理定則例，令別納實費腳錢即艱於輸送而人戶願納錢或改折物者具利害申轉運司，無妨闕聽從民便。」見可決定輸納稅租地點權。

K. 折納法之執行：《朝野雜記》卷十四云：「祖宗時民戶夏秋輸錢米而已……咸平三年度支計殿前諸軍及府界諸色人春冬衣應用布帛數百萬，始令諸路漕司於管下出產物帛諸州軍於夏秋稅錢物力科折……自此始以夏秋錢米科折綿絹而於夏科輸之……」《長編》卷四十三云：

「（咸平元年）先是，有詔諸路課民種桑棗，廣西轉運使陳堯叟上言曰……今其民除耕水田處，地利之博者，惟麻苧耳……臣以國家軍需所急布帛為先，因勸諭部民廣植麻苧，以錢鹽折變收市之……欲望自今許以所種麻苧頃畝，折桑棗之數，諸縣令佐依例書歷為課……詔從之。」

可知折納之法，始建於轉運使之手，並為執行此法之職司。運使對折直亦得獻議。同書卷一百五十八云：「初，鹽課聽以五分折銀、紬、絹，鹽一斤計錢二十至三十，銀一兩、紬絹一匹，折錢九百至一千二百。後嘗詔以課利折金帛者從時估，於是梓州路轉運司請增銀、紬、絹之直……」《繫年要錄》卷九十三云：「前權樞密院計議官……馮戢言：遂寧諸縣，自康定年立法，以稅雜錢一千一百一十文折一匹綢，今潼川路隨軍漕司行下新科，約乃以六百文折一匹絹，又不許納正色……乞改正……」《慶元條法事類》四十八云：「諸人戶輸納稅租應折變物，轉運司以納月上旬時估中價……」見運使有估折直之權責。

L. 製定稅法則例：《慶元條法事類》三十六云：「諸稅務以收稅法並所收物名稅錢則例……仍委轉運司每半年一次再行體度市價增損適中行下應創立者審定申尚書戶部……」又事類四十七云：「諸人戶稅租應付他處輸納而願就本縣納者，轉運司量地理定則例……」可見漕使有權責訂定有關稅法則例。

M. 示曉稅法與輸納期限：《長編》卷三百云：「詔諸路轉運司，支移、科折二稅，並具行下月日上中書。以中書言熙甯八年詔支移二稅於起納半年前行下，而轉運司多逼近起納方行，如開封府界五月十五日起納夏稅，五月十二日方下諸縣，妨民以時輸納故也。」《慶元條法事類》四十七云：「諸稅租起輸納畢日限每料轉運司前期行下依元限月日分三限，災傷放免不盡者限外展三十日，所屬月日亦通分為三限，起輸限內五日一次州輸知州通判，縣輸令佐，詣倉點檢。」見運使須有明確輸納日期與期限與州縣之責。而稅例之揭示於商旅亦為漕使之責。同書事類三十六云：「諸稅務以收稅法並所收物名稅錢則例，大書版牓揭務門外，仍委轉運司每半年一次再行體度市價增損適中行下應創立者審定申尚書戶部，仍並給文牓於要鬧處曉示旅客通知。」

N. 上奏與上計：在乏財用時，運使須上奏解釋或因欠稅，亦須上奏言明如何追討。《宋會要・食貨》四九云：「尚書省勘會近年以來州縣所收稅務失於催收及諸般場務坑冶課利失於督責，致逓年次漸虧少。詔令諸路轉運司各具析財賦闕乏因依及稅租等合如何拘催……」則可知運使須解釋財乏及如何追索之責。《慶元條法事類》四十七云：「諸縣歲造稅簿正額外，其人戶躉零之稅別總都數，縣於起納百日前限五日申州、州限十日，轉運司本司類聚一路限半月報尚書戶部。」見申報稅簿之責。有關上申稅計則有三種，可從計帳及稅租狀得知大概。《慶元條法事類》四十八記轉運司申夏秋稅管額計帳云：

「某路轉運司

今具某年諸州夏稅或秋稅管額計帳

某州

一實催

正稅

某色若干

雜錢若干

餘色依此

增收錢物

租課

一戶口人丁

主戶若干計若干丁

客戶若干計若干丁

餘州依此

右見狀如前今攢造到某年諸州夏稅或

秋稅管額計一道謹具

尚書某部謹狀

年　月　日依常式」

又記轉運司申夏秋稅納畢計帳云：

「某路轉運司

今具某年諸州夏稅或或秋稅管額計帳

某州

一實納

正稅

某色若干

若干正

若干壓零耗剩

餘色並見錢依此

增收錢物

租課

一災傷減放倚閣

減放

倚閣

餘州依此

右件狀如前今攢造到某年諸州夏稅或

秋稅納畢計帳一道謹具申

尚書某部謹狀

年　月　日依常式」

又記轉運司比較稅租狀云：

「某路轉運司

今總計去年稅租

本路管若干州

某年應管

夏

稅

開閣

麥

實管

秋

稅

開閣

實管

某年

新收

析生歸業請佃等
分隸合併
開閣
分併
興造除放
逃絕
災傷
倚閣
展限
拖欠
實收
夏
稅
租
秋
稅
租
右件狀如前謹具申
尚書戶部謹狀
年　月　日依常式」

據此，知運使有上租稅之計於尚書省之責及其上計內容與式樣。

(2) 鑄錢

宋代錢幣，大抵有鐵錢與銅錢兩種，而籌鑄工作，雖非自宋初便為轉運使所掌，惟大部分時間均為其所籌鑄。此一工作非易為，緣於常有缺鐵及銅料之現象，又有私鑄錢之患，引致轉運使在推行鑄錢工作上，甚為困難。蘇轍《龍川略志》卷第八云：

「元祐七年，劉忱、張景先以漕（陝西）事同至京師……予問之曰：聞鐵錢甚為漕司之患，今欲罷鑄一百萬貫，漕司既收鑄本五十萬貫矣，其餘五十萬貫，以內藏納絲綿上據元價折充，漕司自以人搬運於邊郡，依時價出賣，以收軍糧……景先起謝曰：本司之幸也。」

知鑄錢一事為漕司之患。其所以為患者，缺銅興鑄為一大原因。《長編》卷三百三十三云：「（元豐六年）詔：陝西轉運司錢監闕銅興鑄，累申金部，尚未支降。今軍事未已，經費所入，豈宜虧耗？戶部失於應辦，其稽滯所由，御史臺根究以聞。」見銅料甚缺，致漕司鑄錢工作困難。另亦因用料比例問題，亦致運司鑄錢陷於停滯。《雞肋編》卷中云：

「蔣仲本論鑄錢事云，熙甯、元豐間，置十九監，歲鑄六百餘萬貫。元祐初，權罷十監。至四年，又於江、池、饒三監權住添鑄內藏庫錢三十五萬貫。見今十監，歲鑄二百八十一萬貫，而歲不及額。自開寶以來鑄宋通、咸平、太平錢，最為精好。今宋通錢，每重四斤九兩。國朝鑄錢料例凡四次增減。自咸平五年後來用銅鉛錫五斤八兩，除火耗，收淨五斤。景祐三年，依開通錢料例。每料用五斤三兩，收淨四斤十三兩。慶曆四年，依太平錢料例，又減五兩半，收淨四斤八兩。慶曆七年，以建州錢輕怯纍弱，遂卻依景祐三年料例。至五年以錫不足，減錫添鉛。嘉祐三年，以有鉛氣，方始依舊。嘉祐四年，池州乞減鉛錫各三兩，添銅六兩。治平元年，江蘇轉運司乞依舊減銅添鉛錫。提點相度乞且依池州擘畫，省部以議論不一，遂依舊法，用五斤八兩收淨五斤到今。」

據此，知鑄錢料例之屢變，致漕司鑄錢工作停滯不前。另一重要使漕司鑄錢困難之原因，乃在錢荒及軍興用錢多下，須多鑄錢，造成錢賤物重之現象，而使鑄錢工作困在進退間，間接造成私鑄問題出現。同書卷六云：

「黃魯直送張漢河東漕使詩云：紫參可撅宜包貢，青鐵無多莫鑄錢。時范忠宣帥太原，方論冶多鑄廣，故物重為弊。其子子夷亦能詩，嘗云當易『無』字作『雖』乃可。」

則民間亦要求漕使不要多鑄錢，故可知漕使鑄錢工作甚為艱巨。但此工作對朝廷而言非常要緊，故漕使往往因處理不當而被降職。《長編》卷一百五十七云：

「降梓州路轉運使、司封員外郎崔輔知邠州，轉運判官、太常博士張固小知處州。初，輔等言，欲於廣安軍魚子鐵山採礦炭，置監於合州以鑄錢，及銷舊小錢鑄減輕大錢，未得報，乃先牒合州，度地置監，合州奏其事，特降之。」

知朝廷特重鑄錢事，亦因之，有漕使因鑄錢得寵於皇帝。《石林燕語》卷七云：「范侍郎純粹，元豐末為陝西轉運判官。當五路大舉後，財用匱乏，屢請於朝。吳樞密居厚時為京東都轉運使，方以冶鐵鼓鑄有寵，即上羨餘三百萬緡，以佐關輔。神宗遂以賜范。」《宋史》卷三百四十三〈吳居厚傳〉云：「……元豐間……為京東轉運判官，升副使。天子方興鹽、鐵，居厚精心計，籠絡勾稽，收羨息錢數百萬。即萊蕪、利國二冶官自鑄錢，歲得十萬緡。招褒揭其能。擢天章閣待制、都轉運使……」[43]可知一貶一褒，鑄錢對漕使之重要性。現分轉運使領職鑄錢之年代及工作範疇二項述之。

1. 鑄錢為職之年代：轉運使在宋代，並非自始便掌鑄錢工作，其正式任命始於咸平三年，惟於此年之前，轉運使並非絕不涉及鑄錢事。《宋會要・食貨》一一云：「（太平興國二年）江南轉運使樊若水言江南舊用鐵錢，於民非便，望於昇州、饒州出銅處置官鑄錢……」[44]此為漕使參議鑄錢之最早者。及至八年，張齊賢為使，則親行鑄錢工作。《宋會要・食貨》一一云：「……饒州……常患銅少不充用，（張）齊賢任轉運使求得江南……山谷出銅鉛錫處，齊賢即調發縣丁男採之，因雜用鉛錫歲鑄錢三十萬貫……」《宋史》卷二百六十五〈張齊賢傳〉云：

「（太平興國）六年，為江南西路轉運副使，冬改右補闕，加正使。齊賢至官，詢知饒、信、虔州土產銅、鐵、鉛、錫之所，推求前代鑄法，取饒州永平監所鑄以為定式，歲鑄五十萬貫，凡用銅八十五萬斤，鉛三十六萬斤，錫十六萬斤，詣闕面陳其事，敷奏詳確，議者不能奪。」

據此，可知轉運使非正式掌管鑄錢務，始於太宗太平興國二年之江南轉運使。及至真宗咸平三年，朝廷始正式任命轉運使掌管鑄錢事。《宋會要・食貨》一一云：「東南諸路鑄錢，國朝承南唐之舊為之，未廣也。咸平三年馬忠肅亮以虞部員外郎出使，始於江、池、饒、建四州歲鑄錢百三十五萬貫……真宗即位，以宗肅為江南轉運使兼都大提點江南福建路鑄錢，四監凡役兵三千八百餘人……」[45]其所以有此命，《宋會要・食貨》一一云：「宰臣張齊賢言今錢貨未多，望擇使臣……置監鑄錢，乃命虞部員外郎馮亮（疑即馬亮）等至建州置豐國監……明年（咸平三年）……乃以亮為江南轉運使提點江南福建鑄錢事。」知以錢不充，故命漕使提點鑄之。自此，漕使便掌之。神宗間亦然。《長編》卷二百八十熙甯十年條云：「詔永興、秦鳳等路轉運使副、判官，並兼提舉銀銅坑冶鑄錢，提點刑獄司更不兼領。」《宋史》卷三百七十四云：「張浚……素知（趙）開善理財，即承制以開兼宣撫處置使司隨軍轉運使……於秦州置錢引務，興州鼓鑄銅錢……」則知轉運使於南宋初仍掌鑄錢務。同書卷三百九十九〈李祥傳〉云：「……淮西運判。兩淮鐵錢比不定，祥疏乞官賜錢米銷濫惡者，廢定城……監，更鑄紹熙新錢，從之。」則南宋中期，轉運使仍掌鑄錢務。

2. 工作範疇：由鑄錢之獻議至防私人盜鑄等，均須掌之。

A. 鑄錢之議：此指漕使對鑄錢之更改，作出建議。《長編》卷八十二云：「（大中祥符七年）。西川用景德新鑄錢將十年，以鐵重，民多鎔為器，每一千得鐵二十五斤，鬻之直二千。轉運使趙禎言其非便，請鑄大銅錢一當十，詔三司議，未決。」知請議改鑄大錢之事。同書卷二百五十五云：「（熙甯七年）成都府路轉運司言：嘉、邛州罷鑄錢累年，民間見錢闕乏。乞下三司詳度，減半鑄，與交子相權。從之，仍令轉運司歲終具所鑄錢數，比較本息以聞。」見對鑄錢所作出之意見。

B. 請置錢監：此類事例甚多，現略舉數條以見其詳。

「（熙甯七年）秦鳳等路轉運司請於鳳翔府斜谷置監，鑄折五、折十錢，乞降御書字樣。詔惟折二錢。」（《長編》卷二百五十四）

「（元豐七年）京東路都轉運使吳居厚言：徐州利國監鐵柔良堪用，乞置寶豐下監，每歲降供給公使外，鑄折二錢二十萬緡，委清河輦運司以附帶上京寄納，卻令三門輦運司具舟載至河中府，因回腳鹽車入陝府轉移用度。歲歲如此，不為無助。乞從臣相度條畫點法。」（同書卷三百四十五）

「除集賢殿修撰，河東轉運使。（劉）庠計一路之產，鐵利為饒，請復舊冶鼓鑄，通隰州鹽礬，博易以濟用……」（《宋史》卷三百二十二〈劉庠傳〉）具見請置鑄錢監之事例。

C. 規度置監利害：此指朝廷每要設置錢監，漕使便得規度置監之利害以上聞，以便朝廷斷決置監與否。《長編》卷二百十三云：「（熙甯三年）遣發運司管勾運鹽、屯田郎中劉忱同陝西轉運司相度本路興置鑄錢監利害以聞，以發運使薛向等請出上供錢帛二十萬貫匹，買岑水場銅鉛四百餘萬斤，運至陝西增鑄錢百萬餘緡，以備邊計也。」同書卷三百五十云：「（元豐七年）倉部郎中韓正彥言，河北、河東各止有銅錢一監，乞兩路各增置一監，歲鑄折二錢各十萬緡封樁。詔轉運司相度以聞。轉運司言其不便，遂寢之。」又卷二百九十四云：「（元豐元年）經制熙河路邊防財用司請移岷州滔山鎮錢監，於岷州置鐵錢監，及通遠軍威遠鎮錢監改鑄銅錢，比之冶鐵，歲收淨利十四萬餘緡，仍乞取永興軍華州鐵監作匠教習。詔移滔山鎮錢監依奏外，餘令本路轉運司相度以聞。」據上三條，可知轉運使須規度置錢監之利害，錢監改鑄他料、工匠之移配等責。

D. 規度鑄錢之數量：漕使對鑄錢之數量，亦須規度。《長編》卷二百六十一云：「詔秦鳳等路都轉運司相度所鑄大鐵錢，約補足所廢監錢數及充交子本錢外，不須廣鑄，委熊本總制管辦。」又卷二百九十一云：

> 「利州路轉運使言：興州濟眾監每歲舊鑄錢四萬一千緡，計支本錢二萬四千緡，得息萬七千緡，應副茶場司。今依蒲宗閔奏請增鑄常使錢三萬一千餘緡，通舊鑄及額錢總七萬二千餘緡，共支本錢四萬二千三百餘緡，可得錢息三萬緡。其宗閔所乞鑄一半大錢，欲並鑄折二大錢，不惟便於行用，兼省工費，得收息才茶場司足用，及乞限一年撥還本錢。從之，仍令止鑄本路見使錢。」

知漕使須規度鑄錢之數及其所鑄本息之比例事務。

E. 驗試鑄料：漕使須驗試石碌以作烹煉為銅料。《長編》卷一百二十云：「三司言：東頭供奉官錢遜奏，信州鉛山產石碌，可烹煉為銅。今池、饒、江三州錢監並闕銅鑄錢，請遣遜與本路轉運使試驗以聞。從之。」

F. 支付本錢：漕使有責支付鑄錢本錢或買鑄料所用之費。《長編》卷二百九十云：「江、浙等路提點坑冶鑄錢公事錢昌武言：潭州瀏陽縣永興銀場自去年銀銅興發，乞下諸路轉運司應副本司收買銅銀增鑄錢。從之。仍借支湖南上供錢十萬緡，候所鑄錢撥還……」《繫年要錄》卷八十七云：「……所有鑄錢司合用鼓鑄數，仰賫錢赴坑場依價收買，本錢依舊令轉運司支撥。」知鑄錢之本，由漕使負責籌支。

G. 募工鑄錢：鑄錢工人之招募，亦為漕使之責。《長編》卷一百七十九云：「詔三司，韶州岑水場銅大發，其令轉運司益募工鑄錢。」[46]

H. 禁防盜鑄：錢在宋代引起很多問題，其中以盜鑄為最困擾，而負責禁防之者為漕使。《長編》卷二百七十四云：「永興軍等路轉運使皮公弼言：比者改鑄私錢，悉為省樣，盜鑄屏跡，人情少安。今又許通使私錢，恐盜鑄復起，錢色經久難辨。」見對防盜鑄之議。《宋史》卷三百三十一〈周沆傳〉：「……徙河東轉運使。民盜鑄鐵錢，法不能禁，沆高估錢價，鑄者以無利，自息。」見有責設法禁絕盜鑄鐵錢之行為。

I. 對所鑄錢之用途建議：《長編》卷二百五十四云：「廣東轉運司言：韶、惠州永通阜民二監歲鑄錢八十萬，比又增鑄錢三十萬，近有旨改鑄折二錢，一歲比小錢可增二十萬。欲乞以所募舟運至發運司，改兌小錢入京，以為軍國之計。」見有議鑄得之錢之用途。

J. 廢監權：轉運使如要廢罷錢監，須得朝旨，但亦有運用便宜權而廢罷錢監者。《繫年要錄》卷十六云：「成都府路轉運判官靳博文權罷邛州鑄鐵錢……先是……博文以利州路增屯西兵。軍食不繼，權罷鼓鑄，不待報遂行，復以便宜增印錢引六十二萬緡……」

綜合言之，轉運使負責鑄錢工作，自太宗時始，至南宋不改。其工作由議置錢監以至權罷錢監均有之。工作非常複雜而艱巨，其中防禁盜鑄錢為一大難題，故有因鑄錢事處理不當被降罷之漕臣，但亦有因鑄錢而受寵於朝廷者。可知鑄錢為轉運使重要職務之一。

現附轉運司申鑄錢計帳狀於尚書省之內容及樣式。

「某路轉運司

今具某年某州某監鑄錢計帳

一前帳應在見管數已在今帳應在項作舊管聲說

一前帳見在（只撮計都數）

某色若干

餘色依此

一收

物料（只具銅鉛餘准此）

銅若干

鉛錫依此

錢若干

若干銅鉛錫本腳錢

若干諸色糜費錢

若干轉運司錢

若干某處錢

一支（如係支前帳見數亦依或開破）

物料

銅若干

鉛錫依此

一應在

舊管（謂前帳見管名數撮計逐色都數如今帳開破不盡即併入見管項內收）

新收

開破（並前帳見管如今帳開破亦如此項）

見管

一見在（並前帳見在如今帳開破所盡主併入此項）

右件狀如今攢造到某年某州某監鑄錢物料計帳一道謹具申

尚書某部謹狀

年　月　日依常式」[47]

(3) 貨幣管理

宋代轉運使之建置，在第二階段時，主要職務在主諸路錢穀，故貨幣之更張及推行，當為其職責之一。惟宋代幣制有多種，計初期有鐵錢、銅錢並行，惜其幣值不同，引致推行上不能暢達，稍後有大鐵錢之出現，以其與銅錢近值，故推行之，又有交子之置用，至南宋則因軍興，國用不足，不斷印製錢引、錢鈔及會子，以應軍需，致物重錢輕現象日益嚴重。在此貨幣混亂情況下，作為管理貨幣官之轉運使，要不斷設法去解決困難，包括以銅錢代鐵錢，鑄大鐵錢，收鐵錢，變錢法，改鑄鐵錢之用料比例，推行交子，印製錢引等。其間轉運使亦因推改不得法，而自困法中，致得罪罷官。《長編》卷二十三云：

「太平興國四年，始開其禁，令民輸租及榷利，每鐵錢十納銅錢一……其明年，轉運副使、右贊善大夫張諤言：舊市夷人銅，斤給鐵錢二百，望增為千錢……詔許市夷人銅，斤止給錢五百……而轉運副使、右補闕聶詠、同轉運判官秘書丞范祥皆言：民樂輸銅錢……後十歲即全取銅錢。詔從其請。詠、祥因以月俸所得銅錢市與民，厚取其直……召聶詠、范祥及東川轉運使宋覃、同轉運卜倫皆下御史獄……覃、倫亦以月俸銅錢市與民，厚取其直故也。」

可知在銅錢值高於鐵錢情況下，民愛銅錢而惡鐵錢，惟銅錢不多，故轉運使設法籌措銅錢以代鐵錢，以迎民愛好，惜做得不當，而致下獄，此非轉運使所願。現分北宋及南宋兩期，述說轉運使在貨幣管理上之角色。

1. 調衡鐵錢、銅錢之值：大抵宋代銅錢值高，鐵錢值低，故民喜用銅錢而不愛鐵錢，惟青銅產地、產量均有限，不足應用，故轉運使須設法平衡之。

A. 以銅錢折易鐵錢：《長編》卷二百六十云：「(熙甯八年) 永興軍等路轉運司言：見管私鐵錢，轉運司九萬餘……先是，安撫、轉運司出榜收買四等私錢，一切禁斷舊通用錢，而以銅錢易之……轉運司條具來上……」《長編》卷一百八十八云：「自慶曆鑄大鐵錢行陝西，而民間盜鑄不已，三司請榷鐵，曹穎叔 (陝西都轉運使) 謂鐵錢輕而貨重，不可久行，況官自榷鐵乎？請罷諸州鑄錢，而以三當銅錢之一。從之。」(《宋史》卷三百四略同) 見轉運使以銅錢折鐵錢之法。

B. 廢鐵錢：《燕翼詒謀錄》卷三云：「江南末年，鐵錢十僅直銅錢一，江南平，民間不肯行用，轉運使樊若水請廢之」。可知地區性廢鐵錢不用。

C. 改鑄大錢：為使鐵錢與銅錢值近，轉運使請鑄大錢。《長編》卷一百六十四：「陝西都轉運使張奎、知永興軍范雍請鑄大錢，與小錢兼行，大錢一當小錢十……」見改善法之一。

D. 變錢法：《長編》卷一百七十二云：「慶曆末，（傅）永自梓州路轉運使移陝西。時關中用折十鐵錢，盜鑄不可勝計，公私患之，永獻策請變錢法。至境，問民所乏，貸以種糧錢，令麥熟納償，而薄取其息，民大悅。永亟檄州縣，凡散二百八十萬緡，大錢悉盡，乃以聞。」（《宋史》卷三百三十略同）知運使貸錢助民耕種之法，以救錢患。《長編》卷二百二十一云：

> 「（熙甯四年）（皮）公弼（權陝西轉運副使）在陝西嘗建言：陝西現行當二文銅錢，頃歲西邊用兵，始鑄當十錢，後兵罷多盜鑄者，乃以當三，猶私鑄，乃減當二行之。至今銅費相當，民無冒利，盜鑄衰息。請以舊銅鉛盡鑄當二錢。從之。其後折二錢遂行天下。」

知有改鑄法之獻議。

E. 推行交子：交子之務，大中祥符末，為轉運使薛田所倡議，並請官辦之。《長編》卷一百一云：

> 「初，蜀民以鐵錢重，私為券，謂之交子，以便貿易，富民十六戶主之。其後，富者貲稍衰，不能償所負，爭訟數起。大中祥符末，薛田為轉運使，請官置交子務以榷其出入，久不報。寇瑊守蜀，遂乞廢交子不復用。會瑊去而田代之，詔田與轉運使張若谷度其利害。田、若谷議廢交子不復用，則貿易非便，但請官為置務，禁民私造……詔從其請，始置益州交子務。」（《宋史》卷三百一略同）

則交子務為轉運使所請置於天聖元年，以絕民私造之患。其後推行之責，亦為轉運使所掌。《長編》卷二百五十四云：「（熙甯七年）中書言……今若於陝西用交子……則交子與錢行用無異，即可救緩急……詔永興路皮公弼、秦鳳路熊本（都轉運使）並兼提舉推行本路交子……」既受命推行交子，轉運使則須負起規度之責。《長編》卷二百五十九云：

> 「（熙甯八年）權永興軍等路轉運使皮公弼言：交子之法，以方寸之紙飛錢致遠，然不積錢為本，亦不能以空文行。今商、虢、鄜、耀、紅崖、清遠鐵冶所收極廣，苟即冶更鑄折二錢，歲除工費外，可得百萬緡為交子本……上批：可如所乞，委公弼總制營辦。」

則轉運使總制交子務之責可知。及至熙甯九年，因交子價賤而罷行之。《長編》卷二百七十二云：「（熙甯九年）詔：陝西交子法更不行，官吏並罷。已支交子，委買鹽官納換。先是，措置熙河財利孫迥言：緣邊交子價賤，多贏官錢。又永興軍、秦州相去不遠，商人貪販交子，少肯買錢，故錢價更減……故宜愛惜見錢。」知北宋交子務罷行於是時。及至南宋紹興六年復置，時轉運使之責在使民信用交子。《繫年要錄》卷九十八云：「置行在交子務。先是都督行府主管財用張澄請依四川法，造交子與見緡並行，仍造三十萬用於江、淮矣。至是中書言交子錢引並沿邊糴買文鈔，皆係祖宗舊法，便於民間行使……印造交子，分給諸路……期於必信，決無更改。詔諸路漕司榜諭……」

2. 南宋時期：此時期轉運使除須負起北宋時轉運使收鐵錢、收換鐵銅錢、定鐵錢之值及鑄新鐵錢等職責外，更須負責印製錢引、造鈔及推行會子之責。

A. 印製錢鈔：《繫年要錄》卷六十七云：「（紹興三年）川陝宣撫司隨軍轉運使趙開增印錢引一百五十萬緡，以錢引未通流於路故也。」同書卷六十九：「川陝宣撫司隨軍轉運使趙開增印錢引二百萬緡，於夔路市糧及金銀，以宣撫司於恭、涪州糴米三十萬斛故也。俄又增印二百萬緡。」見印錢引之責。同書卷一百三十五云：「命陝西都漕司印造陝西紹興錢五十萬貫，應陝西州縣官錢，除省計外，不以有無拘礙，盡數起赴鳳翔圍併……」見造錢責。

B. 管視會子：《宋史》卷四百三十云：「……漕司以十四界會子新行，價目損，乃視民稅產物力，各藏會子若干，官為封識，不時點閱……」見監管會子之責。

綜言之，轉運使在宋代須負起改革錢幣，推行交子、印製錢鈔及禁絕私鑄錢幣之職責。

（五）文教事務

(1) 教育

宋代雖重文輕武，惟初期國家對教育事業，並沒有完整計劃，亦無全面規劃，多為地方長官自發性興學教民。宋代教育事業的發展，約可分為三個階段：仁宗慶曆以前；仁宗慶曆至北宋末；南宋時期。分述如下：

1. 仁宗慶曆前：此時期，基本上國家並無教育事業，多是地方長官個別性地興立教學事業於地方，而轉運使亦為主其事職官之一。《宋史》卷二百四十七云：「（趙）善譽潼川路轉運判官……宗子寓蜀者，少學儒，善譽即郡庠立學以教之……」同書卷三百四云：「周渭太平興國二年，為廣南諸轉運副使，興學校……」則北宋初期，興教立學，實為轉運使自發性工作。

2. 仁宗慶曆至北宋末：此時期始有議建立州縣之學以教民，為國家負起教育事業之始時。而此責任則由轉運使兼負。其工作則包括規度建立州學之地點、選擇學官、主管學糧、學錢及學田、學籍之監察及書籍之供應等。

A. 規度置學：《宋會要・崇儒》二云：「（慶曆四年）……如僻遠小郡，舉人不多，難為立學處，仰轉運司相度聞奏……」。《長編》卷二百九十九云：「（元豐二年）詔諸路轉運司相度當置學官州軍以聞。」（《宋會要・崇儒》二略同）則知於仁宗、神宗間，轉運使須規度置學之地點等事。

B. 揀選學官：教育事業，教授者當然至為重要，須經揀選，此權責在轉運使。《宋會要・崇儒》二云：「（慶曆三年）詔諸路轉運司令轄下州府軍監應有學處並須揀選有文行學官講說……」又云：「（四年）委轉運司及長吏於幕職州縣官內薦教授，以三年為一任……」此見仁宗時轉運使有揀薦學官之責。及至神宗末，其職責亦然。《長編》卷三百五十云：「禮部乞諸州不置學官處，委轉運司選官，及生員多可置教授，申本部下國子監審察。從之。」（《宋會要・崇儒》二同）則知轉運使長時期掌管揀選學官、教授等責。

C. 主管學糧、學錢、學田等事：所謂學糧或錢，其實來自學田，但從其運用上、管理上則三分為糧、錢及田。而轉運使則擁有撥給田土作學田之權，從之而收學錢及糧。《宋會要・崇儒》二云：「（熙甯四年）詔諸路轉運司應朝廷選差學官州軍，發田十頃充學糧，元有田不及者益之，多者聽如故……」見管撥學田事。《長編》卷二百九十四云：「詔：未差教授州軍及縣學，有講書並職掌處，委長吏及本學管句官共選有學行舉人充教授，其學糧依舊，以贍生徒。時河北轉運司請以無教授處學糧增助有處給用，下國子監相度，而有是詔。」（《宋會要・崇儒》二同）知轉運使對學糧之運配有責。對於從學田拘收所得之學錢，轉運使亦得掌管。《宋會要・崇儒》二云：「尚書省言……學校不可緩，欲令轉運……司契勘諸縣官對移上內舍登科人……到任二年以下充令佐，於學事司錢內支食錢三貫……從之。」見轉運使掌管學錢，並有權移用。

D. 監察學籍：此指本州人只許於本州學校聽習，不得游學他州，以免他州學錢增加，而轉運使須執行此監察工作。《宋會要・崇儒》二云：「詔天下見有官學州縣，自今只許本土人聽習，若游學在外者，皆勒歸本貫，其所在官吏，仍不得以州學公用為名，科率錢物，令轉運司常察舉之。」

E. 書本之供應：《宋會要・崇儒》二云：「賜嵩山書院額及印本九經書疏。從本道轉運使之請也。」知轉運使對書本供應有責。

3. 南宋時期：南宋初，天下混亂，學事不振，故此，初期無所謂官學，《繫年要錄》卷十一云：「詔諸贍學錢令轉運司拘收，許移用。」推知於建炎初，仍講學事，惟不能切實推行，故贍學錢可移用。學事能稍振，當要至高宗中後期時。《宋會要・崇儒》二云：「（紹興十六年）詔諸路提舉學事，委轉運司有出身官一員兼領……」見是時運司不能揀選學官，但可由本司兼任。及後二年，則轉運使有議選學官權。《繫年要錄》卷一百五十八云：「（紹興十八年）右朝奉大夫新江西轉運判官賈直清乞於縣官中選有出身人兼縣學教導。上謂大臣曰：州縣選官教導，乃教化本原，將來三年科場，亦有人才，可備采擇，乃令禮部參酌如所請。」（《宋會要・崇儒》二略同）其間亦有轉運使聘任山長之事例。《宋史》卷四百一十一云：「……湖南轉運副使吳子良聘（歐陽）守道為嶽麓書院副山長……」知於此時，選任教授之權，復為運使所掌。至於學田管撥權，亦在運使手上。《繫年要錄》卷一百七十七云：「（紹興二十七年）江南東路轉運判官葉義問乞以僧道絕產得旨贍學之田，召人請佃。從之。（注：紹興二十一年十月六日降旨贍學。）」

由是可知南宋時期推行教育事業之職責，仍掌於轉運使，但職權則不如北宋之大，因此時期教育不振故也。

綜合觀之，掌宋代地方教育事業乃轉運使職責之一，惟因時代不同而職權不同，而以仁宗至神宗時期，轉運使之教育事務職權最重，因於王安石力倡下，君主重視官學，故轉運使得掌立學興教之權。由決定是否立州縣官學、選學官、教授、主管學田、錢糧以至監察學籍及書本之提供等，皆得掌之。

(2) 考試

宋代官吏多出身於考試，故考試工作非常重要，而地方考試主之者為轉運使。《宋會要．選舉》六云：「（甯宗嘉定六年）殿中侍御史石宗萬言……朝廷選舉去取在考官……漕司例差主管文字……監試之責，莫若令諸路轉運司於主管幹官內……擇有才力者……。從之。」據此，可知轉運使掌考試，對政事有非常重要影響，故朝廷甚重視考官之選擇。《宋朝事實類苑》卷三十四云：「雷德驤、有終父子二人，嘗並命為江南、湖南兩路轉運使，當世榮之。王禹偁贈詩二首，其一曰……還有文場受恩客，望塵情抱信依依。」可見轉運使有考取士子之大權。但轉運使主此工作並非易事。《宋會要．選舉》六云：

> 「（嘉定八年）殿中侍御史黃序言……臣嘗採蜀中輿論則四路漕試諸州解試、四川類省試，皆有私取之弊……夫漕試之有別院，所以待舉子，與試官之有妨嫌者也。今聞四路漕試於正式院內夾截數間有別院，同門出入，三日試罷，往還無間，故父兄為正院試官而子弟則別院預薦……此漕試之弊也……」

據此，知轉運使常受批評。其受批評之因，除管理試院不當外，試官少而舉子多亦為原因之一。《宋會要．選舉》二二云：「（孝宗淳熙十三年）福建路轉運副使趙彥操、轉運判官王師愈言：竊見福州每歲就試之士不下萬四五千人，而考試官止差十員……」此造成主考工作困難。故轉運使掌考試工作，並非易事。現分述其工作如下：

1. 主理考試之類別：運使主理之考試類別頗多。

A. 童藝試：據《宋史》卷三百五〈楊億傳〉，「雍熙初，年十一，太宗聞其名，詔江南轉運使張去華就試詞藝，送闕下。」見主理童試。

B.別頭試：據《長編》卷一百二十，仁宗景祐四年，「先是，崇政殿說書賈昌朝言：舉人有親戚仕本州，或為發解官，及侍父祖遠官距本州二千里，宜敕轉運司選官類試，以十率之，取三人。詔兩制議，而翰林學士丁度等言……若二千里而移試，或有不及……聽如昌朝說……自是諸路始有別頭試。」見置別頭試之因及由轉運司主之。

C. 攝官試：據《長編》卷二百十八，熙甯三年，「先是，中書請廣南攝官委轉運司二年一次差官考試，分五場，每試公案五道，每道刑名五七件，取合格人差攝……」見主攝官試。其設攝官試之因見《繫年要錄》卷十八及《朝野雜記》卷十二，「初，祖宗朝，以廣南地遠，利入不足以資正官，故使舉人兩與薦送者，即轉運司試刑法，以其合格者攝之。」

D. 鎖廳試：如《皇宋十朝綱要》卷十八，「詔北界歸朝官，願就鎖廳試者，令轉運司收試。」又如《四朝聞見錄乙集》卷第一，「陸游……紹興間已為浙漕鎖廳第一……」可知漕使主理鎖廳試。

E. 銓試：如《朝野雜記》卷十三，「銓試者舊有之，凡任子若同進士出身之人皆赴……紹興十二年……其任子之在蜀者，舊法令益、梓兩路漕司輪年分春秋銓試……（注：廣東西漕司舊亦有銓試，乾道八年罷之）」則運使主銓試無疑，惟此試曾屬安撫使主理。《宋會要補編》卷一萬三千二百四十九，「四川安撫制置使汪應辰言被旨措置四川試……」（《宋史》卷三十四略同）。此只指四川一地為安撫使所掌，他路銓試，仍控於轉運使，如《宋史》卷四百八〈江綱傳〉，「淳熙十四年中銓試……試湖南轉運司……」可知湖南路轉運使掌考試工作。

F. 類省試：南宋初，因國難而道梗，士子難赴中央應試，故於諸路運司創置類省試。如《繫年要錄》卷十一，「（建炎元年）詔諸路轉運司類省試以待親策。先是，諸州發解進士，當以今春試禮部，會國難不果，上以道梗難赴，乃命諸路提刑選官即轉運司所在州類省試，每路選官六員，臨期實封移牒，漕臣一員監試，不得干預考核，仍用省額統計，率十有四人而取一人，省試之類，蓋自此始。」（《宋會要・選舉》四及《宋史》卷二十四略同）見運使主理類省試。

G. 考武舉人：此只附設試場考武舉人。如《宋史》卷一百五十七，「詔武舉人先經兵部驗視弓馬……仍權就淮南轉運司別場附試七書義五道。」知考武舉人。

2. 考試工作範圍：漕使主考試工作範圍大，由差考試官至上集試題均須掌之。

A. 差考官：運使有權責差委考試官員。如《長編》卷八十四，大中祥符八年，「先是，懷衛濱州以部內官屬少進士登科者，因聚數州進士都試之，乃詔自今諸州發解如乏試官，宜令轉運司選鄰州官充……」(《宋會要．選舉》三略同)。又《朝野雜記》卷十三云：「諸路解試官，故事皆自轉運司選差……」據此，可知兩宋間，轉運使皆得差委試官。其員額有多少，則《宋會要．選舉》二二云：「江南西路轉運司，本路諸州軍公差試官，舊例係五十員……」知一路試官約有五十員。試官工作如何，《宋會要．選舉》二二，「令諸路轉運司，凡待闕被差者，止令考校，不與出題……」則知試官須出題與考校工作。

B. 差謄錄人：抄謄試題之人，亦為運使所差選。如《宋會要．選舉》一三有「謄錄人皆是轉運司科差，吏人皆顧遊手」見運使差謄人。

C. 試卷管理：須封印卷首、點檢試卷、查覆試卷及上集試卷等。

a. 封印卷首：始於糊名制之出現。如《長編》卷六十七，真宗景德四年，「馮拯曰：封印卷首，若朝廷遣官主之，於理亦順，尤宜用素有操守之人。（王）旦曰：滕元晏於士大夫間少交遊。上曰……令田起與元晏同掌封印事……命知制誥周起、京東轉運使祠部員外郎滕元晏封印舉人卷首……」見運使參與掌封印卷首工作。其後則運使可委官代行。同書卷一百十二，「詔諸州自今考試舉人，並封彌卷首，仍委轉運司於所部選詞學並公勤者為考試監門封彌官。」

b. 點檢試卷：如《宋會要．選舉》二一，「兩浙轉運司幹辦公事何心點檢試卷。」見點檢試卷責。

c. 查覆試卷：如《長編》卷九十三，「京西轉運使胡則，言渭州進士楊世質等訴本州黜落，即取元試卷付許州通判崔立看詳……」(《容齋三筆》卷第二略同)。見主查覆試卷責。

d. 上呈試卷：如《宋會要補編》卷一萬五千八十九，「委轉運司官專行收掌草卷寔封，送封彌所……從之。」見上呈草卷。《宋會要．選舉》六則云，「太府寺丞唐吉先言……乞詔諸路漕臣於科舉後將所屬州解試題類聚咸集上之……」知轉運使須負責將試後之試題分類集合，然後上呈中央之工作。

D. 監試：在考試工作中，轉運使常親任監考或委屬官監考工作。現據《宋會要》舉例如下：

〈選舉〉四「轉運使副或判官一員監試」。

〈選舉〉二○「詔四川類省試院監試官差成都府轉運副使王之柔」(《朝野雜記》卷十三及《繫年要錄》卷一百八十三略同)。

〈選舉〉六「監試之責，莫若令諸路轉運司於主管幹官內……擇有才力……者……從之」。

據此，可知轉運使或其屬官負責監試工作。

E. 奏舉武舉人：如《長編》卷二百二，「嘉祐八年，樞密院奏，以為文、武二選，所關治亂，不可闕一……在外安撫、轉運判官……各奏舉一人……遂詔復置武舉。」(《宋會要．選舉》一七及《太平治蹟統類》卷二十八略同）可知轉運判官有責奏武舉人。

F. 驗核試人資格工作：如《宋史》卷一百五十七，「凡無官宗子應舉，其赴諸路漕司之試，有一人前後用兩扼，印二卷者。至是，命漕司並索乳名，訓名各項公據，方許收試，以杜姦弊。」則見驗核試人之資料以應試。

G. 覆試：有些州郡因黜落舉試人多而可獲重考者，轉運使主之。如《宋會要．選舉》一四，「詔如聞河朔諸州解送舉人難於考覆，頗多黜落……宜令轉運使於落解舉人至多處，內有顯負苦辛者，遣官別加考試，及格人送禮部貢院。」可知有覆考試人之責。

H. 試院之管理：據《宋會要．選舉》二零云：「廣南西路轉運司令本部二十五州軍府……共置試院十四……」可知運司須管理試院。

I. 併數州考試：在試人不足額時，轉運使須併數州考試於某一州考試。現據《長編》舉例如下：

> 卷二百二十「諸州進士不及二百人處，令轉運司併鄰近三兩州考試，仍各用本州解額。」(《太平治蹟統類》卷二十八略同)
>
> 卷二百九十「詔：開封府國子監舉人，並通取解額併試：其諸州不滿百人者，委轉運司取近州各用本處解額就一州考試。」

J. 革弊：考試之制行之既久，百弊叢生，故朝廷便詔運使革去其弊，如《宋會要・職官》一三「內降手詔戒飭試院欺弊（注……在外委漕臣……按察……）」可知漕使須負改革考試弊端之工作。如焚去諸處模擬考試之試題，《宋會要・選舉》六「國子博士楊璘言……今書坊自經子史集事類州縣所試程文專刊小板，名曰夾袋冊，士子高價競售……則書不必讀矣……仍下諸路運司州縣拘收書坊挾袋小板，並行焚毀……」可知有改革考試弊端之責。

綜合言之，宋代地方考試工作主於運使，而士取於考試，故運使此一工作非常重要，影響政事至深。

(3) 文化事務

宋代轉運使對文化事務亦得掌管。凡有關印賣書曆、檢查私人文字及書文之翻印管制與監察皆掌之。

1. 書曆等之印製：轉運使有職責印書、敕、曆日及年圖等，又或抄寫經文。《長編》卷七云：「（乾德四年）詔西川轉運使沈義倫於成都寫金銀字金剛經，傳置闕下。」此為宋代轉運使負起文化工作最早之記載。同書卷四十五云：「戶部使、右諫議大夫索湘受詔詳定三司編敕，與河北轉運使、刑部員外郎王扶交相請託，擅易版籍……責扶為監丞。」見印三司敕令工作。又卷二百六十六云：「詔以新修經義付杭州、成都府路轉運司鏤板，所入錢封樁庫半年一上中書……」《繫年要錄》卷二十六云：「直龍圖閣兩浙轉運副使王綜罷，仍奪之職，坐不刊行資治通鑑板本也。始范仲刻是書，垂成而去，琮至遽罷之，言者劾琮指司馬光為姦人，謂通鑑為邪說，必欲毀板，恐其流傳……」《容齋續筆》卷第十四云：

> 「紹興中，分命兩淮、江東轉運司刻三史板，其兩漢書內，凡欽宗諱，並書四字，曰『淵聖御名』、或經易為『威』字，而他廟諱皆祇缺畫……蜀三傳後，列知益州、樞密直學士、右諫議大夫田況銜，大書三行，而轉運使直史館曹穎叔……各細字一行，又差低於況。今雖執政作牧，監司亦與之雁行也。」

《宋史》卷三百八十一云：「(程瑀)……嘗為論語說……洪興祖序述其意，(秦)檜以為譏己……魏安行鋟版京西漕司，亦奪安行官……」(卷三十一略同)從上四條史料，可知轉運使有印刷書文之職權，其中所印為經史之文為主。且內容文字之改動及付印與否，皆取決於轉運使。《宋會要・職官》一八云：「詔國子監並諸路轉運司所管州是應有印板書籍去處，各印造一部送國史院。」知轉運使有印書送國史院之特殊職責。宋代曆日亦為轉運使所印。《長編》卷三百三云：「詔自今(元豐三年)歲降大曆本付川、廣、福建、江、浙、荊湖路轉運司印……」(同見《宋會要・職官》一八及三一)。可知神宗時曆日之印製為各路轉運使所掌。及至乾道間，則只有兩浙路轉運使負責製造曆日雕板，印製工作已由榷貨務所掌。《宋會要・職官》三一云：「禮部言太史局每歲箋注到曆日丞指揮下兩浙轉運司雕造訖，將板送秘書省印造……昨秘書省申請到將運司板送榷貨務印造……」另者，年圖亦為運司所印。宋會要職官二二：「詔諸州所上閏年圖……其諸路轉運司即十年一造。」

2. 查驗著文：宋代私人著作，須受政府查驗，始可流行，而負責此項工作者為轉運使。《長編》卷七十一云：「(大中祥符二年)詔風勵學者……其雕印文集，令轉運使擇部內官看詳，以可者錄奏。」(《宋史》卷七略同)可知私人著文，須受轉運使查驗。又一些碑文真偽之驗定，為轉運使所負責。《長編》卷二百六十五云：「(熙甯八年)詔京東西路轉運司勘會呂升卿於太山上鐫勒文字，是與不是祖宗御製碑以聞。蔡承禧言太山有祖宗御製碑，升卿勒石其上，故令案實。後轉運司言所勒非御製碑，乃已。」轉運使亦須查禁及追毀著作。《宋史》卷十九云：「……追毀程頤出身文字，其所著書令監司覺察。」時為北宋末年，至南宋時，轉運使仍掌此工作。《繫年要錄》卷一百六十一云：「兩浙轉運判官曹泳言右承務郎李孟堅省記父光所作小史，語涉譏謗，詔送大理寺。」(《皇宋十朝綱要》卷二十四及《宋史》卷三十略同)《慶元條法事類》十七云：「諸私雕印文，先納所屬，申轉運司選官詳定有益學者，聽印行，仍以印本具詳定官姓名，送秘書省國子監。」據此，知私人著述，兩宋間，為轉運使所查驗。

3. 執行書、曆之禁印與售賣：對於私人印製之書籍，翻印及曆日之私人印賣，為朝廷所不容，而轉運使為執行此禁令之官。《長編》卷二百六十六云：「(熙甯八年)詔以新修經義付杭州、成都府路轉運司鏤板，所入錢封樁庫半年一上中書。禁私印及鬻之者，當行朝典。」見轉運使覺察私人印書及賣書之令。同書卷三百三云：「(元豐三年)詔自今歲降大曆本付川、廣、福建、江、浙、荊湖路轉運司印賣……餘路聽商人指定路分賣。」則川、廣、福建、江浙、荊湖等路，不得私印私賣曆日，而覺察之者為轉運使。轉運使亦有責任要禁絕翻印之事。《方輿勝覽》本文後載福建轉運使司錄白云：「……比當乘累經兩浙轉運使司……給榜禁戢翻刊，近日書市有一等嗜利之徒不能自出己見編輯專一翻板……追人毀板斷治施行，庶杜翻刊之患。奉運使判府……給榜須至曉示……」(兩浙路轉運司狀乞給榜約束，翻刊同。)可知轉運使有禁翻刊之責。

4. 印賣曆日之責：宋代除一些路分外，其曆日之印賣，為轉運使所掌。《長編》卷三百三云：「(元豐三年)詔自今歲降大小曆本付……轉運司印賣……其錢歲終市輕齎物，附綱送曆日所。」及至南宋，轉運使仍領此職。《繫年要錄》卷六十二云：「詔太史局依舊頒降諸路轉運司曆日，其賣到淨利錢，赴榷貨物。」（同見《皇宋中興兩朝聖政》卷十三）。

觀此，宋代轉運使有印製書文、查驗私人著作、印賣曆日及執行禁止私人印賣書曆之職責。

（六）司法

(1) 獄訟

地方獄訟之事，在兩宋間，大部分時間均由轉運使執掌。《通考》卷六十一云：「太宗淳化二年五月詔轉運使司命常參官一人糾察州軍刑獄，四月十月詔刑獄司宜從省罷，委轉運司振舉之，以此知轉運司總刑獄之事也。」則獄訟事自宋初已為轉運使所掌。《長編》卷三十四云：「自端拱以來，諸州司理參軍皆上躬自選擇……數年之間，刑罰清省矣。諸路提點刑獄未嘗有所平反……詔悉罷之，歸其事於轉運司。」則知刑獄事有短時間不掌於運使，惟於淳化四年重歸運司所掌。同書卷一百十三云：「始，天聖六年，罷諸路提點刑獄官，八年復置，又權停。於是，上謂輔臣：諸路刑獄既罷提點官，轉運司不能一一躬往讞問，恐寖至冤濫。宜選賢明廉幹不生事者委任之，則民受其賜矣。乃復置諸路提點刑獄官……」此可知太祖至仁宗間，轉運使長時期掌執刑獄工作，又重獄與冤案，往往須轉運使始可受理。同書卷一百二十二云：「（仁宗寶慶元年）同提點京東刑獄王繼祖，請自今諸路提點刑獄巡所部內，民有訴冤枉者，許受理之。詔聽受詞狀，送轉運司施行。」據此，知雖有提點刑獄官，轉運使仍掌獄訟大權。因之，時有議罷提刑者。東都事略卷三十云：「（劉）燁……言……國家景德後分部置使總按刑獄……轉運使已專刺舉之職，復置使按刑，非所以責任……」及至南宋，轉運使仍掌刑獄事。《兩朝綱目備要》卷十二云：「（寧宗嘉定二年）詔……諸路監司速決滯獄。」《慶元條法事類》五十云：「諸僧道童行陳許枉被刑責者，委轉運司具元犯定奪保明申尚書刑部。」據上二條，南宋間，轉運使仍掌獄訟事，且權力仍大。而朝廷往往對刑獄之事甚為重視，故常有詔要漕使躬親斷獄。《長編》卷九十九云：「（真宗乾興元年）詔糾察在京刑獄并諸路轉運使副……凡勘斷公事，並須親躬閱實，無令枉濫淹延。」觀此，轉運使掌刑獄事可知，而工作並不容易。現分職權範圍與工作執行之規限言之。

1. 職權範圍：所管之刑獄事頗多。

A. 差遣獄官：一些重審或稍輕案件，運使可遣部官處理。《長編》卷一百二十云：「（景祐四年）詔：天下獄有大辟，長吏以下並聚廳慮問，有飜異或其家訴冤者，聽本處移司；又不服，即申轉運司……差官別訊之。」又卷二百九十八云：「（元豐二年）前權建康軍節度推官王覺、前知澧州西京作坊使李山甫訴推勘官何琬、胡宗回酷虐，乞改差官鞫治……山甫令湖南轉運司選官重鞫……」可知運使有選官重鞫案件之權責。

B. 察究獄官：《長編》卷二十三云：「（太平興國七年）兩浙轉運司言，部內諸州繫囚滿獄，長吏隱落，妄言獄空……」見對獄官之監察。同書卷六十六云：「（景祐四年）審刑院言……又法寺與勘命官，內檢斷不當，公事失錯或保任無狀，止是公坐，不至追官者，並止委轉運司差官鞫問……」又卷二百三十二云：「（熙甯六年）又詔御史臺前勘官姚原古治獄鹵莽，雖去官，下淮南轉運司劾罪以聞。」可見轉運使有責追究獄官之錯失罪。

C. 傳佈獄令：凡朝廷有關刑獄之命，運使有責傳諭有關部官。《長編》卷八十七云：「（大中祥符九年）詔諸路轉運使曉諭州府軍監長吏等，凡有獄訟，必須盡公審察，務於平允；其大辟罪如情輕可憫及理有所疑者，並許奏裁，以副欽卹。」

D. 追召證人：轉運使在鞫獄時，有權追召遠地證人。《長編》卷八十二云：「先是，鼎州判官孫蹥贓，轉運使牒鄆州追其妻證驗，三子皆幼，上憫之……詔諸州勘劾公事，干連女兒當為證左者，千里外勿追攝，牒所在區斷。」知轉運使有追召證人權。

E. 考選獄官：轉運使有責考選獄官。《長編》卷二百六十四云：「（熙甯八年）詔發運、轉運……司，州縣吏及衙前不犯徒若贓罪，能通法律，聽之歲一試斷案。轉運司以八月差官如試舉人法，每路取毋過三人，本司具名並試卷以聞，委中書詳覆……試不中者，軍巡院人與三司大將，諸路人委試官再取轉運司試卷及見試卷看詳……」可知運使須出試卷考選獄訟斷判之官。

F. 紀錄有罪之官：州縣犯罪官員，雖實未彰露，運使亦有責書於律。《長編》卷八十二云：「（大中祥符七年）殿中侍御史曹定，言諸州長吏有罪，恐為人所訴，即投牒自首，雖情狀至重，亦以例免，請行條約。詔自今知州、通判、幕職官、使臣等首罪，如實未彰露，則以狀報轉運司，雖格當原，亦書於律。」

G. 對刑獄之弊作出獻議：此指有關罪犯送京之弊及流配人之管理問題。《長編》卷二十一云：「（太平興國五年）詔：西川諸州民，比者，但犯鹽禁，皆部送京師。自今不滿十斤，委所在州府依法區分；十斤以上，並依舊部送赴闕。從轉運使聶泳所奏也。」又卷二十二云：「（太平興國六年）江南西路轉運副使、左拾遺張齊賢上言：罪人至京……干繫人非正犯者，具報轉運使詳酌情理免錮送……自是江南送罪人，歲減大半。」（《容齋四筆》卷第十三及《宋史》卷二百六十五略同）。知運使對犯人送京之議改。《長編》卷一百八十八云：

> 「（仁宗嘉祐三年）京東轉運使王舉元言：登州沙門島每年約收罪人二、三百人，並無衣糧，只在島戶八十餘家傭作，若不逐旋去除，即島戶難為贍養。兼是諸州軍不體認條法，將罪人一例刺面配海島，內亦有情不深重者，如計每年配到三百人，十年約有三千人，內除一分死亡，合有二千人見管，今只及一百八十人，足見其弊。蓋無衣糧，須至逐旋去除，有足傷憫。望嚴戒諸路州

軍，除依編敕合配海島外，餘罪不得配往，登州年終具收配到沙門島罪人元犯因依，開項申奏，委刑部檢點，如不係編敕合該配往彼者，具事由以聞。從之。」

《宋史》卷二百六十六云：「（王舉元）……京東轉運使。沙門島多流人，守吏顧貨橐，陰殺之。舉元請立監以較賞罪，自是全活者眾。」見轉運使對流人之弊政獻議改革。

H. 疏理滯獄：每當天下有災情，如雨災、風災、旱災、地震等，或遇赦，則有朝旨命轉運使疏理繫獄。《長編》卷六十一云：「以淮南旱歉，詔轉運司疏理管內繫囚。」又卷一百十六云：「以大暑，降天下囚一等，杖以下釋之。諸路令轉運使……疏決之。」又卷二百九十九云：

「權御史中丞蔡確言：畿內及諸路闕雨，宿種未長，重虞疾疫，陛下賑卹窮乏，詔書數下，仁民之慮，可謂至矣。臣愚竊謂四方犴獄，宜更澄察，決滯理冤，足召協氣。乞……諸路轉運……司委官……巡按闕雨州縣，督治未結絕公事，有涉枉濫或無故淹延者，並申理決遣，劾官吏以聞。」

據此，可知在滯獄影響天理觀念下，促成轉運使須親行疏理繫囚或委官疏決之。

I. 覆審案件權責：凡有冤濫案獄，轉運使有權覆審申決。《長編》卷一百二十云：「（仁宗景祐四年）詔：天下獄……其家訴冤者……即申轉運司……差官別訊之。」此一權責至南宋不變。《慶元條法事類》五十云：「諸僧道童行陳許枉被刑責者，委轉運司具元犯定奪保明申尚書刑部。」可知轉運使有覆審案件之權責。

J. 釋減罪犯責：轉運使有權酌情減免死罪，或釋放囚人。《長編》卷二百八十云：「（熙甯十年）詔河北、京東路轉運司，強盜罪至死該密問減等者，未得斷，具析以聞，候盜賊稀少日取旨。以強盜多因案問減死，配他郡，逃還鄉里，讎害告捕之人，人不敢告捕，而盜賊益多故也。」見運使有減免死罪責。《太平治蹟統類》卷五云：「諸路轉運使州軍吏按百姓逋欠文籍除之……除逋欠凡一千餘下，釋繫囚三千餘人……」知有放罪囚權。

2. 按獄規限：轉運使按獄，有其一定依據與規限。

A. 依據：《長編》卷十六云：「（開寶八年）詔有司重詳定推狀條樣，頒於天下，凡三十三條……諸路轉運司……鞫獄，即錄一本付之。」則轉運使按獄，在宋初已有條文可為依據。

B. 移他州處理之限：凡翻審冤獄，與案有關之官吏，不得覆推，如闕官，有例轉運使須移他州治之，以免有不公情況。《長編》卷七十二云：「（大中祥符二年）詔：自今大辟案具，臨刑稱冤者，並委不干礙官覆推之。如闕官，即白轉運……就鄰州遣官按之。」可見有移他州治獄之限制。

C. 與他司同治：一些重案，運使須與他司同審。《長編》卷二百九十三云：「（元豐元年）詔江南東路轉運、提舉司鞫呂嘉問事（嘉問守江寧，治獄不公事），其提點刑獄王安上不許迴避，令依前降指揮同鞫。」可見運使時須與他司同治獄案。

D. 凡案須經運司之規定：宋代地方治獄之官，有運使與提刑官，但凡有獄訟，必須先經運司審理，提點刑獄始可受理。《長編》卷一百十六云：「詔諸路提點刑獄司，事有冤濫而繫人命者，雖未經轉運司，亦聽受施行。」據此，可知凡刑獄有必須先經運司審理之規定。

E. 犯人減等規定：凡監司所在州府，犯人有減罪之規定。《繫年要錄》卷一百八十云：「……監司之在置司州者，並減犯人一等……」

F. 審叛卒：今之司法，不涉軍事者，但宋代轉運使則凡地方案獄必由其審判，故軍事上之案件，亦為其所主理。《長編》卷一百六十二云：「（慶曆八年）王則之以貝州反，深州卒龐旦，與其徒謀以元日殺軍校，劫庫兵應之……知州王鼎……刺得實……獄具，俟轉運使至審決……轉運使至，囚未決者尚半，訊之，皆伏誅。」

由是觀之，轉運使自宋初至南宋末，皆掌刑獄之事，其間雖有提點刑獄官之置，以專刑獄事，惟刑獄決策權仍終於轉運使，故其為刑獄事方面之地方決策者之一。而其工作由考選獄吏、差委獄官、傳佈獄令、決滯獄以至覆審冤獄及流人之管理等皆得主之，但受條文規限，須依之審判，非隨意行事者。朝廷亦在天遣觀念下，甚為重視刑獄，故時有詔轉運使不可淹滯繫囚，因此，宋代獄事，頗能清治。

(2) 刑罰之執行

宋代轉運使有執行刑罰之職權。《宋朝事實》卷九云：「……真宗嘗曰天下物宜，民間利病，惟轉運使得以週知……又嘗戒諸路轉運使曰：汝等所至點檢公事，固是常職，若州郡相承弊事，但且改正，切勿亟行刑罰……」知朝廷自宋初已授轉運使行使刑罰之職權。而其執行刑罰之範圍亦廣，由對刑罰獻議、約制屬州用刑、籍家、黥吏、流配罪人、杖打以至於執行死刑，皆掌之。

1. 獻議刑罰：此指轉運使對於執行刑罰之滯暢、輕重及流配犯人之數及地點之獻議。《長編》卷四十九云：「（咸平四年）江南轉運使馮亮言：舊敕犯銅禁者，七斤而上並處極法，奏取敕裁，多蒙減斷。然待報踰時，頗成淹緩，請別定刑名，以為永制。詔自今滿五十斤以上奏裁，餘遞減之。」知對執行刑罰之程序及時間作出意見。同書卷一百十七云：「（皇祐三年）詔廣南東、西路民家不得私置博刀，犯者並鍛人並以私有禁兵律論。初，轉運使言，民為盜者多持刀，捕獲止科杖罪，法輕不能禁，故更此條。」見對刑法輕重之議。又卷二百五十六：「（熙甯七年）荊湖北路轉運司言：諸州軍及川陝四路鐵錢界罪人當配廣南者，除情理凶惡州軍，餘並配沅州，候及五百人止。詔沅州廂軍五百人內，招本城三百人，以宜節為額；牢城二百人，許刺配諸處罪人，候足停配。」此為對流配罪人地點及人數之建議。觀此，知轉運使可上議刑罰之事。

2. 約制屬州濫用刑罰：轉運使有禁約屬下州郡濫用刑罰之權。《長編》卷六十四云：「（真宗景德三年）知杭州薛映臨決鋒銳，州無留事。

時起居舍人、直史館姚鉉為轉運使……檄屬州當直司毋得輒斷徒以上罪。」同書卷八十二:「禁諸州決罪暗加杖數,令轉運司察舉之。」《宋史》卷二〇一云:「……皇祐中,既赦,命知制誥曾公亮、李絢閱所配人罪狀以聞,於是多所寬縱,公亮請著為故事,且請益、梓、利、夔四路就委轉運鈐轄司閱之……」據此,約制屬州執行刑罰得當與否,為轉運使之職。

3. 籍犯人之家:此亦為轉運使之職責。《宋史》卷四百七十云:「陳利用……京西轉運副使宋沆籍利用家,得書數紙……」

4. 黥刺貪吏:轉運使有黥犯法吏人之權。《宋史》卷三百三十云:「(傅求)……為梓州路轉運使,夷獠寇合江……求馳往按所以狀,乃縣吏冒取播州田……即黥吏置嶺南……」

5. 流竄罪人:上言轉運使監閱流配罪人之責,而執行流配犯人亦為轉運使責之一。《宋史》卷三百六十云:「(張景憲)……以父師德任淮南轉運副使。山陽令鄭昉贓巨萬,親戚多要人,景憲首案治,流之嶺外,貪吏望風引去……」同書卷二十三云:「……廣西轉運副使李界之誅趙良嗣,並竄其子孫於海南。」知轉運使有流配罪人之職權。

6. 杖打之執行:杖打罪犯為刑罰中常見之事,故轉運使有杖打之權責。《長編》卷四十九云:「(咸平四年)趙永昌……督運江南,所為多不法,知饒州韓昌齡廉得其贓狀及違禁事,移於轉運使馮亮,決杖停職。」(《宋史》卷二百略同)《兩朝綱目備要》卷十二云:「詔獄官放罷,二吏送浙漕司從杖一百……」知轉運使執行杖刑之職權。

7. 執行死刑:宋代分路而治,轉運使為一路最高民政長官,罪人被斷處死,理當送京師處決,惟路途遙遠,罪犯死途中者不少,故若是有就地執行死刑者,轉運使則為負責者。《宋史》卷四百六十八云:「詔處死(陳衍),令廣西轉運使程節涖其刑。」而死刑有多種,計有:梟首、斬、誅、杖殺等。兩宋間,廣南路轉運使往往可先斬後奏,有執行死刑大權。《長編》卷一百四十二云:「(慶曆三年)詔廣南轉運使,諸配軍有犯情涉凶惡，許便宜處斬，以事聞。」知仁宗間，廣南轉運使有便宜處斬權。《繫年要錄》卷四十六云：「南雄州兵馬都監郭康偽造制書，自稱奉使廉察廣東兵官已下，轉運判官章傑覺其詐，捕送廣州誅之，至是以聞。」觀此，兩宋間，轉運使有先斬後奏之權。而所斬之人，不只本國人，連金人亦可斬。同書卷一百四十一云：「……宣撫使胡世將……以金人之俘三千人獻於行在，命利路轉運判官郭游卿就俘獲中，以聲音形貌，驗得女真四百五十人，同日斬於嘉陵江上，斂其屍以為京觀……」(《皇宋中興兩朝聖政》卷二十七略同)。以下附述其處斬方法：

A. 杖殺：即以杖打至死。《長編》卷十九：「(太平興國三年) 殿直武裕統兵戍海門，於所部恣為姦贓，詔容州鞫實，嶺南轉運使周渭杖殺之。」

B. 斬：即分其屍首。《宋史》卷二百八十云：「(王延範)……張霸：詣（徐）休復（知廣州）告延範將謀不軌及諸不法事……轉運副使李琯暨休復雜治延範，具伏……斬廣州市……」

C. 誅：似有累及他人之死罪。《宋史》卷二十三云：「遣……誅童貫，廣西轉運副使李界之誅趙良嗣，並竄其子孫於海南。」

D. 梟首：即斬首以示眾也。《宋史》卷四百七十二云：「趙良嗣……禍及中國……詔廣西轉運副使李界之即所至梟其首。」《桯史》卷第二云：「(開禧三年) 隨軍轉運安丙奉密詔梟（吳）曦於興州。」見梟首為罪重至死處斬之法，而兩宋間有之。

綜而言之，轉運使有執行刑罰之職權，而其刑罰有多種，當中死刑之執行，則似止於廣南路，而以廣州為處決之地點。

(八) 軍事

一般論者認為宋代轉運使不預軍事，此說大抵於某時某路份之轉運使而言，有其真確性，但對於宋初及某些路份之轉運使而言則有所不確，其實一些轉運使常擁有領兵馬事之權責，而縱某些路份之轉運使不參軍機，不領兵權，但亦並不是表示他們不參與軍旅之事。宋代轉運使由宋初至宋末，均有參與軍事工作，如調配屯兵、平定軍亂、揀汰老兵、偵報敵情、密備守禦、上報戰況、察管逃兵、驗視軍資及編訓義軍等軍事工作。現分述如下。

1. 領兵權：此權見於太祖、太宗時之轉運使及一些須應處蠻夷路份之轉運使。太祖乾德三年，「均州刺史、西南面水陸轉運使曹翰率兵會王仁贍等。圍呂翰于嘉州。呂翰棄城走」[48]，又如太宗太平興國三年，「仙游、莆田、百丈等草寇乘虛嘯聚十餘萬，來攻泉州。時兩浙西南路轉運使楊克讓在福州，遂率屯兵往救之，圍既解，草寇悉平」[49]。可知於宋初，轉運使有領兵平賊寇權。但于仁宗慶曆七年，貝州一役，則詔：「諸道兵馬已會貝州城下，令王信、麥允言、王凱、郝質速行攻討。其轉運使，毋得與攻取事」[50]。則是役轉運使不得參與攻取事，據之，則可反映出轉運使時有參與攻取之事，否則，君主無需下詔止之。故轉運使領兵攻取權責，至少在仁宗慶曆間仍存在。所謂特殊路份轉運使有領兵馬權者，乃指荊湖北路、廣南西路、梓州路、利州路、夔州路及永興軍、秦鳳路等之轉運使。此等路份之轉運使因處邊陲，須當機應變，故有此權。現分路言之。

A. 荊湖北路：如仁宗嘉祐元年命「王綽為荊湖北路轉運使、領兵馬事，代李肅之也」，因「肅之入峒討蠻弗克」[51]，可見此路轉運使有「領兵馬事」及「出兵討蠻」之權責。又如嘉祐三年命「潘夙權荊湖北路轉運使。時蠻反邵州，殺隊將及其部兵，故就委夙經制蠻事。夙駐兵貲木寨，親督兵援所遣將，破團峒九十餘」[52]，可見是路轉運使有督兵及遣將平蠻之權責。

B. 廣南西路：此路轉運使亦如荊湖北路有領兵權，但曾罷此權，至神宗熙甯九年始復掌之。是年詔「廣南西路轉運司聽復與聞邊事。先是，知桂州沈起奏罷之，以交賊入寇，令復舊制。」[53]知舊日此路轉運使與聞邊事，究如何與聞，則從熙甯十年條有「降權廣南西路轉運使、司封郎中李平一為屯田郎中、監廬州鹽礬務」，因「坐師出安南，措置乖方，及漕運不職」[54]之故，可知出師之事為轉運使所措置，這種「措置」當為軍事行動，非指漕運，因有「及漕運不職」之語。故此路轉運使亦有掌兵之權。

C. 梓、利、夔州三路：如神宗熙甯九年有詔「成都府路邊事鈐轄司專制置，梓州路轉運司與鈐轄司制置，利州、夔州路轉運司與駐劄路分都監司同制置，並許一面那移軍馬」[55]，可知此三路轉運使有「那移軍馬」之權。但元豐五年，梓夔路轉運使與聞邊事之權被罷，其云：「梓夔路遇有邊事，安撫鈐轄司措置施行，轉運司更不干預」[56]。

D. 永興軍、秦鳳路：如熙甯六年，詔「永興軍、秦鳳路轉運司發北城兵二千付景思立」[57]，知有領兵權。

約言之，則宋初轉運使及一些特別路份之轉運使，擁有領兵征討之權。

2. 行軍規畫：宋初轉運使除領兵征戰外，亦得參與軍畫。太祖開寶四年，王師南伐，王明知轉運嶺表事」，亦得「參預軍畫」[58]，可知轉運使參與軍畫事。

3. 獻議戰略：於行軍時，轉運使可獻戰略，如開寶三年，「大將潘美攻賀州，隨軍轉運使王明獻策於潘美曰：當急擊之，恐援兵再至，則為所乘，我師老矣」[59]。見獻攻戰策。如「詔經度復修定州新樂、蒲陰兩縣，河北轉運使索湘以其地迫窄，非屯兵之所，遂奏罷之」[60]，見獻議屯兵地點。景德元年，「夔州路轉運使薛顏等言，川峽戍兵等素不閑習，內夔、施最近蠻境，請各付戍器，時加訓練」[61]，見獻言訓練戍兵。又咸平四年，「陝西轉運使劉綜等上言：護塞之方，有備為最，請於軍城四面置一屯田務，開田五百頃，又於軍北及木峽口，軍城前後，各置堡塞」[62]，見獻議守禦策略。故宋初之轉運使常見獻議戰略。

4. 接收敵方倉庫：宋初，太祖出兵平定天下，每能克敵時，敵人之倉庫、版籍，皆為轉運使所接管。如開寶四年，「王師南伐，每下郡邑，知嶺表轉運事王明，必先收其版籍，固守倉庫」[63]。又如開寶八年，「曹彬入金陵。倉廩府庫，委轉運使許仲宣按籍檢視」[64]。

5. 維持軍紀：如太平興國六年，交州一役，「有二敗卒先至邑市，奪民錢，轉運使周渭捕斬之，後至者悉令解甲以入，民乃安」[65]，可知轉運使有維持軍兵紀律權。

6. 接收兵權：行軍時，如遇將領有不受命，其兵權則由朝廷詔命轉運使接收。如真宗乾興元年，「丁謂疑鎮定都部署曹瑋不受命」，於是詔「河北轉運使韓億馳往收其兵」[66]。以上所述，均為宋初轉運使得參與軍事之例。

7. 調徙兵丁權：如太平興國六年，交州一役，因「時諸軍冒炎瘴，又多死者，轉運使許仲宣，乞班師，不待報，即分屯諸州」[67]。又仁宗慶曆六年，「詔廣南東路轉運鈐轄司，方今瘴起，戍兵在邊者，權徙善地以處之」[68]。又皇祐四年，包拯「乞那移兵馬於河南州軍」，亦須「委逐路安撫、轉運司相度」[69]。可見調徙兵丁駐地之權在轉運使。

8. 探報敵情：轉運使亦有責刺探敵人之虛實以報朝廷。如大中祥符元年，「河東轉運司言，偵得契丹點集兵馬，邊民頗懼」[70]，神宗熙甯十年，「廣西轉運司言，探得交趾兵甲見在機榔縣外等事」[71]。又同年，「廣南西路轉運司言，九道白衣李聚明等探到交趾事狀」[72]。可見轉運使有偵刺敵人事實之責。

9. 密備守禦：轉運使主要職責不在軍事，但朝廷當要建築守備工程時，往往恐為敵方偵知，故常密令轉運使建造之。如仁宗慶曆三年，「樞密副使韓琦建言：宜選轉運使二員，密授經略，責以歲月，使營河北守禦之備」[73]。四年時，「范仲淹亦建言：遣才臣權領河北轉運使，密令經度邊事」[74]，後為仁宗所採用。故見漕使有密備守禦河北之責。

10. 平定軍亂：如仁宗天聖六年，有「南郊賞賜軍士，而汾州廣勇軍所得帛不逮他軍，一軍大譟，捽守佐堂下，劫之，約予善帛乃免。城中戒備，遣兵圍廣勇營，轉運使孫沖適至，命解圍弛備，置酒張樂，推首惡十六人斬之，遂定」[75]。景祐三年，「驍武卒李玉等十人亦因南郊給賞帛不善而為亂」，於是「都轉運使李弘誅其首惡」[76]而事平。又如「隨軍轉運使安丙誅叛臣吳曦之亂」[77]。可見轉運使有平定軍亂之責。

11. 汰減兵丁：如景德三年，「令諸路轉運副使，所至揀閱州兵老疾者，籍其數以聞」[78]，景祐三年，「朝廷詔陝西都轉運使王沿等減戍卒，就食內地」，於是「沿既奏減卒數萬」[79]，又嘉祐四年「河北都轉運使李參簡退諸軍老羸者萬餘人」[80]。則見諸路轉運使有汰減弱老兵卒之責。

12. 察舉逃兵：有關逃兵誘歸之責，亦在轉運使。如明道元年，「邊緣主兵官多役軍士斬薪燒炭，往往逃避山谷，或聚而為盜」，於是，仁宗下詔「令轉運使察舉」[81]，嘉祐六年，「詔：如聞諸處逃軍藏匿民間，或在山谷，寒餓轉死者甚多。其令轉運司出榜曉示，限兩月首身，除其罪」[82]。可知轉運使有招納逃兵之責。

13. 驗報戰情：此指轉運使須上報戰後死亡之數、戰敗之體量因由及戰功。如神宗熙甯四年，詔「聞棄囉兀城堡，將官燕達等軍回遇賊多覆沒，令陝西都轉運司體量實數以聞」[83]，見需上死亡人數。五年時，「樞密院言：金湯之役，復圭盡取趙餘慶所得首級繫之李克忠，其自洛河川歸慶州，克忠兵又中道為敵衝斷，有當時轉運使孫坦體量狀」[84]，見體量戰果。熙甯九年，「廣南西路轉運司言交賊攻邕州，效用人禦敵，殺傷賊頗眾」[85]，見上報戰功。

14. 編訓義軍：此為轉運使在軍事上最具影響之職責，因其對地方防禦起了極大作用，在一些戰爭中，義軍甚至取代了禁軍之地位。而轉運使在這方面的工作，由組織、招募、訓練、閱試以至支費，皆掌之。於某一時期，地方兵力可謂全由轉運使編組而成。如咸平四年，「詔陝西民家出一丁，號保毅軍，給資糧，與正兵分戍守城壘，遣御史吳蒨與轉運使同主其事，凡得六萬八千七百九十五人」[86]，至景德元年，陝西轉運使更「於保毅軍內，簡集成振武軍四十指揮」[87]，知轉運使編組義軍。至於閱試義軍之責，亦在轉運使。元豐七年，「詔：應置巡檢下土兵路分，並轉運司每歲依春秋大閱法，分定案試」[88]。轉運使亦有教習之責，如「明鎬為陝西轉運使閱同州廂軍，得材武者三百人，教以彊弩，奏為清邊軍，最驍悍。其後陝西、河東悉置此軍」[89]。而南宋時，淮南西漕使亦曾組織義勇，如「淮南兩漕司招輯邊民為鎮淮軍，多至十餘萬人」[90]，又「命淮西漕臣張穎措置雄淮軍」[91]，可知兩淮漕使有措組義軍之責。

15. 揀馬配軍：馬匹為行軍所必須，而選強壯者配軍，為漕使所措置。元豐六年有詔「成都府、利州路緣邊出馬處。宜堪配軍者，令知成都呂大防與兩路轉運司同經制畫一以聞」[92]。

16. 檢驗器甲軍衣：轉運使既向掌應副軍需，故器甲、軍衣之物，經常要驗視。如熙甯四年，有詔「天下軍器除三路緣邊已差官閱視，其他路令轉運司於逐州軍各選差官相驗，分為三等，轉運使副、判官分詣逐州軍督趣，事畢以聞」[93]。至南宋時，轉運使此職責不替，如慶元間，「轉運使常督察主兵官訓練士卒修整器甲」[94]。至於軍衣亦為轉運使管造，如嘉祐三年，「詔陝西轉運司」要對「軍衣之輸納」[95]宜有所寬，因邊事稍息。

綜合言之，轉運使實有參預軍事之權責，尤以宋初之轉運使常有率兵征戰，而廣南、荊湖等邊路，轉運使長期掌握兵權，不論出兵或調屯地點，皆為漕使主管。而他路轉運使雖大多非領有兵馬權，但間接亦得預軍旅之事，如組織、閱試保毅軍，清邊軍、鎮淮軍及雄淮軍等義勇軍，為宋代地方防禦工作，作出重大貢獻。故宋代轉運使，可謂一直與軍事結下不解之緣。

綜而論之，宋代轉運使之職權至重至廣，凡隨軍應副、巡行按部、考劾與薦用部官、財務管理、文教事務、地方獄訟、地方軍事，皆得掌管。故宋代轉運使對地方政令之暢滯、吏治之得失、財政之盈虧、教化之振衰、獄訟之疏滯、國防之固弱、行軍之成敗等，有着重大而深遠的影響。其中軍事一項，尤值得我們注意，因一般論者認為宋代轉運使不涉軍事，但從上所引史例，可見此說實有偏差。其實，在一些路份，轉運使往往有領兵權。朝廷時亦以其表面不涉兵事身份，令其探報敵情，密備守禦。在編訓義軍方面，由組織、招募、訓練、閱試以至支費，轉運使皆得掌管，可說對地方防禦起了極大作用，在一些戰爭中，義軍甚至曾取代了禁軍之地位。可見轉運使對宋代國防有一定貢獻。

註釋

[1]《太平治蹟統類》卷十二。

[2]《宋會要輯稿（以下簡稱宋會要）・食貨》四九。

[3]《續資治通鑑長編》（以下簡稱《長編》），卷三百二十一。

[4]同書卷三百六十七。

[5]同書卷二百四十四。

[6]《歷代名臣奏議》卷一百五十。

[7]《宋會要・職官》五七。

[8]《建炎以來朝野雜記》（以下簡稱朝野雜記）卷十七。

[9]《建炎以來繫年要錄》（以下簡稱《繫年要錄》）卷二十七。

[10]《宋會要・食貨》四九同。

[11]同上。

[12]同上。

[13]《太平治蹟統類》卷九及《宋史》卷二百九十七同。

[14]《宋會要・食貨》四九同。

[15]《宋史》卷三百四同。

[16]《宋會要・職官》四五略同。

[17]《慶元條法事類》七略同。

[18]同上。

[19]《宋會要・食貨》四九及《宋史》卷十略同。

[20]《長編》卷四十三

[21]同書卷一百三十六

[22]同書卷四十九

[23]同書卷三百八

[24]同書卷一百一

[25]同書卷一百十五

[26]《宋會要・職官》四五之四

[27]《宋史》卷三百五十六〈張根傳〉

[28]《長編》卷一百八

[29]同書卷三十四

[30]同書卷一百十六

[31]同書卷一百十九

[32]同書卷八十八

[33]同書卷一百五

[34]同書卷一百四十三

[35]同書卷二百三十六

[36]同書卷二百八十四

[37]《太平治蹟統類》卷二十九同。

[38]《東都事略》卷四十四及《宋史》卷二百八十八略同。

[39]《太平治蹟統類》卷五略同。

[40]《長編》卷九十四。

[41]同書卷一百二。

[42]同書卷一百八十五。

[43]《東都事略》卷九十七略同。

[44]《皇宋十朝綱要》卷二略同。

[45]《朝野雜記》卷十六及《通考》卷六十二略同。且「馬忠肅亮」分別作「馬忠肅」及「馬亮」。

[46]《宋會要・食貨》三四。

[47]《慶元條法事類》三十二。

[48]《長編》卷六。

[49]同書卷十九。

[50]同書卷一百六十一。

[51]同書卷一百八十二。

[52]同書卷一百八十七。

[53]同書卷二百七十三。

[54]同書卷二百八十四。

[55]同書卷二百七十六。

[56]同書卷三百二十五。

[57]同書卷二百四十五。

[58]同書卷十二及《太平治蹟統類》卷一。

[59]《長編》卷十一。

[60]同書卷四十四。

[61]同書卷五十七。

[62]同書卷五十。

[63]同書卷十二及《宋朝事實類苑》卷二十二。

[64]《長編》卷十六及《太平治蹟統類》卷一。

[65]《長編》卷二十二。

[66]同書卷九十八。

[67]同書卷二十二。

[68]同書卷一百五十八。

[69]同書卷一百七十二。

[70]同書卷六十九。

[71] 同書卷二百八十三。

[72] 同書卷二百八十五。

[73] 同書卷一百四十二。

[74] 同書卷一百五十。

[75] 同書卷一百六。

[76] 同書卷一百十八。

[77]《宋史》卷三百九十八〈宇文紹節傳〉。

[78]《長編》卷六十三。

[79] 同書卷一百十九。

[80] 同書卷一百九十。

[81] 同書卷一百十一。

[82] 同書卷一百九十五。

[83] 同書卷二百二十二。

[84] 同書卷二百四十一。

[85] 同書卷二百七十二。

[86] 同書卷四十九及《太平治蹟統類》卷三十。

[87]《長編》卷五十六。

[88] 同書卷三百四十八。

[89]《東都事略》卷六十三及《隆平集》卷八。

[90]《朝野雜記》卷十七。

[91] 同書卷十八。

[92]《長編》卷三百四十。

[93] 同書卷二百二十二。

[94]《慶元條法事類》卷七十四。

[95]《長編》卷一百八十八。

漢語數詞必須追上時代

——兼論新數詞提案[1]

陳佐舜

數詞為何必須現代化

一九九四年十二月，筆者在香港《語文建設通訊》46期發表了一篇文章，題目是《論漢語數詞現代化》，呼籲漢語數詞現代化，放棄萬進制而改用千進，以配合國際通用的制度。理由是：這樣做可以促進中外交流，提高計算工作效率，加強金融及貿易上的競爭能力。

可能有人認為「現代化」這個詞彙有語病，含有貶低現行漢語數詞的意思。陳舊的、落後的事物才需要現代化，可是現行漢語數詞明明有它的優點。說「一萬」、「十萬」，比西方人的「十千」、「一百千」來得方便；說「一億」更比西方人的「一百個百萬」方便得多。既然方便，既有優點，為甚麼要改，為甚麼要「現代化」？

要現代化，就是要追上時代，要配合現代的需要。假如我們還停留在閉關自守時代，不跟外面的世界交往，既不通商，也無金錢來往，我們當然可以依然故我，維持原來的萬進數詞。但這樣的時代早已一去不再復返。二十世紀末期和展望二十一世紀的今天，整個世界的交通、貿易、金融、通訊都萬分活躍，而在這些活動中，不斷的牽涉到數詞的運用。為了配合世界慣例，中國在用阿拉伯字書寫數目時，早就採用千進制，即每三位數加一個逗號。可惜偏偏在讀數目時卻用「萬」和「億」。這樣同時採用千進制的阿拉伯數字及維持漢語萬進數詞，使華人碰上大的阿拉伯數目，要用漢語數詞讀出來，就頗有困難。遇到國際數詞billion，trillion，quadrillion和quintillion，要用漢語數詞來表達，同樣有困難。華人必須花時間把「千進」數目或數詞轉為萬進數詞。例如看見了一個二十一位的阿拉伯數目689,253,576,412,308,100,000，頗費心思才可以用現行漢語萬進數詞把它讀成6萬億億8925億億3576萬億4123億810萬。同樣把漢語萬進數目變成國際通用的千進數目或數詞，亦非輕易之舉。例如漢語數目7萬億億4693億億2188萬億550億6000萬，要頗傷腦筋才能寫成阿拉伯數目746,932,188,055,060,000,000，或讀成美法等國際通用的數詞746quintillion，932quadrillion，188trillion，55billion60million。在互異其趣的兩種制度之間週旋，殊非易事，有時欲速則不達，忙亂中還可能出錯，甚至導致重大損失。

大家都知道，在現今世界但凡對外貿易、跨國業務、金融交易、國際通訊都務求思想敏捷、當機立斷及行動迅速。為了達到這種要求，就必須把漢語數詞現代化，也就是改用「千進制」，採用「千進」數詞。

千進數詞與「萬」字並存問題

「千進制」裏每加三個圈就有一個數詞。美法等國際通用數詞裏第一個是thousand，加三個圈是million，再加三個圈是billion，再下去是trillion、quadrillion和quintillion。我們要討論的是要不要放棄「萬」和「億」這兩個現行的數詞，改用千進制，以「十千」來表達10,000（10^4），以「一百千」表達100,000（10^5），並制訂新數詞來表達1,000,000（10^6），1,000,000,000（10^9），1,000,000,000,000（10^{12}），1,000,000,000,000,000（10^{15}）和1,000,000,000,000,000,000（10^{18}）。

關於以「十千」表達10,000，中國古代文人已有此種用法。例如《易林》：「水中大賈，求利十千。」《李白・將進酒》：「陳王昔時宴平樂，斗酒十千恣讙謔。」《黃維・少年行》：「新豐美酒斗十千，咸陽遊俠多少年。」《丁仙芝・餘杭醉歌贈吳山人詩》：「十千兌得餘杭酒，二月春波長命杯。」《曹植・名都篇詩》：「我歸宴平樂，美酒斗十千。」

其他像《詩・小雅・甫田》、《詩・周頌・噫嘻》、《朱熹集傳》等都出現「十千」的詞語。

以近代來說，新加坡、馬來西亞、菲律賓、歐洲、南北美洲、澳洲、紐西蘭、南非等各地的華僑，都已經普遍推廣「十千」和「百千」的用法，當然在中國大陸、台灣、香港、澳門各地，一般人都不像海外華僑那樣經常與外國人交往。要他們放棄「萬」而改用「十千」，不是一朝一夕可以做得到。尤其「萬」只有一個音節，比起兩個音節的「十千」來得簡單方便，一般人都取易不取難。其實，在中國各地長時期的繼續採用「萬」字，也不是大問題。很少懂洋文的華人，會在中外數詞互譯的時候給「萬」字難倒，更大的數目像「億億」、「萬億」就不同。

我們可以想像到，即使推行「千進制」數詞，也會有一段時期「千進制」和「萬進制」同時並存。可是只要教育、科技、金融、工商界人士認清漢語數詞現代化的重要性，並熱烈支持，就必定能夠推廣。如果獲得政府當局批准採用「千進制」，在正式場合及正式文件裏率先推行，再由教育界大力提倡，在數理教科書裏普遍採用，時間久了，便會深入民間，習以為常。

數詞改用「千進制」，並非說「萬」字及「億」字就從此在漢語中消失。所有含有「萬」字和「億」字的詞彙、成語和諺語，還是會照舊通行。例如「萬一」、「萬分」、「萬年」、「萬物」、「萬能」、「萬有引力」、「萬里長城」、「萬事如意」、「萬眾一心」、「萬紫千紅」、「萬應靈丹」、「萬萬不得」、「千萬小心」、「千辛萬苦」、「千秋萬年」、「萬事起頭難」、「家和萬事興」、「萬丈高樓從地起」、「億兆之數」、「億兆攸歸」、「億萬斯年」……等等。

固有漢語數詞

在尋找適當的漢字以表達「千進制」裏的大數目，如million，

billion，trillion，quadrillion及quintillion之前，我們應該回顧一下古代的漢語數詞及一九三〇年代以來的一些命數方案，看看有那些值得採用。

首先看古籍裏出現過的「兆」、「京」、「垓」、「秭」、「穰」五個數詞。一九八六年湖北辭書出版社及四川辭書出版社聯合出版的《漢語大字典》對這五個數詞有這樣的解釋：「兆」有各種用法，古代下數以十萬為億，十億為兆；中數以萬萬為億，萬億為兆；上數以億億為兆；今以一百萬為兆。「京」為十兆。「垓」為十京（即一萬萬）。「秭」在古籍有四種不同的用法，即「千億」、「萬億」、「億億」、「萬萬垓」。「穰」為十秭，一說萬萬秭。《漢語大字典》還舉了些古籍裏不同用法的例子。看了解釋，越看越糊塗，只留下一些負面的印象：(1)這些數詞，由不同時代、不同地方、不同人各自為政的創造出來；(2)造字毫無系統；(3)古代對大數目沒有清楚精確的觀念，同一數詞被用以表達「千億」、「萬億」或「億億」等不同的大數目。

五十多年前，國內科技界已經提倡採用「千進制」，並建議採用「兆」表達1,000,000；「京」表達1,000,000,000；「垓」表達1,000,000,000,000；「秭」表達1,000,000,000,000,000，和「穰」表達1,000,000,000,000,000,000。[2] 但除了「兆」字之外，其他的數詞都沒有獲得國內普遍接納及推行。其理由大概是：這些固有的漢語數詞，究竟代表甚麼數目，古籍講法紛紜莫衷一是，如果現在再引進新的用法，便更加混亂。

此外，有些固有數詞與別的常用字同音，容易引起誤會。例如在中國許多地方，包括長江流域和華東地帶，把「京」與「斤」、「秭」與「指」讀成一樣。於是就可能聽到「三京」以為是「三斤」，聽到「五秭」以為是「五指」。還有一點可以肯定，這些固有數詞，像「萬」和「億」一樣，都不是「千進制」的數詞。我們既然要把漢語數詞現代化，主張不再用不屬於「千進制」的「萬」和「億」，就不應該走回頭路，再在其他不屬於「千進制」的固有數詞上打主意，以免徒增紛亂和混淆。

上面提到「兆」字沒有被國人摒棄，是因為近數十年來已在科技術語中普遍採用，作為1,000,000。例如「兆周」（megacycle，10^6周）、「兆巴」（megabar）、「兆伏」（megavolt）、「兆瓦」（megawatt）等。本來「兆」字不是很理想的數詞，因為在中國許多地方的居民，包括長江流域及華東地帶居民，分不清「兆」和「造」兩字的讀音，於是聽到農作物出產「一年兩兆」可能誤作「一年兩造」。但假如我們因約定俗成而接納「兆」作1,000,000，那麼實際應用時必須特別小心，避免聽者誤會。其實，我們可以考慮是否把「兆」作為數詞時給它一個新的讀音，以免跟其他的日常用詞發生混淆。

近數十年的命數方案

此外，值得一提的是一九三〇年代以來在某些漢語辭典裏出現的「命數表」，有新舊之分：（甲）所謂「舊命數表」，先列一十百千萬，然後用萬進法，稱「萬萬」為「億」，「萬億」為「兆」。（乙）所謂「新命數表」採十進法，每進一位用一個新數詞，共列十六個數詞；即：「一十百千萬億兆京垓秭壤溝澗正載極」。[3]

上述「舊命數表」從「一」到「萬」，以至「億」，都已經普遍採用，可稱之為現行通用的漢語數詞。但以「萬億」為「兆」則大有問題。因為近數十年來，科技術語已經普遍採用「兆」作1,000,000。

同樣「新命數表」以「億」作「十萬」，在近數十年大家都已習慣以「億」作「萬萬」的情形下，是不會獲得大眾支持的。以整體來說，一下子制訂近十個十進位數詞可謂不可思議的創舉。以阿拉伯數字253,576,412,308,148,796為例，採用「新命數表」就會讀成：「二百五十三極五載七正六澗四溝一壤二秭三垓零京八兆一億四萬八千七百九十六」。像這樣十進位的數詞，即使記憶力特強的人恐怕也不容易記憶無誤。無怪乎雖有教育當局審查採用，卻從未見諸實行。

有人可能問：十進位數詞太多不好記，假如在「新命數表」裏「千」字以上只用「兆」、「垓」、「澗」和「極」來表達1,000,000（million），1,000,000,000（billion），1,000,000,000,000（trillion）和1,000,000,000,000,000（quadrillion），又如何？

上面提到「兆」字已在科技術語裏普遍採用。可是「秭」的讀音可能帶來麻煩，因為中國很多地方分不清「秭」和「指」的讀音，以至可能聽到「五秭」誤作「五指」。其他像「澗」和「極」兩字在不少地方都可能被人誤解，例如：「五澗」可能被誤作「五間屋子」的「五間」，「三極」可能被誤作「三級電影」的「三級」。由此看來，上述所謂「新命數表」所列的新數詞，不論是把「十進位」數詞照單全收，或只選其中幾個「千進制」數詞，都沒有採用的價值。

台灣最新命數方法

台灣行政院主計處在一九八八年四月制訂了下面的命數方法：

數值	中文名稱	英文名稱	
		稱法	代號
10^0	個		
10^1	十	deka	da
10^2	百	hecto	h
10^3	千	kilo	k
10^4	萬		
10^5	十萬		
10^6	百萬（昧）	mega	M
10^7	千萬		
10^8	億		
10^9	十億（吉）	giga	G
10^{10}	百億		
10^{11}	千億		
10^{12}	兆	tera	T
10^{13}	十兆		
10^{14}	百兆		
10^{15}	千兆（拍）	peta	P
10^{16}	京		
10^{17}	十京		
10^{18}	百京（艾）	exa	E

台灣主計處把西方數學用語mega（10^6）譯成「昧」，把giga（10^9）譯成「吉」，把peta（10^{15}）譯成「拍」，把exa（10^{18}）譯成「艾」；卻沒有把tera（10^{12}）譯成「替」或「特」，而用固有漢語數詞「兆」來表達10^{12}。這與科技術語普遍以「兆」作為「百萬」，大異其趣。

其實熟諳上述數學用語的金融界和商界人士並不多。既然採用「音譯」辦法，何不配合美法等國際通用的數詞million（10^6），billion（10^9），trillion（10^{12}），quadrillion（10^{15}）和quintillion（10^{18}），用發音接近的漢字來制訂「音譯數詞」呢？這樣會更方便金融和貿易業務裏的中外數詞互譯。

制訂新的千進數詞

上面回顧了古代漢語數詞及一九三〇年代以來的一些命數方案，說明過去的漢語數詞及命數方案都不值得採用，因此要漢語數詞追上時代，就必須創造新的數詞。

作者曾在《論漢語數詞現代化》一文中，提過一個方案。該文發表後，欣獲數位學者作出回應。在考慮了這些學者的意見後，作者對自己的原提案重新檢討，作出適當修改，又循不同途徑研究出五個嶄新的提案。再加上幾位學者的構思，總共有十三個提案。

新數詞提案表

茲先將各提案臚列成表，使之一目了然。

阿拉伯數字 美法等國際通用數詞 漢語萬進制數詞	1,000,000 million 百萬	1,000,000,000 billion 十億	1,000,000,000,000 trillion 萬億	1,000,000,000,000,000 quadrillion 千萬億	1,000,000,000,000,000,000 quintillion 百億億
一、陳佐舜（一）	⿰丨苗	⿰‖表	⿰川肖	⿰四亏	⿰五昆
二、陳佐舜（二）	兆（灭）	⿰‖表	⿰川肖	⿰四亏	⿰五昆
三、陳佐舜（三）	兆（灭）	俵	卅	桂	稛
四、陳佐舜（四）	兆（灭）	標	椎	桂	梱
五、陳佐舜（五）	兆（灭）	俵	倅	侉	倌
六、李友仁	密	皕	梯	奎	昆
七、丁　乙	密連	比連	崔連	夸尊連	昆提連
八、李業宏	侎連	吡連	⿰川昜連	⿰㐅亏連	⿰女昆連
九、劉涌泉	milin	bilin	trilin	kadilin	kintilin
十、周有光	兆	千兆			
十一、孔憲中	兆	千兆	兆兆		
十二、何連玉	兆	⿰千兆	⿰兆兆		
十三、陳佐舜（六）	兆	⿰千兆	⿰兆兆	⿰千⿰兆兆	⿰兆⿱兆兆

各種數詞舉例

下面以一個二十位大數字，為各種數詞實用或試用舉例：

阿拉伯數字	89,253,576,412,308,100,000
美法等國際通用數詞	89 quintillion 253 quadrillion 576 trillion 412 billion 308 million 100 thousand
現行漢語萬進數詞	8925億億 3576萬億 4123億 810萬
陳佐舜（一）	89琨 253[illegible] 576[illegible] 412[illegible] 308[illegible] 100千
陳佐舜（二）	89琨 253[illegible] 576[illegible] 412[illegible] 308兆 100千
陳佐舜（三）	89稛 253桂 576[illegible] 412俵 308兆 100千
陳佐舜（四）	89梱 253桂 576椎 412標 308兆 100千
陳佐舜（五）	89倌 253侉 576倅 412俵 308兆 100千
李友仁	89昆 253奎 576梯 412皕 308密 100千
丁　乙	89昆提連 253夸尊連 576崔連 412比連 308密連 100千
李業宏	89[illegible]連 253[illegible]連 576[illegible]連 412[illegible]連 308俫連 100千
劉涌泉	89 kintilin 253 kadilin 576 trilin 412 bilin 308 milin 100 千
周有光 孔憲中	89兆兆兆 253千兆兆 576兆兆 412千兆 308兆 100千
何連玉	89兆[illegible] 253千[illegible] 576[illegible] 412[illegible] 308兆 100千
陳佐舜（六）	89[illegible] 253[illegible] 576[illegible] 412[illegible] 308兆 100千

對各提案的注釋及評語

以下是對各提案的注釋和評語，但須先交代一筆。筆者對自己的提案知道得比較清楚，所以注釋和評語也比較詳盡。至於其他學者的構思，則只能取材於他們所發表的文章，然後就自己看得出和想得到的作出或多或少的注釋和評語。原非刻意厚此薄彼，如有疏漏或誤解，實因缺乏資料及能力所限有以致之。

一．陳佐舜（一）：⿰丨苗　⿰〢表　⿰〣肖　⿰四丂　⿰五昆【4】

(1) 這個提案的數詞全是形聲字，左面是形符，右面是聲符，頗有系統。

(2) 形符「丨」、「〢」、「〣」、「四」、「五」，與美法等國際通用的數詞million裏的mil（一千），billion裏的bi（二），trillion裏的tri（三），quadrillion的quadr（四）及quintillion裏的quint（五）相映成趣。我們對這些數詞的造字涵義可以這樣去理解：million裏的mil是在「千位數」的基礎上加多一個「千位數」（即1,000,000或10^6）；billion裏的bi是在「千位數」的基礎上加兩個「千位數」（即1,000,000,000或10^9）；以此類推。這樣一來，本來是「音譯詞」的漢語數詞，同時也變為「意譯詞」，更屬巧妙絕倫，使中外互譯加倍便利。

(3) 聲符「苗」、「表」、「肖」、「丂」、「昆」又與那些國際通用數詞的第一個音節很接近，使中外數詞互譯輕而易舉。

(4)「⿰丨苗」、「⿰〢表」、「⿰〣肖」三字同韻，如果又同為陰聲，聽起來可能分不清，容易混淆。[5]

(5)「⿰四丂」讀「虧」，「⿰五昆」讀「昆」，發音頗接近，聽了可能分不清。（同上）

(6) 這個提案創造了五個新字。由於這些新字都是以現有漢語組合而成，不必為它們制訂新部首。「⿰丨苗」可屬本來就有的「丨」部首，也可屬「苗」字的「艹」即（「艸」）部首，「⿰〢表」可屬「二」部首，也可屬「表」字的「衣」部首。「⿰〣肖」可屬「川」（即「巛」）部首，也可屬「肖」字的「月」（即「肉」）部首。「⿰四丂」可屬「四」字的「口」部首，也可屬「丂」字的「二」部首。「⿰五昆」可屬「五」字的「二」部首，也可屬「昆」字的「日」部首。

(7) 如果採納這個接案，字典、打字活字盤、排字房鉛字便須增加這些新字。

二·陳佐舜（二）：兆（灭）⿰‖表　⿰|||肖　⿰四丂　⿰五昆

(1) 這個提案與第一提案大同小異，只放棄了第一個「苗」字而代之以科技術語通用的原有漢字「兆」，作1,000,000（million）解。此舉受周有光先生的啟發。（見「十·(2)(3)」）

(2) 李友仁先生提議「兆」可另音「密」（見「六(2)」）。這個一字兩讀的提議甚佳，但「密」普通話容易與「米」（公尺）混淆。這裏建議把「灭」（＝滅）作為「兆」的另一個讀音，與國際通用數詞million的mil配合，方便中外數詞互譯。其實，也適用於科技界的翻譯詞，以「兆周」翻譯megacycle（10^6周），以「兆巴」翻譯megabar，以「兆伏」翻譯megavolt，以「兆瓦」翻譯megawatt。「兆」念成「灭」正好與mega的第一個音節配合。除了與外語數詞配合的原因之外，把「兆」讀成「灭」也可避免上面說過與「造」混淆的可能性。還有，雖然用普通話說「五灭」讀音與「誣衊」很接近；但一個是數詞，另一個不是數詞，意思不會混淆。又把「灭」作為「兆」的「另一讀音」的意思是說：「兆」仍可繼續讀「趙」（普通話，以下簡稱「普」）或「邵」（廣州話，以下簡稱「粵」），例如「兆頭」和「預兆」的「兆」。作為數詞，可以讀「趙」（普）或「邵」（粵），也可以讀「灭」。在數詞上「兆」與「灭」既然同音同義，就可不分彼此，完全互相通用。

(3)「灭」的第一劃是「一」，因此用「灭」時，更顯出它與「⿰‖表」、「⿰|||肖」、「⿰四丂」和「⿰五昆」的「‖」、「|||」、「四」、「五」同屬一個系統，與國際數詞million的mil（一千），billion的bi（二），trillion的tri（三），quadrillion的quadr（四）和quintillion的quint（五），互相輝映。

(4) 在此可以附加補充。漢字本來就有一字兩讀或數讀，例子不勝枚舉。現在略舉數例，說明讓「兆」字有兩個讀音，並不違背漢字傳統：

(a)「車」字可念chē（普）或「奢」(粵)，也可念「居」。

(b)「叶」讀「業」時等於「葉」或「頁」；讀「邪」(普)或「挾」(粵)時，解釋「和洽」。

(c)「艽」念「求」時解釋「荒遠」；念「交」時是中藥的一種。

(d)「丁」念「叮」時指「人口」或「天干第四位」；念「爭」時是「伐木聲」。

(e)「幹」字在「樹幹」或「幹線」裏念「淦」gàn（普）或gon3（粵）；在「井幹」裏念「寒」，意謂「井欄」或「井垣」。

(f)「屯」念「臀」解釋「戍兵」或「村莊」；念「諄」zhūn（普）或「臻」dzoen1（粵）時解釋「困難」(例如「屯難」、「屯坎」)。

(g)「否」解釋「不」時讀fǒu（普）或「缶」fou2（粵）(例如「是否」、「否則」、「否決」、「否認」；解釋「窮通」時讀「匹」(普)或「鄙」(粵)(如「否極泰來」)。

(h)「甫」解釋「父」(如「神甫」)或「名字」(如「台甫」)或「剛才」(如「年甫二十）以「府」；解釋「十里」時念「普」(廣州有一個地方叫「十八甫」，「甫」念「普」)。

(i)「折」字解釋「弄斷」時念「輒」(普)或「捷」(粵)；解釋「虧損」時念「舌」；解釋「翻轉」時念「遮」(普)或「捷」(粵)。

(5) 這個提案除了第一個數詞（不論是「兆」或「滅」）是現有漢字外，其餘四個數詞是新創的字。

(6) 建議「刂表」念「標」，「峭」念「俏」，「咔」念「桂」，「琨」念「昆」。「刂表」與「峭」雖然同韻，但輔音不同，而且一個平聲一個去聲，混淆的可能性不大。至於「咔」和「琨」兩字的輔音和元音都不同，清晰可分，更不會混淆。

(7) 為了避免被人竄改為「灰」或「炭」或「熒」，「灭」可以寫成「滅」字就像其他的數詞「一」、「二」、「三」等寫成「壹」、「貳」、「叁」等。

(8) 這個方案的其他特點及評語，請參閱「一・(1)(2)(3)(6)(7)」。

三・陳佐舜（三）：兆（夿）俵 艸 桂

(1) 這個提案採納原有漢字「兆」作1,000,000（million），以「夿」為「兆」的另一個讀音；而且作為數詞，「兆」與「夿」完全相通。關於「兆」和「夿」的注解，見「二・(1)(2)(4)(7)」。

(2) 其他四個數詞避免創造新字，只在現存漢字中尋找適當的字給與數詞任務，選擇漢字讀音盡量與國際通用數詞扯上關係，方便互譯；此外，若能與國際通用數詞造字涵義相映成趣，更屬上乘。當然入選漢字的讀音不得與其他漢語混淆，而且必須不容易被人竄改。

(3) 根據上述原則，除了「兆」(「夿」) 之外，另選了四個現有的漢字：「俵」、「艸」、「桂」、「稛」。建議「兆」(「夿」) 念「篾」，「俵」音「標」，「艸」與「草」相同，念cǎo（普）或tsou[2]（粵），「桂」念「貴」，「稛」念「綑」(普kǔn，粵kwan[2])。這五個字的讀音與國際數詞million的mil，billion的bil，trillion的tril，quadrillion的qua，quintillion的quin很配合，互譯十分方便。

(4) 關於「俵」的讀音，要附加說明如下：「俵」字原讀「表」，解釋「給與」，此處建議讀成「標」，是避免有人聽了「三俵個」誤會是「三表哥」。有關漢語一字兩讀的例子，可參閱上面「二・(4)」。

(5)「夿」字以「一」開始，「俵」字的「亻」字旁是二劃，「艸」字的「屮」三劃，「桂」的「木」字四劃，而「稛」字的「禾」字旁五劃。這個提案所入選的漢字，雖然不像第一個提案「丨」、「刂」、「川」、「四」、「五」字旁的新創漢字那樣清楚配合國際數詞裏的mil（一千）、bi（二）、tri（三）、quadr（四）和quint（五），但與之呼應的效果仍隱約可見。相信通曉洋文、明白國際數詞造字涵義的人士，看到選中這樣的五個漢語數詞，會領悟箇中奧妙，會心而笑。

(6) 這個提案所建議的數詞發音很清楚，不會被人誤會，彼此間不會混淆，也不容易被人竄改。

四・陳佐舜（四）：兆（灭）標　椎　桂　棝

(1) 這個提案採納「兆」作1,000,000（million），以「灭」為「兆」的另一個讀音；而且作為數詞，「兆」與「灭」可以完全互相通用。關於「兆」和「灭」的注解，見「二・(1)(2)(4)(7)」。

(2) 其餘數詞用「木」字旁，自成系統。現有漢語數詞中，「木」見於「柒」字。

(3)「兆」與「灭」音「篾」與million的mil互相呼應；「標」與billion的bil呼應；「椎」音「垂」（普）或「翠」（粵），與trillion的tril呼應；「桂」與quadrillion的qua呼應；「棝」音「細」與quintillion的quin呼應。這樣在讀音上的配合，會使中外數詞互譯輕而易舉。

(4) 這個提案的數詞讀音都很清楚，不會彼此混淆，或被人誤會；也不容易被人竄改。

五・陳佐舜（五）：兆（灭）俵　倅　侉　倌

(1) 這個提案採納「兆」作1,000,00（million），以「灭」為「兆」的另一個讀音；而且作為數詞，「兆」與「灭」可以完全互相通用。關於「兆」和「灭」的注解，見「二・(1)(2)(4)(7)」。

(2) 其餘數詞用「亻」旁，自成體系。如果把「灭」寫成「伙」，那麼從「仟」(「千」) 開始成為一個很完備的千進制系統，即：仟、伙、俵、倅、侉、倌。

(3) 筆者在拙文「論漢語數詞現代化」曾提及「亻」字旁數詞「偛、俵、俶、侉、倱」，此處所提者可稱之為「亻」字旁數詞的修正方案。

(4)「兆」／「灭」（音「滅」)、「俵」（音「標」)、「倅」（音「翠」)、「侉」（音「咵」kuǎ普，kwa²粵）、「倌」（音「官」)，分別與

million、billion、trillion、quadrillion和quintillion的第一個音節配合，互譯十分方便。（關於「俵」的讀音，參閱上面「三・(4)」）

(5) 五個數詞的讀音都很清楚，不會與其他的字混淆，彼此間不會分不清，也不容易被人竄改。

六・李友仁：密　皕　梯　奎　昆[6]

李先生認為中國的萬進制不比千進制差，不主張在數詞上追隨外國，但又自稱基本上贊成周有光先生的意見，還提出了一個千進制的數詞方案。

(1) 這個提案的漢語數詞的讀音與國際通用數詞互相呼應，互譯十分方便。

(2) 建議「兆」另音「密」，與million的mil配合。關於一字兩讀問題，請參閱「二・(4)」。但普通話「密」聽起來可能與「米」（公尺）混淆。

(3)「皕」音「閉」（普）或「拔」（粵），與billion的bil配合。「皕」字本來就是數詞，作「二百」解，再以之代表1,000,000,000，引起混亂。在讀音方面，雖然用普通話說，「五皕」（5 billion），聽起來與「舞弊」完全一樣，可是一般憑上下文義聽得出是數詞而不是「舞弊」的意思；此外用廣州話說「五皕」，卻可能被誤作「五百」。

(4)「梯」與trillion第一個字母「t」呼應。

(5)「奎」普通話讀kuí 與quadrillion的qua很相稱，但「奎」廣州話讀fui[1]，與qua毫不相稱。

(6)「昆」容易被人竄改為「崑」、「棍」、「混」等字。如果寫成「崑」就不會冒此危險。

七・丁　乙：密連　比連　崔連　夸尊連　昆提連[7]

(1) 上面從第一至第六個提案的數詞讀音都與國際數詞互相呼應，可稱為「音譯詞」，但並沒有把國際數詞每一個音節都翻譯過來。丁乙提案把國際數詞的讀音不折不扣的搬到漢語數詞來。

(2) 丁先生認為採用雙音節和多音節數詞很配合現代漢語使用雙音節語匯的大趨勢。

(3) 直譯雙音節及三音節數詞的好處是：不容易混淆，也不容易竄改。例如，雖然「密」字普通話可能與「米」（公尺）混淆；「比」可能被竄改為「仳」、「庇」、「皆」、「偕」、「毕」等字；「崔」可能改成「催」或聽成「三催四請」的「催」；「夸」可能被改成「誇」、「咵」、「袴」等字；「昆」可能被改為「崑」、「混」、「棍」等字；「夸」與「昆」的讀音頗接近，可能混淆；但加了「連」、「尊連」或「提連」後，就不會聽不清，如果竄改第一個字，一望而知有人作弊。

(4) 雙音節和三音節數詞的最大優點是：既然完全配合國際數詞的讀音，中外數詞互譯再方便不過。

(5) 採用擺明姿態、不折不扣的雙音節和三音節「音譯數詞」，可能遭遇主張保持國粹、維護民族自尊者的反對。他們會覺得近幾個世紀西方人咄咄逼人，著著領先，而華人則處處忍讓、事事遷就，如今若遷就到把所有國際大數詞照單全收，逐個音節搬到漢語裏，這樣有傷民族尊嚴。關於主張華人在「數字文化」上不要遷就西方，請參閱上面提過的史有為教授的文章。當然反對「音譯數詞」的理由也適用於單音節「音譯數詞」，不過至少單音節詞看起來和聽起來跟原有的其他漢語數詞無大分別，不會像擺明是舶來品的雙音節、多音節「音譯數詞」那樣容易引起維護民族尊嚴者的反感。

(6) 國際大數詞每一個字最後都有lion，幾個大數詞用在一起，連續的聽到幾個lion，頗不舒服。英語國家讀起這些大數詞把重音放在前面的音節，lion的讀音則輕而低，聽起來不至過分逆耳。現在把lion譯成「連」，在譯音數詞「密連」、「比連」、「崔連」、「夸尊連」、「昆提連」裏，個個字都是「重音」，連續讀好幾個這樣的雙音節和三音節「音譯數詞」，可能覺得累贅。試想讀一個二十位大數字（見上面「各種數詞舉例」），不斷的甚麼「連」、甚麼「連」、甚麼「連」、甚麼「連」、又甚麼「連」，聽起來也許感到囉嗦。

(7) 基於上面 (5) 和 (6) 的理由，假如能夠找到單音節詞作為漢語大數詞而不會與其他字混淆，也不容易被人竄改的話，那就寧可採用單音節漢語數詞。

(8) 漢語原有通用的單音節數詞，從「一」至「十」，到「百」「千」「萬」「億」，從來沒有人批評它們容易混淆而應予放棄。許多人提議取消「萬」和「億」，不是因為它們是單音節詞，而是因為它們是萬進數詞，與國際通行的千進數詞格格不入。此外，許多人不贊成採用「兆、京、垓、秭、穰」，也不是因為它們是單音節詞，而是在上面說過，因為古籍對這些固有數詞眾說紛紜莫衷一是，若引進新的用法，徒增混亂。（參閱「八．(2)」及拙文《論漢語數詞現代化》對「兆、京、垓、秭、穰」的評語）

(9)「不易混淆、不易竄改」是選擇及制訂數詞的基本條件。本文所列各個單音節數詞提案，有沒有符合這個基本條件的呢？這是值得大家考慮的。

(10) 眾所週知，漢語大數詞長時期停留在「萬」和「億」的層次，用這兩個數詞來表達大數字（例如二十位阿拉伯數字，或翻譯國際數詞quintillion，quadrillion，trillion，billion和million）不容易說得對，說對了也覺得累贅和拗口。假如找到適當的單音節漢語數詞，說起來乾脆爽快，運用效率凌駕多音節的國際數詞之上，則可以使華人引以自豪。那樣一來，在表達大數目方面，本來處於劣勢的漢語數詞，從此可以得心應手揚眉吐氣！

八．李業宏：侎連　丨比連　丨昜連　乂丂連　歹昆連[8]

(1) 這個提案與第七提案異曲同工，跟上面第一至第六提案的單音節數詞迥異，但限於採用雙音節「譯音數詞」，不像第七提案兼用雙音節和三音節數詞。

(2) 李先生不贊同採用以前國內科技界倡議的「兆」、「京」、「垓」、「秭」、「穰」來表達國際數詞million、billion、trillion、quadrillion和quintillion，理由是這些字在漢語字典中沒有清晰定義，就連「億」、「兆」也有大小、上下之說，使人越看越糊塗，所以惟有另創新詞，以免混淆。（另參閱拙文《論漢語數詞現代化》中有關「兆、京、垓、秭、穰」的評語。）

(3) 雙音節的數詞的好處是：不太容易混淆，也不容易被人竄改。例如，雖然「咪」可能與「米」（公尺）混淆，但加了「連」字，就不會聽錯。可是「夸連」kuolian和「焜連」kunlian的讀音比較接近，可能會混淆。

(4) 雙音節數詞的最大優點是：既然很配合國際數詞的讀音，中外數詞互譯再方便不過。

(5) 這個提案創造了五個新字，如果採納就要在字典、打字活字盤和排字房鉛字裏增加這些新字。

(6) 對這個提案的其他評語，請參閱「七．(5)(6)(7)(8)(9)(10)」。

九．劉涌泉：milin bilin trilin kadilin kintilin [9]

(1) 這個提案獨特之處是不用漢字，而以漢語拼音音譯。

(2) 劉教授之所以採用漢語拼音音譯，是因為：(a) 漢語拼音是漢字不便應用的領域中的最佳書寫工具；(b) 利用漢語拼音標音轉寫，不僅優於漢字，而且也比日文片假名或斯拉夫字母轉寫外來語略勝一籌，即不僅音近，而且形似。

(3) 此外，劉教授認為利用漢語拼音標音轉寫的好處很多，最主要的好處有兩個：

(a) 簡便易行：如使用「標音轉寫法」[10]，有規則可循，可以毫不費力的把國際數詞轉寫為漢語拼音數詞。

(b) 一勞永逸：「標音轉寫法」一經採用，就可以用同一公式、同一程序轉寫其他的特大數詞（見下列「特大數詞」一節）。

(4) 上面對丁乙先生和李業宏先生所提的用漢字書寫的多音節譯音數詞方案曾作這樣的評語：採用擺明姿態、不折不扣的雙音節或三音節「音譯數詞」，可能遭遇主張保持國粹、維護民族自尊者的反對。這個評語，同樣適用於「漢語拼音數詞」。

假如有一天漢語拼音已演變成為漢人日常通用的文字，那麼採用「標音轉寫法」把國際數詞轉寫為漢語拼音數詞，是順理成章的事。但在今天清一色的漢字的文件裏突然使用漢語拼音，來表達大數詞，恐怕很容易引起維護民族尊嚴者的反感。

十・周有光：兆　千兆[11]

(1) 周有光先生是聞名遐邇的語言文字學專家。他以九十歲高齡仍舊不斷著書立說，啟迪後輩，令人感紉不已。周先生在《通訊》第47期發表的文章命題為《響應「漢語數詞現代化」》。用「響應」兩字乃自謙之語。其實，周老夫子在數十年前已經倡議漢語數詞現代化，主張採用「三位分節法」（千進制）。遲至今天，才有其他學者對漢語數詞現代化作出響應。

(2) 主張採用「兆」字表達1,000,000（million），因為「兆」字已在科技術語中普遍採用。例如：「兆周」（megacycle，10^6周），「兆歐」（meg(a)ohm，10^6歐），「兆巴」（megabar），「兆比特」（megabit），「兆字節」（megabyte），「兆居里」（megacurie），「兆道爾頓」（megadalton），「兆達因」（megadyne），「兆赫」（megahertz），「兆焦」（megajoule），「兆牛頓」（meganewton），「兆拉德」（megarad），「兆噸」（megaton），「兆伏」（megavolt），「兆瓦」（megawatt）等。[12]

(3) 照現今形勢來看，取代「兆」字不大可能，利用「兆」字有約定俗成，駕輕就熟的便利。（此種看法，影響了筆者對新數詞的構思。上面第二、三、四、五提案和下面第十三提案，都採納了「兆」字。）

(4) 建議用「千兆」來表達1,000,000,000（billion）。

十一・孔憲中：兆　千兆　兆兆[13]

(1) 孔憲中教授任教於紐西蘭Waikato大學多年，親身體驗漢語萬進制與英語千進制數字間翻譯之苦，所以由衷的大力支持推行千進制的漢語數詞。

(2) 支持採用「兆」字表達1,000,000（million），以「千兆」表達1,000,000,000（billion），以「兆兆」表達1,000,000,000,000（trillion）。

(3) 提議大家積極推行「千進制」，發起「千進運動」。

十二・何連玉：兆　⿰千兆　⿱兆⿰兆兆[14]

(1) 這個提案以「兆」作1,000,000，把「千兆」合併為一個字「⿰千兆」來表達1,000,000,0000（billion），把「兆兆」合併為一個字「⿰兆兆」來表達1,000,000,000,000（trillion）。

(2) 沒有對「⿰千兆」和「⿰兆兆」兩個新字的發音作任何提議。

十三・陳佐舜（六）：兆（灭）⿰千兆　⿰兆兆　⿰千⿰兆兆　⿱兆⿰兆兆

(1) 這個提案的構思受到周有光、孔憲中、何連玉三個提案的啟發，也可以稱之為那三個提案的伸延，構成比較完整的方案。正如上面說過，筆者對新數詞的構思深受周有光先生的影響。（見「二・(1)」及「十・(2)(3)」）

(2) 這個提案純以科技術語中通用的「兆」（1,000,000）為基礎。有如上面第二至第五提案，建議以「灭」為「兆」的另一個讀音；而且作為數詞，「兆」與「灭」完全相通。關於「兆」和「灭」的注解，見「二・(1)(2)(4)(7)」。

(3) 此處創造的四個新字「⿰千兆」、「⿰兆兆」、「⿰千⿰兆兆」和「⿰兆⿱兆兆」，看上去似曾相識，也許不會遇到太大的抗拒。

(4) 這些新字可以屬於「兆」字的「儿」部首，其中「⿰千兆」和「⿰千⿰兆兆」也可以屬於「千」字的「十」部首。

(5) 如果接受這個提案，字典、打字活字盤和排字房鉛字，都要分別增加四個新字。

(6) 既然創造了新字，就必須決定新字的發音。為了方便中外數詞互譯，也為了提高國際金融貿易的工作效率起見，新字的讀音最好與國際數詞的發音拉上關係。但務須避免與其他的字混淆不清。

(7) 根據上述原則，建議新字的讀音如下：

「兆」讀「灭」(＝滅)

「⿰千兆」讀「俵」(同「標」音)

「⿰兆兆」讀「艸」(＝草)

「⿰千⿰兆兆」讀「桂」

「⿰兆⿱兆兆」讀「稇」

這樣的讀音正好與國際數詞million的mil，billion的bil，trillion的tril，quadrillion的qua和quintillion的quin互相呼應，使中外數詞互譯十分方便。

(8) 各數詞的注音字，將來可能演變成為與它們同音、同義、互相通用的字，即：

兆＝灭	1,000,000	(million)
⿰千兆＝俵	1,000,000,000	(billion)
⿰兆兆＝艸	1,000,000,000,000	(trillion)
⿰千⿰兆兆＝桂	1,000,000,000,000,000	(quadrillion)
⿰兆⿱兆兆＝稇	1,000,000,000,000,000,000	(quintillion)

關於「灭、俵、艸、桂、稇」，請參閱上面第三提案。

特大數詞提案

以上討論的國際數詞，限於目前比較通用而且在一般字典裏看得到的million（1,000,000或10^6），billion（1,000,000,000或10^9），trillion（1,000,000,000,000或10^{12}），quadrillion（1,000,000,000,000,000或10^{15}）和quintillion（1,000,000,000,000,000,000或10^{18}）。其實還有更大的國際數詞，例如美法等國採用的sextillion（10^{21}），septillion（10^{24}），octillion（10^{27}），nonillion（10^{30}），decillion（10^{33}），undecillion（10^{36}），duodecillion（10^{39}）……vigintillion（10^{63}），以至centillion（10^{303}）。我們可以像對待million（10^6），billion（10^9）等數詞一樣的去理解這些特大數詞的造字涵義。比如：

(a) sextillion（10^{21}）裏的sext解釋「六」，即在「千位數」的基礎上加六個「千位數」(3＋6×3＝21）；

(b) septillion（10^{24}）裏的sept解釋「七」，即在「千位數」的基礎上加七個「千位數」(3＋7×3＝24）；

(c) decillion（10^{33}）裏的dec解釋「十」，即在「千位數」的基礎上加十個「千位數」(3＋10×3＝33）；

(d) undecillion（10^{36}）裏的undec解釋「十一」，即在「千位數」的基礎上加十一個「千位數」(3＋11×3＝36）；

(e) duodecillion（10^{39}）裏的duodec是「十二」，即在「千位數」的基礎上加十二個「千位數」(3＋12×3＝39)。

筆者在上面「陳佐舜（一)、（二)、（三)」三個漢語數詞提案裏，把漢語音譯數詞同時變為「意譯詞」，使中外數詞互譯加倍便利。現在對特大數詞也可以採用同樣原理：一方面譯音，另一方面用漢字的筆劃來配合國際數詞的造字涵義。例如，sextillion（10^{21}）裏的sext是「六」的意思，我們可以用六劃的「戌」字作為「音譯」兼「意譯」數詞；septillion（10^{24}）裏的sept是「七」的意思，我們可以用七劃的「沙」字作為「音譯」兼「意譯」數詞；其餘以此類推。下面是一個特大數詞表，從sextillion

（10^{21}）到vigintillion（10^{63}），然後跳到centillion（10^{303}）。表內所列漢語數詞，有幾個字的讀音應予說明：(a)表達10^{42}的「戢」字普音jí，粵音tsep¹；(b)10^{48}的「輥」字普音gǔn，粵音gwen²；(c)10^{54}的「糝」字普音shēn，粵音sem³；(d)10^{60}的「難」字不念「艱難」的「難」，而念作「盛貌」解的普音nuó，粵音nɔ⁴；(e)10^{63}的「雟」同「維」音。最後centillion（10^{303}）裏的cent是「一百」的意思，漢語不可能找到一百劃的字。筆者提議用「鱻」（與「鮮」同音同義）作為「音譯詞」。這個字不能兼負「意譯」之責；但它的筆劃是三十三（或說成三十加三：30＋3），也可以算跟centillion的數值10^{303}拉上一點關係。

「音譯」兼「意譯」數詞可用另一角度來理解它的好處。就好像一時想不起sextillion的數值，只要知道sext解釋「六」，便可心裏算一下：在「千位數」的基礎上加六個「千位數」，3＋6×3＝21，數值是10^{21}。同樣，如果忘了「音譯」兼「意譯」數詞「戌」的數值，只要數出「戌」的筆劃是「六」，那麼在「千位數」三個圈的基礎上加六乘三（即十八）個圈，合起來是二十一個圈，那麼就知道「戌」的數值是10^{21}。下列表中所建議的漢語數詞除了最後的「鱻」字之外，其餘都是「音譯」兼「意譯」數詞，都有上述的好處。

特大數詞表

數值	漢語數詞（漢詞筆劃）	美法等國際數詞
10^{21}	戌 (6)	sextillion
10^{24}	沙 (7)	septillion
10^{27}	呵 (8)	octillion
10^{30}	耐 (9)	nonillion
10^{33}	砥 (10)	decillion
10^{36}	庵 (11)	undecillion
10^{39}	⿰忄度 (12)	duodecillion
10^{42}	戢 (13)	tredecillion
10^{45}	鄜 (14)	quattuordecillion
10^{48}	輥 (15)	quindecillion
10^{51}	篩 (16)	sexdecillion
10^{54}	糝 (17)	septendecillion
10^{57}	鏊 (18)	octodecillion
10^{60}	難 (19)	novemdecillion
10^{63}	⿱維虫 (20)	viginitillion
10^{303}	鱻 (33)	centillion

當然除了表中所列的所謂特大數詞，還有其他更大的數詞，說之不盡。但本文所提的數詞方案，已足夠應付目前的需要。

結語

鑒於創造新字可能遭遇頗大阻力，筆者在考慮各種因素後，決定把數詞提案範圍縮小，以上述第三提案〔即陳佐舜（三）：兆（兲）俵艸桂棡〕作為筆者的最終提案。

此外，本文所提的漢語特大數詞也值得大家考慮採納。

筆者誠意以思考所得及管見所及公諸同好，希望早日達致共識，選定漢語數詞現代化可行方案，攜手推行「千進運動」！

註釋

[1] 本文將筆者1996年4月20日在香港舉行的「漢語數詞現代化研討會」中宣讀的《漢語數詞必須追上時代》及《綜論新數詞提案》兩篇論文改寫而成。內容有一部分已在1994年12月刊載於香港《語文建設通訊》46期的拙文《論漢語數詞現代化》發表過。

[2] 參閱1976年出版的《抖擻》17期所載華明（即周有光）《談命數法》。及1976年《抖擻》18期所載何連玉「關於大數和小數的命名法」。

[3] 參閱1939年出版的《辭海》正續合訂本。「新命數表」乃「近年教育部教科書編纂綱要審查會所採用」。新舊「命數表」亦見於1930年代《辭海》舊版，1962年台灣中國文化研究所出版的《中文大辭典》，及近數十年來台灣出版的《辭源》修訂本，和《辭海》增訂本及最新增訂本。但北京及國內其他地區出版的《辭源》修訂本、《辭海》新編本、《漢語大字典》等都沒有列入。

[4] 參閱本文第一段提及的《論漢語數詞現代化》。

[5] 參閱孔憲中教授在《語文建設通訊》第47期的《響應「千進運動」》。

[6] 參閱李友仁先生在香港《語文建設通訊》第48期發表的《「漢語數詞現代化」之我見》。

[7] 參閱丁乙先生在香港《語文建設通訊》第47期發表的《大數詞音譯好》。

[8] 參閱李業宏先生在香港《語文建設通訊》第47期發表的《對漢語數詞現代化的回應》。

[9] 此乃劉涌泉教授在註1提及的「漢語數詞現代化研討會」宣讀《也談漢語數詞現代化》論文中的提案。

[10] 參閱劉涌泉、喬毅著《應用語言學》83－90頁，上海外語教育出版社，1991。

[11] 參閱周有光先生在香港《語文建設通訊》第47期發表的《響應「漢語數詞現代化」》。

[12] 見《漢英大詞典》1993，上海譯文出版社。

[13] 參閱孔憲中教授在香港《語文建設通訊》第47期發表的《響應「千進運動」》。

[14] 參閱1976年香港《抖擻》16期所載何連玉撰《數字譯法擬議》。

從片玉集之小令看周邦彥詞之特色

韋金滿

（甲）前言

周邦彥，字美成，錢塘人。[1]自號清真居士。[2]性好音律，能自度曲。[3]如古之妙解，顧曲名堂，不能自已。[4]製樂府長短句，詞韻清蔚，傳於世。[5]

世人對美成詞，評價甚高。故自沈義父言：「凡作詞當以清真為主。」[6]王灼言：「邦彥能得騷人之旨。」[7]陳郁言：「美成號清真，二百年來，以樂府獨步。貴人、學士、市儈、妓女，皆知其詞為可愛。」[8]於是後來詞家，莫不交口相推。至清代，美成聲望，幾於前無古人。戈順卿奉之為「詞家之正宗」，[9]陳廷焯稱之為「自有詞人以來，不得不推為巨擘」，[10]陳匪石推之為「集詞學之大成」[11]而王國維更比之如「詞中老杜。」[12]然則，邦彥誠不媿為宋以來之詞學宗師，而為萬流所崇仰者也。

現存《片玉集》，陳元龍注凡十卷，收詞一百二十七首。[13]據毛先舒之分，不足五十九字者為小令，不足九十一字者為中調，過九十一字者為長調。[14]萬紅友作《詞律》，訾其分別為無據。[15]然《詞律》以字數多少為別，亦極繁碎，則毛氏所分，反較簡便；且前人習用已久，故吾仍其舊，分《片玉集》中屬小令者：〈浣溪沙〉十首；〈玉樓春〉六首；〈虞美人〉五首；〈少年遊〉四首；〈點絳唇〉四首；〈迎春樂〉三首；〈望江南〉、〈一落索〉、〈訴衷情〉、〈醉桃源〉、〈夜遊宮〉、〈如夢令〉各兩首；〈秋蕊香〉、〈南鄉子〉、〈傷情怨〉、〈醜奴兒〉、

〈菩薩蠻〉、〈品令〉、〈月中行〉、〈紅羅襖〉、〈鳳來朝〉各一首，合計二十一調五十三首。[16]

（乙）美成小令之特色

一、音節響亮，鏗鏘悅耳

《四庫全書》曰：「邦彥妙解聲律，為詞家之冠。所製諸調，不獨音之平仄仄宜遵，即仄字中上去入三音，亦不容相混。」[17]王國維又云：「讀先生之詞，於文字之外，須兼味其音律。……清濁抑揚，轆轤交往，兩宋之間，一人而已。」[18]由是可知美成詞，深諳音律，故詠之者，皆覺其音節響亮，鏗鏘悅耳也。竊以為美成詞所以如此者，原因有二：

（一）善用四聲

字有四聲：平、上、去、入。平謂之平，上去入總謂之仄。夫情發於聲，聲成文謂之音。人情有喜怒哀樂之殊，字音因有浮切輕重之異，故能使四聲善為運用，則言者分明，聽者愉快，而吟哦朗誦，尤見鏗鏘。四聲之於詞也，亦有其自然之妙用。萬樹云：「名詞轉折跌宕處，當用去聲。」[19]陳銳云：「詞中四聲句最為著眼。」[20]周濟云：「上聲韻，韻上應用仄聲字者，去為妙；去入韻，則上為妙；平聲韻，韻上應用仄聲字者，去為妙。」[21]夏承燾云：「去聲最為拗怒，取介在兩平之間，有擊撞戛捺之妙。……上去二聲，歌法不同，去聲由高而低，上聲由低而高。故必『上去』或『去上』連用，乃有纍纍貫珠之妙。」[22]吾觀乎美成小令，多能類此者，茲舉例說明如次：

1. 平聲韻，韻上仄用去聲字——（○表去聲，餘同）——集中凡二十見，如：[23]

〈南鄉子〉：「短燭熒熒悄未收。」

◯

又　：「兩點春山滿鏡愁。」

◯

〈浣溪沙〉：「爭挽桐花兩鬢垂。」

◯

又　：「雨過殘紅濕未飛。」

◯

又　：「薄薄紗廚望似空。」

◯

又　：「樓上晴天碧四垂。」

◯

又　：「翠葆參差竹徑成。」

◯

又　：「日射欹紅蠟蒂香。」

◯

又　：「寶扇輕圓淺畫繒。」

◯

又　：「日薄塵飛官路平。」

◯

又　：「貪向津亭擁去車。」

◯

〈醉桃源〉：「雙絲雲雁綾。」

◯

又　：「都緣珠淚零。」

◯

又　：「身如秋後蠅。」

○

又　：「金英垂露華。」

○

又　：「酒香薰臉霞。」

○

又　：「倚門聽暮鴉。」

○

〈醜奴兒〉：「分付餘妍與壽陽。」

○

〈菩薩蠻〉：「夕陽江上樓。」

○

又　：「應憐江上寒。」

○

2. 上聲韻，韻上仄用去聲字者——集中凡十三見，如：[24]

〈秋蕊香〉：「曲裏長眉翠淺。」

○

又　：「寶釵落枕春夢遠。」

○

〈玉樓春〉：「勸我十分和淚酒。」

○

又　：「可惜朱顏成皓首。」

○

又　：「惆悵王孫行未已。」

○

又　：「應有吳霜侵翠葆。」

○

〈鳳來朝〉：「錦衾溫、酒香未斷。」

○

〈夜遊宮〉：「葉下斜陽照水。」

○

又　：「客去車塵未斂。」

○

〈傷情怨〉：「枝頭風勢漸小。」

○

又　：「江南人去路渺。」

○

又　：「霜寒催睡早。」

○

〈如夢令〉：「困臥午窗中酒。」

○

3. 去聲韻，韻上仄用上聲字——（△表上聲，餘同）——集中共九見：[25]

〈秋蕊香〉：「簾影參差滿院。」

△

〈玉樓春〉：「古道塵清榆柳瘦。」

△

又　：「酒暖香融春有味。」

△

又　：「頓減十年塵土貌。」

△

又　：「二十四橋歌舞地。」

△

〈夜遊宮〉：「月皎風清在處見。」

△

又　　：「任紅鱗，生酒面。」
△

〈傷情怨〉：「閉門收返照。」
△

〈鳳來朝〉：「待起難捨拚。」
△

4. 入聲韻，韻上仄用上聲字——集中只三見，如：[26]

〈迎春樂〉：「牆裏修篁森似束。」
△

又　：「鬢點吳霜嗟早白。」
△

〈玉樓春〉：「畫舸亭亭浮灩淥。」
△

5. 兩平之間仄用去聲字者——集中凡二十六見，如：[27]

〈南鄉子〉：「池面冰澌趁水流。」
○

〈訴衷情〉：「都在眉間。」
○

〈醉桃源〉：「倚門聽暮鴉。」
○

又　　：「金英垂露華。」
○

又　　：「雙絲雲雁綾。」
○

又　　：「都緣珠淚零。」
○

又　：「身如秋後蠅。」

〇

〈夜遊宮〉：「橋上酸風射眸子。」

〇

〈點絳唇〉：「魚浪空千里。」

〇

又　：「征騎初停。」

〇

又　：「憑仗桃根。」

〇

〈玉樓春〉：「樓上晴天碧四垂。」

〇

又　：「玉琴虛下傷心淚。」

〇

又　：「惆悵王孫行未已。」

〇

〈浣溪沙〉：「貪向津亭擁去車。」

〇

〈迎春樂〉：「人人花艷明春柳。」

〇

又　：「台上披襟。」

〇

〈醜奴兒〉：「肌膚綽約真仙子，來伴冰霜。」

〇

又　：「分付餘妍與壽陽。」

〇

〈虞美人〉：「腸斷朱扉遠。」

○

〈菩薩蠻〉：「夕陽江上樓。」

○

又 ：「應憐江上寒。」

○

〈品令〉：「花霧寒成陣。」

○

又 ：「腸斷香消盡。」

○

〈如夢令〉：「門外迢迢行路。」

○

又 ：「誰送郎邊尺素。」

○

又 ：「閒處偷垂玉筋。」

○

大抵四聲之調值，各有高低輕重之異，平上皆為高調，去聲為低調，入聲則有高有低，故平去、上去、去上、上入互為配合，則有抑揚相間之妙者也。[28]

（二）善用雙聲疊韻字

劉勰嘗云：「凡聲有飛沈，響有雙疊。」[29]所謂飛沈，即指字調之抑揚；所謂雙疊，即指字之雙聲疊韻也。雙聲者，兩字同歸一母；疊韻者，兩字同歸一韻。[30]美成小令，句中使用雙聲疊韻字者，亦復不鮮，茲舉例說明如下：

（凡雙聲字用△△符號表之，疊韻字則用○○表之。）[31]

〈少年遊〉：「九街泥重，門外燕飛遲。」

△△　　　　○○

〈秋蕊香〉：「簾影參差滿院。」

△△

〈望江南〉：「獨自邊回堤。」

○○

〈浣溪沙〉：「琵琶撥盡四絃悲。」

△△

〈迎春樂〉：「桃蹊柳曲閒蹤跡。」

△△

又　：「更誰念玉溪消息。」

△△

〈一落索〉：「杜宇思歸聲苦。」

○○

〈浣溪沙〉：「翠葆參差竹徑成。」

△△

又　：「起來嬌眼未惺鬆。」

△△

又　：「玉簫手汗錯成聲。」

○○

〈南鄉子〉：「不會沉吟思底事。」

○○

〈迎春樂〉：「比目香囊新刺繡。」

○○

〈玉樓春〉：「桃溪不作從容住。」

○○

〈虞美人〉：「燈前欲去仍留戀。」

△△

又：「莫使恩情容易似寒灰。」

△△

又：「菰蒲睡鴨占陂塘。」

○○

又：「銀蟾依舊當窗滿。」

○○

〈醉桃源〉：「夜寒袖濕欲成冰。」

○○

〈點絳唇〉：「孤館迢迢。」

△△

〈夜遊宮〉：「有誰知。」

○○

〈醜奴兒〉：「肌膚綽約真仙子。」

△△

又：「零落池塘。」

△△

〈虞美人〉：「金閨平帖春雲暖。」

△△ ○○

又：「窗鎖玲瓏影。」

△△

又：「廉纖小雨池塘遍。」

○○

又：「相將羈思亂如雲。」

○○

〈菩薩蠻〉：「銀河宛轉三千曲。」
　　　　　　　　○○

〈品令〉：「簾外曲角闌干近。」
　　　　　　　　　○○

〈玉樓春〉：「只有文君知曲意。」
　　　　　　　　○○

又　　：「惆悵王孫行未已。」
　　　　　△△

〈浣溪沙〉：「早收燈火夢傾城。」
　　　　　　　　　○○

又　　：「淚多脂粉了無餘。」
　　　　　　　　　○○

又　　：「何因容易別長安。」
　　　　　　　　△△

又　　：「幽閣深沈燈焰喜。」
　　　　　　　　○○

〈望江南〉：「寶髻玲瓏欹玉燕。」
　　　　　　　　△△

又　　：「惺鬆言語勝聞歌。何況會婆娑。」
　　　　　△△△△　　　　　　　○○

〈玉樓春〉：「一任盧郎愁裏老。」
　　　　　　　　△△

大抵雙聲疊韻字之詞性，可摹難狀之景，可抒難喻之情，且可使口吻調和，以增加聲調之美。是故詞中倘能善用雙聲疊韻字，不獨音節諧美，琅琅上口，更能使意義豐富，充實圓融者也。

二、融化詩句，富艷精工

陳振孫云：「美成詞多用唐人詩，檃括入律，渾然天成。」[32]沈義父又云：「作詞當以清真為主，下字運意，皆有法度，往往自唐宋諸賢詩詞中來，而不用經史中生硬字面，此所以為冠絕也。」[33]所論即均以美成詞之美，善能融化前人詩句，故其詞能富艷精工。今試舉〈玉樓春〉一首以為例：

> 桃溪不作從容住。秋藕絕來無續處。當時相候赤欄橋，今日獨尋黃葉路。 煙中列岫春無數。雁背夕陽紅欲暮。人如風後入江雲，情似雨餘黏地絮。

此首全以唐崔護「去年今日此門中。人面桃花相映紅。人面不知何處去？桃花依舊笑春風。」為張本。崔寫春日，周則寫秋時。同時，全首皆檃括唐宋人詩句，如：「桃溪」句，取材於晉劉晨阮肇往天台山採藥遇仙留居一事。「秋藕」句，用晉謝玄暉詩：「秋藕折輕絲。」「赤欄橋」句，用晚唐溫庭筠詩：「正是玉人腸斷處，一渠春水赤欄橋。」「黃葉路」句，用宋僧惟鳳詩：「去路正黃葉，別君堪白頭。」「列岫」句，用唐錢起詩：「曲終人不見，江上數峰青」。「雁背」句，用唐溫庭筠詩：「蝶翎胡粉重，雁背夕陽多。」「江雲」句，用唐杜甫詩：「風入渡江雲。」「黏地絮」句，用宋參寥詩：「禪心已作黏泥絮。」但能融化如自己者，渾然天成，毫無雕琢之痕跡。或用其辭語以為脂粉之飾，如「赤欄橋」、「雁背」二句；或兼用其意，如「秋藕」易折為絕，以表絲已無法復連；「黃葉路」下隱「別君堪白頭」，以寫其惆悵之緒。

竊嘗觀之，清真集中，融化前人詩句者，俯拾皆是，分析其手法，則可分「點化」及「翻意」兩種。[34]茲各舉數例句如下：

（一）點化成句──

〈少年遊〉：「春鳥報平安。」──杜甫詩：「每日報平安。」

〈浣溪沙〉：「水搖扇影戲魚驚。」——杜甫詩：「魚吹細浪搖歌扇。」

〈木蘭花〉：「感君一曲斷腸歌。」——白居易詩：「一曲四絃並八疊，從頭總是斷腸聲。」

〈望江南〉：「無賴是橫波。」——隋煬帝詩：「箇人無賴是橫波。」

〈訴衷情〉：「風緊雁無行。」——杜甫詩：「風急雁無行。」

〈虞美人〉：「天寒山色有無中。」——歐陽修詞：「山色有無中。」

〈如夢令〉：「腰勝武昌官柳。」——劉賓客詩：「武昌春柳似腰肢。」

〈醉桃源〉：「冬衣初染遠山青，雙絲雲雁綾。」——白居易詩：「織為雲外秋雁行，染作江南青水色。」

〈浣溪沙〉：「新筍已成堂下竹。」——張擴詩：「檐前新筍看成竹。」

（二）翻意成句——

〈少年遊〉：「海棠花謝，樓上捲簾看。」——韓偓詩：「海棠花在否，側臥捲簾看。」

〈浣溪沙〉：「琵琶撥盡四絃悲。」——白居易詩：「曲終收撥當心畫，四絃一聲如裂帛。」

〈少年遊〉：「舊賞園林，喜無風雨。」——王安石詩：「中宵風雨暝園林，零落曉黃滿地金。」

〈夜遊宮〉：「捲輕浪、沈沈千里。橋上酸風射眸子。」——李賀詩：「魏官牽車指千里，東關酸風射眸子。」

〈一落索〉：「倚欄一霎酒旗風，任撲面桃花雨。」——李賀詩：「況是青春日將暮，桃花亂落如紅雨。」

〈醉桃源〉：「菖蒲葉老水平沙。」——李白詩：「菖蒲猶短未平沙。」

〈傷情怨〉：「閉門收返照。」——杜甫詩：「返照入江翻石壁，絕塞愁時早閉門。」

〈虞美人〉：「落花都上燕巢泥。」——皮光業詩：「行人折柳和輕絮，飛燕銜泥帶落花。」

〈訴衷情〉：「落花閒，雨斑斑。」——歐陽修詩：「小雨斑斑落燕泥。」

〈夜遊宮〉：「且開尊，任紅鱗，生酒面。」——石懋詩：「鸚鵡杯中未覺貧，寒生酒面不生鱗。」

〈浣溪沙〉：「樓上晴天碧四垂。」——韓偓詩：「淚眼倚樓天四垂。」

以上所舉，在美成詞中幾乎比比皆是，此不過見其一斑。此中自以翻意成句者為優，即其點化成句者，亦有信手拈來即成妙諦之工，有如李光弼將郭子儀之軍，重經號令，精彩數倍。茲即美成學識淹博，才華奇絕，故其引用舊句，最能「即勢會奇，因方借巧」，妙得規摹變化之訣，或擷其辭藻，或采其意境，故雖是前人衣冠，而有翻陳出新之妙者也。

三、句法奇警，辭氣高華——

句法辭氣，為寫文章之基本功夫，於填詞尤為重要。詞如句法平庸，辭氣鄙陋，則不足以為詞矣。故必有奇警之句法，高華之辭氣，然後可以為妙詞，此實作詞固有之技巧也。美成為北宋大家，於此兩者自優為之。今試舉其詞以論之如下：

> 「并刀如水，吳鹽勝雪，纖指破新橙。錦幄初溫，獸香不斷，相對坐調笙。 低聲問，向誰行宿，城上已三更。馬滑霜濃，不如休去，直是少人行。」〈少年遊〉

此首言中有景，而景中有情，誠得韋莊〈菩薩蠻〉：「紅樓別夜堪惆悵。香鐙半掩流蘇帳。殘月出門時。美人和淚辭。　琵琶金翠羽。絃上黃鶯語。勸我早歸家，綠窗人似花。」一首之風華，但韋詞寫女勸男歸家，而周詞則反其意，寫女勸男留宿，俱以語淺意曲，無雕琢痕跡為勝。惟周詞起句略去景語，專說事實，寫美人破新橙，相對坐調笙，溫香暖玉，旖旎風流，極麗極婉，故譚獻《詞辨》云：「清真〈少年遊〉詞，麗極而清，清極而婉。」過片以下，便入艷情，「低聲問」三字，為下片總挈，貫徹到底，蘊藉嬝娜，意思幽微，非工於體物察情者，無此筆墨。同時，此詞深得修辭之妙。有用倒裝者，如：「并刀」三句，先說刀，次說鹽，後方說橙；「低聲問」三句，先問宿何處，後說夜深；「不如休去」兩句，先說休去，後說少人行，皆是倒裝句法。雖云或就句式，或就平仄，或就韻腳，惟詞用倒裝，愈見味厚者也。有用映襯者，如：上片「錦幄初溫」三句，何等甘穠；下片「馬滑霜濃」三句，何等淒苦，室內室外之情景，強烈對比，使人有不同感受。有用對仗者，如：「並刀如水」與「吳鹽勝雪」相對；「錦幄初溫」與「獸煙不斷」相對；「馬滑」與「霜濃」相對。有用設問者，如「低聲問」兩句，乃問對方之詞，而「不如休去」兩句，則為替對方作答之詞，皆自問自答者也。有用譬喻者，如：「并刀如水」一句，以水譬喻并刀之滑利；「吳鹽勝雪」一句，以雪譬喻吳鹽之潔白。如此之類，片玉集中率多例證者也。又如：

> 「遊妓散，獨自繞回隄。芳草懷煙迷水曲，密雲銜雨暗城西。九陌未霑泥。　桃李下，春晚未成蹊。牆外見花尋路轉，柳陰行馬過鶯啼。無處不悽悽。」〈望江南〉

此首乃自詠孤寂之情也。首二句，言歡娛雖過，猶自獨繞回隄，蓋欲追憶曩昔之歡情，而「遊妓散」三字，有「掃處即生」之勢，筆力直注結尾。「芳草」句以下，全是寫景，而「懷」、「迷」、「銜」、「暗」四字，下得極精鍊，極奇警，正烘染此際天陰欲雨，春寒中人，睹此情景，大有「萬木無聲待雨來」之感，故下接：「九陌未霑泥」。過片則句句摹景，句句含情。蓋春已晚矣，桃李下猶未成蹊，不但有孤芳自賞之意，尤教人有荒涼之感。末句輕點「悽悽」，而以「無處不」三字重壓之，讀之使人全神俱活，款款欲飛。劉公勇云：「詞字字有眼，一字輕下不得。……有警句則全首俱動。」[35]此謂之也。

四、撫寫物態，曲盡其妙──

強煥云：「美成詞撫寫物態，曲盡其妙。」[36]王國維云：「美成深遠之致，不及歐秦，唯言情體物，窮極工巧，故不失為第一流之作者。」[37]是知世人推重美成詞，撫寫物態，曲盡其妙，亦為其作品特有之優點。按此特點，即在其詠物諸作可以見之。觀乎片玉集，詠物詞有十八首，而屬小令者，只得三首而已。[38]但能撫寫入神，其詞句亦雅馴縝密，具見大家風度者。如〈菩薩蠻〉詠梅雪：

「銀河宛轉三千曲。浴鳧飛鷺澄波綠。何處是歸舟。夕陽江上樓。

天憎梅浪發。故下封枝雪。深院捲簾看。應憐江上寒。」

此首詠梅雪，全從虛處寫。上片但寫雪意，若與梅無關，下片始點出雪中之梅，但能借物抒懷。「何處」二句，殆從溫庭筠〈憶江南〉詞出，但有脫胎之工。[39]「深院」二句，寫羈人淒清冷寂之感，倍覺委婉。清陳廷焯評此詞云：「上半闋云：『何處是歸舟，夕陽江上樓』，思慕之極，故哀怨之深；下半闋云：『深院捲簾看，應憐江上寒』，哀怨之深，亦忠愛之至。」[40]其實，詠物詞之工，在北宋自當以美成為最，然亦極精鍊工巧而已，其借物起興，則惟羈情旅思而已矣，以云『忠愛之至』，則未必然也。至若〈醜奴兒〉詠梅花：

「肌膚綽約真仙子，來伴冰霜。洗盡鉛黃。素面初無一點妝。

尋花不用持銀燭，暗裏聞香。零落池塘。分付餘妍與壽陽。」

此首上片刻劃梅花之潔白，句句入神，尤其引用莊子〈逍遙遊〉：「肌膚若冰雪，綽約若處子」，以點出梅花之美。下片融化林么梅詩：「疏影橫斜水清淺，暗香浮動月黃昏」，寫出梅花之香，婉曲之至；繼而引用宋壽陽公主「人日臥含章殿簷下，梅花落額上成五出，宮女效之，稱梅花妝」之典實，寫出梅花之零落，亦極含蓄雅馴，婉轉圓美，而無淒涼衰颯之感。他如〈品令〉：

「夜闌人靜。月痕寄、梅梢疏影。簾外曲角闌干近。舊攜手處，花霧寒成陣。　　應是不禁愁與恨。縱相逢難問。黛眉曾把春衫印。後期無定。腸斷香銷盡。」

此首雖詠梅花，實亦見梅而思人之作也。上片寫景，舊攜手處，正是梅梢月照，花霧成陣也。下片乃承上而抒情，滿懷愁怨，多少辛酸，縱得相逢，亦難以相問，何況後約無期，衣香銷盡，能不腸斷者邪？夏閏庵評曰：「此中有人，呼之欲出。」[41]足見美成運筆之深邃，摹物之曲妙也。

五、對偶工整，自然精鍊——

對偶亦名對仗，乃我國文學獨具之特色。對偶之用也，古今學者無不稱之贊之。譬如劉勰曰：

「體植必兩，辭動有配。左提右挈，情味兼載。炳爍聯華，鏡靜含態。玉潤雙流，如彼珩珮。」[42]

近人張正體又云：

「對仗是文學創作技巧之重要手法，……對仗工整，可使讀者的精神，轉移到詞藻的精巧上，引導讀者進入另一境界。」[43]

近人董季棠亦曰：

「對偶句的好處是：勻稱、平衡、圓滿，還有映襯作用。……因為偶語駢聯，很容易紅花綠葉，互相映輝。有時候還覺得它像八駿同馳，氣勢雄壯；百官齊列，場面堂皇顯赫。」[44]

近人黎運漢、張維耿亦謂：

「對偶的作用主要是借助整齊的句式及和諧的音調，把事情之間的對稱、對立乃至相關的意思鮮明地表現出來，以加強感人的力量。……對偶句形式整齊勻稱，語言簡潔凝煉，音調和諧悅耳，便於記憶和傳誦。」[45]

然則，對偶之於文學作品，其用也大矣重矣。惜乎對偶之體，言人人殊，莫衷一是。劉勰舉「四對之說」：言對、事對、正對、反對；[46]上官儀倡為「六對說」：正名對、同類對、連珠對、雙聲對、疊韻對、雙擬對；[47]皎然《詩議》更發為「八對法」：的名對、異類對、雙聲對、疊韻對、聯綿對、雙擬對、迴文對、隔句對；[48]日人金剛峰寺禪念沙門弘法大師（遍照金剛）又根據元兢《髓腦》、皎公《詩議》、崔氏《唐朝新定詩格》所論，創為「二十九對」：的名對、隔句對、雙擬對、聯綿對、互成對、異類對、賦體對、雙聲對、疊韻對、迴文對、意對、平對、奇對、同對、字對、聲對、側對、鄰近對、交絡對、當句對、含境對、背體對、偏對、雙虛實對、假對、切側對、雙聲側對、疊韻側對、總不對對；[49]近人王力則分為三類：工對、鄰對、寬對；[50]黎運漢、張維耿又分為三種：正對、反對、串對；[51]黃慶萱分為四種：句中對、單句對、複句對、長對；[52]而黃永武則又分為四種：當句對、單對、偶對、長偶對；[53]由此可見，對偶之體，諸家分類，非過於繁瑣，即流於簡略也。

吾觀乎美成小令，句中使用對偶之例頗多。從其形式而論，可分下列十一種：當句對、的名對、聯綿對、雙聲對、流水對、顏色對、數字對、異類對、同類對、鼎足對、隔句對；從其句式而論，則又可分五種：三字句、四字句、五字句、六字句、七字句。茲分別舉例說明如下：

（一）當句對

當句對者，即一句之中，詞彙自相對仗者也。洪邁有云：

「唐人詩文，或於一句之中，自成對偶，謂之當句對。」[54]

又云：

「當句對，蓋起於楚辭，蕙烝蘭藉，桂酒椒漿，桂櫂蘭枻，斲冰積雪。齊梁以來，江文通、庾子山諸人亦如此。」[55]

美成小令，屬當句對者共五次，如：

〈少年遊〉：柳泣花啼。

又　：馬滑霜濃。

〈點絳唇〉：柳汀煙浦。

〈訴衷情〉：不言不語。

〈紅羅襖〉：天闊鴻稀。

（二）的名對

的名對，又名正名對，又名正對，又名切對。日人遍照金剛曰：

「的名對者，正也。凡作文章，正正相對。上句安天，下句安地；上句安山，下句安水；上句安東，下句安西；上句安南，下句安北；上句安正，下句安斜；上句安遠，下句安近；上句安傾，下句安正。如是之類，名為的名對。」[56]

美成小令，屬的名對者，只一次，如：

〈紅羅襖〉：畫燭尋歡去，羸馬載愁歸。

案：上二句中，歡愁是其對，去歸是其對也。

（三）聯綿對

聯綿亦稱重言，[57]即今之所謂疊字。日人遍照金剛有曰：

「聯綿對者，不相絕也。……朝朝、夜夜、灼灼、菁菁、赫赫、輝輝、汪汪、落落、素素、蕭蕭、穆穆、堂堂、巍巍、訶訶，如此之類，名聯綿對。」[58]

美成小令，屬聯綿對者，只一次，如：

〈醉桃源〉：情黯黯，悶騰騰。

案：上句黯黯，下句騰騰，皆重言也。

（四）雙聲對

所謂雙聲對者，即指上下二句皆用雙聲字以相對者也。美成小令屬此者，只得一次，如：

〈望江南〉：淺淡梳妝疑見畫，惺鬆言語勝聞歌。

案：上句淺淡，同屬精紐；下句惺鬆，同屬心紐，皆雙聲字也。

（五）流水對

所謂流水對者，即上下二句對仗，一意相承，不能顛倒者也。美成小令，屬流水對者，亦僅一次，如：

〈玉樓春〉：桃溪不作從容住，秋藕絕來無續處。

案：此二句，從形式而言屬異類對，惟從內容而論，二句同寫作者輕於別離，卒致相見無從之愁傷也，故列為流水對。

（六）顏色對

所謂顏色對者，即指上下二句皆用顏色字以相對者也。美成小令，屬顏色字對，僅有三次，如：

〈浣溪沙〉：翠枕面涼頻憶睡，玉簫手汗錯成聲。

案：上句言翠，下句言玉，是為顏色對也。

〈玉樓春〉：當時相候赤欄橋，今日獨尋黃葉路。

案：上句言赤，下句言黃，皆顏色也。

〈玉樓春〉：煙中列岫青無數，雁背夕陽紅欲暮。

案：此二句中，青與紅皆為顏色字，故亦為顏色對也。

（七）數字對

所謂數字對者，即指上下二句皆用數字以相對者也。美成小令，屬數字對者，只一次，如：

〈浣溪沙〉：跳脫添金雙腕重，琵琶撥盡四絃悲。

案：上句用雙，下句用四，故名之曰數字對。

（八）異類對

日人遍照金剛嘗曰：

「異類對者，上句安天，下句安山；上句安雲，下句安微；上句安鳥，下句安花；上句安風，下句安樹；如此之類，名為異類對。非是的名對，異同此類，故言異類對。詩曰：天清白雲外，山峻紫微中。鳥飛隨去影，花影逐搖風。」[59]

美成小令，屬異類對者最多，共十七次，如：

〈望江南〉：芳草懷煙迷水曲，密雲銜雨暗城西。

案：上句安草，屬草木類；下句安雲，屬天文類。

〈玉樓春〉：人如風後入江雲，情似雨餘黏地絮。

案：上句安人，屬人倫類；下句安情，屬人事類。

〈望江南〉：牆外見花尋路轉，柳陰行馬過鶯啼。

案：上句安花，屬草木類；下句安馬，屬鳥獸類。

〈浣溪沙〉：金屋無人風竹亂，衣篝盡日水沉微。

案：上句風竹，屬草木類；下句水沈，指沈水香，屬器物類。

〈浣溪沙〉：新筍已成堂下竹，落花都上落巢泥。

案：上句言竹，屬草木類；下句言巢，屬器物類。

〈迎春樂〉：沿翠蘚，封寒玉。

案：上句安蘚，屬草木類；下句安玉，屬珍寶類。

〈浣溪沙〉：風約簾衣歸燕急，水搖扇影戲魚驚。

案：上句安燕，屬鳥獸類；下句安魚，屬蟲魚類。

〈浣溪沙〉：寶扇輕圓淺畫繪，象床平穩細穿藤。

案：上句安扇，屬器物類；下句安床，屬宮室類。

〈少年遊〉：並刀如水，吳鹽勝雪。

案：上句安刀，屬器物類；下句安鹽，屬飲食類。

〈少年遊〉：錦幄初溫，獸煙不斷。

案：上句錦幄，屬宮室類；下句獸煙，屬器物類。

〈醉桃源〉：燒蜜炬，引蓮娃。

案：上句蜜炬指蠟燭，屬器物類；下句蓮娃指美女，屬人倫類。

〈訴衷情〉：風翻酒幔，寒凝茶煙。

案：上句酒幔指旗，屬器物類；下句茶煙指茶，屬飲食類。

〈玉樓春〉：簾烘樓迥月宜人，酒暖香融春有味。

案：上句安天，屬天文類；下句安春，屬時令類。

〈浣溪沙〉：貪向津亭擁去車，不辭泥雨濺羅襦。

案：上句安車，屬器物類；下句安襦，屬衣飾類。

〈浣溪沙〉：下馬先尋題壁字，出門閒記牓村名。

案：上句安馬，屬鳥獸類；下句安門，屬宮室類。

〈浣溪沙〉：幽閣深沉燈焰喜，小壚鄰近酒杯寬。

案：上句安燈，屬器物類；下句安酒，屬飲食類。

〈少年遊〉：聒席笙歌，透簾燈火。

案：上句安歌，屬人事類；下句安燈，屬器物類。

（九）同類對

同類對亦稱同對，日人遍照金剛嘗曰：

「同對者，若大谷、廣陵、薄雲、輕霧，此大與廣，薄與輕，其類是同，故謂之同對。同類對者，雲霧、星月、花葉、風煙、霜雪、酒觴、東西、南北、青黃、赤白、丹素、朱紫、宵夜、朝旦、山岳、江河、台殿、宮室、車馬、途路。」[60]

美成小令，屬同類對者，亦有九次，如：

〈浣溪沙〉：日射欹紅蠟蔕香，風乾微汗粉襟涼。

案：上句安日，下句安風，同屬天文類。

〈浣溪沙〉：自翦柳枝明畫閣，戲拋蓮菂種橫塘。

案：上句柳枝，下句蓮菂，同屬草木類。

〈浣溪沙〉：強整羅衣抬皓腕，更將紈扇掩酥胸。

案：上句腕，下句胸，同屬形體類。

〈訴衷情〉：南陌上，落花閒。

案：上句陌上，下句花間，同屬方位類。

〈玉樓春〉：感君一曲斷腸歌，勸我十分和淚酒。

案：上句安君，下句安我，同屬人倫類。

〈浣溪沙〉：酒釅未須令客醉，路長終是少人扶。

案：上句安客，下句安人，同屬人倫類。

〈望江南〉：寶髻玲瓏欹玉燕，繡巾柔膩染香羅。

案：上句玉燕指玉釵，下句香羅指羅裙，同屬衣飾類。

〈玉樓春〉：酒邊誰使客愁驚，帳底不教春夢到。

案：上句安愁，下句安夢，同屬人事類。

〈玉樓春〉：別來人事如秋草，應有吳霜侵翠葆。

案：上句安草，下句安葆，同屬草木類。

（十）鼎足對

所謂鼎足對者，即上下三句詞彙互為對仗者也。美成小令屬此者，只得一次，如：

〈訴衷情〉：期信杳，別離長，遠情傷。

（十一）隔句對

所謂隔句對，又稱扇對。凡上下四句，奇句與奇句詞彙相對，偶句與偶句詞彙相對者，是謂隔句對。據日人遍照金剛曰：

> 隔句對者，第一句與第三句對，第二句與第四句對；如此之類，名為隔句對。[61]

上官儀又曰：

> 詩有八對……八曰隔句對：相思復相憶，夜夜淚沾衣；空歎復空憶，朝朝君未歸是也。[62]

美成小令，屬隔句對者，亦僅得一次，如：

〈紅羅襖〉：取酒東罏，尊罍雖近；採花南浦，蜂蝶須知。

案：取酒句與採花句對，尊罍句與蜂蝶句對，是謂之隔句對也。

由上觀之，美成小令之對偶凡四十一次，其中以異類對居多，幾佔全部百分之四十強。竊嘗以為對偶之要，貴乎自然，使人讀之，不覺情為之移，神為之往。設若勉強湊句，雕琢儷辭，終必流於「駢枝」之病。[63]試觀上舉美成之對句，近乎合掌之類者，絕無僅有，足徵其對仗之自然精鍊，此即王力所謂：「工對最好是『妙手偶得之』」之意也。[64]

（丙）結論

從上述五項分析，庶可覘美成詞小令之特色。花間詞風，本以字面清艷雅緻為尚，蘇軾以信筆揮灑，乃致疑於門士；柳永更恣之為俚俗，遂被斥於當塗。爰逮周邦彥，以天賦英才，過人學力，重振溫韋晏歐之遺緒，更以妙解音律，能自度曲，故其詞風，在習於花間陽春傳統作風者之心目中，乃視為正宗，如：音節響亮，鏗鏘悅耳；融化詩句，富艷精工；句法奇警，辭氣高華；撫寫物態，曲盡其妙；對偶工整，自然精鍊；凡此五目，前此作家，無有能如美成之善者，此即美成所以為獨特之處也。至如沈鬱頓挫、渾厚和雅、鋪敘縝密、結構天成，凡此種種，本亦為美成詞之特色，為世人所推重，惜乎此等特色，均指美成長調而云然。蓋小令短章，有如一花一草，易於著筆，只須回眸一笑，即可百媚俱生；長調堂廡既寬，則須妥為佈置，俾能情景相發，言中有物，尤在首尾相應，脈絡貫連也。本篇既論周邦彥之小令，故於此等特色，亦惟闕而不論者也。

註釋

[1] 《宋史》〈卷四百四十四・文苑傳〉。

[2] 王國維〈清真先生遺事〉引《咸淳臨安志》〈人物傳〉。

[3] 同註[1]。

[4] 樓鑰〈清真先生文集序〉。

[5] 同註[1]。

[6] 沈義父《樂府指迷》。

[7] 王灼《碧雞漫志》。

[8] 陳郁《藏一話腴》。

[9] 戈載《宋七家詞選》云：「清真之詞，其意淡遠，其氣渾厚，其音節又復清妍和雅，最為詞家之正宗。」

[10] 陳廷焯《白雨齋詞話》云：「詞至美成，乃有大宗，前收蘇秦之終，後開姜史之始，自有詞人以來，不得不推為巨擘。」

[11] 陳匪石《宋詞舉》：「周邦彥集詞學之大成，前無古人，後無來者。」

[12] 王國維《人間詞話》：「以宋詞比唐詩，則東坡似太白，歐、秦似摩詰，耆卿似樂天，……而詞中老杜，則非先生不可。」

[13] 明陳元龍《片玉集注》，世界書局印行，中華民國五十九年五月再版。

[14] 清毛先舒《填詞名解》云：「五十八字以內為小令，五十九字至九十字為中調，九十一字以外為長調。」

[15] 清萬樹《詞律》〈發凡〉曰:「若以少一字為短,多一字為長,必無是理。如七娘子有五十八字者,有六十字者,將名之曰小令乎?抑中調乎?如雪獅兒有八十九字者,有九十二字者,將名之曰中調乎?抑長調乎?

[16] 案美成小令,共二十一調五十三首,計為:

〈如夢令〉兩首,各三十三字;
〈點絳唇〉四首,各四十一字;
〈浣溪沙〉十首,各四十二字;
〈傷情怨〉一首,凡四十二字;
〈訴衷情〉兩首,各四十四字;
〈醜奴兒〉一首,凡四十四字;
〈菩薩蠻〉一首,凡四十四字;
〈一落索〉兩首,各四十六字;
〈醉桃源〉兩首,各四十七字;
〈秋蕊香〉一首,凡四十八字;
〈月中行〉一首,凡五十字;
〈鳳來朝〉一首,凡五十字;
〈少年遊〉四首,三首各五十字,一首凡五十一字;
〈迎春樂〉三首,各五十二字;
〈紅羅襖〉一首,凡五十三字;
〈望江南〉兩首,各五十四字;
〈玉樓春〉六首,各五十六字;
〈南鄉子〉一首,凡五十六字;
〈虞美人〉五首,各五十六字;
〈品 令〉一首,凡五十六字;
〈夜遊宮〉兩首,各五十七字。

[17] 語見《四庫全書》〈片玉詞提要〉。

[18] 語見王國維〈清真先生遺事〉。

[19] 萬樹《詞律》〈發凡〉。

[20] 陳銳《裦碧齋詞話》。

[21] 周濟《宋四家詞選》〈序論〉。

[22] 夏承燾《唐宋詞論叢》。

[23] 案：美成小令，平聲韻韻上用仄聲字者凡二十六處，其中仄用上聲者四處，而仄用入聲者兩處。

[24] 案：美成小令，上聲韻韻上用仄聲字者凡十七處，其中仄用上聲者三處，而仄用入聲者一處。

[25] 案：美成小令，去聲韻韻上用仄聲字者凡二十三處，其中仄用去聲者六處，而仄用入聲者八處。

[26] 案：美成小令，入聲韻韻上用仄聲字者凡七處，其中仄用去聲及入聲者各兩處。

[27] 案：美成小令，兩平之間用仄聲字者凡五十六處，其中仄用入者十一處。

[28] 案：轉折跌宕處仄用去聲、兩仄相連用去上、一平三仄備用四須等事，惟中長調較易見之，小令則略為少見也。

[29] 劉勰《文心雕龍》〈聲律篇〉。

[30] 語見清李汝珍《音鑑》。

[31] 本節所舉雙聲疊韻字，悉依宋本《廣韻》之切語及清戈載《詞林正韻》為依歸。

[32] 陳振孫《直齋書錄解題》。

[33] 沈義父《樂府指迷》。

[34] 宋魏慶之《詩人玉屑》引黃山谷之言曰：「不易其意而造其語，謂之換骨法；規摹其意而形容之，謂之奪胎法。」

[35] 劉公勇《七頌堂詞繹》。

[36] 強煥《清真詞序》。

[37] 王國維《人間詞話》。

[38] 案集中屬詠物之作凡十八首，除〈菩薩蠻〉、〈醜奴兒〉及〈品令〉三首是小令外，餘皆為中長調，計為：〈側犯〉、〈紅林檎近〉兩首、〈滿路花〉、〈大酺〉、〈玉燭新〉、〈花犯〉、〈水龍吟〉、〈六醜〉、〈蘭陵王〉、〈蝶戀花〉四首、〈三部樂〉。

[39] 溫庭筠〈憶江南〉詞：「梳洗罷，獨倚望江樓。過盡千帆皆不是，斜暉脈脈水悠悠。腸斷白蘋洲。」

[40] 陳廷焯《白雨齋詞話》。

[41] 引見張曦《片玉詞校箋》。

[42] 劉勰《文心雕龍》〈麗辭篇〉。

[43] 張正體《詞學》。

[44] 董季棠《修辭析論》。

[45] 黎運漢、張維耿《現代漢語修辭學》。

[46] 劉勰《文心雕龍》〈麗辭篇〉。

[47] 引見宋魏慶之《詩人玉屑》卷七。

[48] 同上。

[49] 遍照金剛《文鏡秘府論》。

[50] 王力《漢語詩律學》。

[51] 同註[40]。

[52] 黃慶萱《修辭學》。

[53] 黃永武〈字句鍛鍊法〉。

[54] 洪邁《容齋隨筆》。

[55] 洪邁《四六叢談》。

[56] 同註[44]。

[57] 同上。

[58] 同上。

[59] 同上。

[60] 同上。

[61] 同上。

[62] 引見宋魏之《詩人玉屑》卷七。

[63] 劉勰《文心雕龍》〈麗辭篇〉云：「張華詩稱遊雁比翼翔，歸鴻知接翮；劉琨詩言宣尼悲獲麟，西狩泣孔邱。若斯重出，即對句之駢枝也。」

[64] 王力《漢語詩律學》。

中國現代鄉土散文初探

陳德錦

內容提要：本文追溯中國現代鄉土散文與「鄉土文學」的關係，介紹「鄉土散文」在中國現代文學中的發展概況，並嘗試指出「鄉土散文」的特徵，並求進一步以文學類型的角度觀察此一特殊之散文品類。

一、中國現代文學中的鄉土文學

在中國現代文學史上，「鄉土文學」是較早出現的一個創作品類。「鄉土文學」出現於二十年代，以小說為主，作家包括分別屬於文學研究會、語絲社、莽原社、未名社等文學團體的成員，代表作家有許欽文、王魯彥、王任叔、蹇先艾、彭家煌、許傑、徐玉諾、潘訓、臺靜農、廢名等。魯迅一向被認為是最先使用「鄉土文學」一詞的人。一九三五年，在《中國新文學大系》小說集的導言裏，魯迅對蹇先艾等人的小說有這樣的看法：

> 〔蹇先艾〕所描寫的範圍是狹小的，幾個平常人，一些屑事，但如《水葬》，卻對我們展示了「老遠的貴州」的鄉間的習俗的冷酷，和出於這冷酷中的母性之愛的偉大……蹇先艾敘述過貴州，斐文中關心著榆關，凡在北京用筆寫出他的胸臆來的人們，無論他自稱為用主觀或客觀，其實往往是鄉土文學，從北京這方面說，則是僑寓文學的作者。但這又非如勃蘭兌斯（G. Brandes）所說的「僑民文學」，僑寓的只是作者自己，卻不是這作者所寫的文章，因此也只見隱現著鄉愁，很難有異域情調來開拓讀者的心胸，或者炫耀他的眼界。許欽文自名他的第一本小說集為《故鄉》，也就

是不知不覺中自招為鄉土文學的作者，不過在還未開手來寫鄉土文學之前，他卻已被故鄉所放逐，生活驅逐他到異地去了，他只好回憶「父親的花園」，而且是已不存在的花園，因為回憶故鄉已不存在的事物，是比明明存在，而只有自己不能接近的事物較為舒適，也更能自慰的……〔黎錦明〕大約是自小就離開了故鄉的，在作品裏，很少鄉土氣息。[1]

魯迅這段話包含了兩層意思：首先，是作家身在北京，作品題材卻有關他們的故鄉（通常是指他們生活過的農村、小鎮）；其次，是這群「僑寓」作者的作品，無論用主觀或客觀的筆法，多少都具有一層「鄉愁」情調，但只有具備「鄉土氣息」和「異域情調」的摹寫才足以開拓人心，展露作家的眼界。[2]

同年，茅盾（沈雁冰，1896－1981）就入選《大系》的幾位描寫「農村生活」的作家作了更深刻的評論。他以寫實小說的角度，分析了徐玉諾、潘訓、彭家煌、許傑等人的作品，他注意到彭家煌和許傑的小說用了「純客觀的態度」來塑造人物、組織情節，並且重視作品的「地方色彩」。茅盾特別稱賞許傑的《慘霧》，指出作品的悲劇性來自農民「原始性的強悍和傳統的惡劣的風俗」，而《賭徒吉順》則反映了鄉鎮經濟破壞所引起的「人心的迷惘苦悶」。[3] 茅盾這些批評觀點同他的小說理論是一致的，他在《小說研究ABC》裏指出：

如果一個作家把他的地點指定在自造的想像世界或烏托邦，那麼，他只要對自己負責；如果不然，他的地點是世界實有的地方，則他便該對於實在的地方負責任，他應該把他小說中的某地寫成正確的某地。人物有個性，地方也有個性；地方的個性，通常稱之曰：「地方色彩」（local colour）。一位作家先須用極大的努力去認明他所要寫的地方的「地方色彩」。……但是我們決不可誤會「地方色彩」即某地方的風景之謂。風景只可算是造成地方色彩的表面的而不重要的一部分。地方色彩是一地方的自然背景

> 與社會背景之「錯綜相」，不但有特殊的色，並且有特殊的味。所以一個作家若為了要認識地方色彩而行實地考察的時候，至少要……把那地方的生活狀況，人情，風俗，都普遍的考察一下。[4]

茅盾界定「地方色彩」的意義，特別強調社會背景的考察。作品的「地方色彩」來自人情、風俗、社會生活的客觀描繪，也即是內在的「味」（滲透於作品裏的地方特質）。茅盾重視「鄉土文學」中自然背景與社會背景的交錯、溶合，注意到像彭家煌和許傑作品成功之處是真實性。這種真實性是通過細心選擇、把作品中的地點「寫成正確的某地」的結果。「地方色彩」不單成為區別作品地理背景的記號，也成為同作品內容不可分割的部分，因為人物、情節、主題都由特殊的地域形態所衍生。這可稱為文學的「鄉土主義」（regionalism），而以小說形式寫成的就可稱為「鄉土小說」（regional novel）。

「鄉土文學」理論，在魯迅、茅盾使用這名詞之前已經出現。在《〈舊夢〉》、《地方與文藝》等文字裏，周作人認為文學作品應具備「地方性」和「地方色彩」，提倡「鄉土藝術」；[5]王伯祥則積極探討文學與環境、文學與地域的關係。[6]這些強調文學作品中地域特徵、地方色彩和風俗畫面的討論，與文學研究會所提倡的「為人生而藝術」、文學反映現實的口號彼此呼應，正好是當時鄉土文學的理論背景。至於中國現代文學中「鄉土文學」和「鄉土藝術」等用語，論者認為典出於日本文學，而又是譯自德語，可以追溯到魯迅、周作人在日本研讀和翻譯外國小說的時期。[7]

早期鄉土小說的代表作家，由故鄉輾轉來到當時的文化運動中心北京讀書及寫作，承受「五四」思潮的餘波以及新文學運動人道主義的影響，他們以生活過的故鄉和小鎮為背景，描寫這些鄉鎮居民的生活。他們筆下的鄉土普遍呈現閉塞凋敝的狀態。在展現鄉鎮人物的生活方面，著眼於風俗情態的刻畫，時而反映其落後、野蠻的面貌。早期的鄉土作家中，潘訓、許傑、王魯彥、許欽文、王任叔均祖籍浙江，彭家煌、黎錦明是湖南人，蹇先艾生於貴州，他們筆下的鄉鎮，可說是長江中下游一帶的中國農村的縮影。像《水葬》（蹇先艾）中的野蠻私刑，《慘霧》（許傑）中的村民械鬥，《活鬼》（彭家煌）中的迷信和《燭焰》（臺靜農）中的封建婚俗等等，可以說明作家的鄉土意識已日趨成熟，開始對農村的封閉落後等根深蒂固的問題作有力的反映。在早期的鄉土文學裏，主觀的「鄉愁」情緒已逐漸被客觀描寫所取代。地方土語的運用、簡樸的風景描寫、人物心理的刻畫，已為後來的鄉土作品奠定基礎。

後來的鄉土作品，風格更趨多樣，地域背景更廣闊。在茅盾、吳組緗、師陀（蘆焚）、沈從文、蕭紅以農村和小鄉生活為題材的作品裏，無論在景物描寫或人物刻畫上，都有顯著的發展。茅盾指出「描寫邊遠地方的人生的作品」漸漸多起來，認為「在特殊的風土人情而外，應當還有普遍性的與我們共同的對於命運的掙扎」，並指出鄉土作家應有「一定的世界觀和人生觀」。[8] 茅盾在同一篇文字裏提及蕭紅的《生死場》，他的觀點，同為該書作序的魯迅的看法很接近。魯迅對《生死場》的意見是：

> 敘事和寫景，勝於人物的描寫，北方的人民的對於生的堅強，對於死的掙扎，卻往往已力透紙背；女性作者的細緻的觀察和越軌的筆法，又增加了多少明麗和新鮮。[9]

《生死場》裏，一方面有東北人民在抵抗外侮時的掙扎，一方面有細緻凝練的描寫筆觸，後者無疑能加強主題的表現。文字的表現力漸漸成為鄉土作家用心所在。茅盾以寫實的筆觸在《農村三部曲》呈現農村經濟破落的景象，其中《春蠶》再現農村養蠶勞動的寫實筆法是鄉土文學的典型技巧，是作品獲得社會效果的重要手段。吳組緗的《樊家鋪》在反映農村經濟破產方面，繼承了早期鄉土作家的傳統，但在故事鋪寫技巧方面則更臻圓熟。其次便是方言、土語的加插，這方面在許傑、彭家煌的小說已啟其端。至於如廢名文字之清新奇峭，師陀文字之藻麗凝重，端木蕻良文字之粗獷渾樸，亦早為人稱道。在寫實之外，沈從文更以「寫意」之筆達到藝術上更高的境界。他以湘西鄉鎮為背景所寫的小說，在客觀靜態的「地方色彩」上加添了主觀的情感，使其活靈活現，而在不同的鄉土人物和故事裏更滲透了他對人性美的理解，充滿牧歌的情趣和淡淡的詩意。在中國現代作家之中沈從文的作品能別樹一幟，影響深遠。

四十年代以後，鄉土文學仍然發展不衰。從趙樹理、孫犁、柳青到汪曾祺、高曉聲、陸文夫以至較年青的作家如阿城、何立偉、賈平凹、莫言、韓少功、王安憶等，在不同程度上延續了前期鄉土文學的發展，寫出不少以農村、鄉鎮為背景的小說，將鄉土文學擴展到「傷痕」、「反思」、「市井」、「魔幻」、「尋根」等小說類型上。

二、從鄉土小說到鄉土散文

小說體裁在鄉土文學中佔有最重要的地位，足以代表鄉土文學的整體成就，一般對於鄉土文學的評論幾乎都集中在鄉土小說上。相比之下，作為鄉土文學一支的鄉土散文，卻未得到充分的注意。在中國現代文學最初的十年裏，當「鄉土文學」的觀念已獲得確定之後，鄉土散文的討論仍未開展，即使在後來大部分有關現代散文的論述裏，情況亦如是。[10]

在為數不少的散文理論著述中，鄉土散文所以未受到應有的討論，主要是鄉土散文仍未正式形成任何「流派」，不同風格的鄉土散文家之間，並未建立共通的創作原則。若將不同風格的鄉土散文歸納為一個「流派」，則顯然與事實不符。然而「鄉土散文」名稱之能確立，在於「鄉土文學」遷流曼衍，成為中國現代文學史裏最具份量的品類之一，鄉土散文則為其一支，比鄉土小說稍晚出現，而又開拓了獨立的領域。

鄉土散文的領域具有幾個特點。其一，鄉土散文具有「鄉土文學」一些主要而穩定的質素，例如「地方色彩」，而同時兼有其他主要類型散文（小品、雜文、游記）的特質，發揮著這些散文既有的功能；其二，除個別作家以鄉土散文為主要創作類型之外，鄉土小說家亦寫作鄉土散文，是鄉土小說的一種副產品；其三，鄉土散文在文體上與鄉土小說有密切關係，往往反映在相近的風格上，有時散文與小說的界線甚至顯得模糊。[11]

正因鄉土散文具有「鄉土文學」一些主要而穩定的質素，而又同時兼有現代散文的功能（甚至是跨越文體的功能），鄉土文學才逐漸形成一種具有獨立藝術特徵的散文類型。現代作家之中，像魯迅、周作人、茅盾、魯彥、豐子愷、郁達夫、老舍、鍾敬文、陸蠡、李廣田、何其芳、沈從文、蕭紅、吳組緗、師陀、孫犁等，鄉土散文在他們整體的創作裏均佔有相當明顯的位置。

郁達夫曾經指出現代散文特徵之一，是「人性，社會性，與大自然的調和」，[12]換言之，是散文在表現上和功能上的多面綜合。新文學運動初年，大量出現的抒情小品、雜文、游記，其實正分別負載了表現人性、社會性和大自然的職能。在同一時期，正當「鄉土文學」逐漸取代「問題小說」而成為主流時，散文也朝著相似的趨勢向更廣闊的方向前進。鄉土小說打破了「問題小說」在人生問題上游移不決的困局，轉而將概念化的思想落實在人物形象、生活場景和社會心理的塑造上。鄉土散文也是逐步從各類抒情小品、雜文、游記、自傳等散文體式的繁衍中產生而取得地位的。在各類散文體式的蓬勃發展中，散文的表達功能勢必有提升和分工的趨向，這趨向反而使郁達夫當初主張「調和」的理想再次變得難於企及。「論語」和「新小品文」兩派的抗衡，說明了散文家在探討「人性」和「社會性」這兩個問題上，因分工太細而出現的嚴重分歧。處於現代散文的蓬勃期，鄉土散文避開了流派論爭的漩渦，在某一程度上，對人性、社會性、大自然作了「調和」的嘗試，而且獲得了顯著的成績。錢理群指出作家的情感因素是鄉土散文的特質：

> 作家聽命於自己本能的內心衝動，欲求，訴諸於「情」，追求著「美」時……幾乎是情不自禁地對「風韻」猶存，卻面臨著危機的傳統農業文明唱起贊歌與挽歌來……這種情感傾向在……描繪鄉風市聲的現代散文裏表現得尤為明顯；這大概是因為現代散文最基本的特質乃是一種「個人文體」，最著重個性的表現，並「以抒情的態度作一切文章」的緣故吧。[13]

事實上，這種情感因素存在於大部分現代作家的意識之中。甚至以描繪都市文明擅場的茅盾，也承認自己保留著鄉土情感。在《鄉村雜景》裏，他提及回到鄉村居住，靜思默想，覺得自己所以喜愛鄉村，不在把鄉村當作不動不變的「世外桃源」，而在於：

> 鄉村的濃郁的「泥土氣息」，不像都市那樣歇斯底列、神經衰弱，鄉村是沉著的、執拗的，起步雖慢可是堅定的……而這，我稱之為「鄉土氣息」。[14]

此外，在《香市》、《故鄉雜記》、《風景談》、《白楊禮贊》以及記述抗戰時期成都、蘭州、寶雞、新疆等地風貌的散文裏，雖然所呈現的地方色彩濃淡不一，但大多以他所主張的「自然背景與社會背景之『錯綜相』」為著眼點，因此，茅盾散文的鄉土氣息更增添了一種「社會性」。

鄉土散文家以他們熟悉的鄉鎮為自然背景，往往以抒情的態度表現鄉土的人情和風物，突出了個人的情感和文字風格。他們選取獨特的視角來處理鄉土事物，使個人情緒和感覺得到更具體的展現。以「孤高」、「晦澀」著稱的廢名（1901－67），寫作了不少極具個人風格的散文。廢名，原名馮文炳，湖北黃梅縣人，北京大學英文系畢業，與魯迅、周作人有交往。一九二五年出版短篇小說集《竹林的故事》，後來又出版了《棗》、《桃園》等作品。廢名的小說大多沒有嚴謹的故事架構，淡化的情節、詩化的描寫，使這些作品更接近小品。《竹林的故事》中部分作品是寫一個孩子程小林的童年經驗，並以孩童的眼睛進行敘述。廢名筆下的故鄉山水和人物，也借小林的觀點反映出來。廢名更獨造了一套清新奇峭的語言，使山水和人物顯得脫俗不凡，形象鮮明。概言之，廢名能用跳接的語言，取得文句簡潔、內容深遠的效果。一些文學史家亦注意到他的風格特徵，特別是把散文筆法融入小說文體的手法：

> 廢名的感受，多帶靜觀的性質，洋溢著牧歌的氣氛……廢名是描繪景物的能手，他的一些匆促之作近乎小品（如《菱蕩》）。我國傳統小說主要筆墨用在描寫故事與人物，雖然偶有寫景的勝筆，亦不佔行文的顯要位置。謳歌自然的千古絕唱，存在於山水詩和記游小品之中。相對地說來，對自然的表現，小說的成績不及詩歌、散文。廢名大量以山水小品之筆入小說，不少篇什寫景抒情的份量壓倒寫人敘事。在這裏，小說與散文的界限在某種程度上溝通了。[15]

《菱蕩》足以說明廢名文體的特徵。在作品裏，人物性格的勾勒讓位給景物的描寫；在滲透著地方色彩的寫景文字裏，人物與景物已渾然為一體，成為一組意象，表達了作者的一種田園視景。試看以下一節：

> 菱葉差池了水面，約半蕩，餘則是白水。太陽當頂時，林茂無鳥聲，過路人不見水的過去。如果是熟客，繞到進口的地方進去玩，一眼要上下閃，天與水。停了腳，水裏唧唧響——水彷彿是這一個一個的聲音填的！……
>
> 城裏的人並不以為菱蕩是陶家村的，是陳聾子的。大家都熟識這個聾子，喜歡他，打趣他，尤其是那般洗衣的女人，——洗衣的多半住在西城根，河水竭了到菱蕩來洗。菱蕩的深，這才被他們攪動了。太陽落山以及天剛剛破曉的時候，壩上也聽得見他們喉嚨叫，甚至，衣籃太重了坐在壩腳下草地上「打一棧」的也與正在捶搗杵的相呼應。野花做了他們的蒲團，原來青青的草他們踏成了路。

> 陳聾子，平常略去了陳字，只稱聾子。他在陶家村打了一幾年長工，輕易不見他說話，別人說話他偏肯聽，大家都嫉妒他似的這樣叫他。但這或者不始於陶家村，他到陶家村來似乎就沒有帶來別的名字了。二老爹相信他一人，回來一文一文的錢向二老爹手上數。洗衣女人向他討蘿蔔吃——好比他正在蘿蔔田裏，他也連忙拔起一個大的，連葉子給她。不過問蘿蔔他就答應一個蘿蔔，再說他的蘿蔔不好，他無話說，笑是笑的。菱蕩墟的蘿蔔吃在口裏實在甜。[16]

作者對人物的背景、身世，甚少關注，作者全心投入事物形象之中，以顏色、聲音、動作、簡單情節的組合，描繪出一幅純樸的田園畫面，憑作者對地方風物的印象而達到清晰明確的效果。沈從文在《論馮文炳》文中指出廢名作品的語言和地方色彩的關係。[17]在另一篇文章裏，沈從文稱廢名「筆下明麗而不纖細，溫暖而不粗俗，風格獨具」，所寫的是「另一時另一處真正的鄉村與農民」。[18]廢名作品語言的創造性在於具有隨物賦形的特色，即沈從文所謂的「不黏不滯」、「得自然真趣」。

鄉土散文既然結合了作家個性和地方性，它就與流行的散文形成一種微妙的關係。這種關係是兩者各有特點又有相通之處。相通之處在作家個性。以個性為中介，則鄉土散文就有了通向廣闊的散文領域的路徑。二、三十年代流行的游記散文，就是同鄉土散文關係密切的一種散文品類。游記散文如郁達夫的《方巖紀勝》、傅東華的《杭江之秋》、鍾敬文的《西湖漫拾》、夏丏尊的《白馬湖之冬》、方令孺的《瑯琊山游記》、李廣田的《扇子崖》等，所記多是對久居之地的懷念或重遊故鄉山水的感受。游記兼而描寫鄉土景物者，亦可視為一種鄉土散文。在現代散文作家之中，能融合游記敘述之長、抒情散文之清麗並能展示濃厚地方色彩者，當推沈從文。

沈從文（1902－1988），湖南鳳凰人，出生於軍籍家庭，年青時在本鄉部隊中當過上士，曾隨部隊流徙，走遍了湖南、四川、貴州的邊境地區，領略了各處奇特的風土人情，接觸過農民、士兵、流氓、妓女、礦工等不同類型的低下層人物，在他的小說和散文裏都有這些廣闊生活經驗的反映。沈從文曾評論過廢名的小品，他亦受廢名的啟發，對文字進行不同的實驗，把寫作視為一種「情緒的體操」。沈從文自言作品與同時代作家不同之處，即取材側重寫他的家鄉，寫那：

> 生於斯長於斯的一條延長千里水路的沅水流域。對沅水和它的五個支流、十多個縣分的城鎮及幾百大小水碼頭給我留下人物哀樂、景物印象，想試試作綜合處理，看是不是能產生點散文詩效果。[19]

《湘行散記》是沈從文於一九三三年冬還鄉時寫成的作品，沈從文在闊別故鄉鳳凰十七年後，重遊了故鄉的山水，以書信形式紀錄了沿途的見聞和感受。《湘行散記》共十二篇，是從這些書信整理出來的，以行程為線索，寫出湖南的山光水色和牽夫水手等平凡人物的瑣事，筆調自然樸實。河面的薄霧，灘聲和櫓歌，人煙與漁船，峭壁的紫絳、青黛，夕照中山城的雉堞，交織成一片瑰麗莊嚴的自然景致。在描寫湘西的景色和人事之中，沈從文對湘西人民的過去和現狀「懷著不易形諸筆墨的沉痛和隱憂，預感到他們明天的命運……不容易維持下去」，[20]曲折地表現了他對人事代謝、今昔變遷的感慨。《湘行散記》有紀遊、有敘事、有寫人，每篇都散發著撲面的淡淡的鄉土氣息。沈從文有意把湘西寫成一種未經文明洗禮的野蠻之地，歌頌存在於邊區人民身上的原始品質，表現他們如何與大自然鬥爭的生活情態。五年後寫成的《湘西》，介紹了湘西的交通、物產、政治、人情、習俗、傳說，飽含對鄉土的關懷和憂患情緒，是三十年代一幅最細致的湘西民俗風景畫。沈從文在寫作《湘西》時，有感於：

> 故鄉山川風物如此美好，一般人民如此勤儉耐勞……地下所蘊聚又如此豐富，實寄無限希望於未來。因此這本書的最好讀者，也許應當是生於斯，長於斯，將來與這地方榮枯永遠不可分的同鄉。【21】

在寫作過程中，不單是地理、物產、民俗等事物使作者與讀者得以溝通經驗，更因作者對於有相同鄉土經驗的讀者的熱切期望，使筆墨中注入了特殊親切的情味。因此，《湘西》在客觀報導事實方面雖頗近報告文學，但在「人性，社會性，與大自然的調和」方面，它的作用還是接近抒情散文的。

三、鄉土散文的特點

在中國現代散文史上，鄉土散文的分量甚重，以懷鄉情緒或鄉土背景寫成的作品，像葉紹鈞的《藕與蓴菜》、王統照的《青紗帳》、魯彥的《故鄉的楊梅》、馮沅君的《劫灰》、豐子愷的《告緣緣堂在天之靈》、俞平伯的《清河坊》、郁達夫的《還鄉後記》、劉大白的《〈龍山夢痕〉序》、夏丏尊的《白馬湖之冬》、潘訓的《鄉心》、老舍的《想北平》、茅盾的《故鄉雜記》、沈從文的《鳳凰》、李廣田的《山水》、何其芳的《雨前》、吳組緗的《村居記事二則》、陸蠡的《水礁》、蕭紅的《失眠之夜》等，都是情意懇切而又各具藝術特點的佳作，它們將有助於學者理解中國現代散文在內容構成方面的特質。

總括而言，中國現代文學中的鄉土散文有以下幾個特點：

（一）濃厚的地方色彩：鄉土散文主要以中國長江和黃河流域之間不同地區的農村、鄉鎮為背景，這些農村和鄉鎮大多與城市隔閡，一方面呈現封閉、落後的景象，一方面則保留純樸、清麗而未經開發的狀態。作家往往以如實的態度紀錄地方的特色，局部的地理特徵經常成為作家描摹的片斷，在表現上亦成為作家抒情言志的對象，尤其是塑造詩意最常運用的手段。作家雖著力渲染某一地方的色彩，使其可觀可感，成為某地方之標記，然而無意將之概括化，使其成為其他鄉鎮的典型。即使對象是一些人物，鄉土散文家也較少用上小說家概括、湊合的方式處理。

（二）具體的風物、習俗、語言的記述：鄉土散文既以實在的地方為背景，作家亦以寫實的筆法紀錄地方特色，具體的地方風物、人情習俗、生活語言等等都是塑造地方色彩最常出現的因素。側重記述鄉土風物的散文，亦為鄉土散文的一種。[22]然而典型的鄉土散文則以抒情、寫人、記事為主，在敘述之中，具體的地方風物、習俗和語言成為了作品鄉土風格的標記，有助作家表達鄉土之情，使其具體可感。至於方言、土語的加插，亦求照顧敘述上的需要，吻合人物說話的情態腔調，盡量避免喧賓奪主。

（三）抒情性：鄉土散文的抒情性，最常表現於作家的「鄉愁」上。鄉土散文家多有離鄉別井的經歷，他們寄寓異地，間或重遊鄉土，有見今昔變遷而涉筆桑梓，或述故鄉舊事，或記村野人情，有感其純樸渾厚而生嚮往，同情其落後困苦而起哀愁。作者以鄉土事物作為情感的「載體」，在主體與客體之間取得適當的距離，作者雖直言其感受而不溺於濫情，以想象運筆而不流於空泛。寫情中體現觀察，報導中展露關懷，批評中飽含憐憫，都是鄉土散文的抒情特質。抒情是鄉土散文一個主要的功能而非從屬的成分，就這一點來說，鄉土散文與抒情小品沒有太大區別。

（四）開放的文體特質：鄉土散文不是一個文學流派，不存在一套基本的創作理念，鄉土散文家也沒有一致的創作信條，然而鄉土散文作為中國現代散文中一個數量顯赫成績斐然的品類，是不容置疑的。鄉土散文與詩歌、小品、游記、小說、報告文學關係密切，筆調相融，作用互通，適應能力很強。然而鄉土散文在個別作家的整體創作中往往具有明顯的一致性，有些是技巧相近而作風一貫，有些是體制相近而自成格局，有些是題材相近而跨越文類，總之，鄉土散文呈現著文體上極強的彈性和適應性。

註釋

[1] 魯迅：《導言》，見《中國新文學大系・小說二集》，趙家璧主編（上海：良友圖書印刷公司，1935），頁8至11。

[2] 魯迅在《中國新文學大系・小說二集・導言》上對於「鄉土文學」的看法，一直引起紛歧的解釋，主要原因是魯迅並沒有為「鄉土文學」作嚴謹的定義。他稱蹇先艾、許欽文等人的創作是「鄉土文學」，著眼於他們在作品裏懷念故鄉，從故鄉事物引發自己的思想感情。在北京，他們雖然被視為「僑寓文學的作者」，但實際上他們的寫作題材較多是個人感受，範圍比較狹小，並且因為遠離故鄉（只有對已改變了的故鄉的記憶），文章裏只「隱現著鄉愁」，不能如一些真正的「僑民文學」那樣，對故鄉作詳確的描寫，所以魯迅說他們的作品其實不是「僑寓文學」。本文認為，魯迅對「鄉土文學」的看法有兩個層面：筆下涉及「故鄉」，「隱現著鄉愁」的，可稱為「鄉土文學」（也許亦可稱為「鄉愁文學」），但只有對故鄉事物有深刻體驗並以客觀筆觸寫出的文學才是更典型的「鄉土文學」，才具有「異域情調」和「鄉土氣息」。

[3] 茅盾：《導言》，見《中國新文學大系・小說一集》，趙家璧主編（上海：良友圖書印刷公司，1935），頁28－30。

[4] 沈雁冰（茅盾）：《小說研究ABC》（上海：世界書局，1928），頁113－114。

[5] 周作人於一九二三年為劉大白的詩集《舊夢》作序，已表示對於鄉土藝術的喜愛。他又在《地方與文藝》中提到「人總是『地之子』，不能離地而生活，所以忠於地可以說是人生的的正當的道路……須得跳到地面上來，把土氣息泥滋味透過了他的脈搏，表現在文字上，這才是真實的思想與文藝。這不限於描寫地方生活的「鄉土藝術」，一切的文藝都是如此。」見周作人：《談龍集》（上海：開明書店，1927），頁15－16。周作人在他雜文裏經常表示出對地方文學、掌故、風俗的愛好。他對當時的青年作家亦有影響，臺靜農用了「地之子」作為小說集名稱，

李廣田亦自稱「地之子」。

[6] 王伯祥論文分別載於《文學旬刊》第87、89期。

[7] 參閱工藤明美:《郷土文學の興りと語源》〔鄉土文學的興起及語源〕,《野草》,第47號,1991年2月,頁134－138。工藤明美指出十九世紀末日本文壇受西方「新浪漫主義」影響,開始引入"Heimatkunst"(德語,鄉土藝術)和"Heimatdichtung"(鄉土文學)的術語。周作人在一九一〇年翻譯匈牙利作家育凱摩耳(Jokai Mor,1825－1904)的《黃薔薇》時說:「描寫鄉村生活,自然景物……實為近世鄉土文學之傑作。」參見《知堂回想錄》(香港:聽濤出版社,1970),頁239－240。

[8]《關於鄉土文學》,《茅盾全集》(北京:人民文學出版社,1991),第二十一卷,頁89。

[9] 魯迅:《序言》,蕭紅《生死場》(上海:容光書局,1935),頁1。

[10] 林非在《中國現代散文史稿》裏,把現代散文分為三大類:雜文、小品、報告文學。小品即指以抒情、記敘為主的散文。林非將這三大類散文劃分為三個時期論述,即二十年代、三十年代、抗戰以後。在討論小品中,他主要以文學社團作為劃分風格的標準。分別討論了文學研究會、創造社、語絲社和「論語派」的作家,此外,也討論了小說家的散文,其中有鄉土文學背景的包括沈從文、王魯彥、蹇先艾、蕭紅、吳組緗、師陀等。對於這一批寫作鄉土散文的作家,林非並未作獨立的課題來討論。

俞元桂在《中國現代散文發展紀程》中的觀點同林非大同小異,在論述三十年代散文發展時,標舉出傾向閒適的「論語派」和左翼作家的「新小品文」的抗衡,而與何其芳、李廣田、繆崇群等為代表的「抒情散文創新派」形成鼎立之局,參閱俞元桂《中國現代散文十六家綜論》(上海:華東師範大學出版社,1989),頁15－16。汪文頂在《中國現代散文流派及其演變》(收於《中國現代文學研究叢刊》,1986年4月號,頁107－123)一文中劃分散文流派的方法基本上沿襲林非、俞元桂的觀點,而特別強調現實主義在散文流派演變中所起的作用。

對於中國現代散文類型的劃分,鄭明娳認為應以「小品」為主,包括「情趣小品」、「哲理小品」、「雜文」三個分支。在《現代散文類型論》(台北:大安出版社,1988)中,鄭氏重點討論的就是「情趣小品」(又可分為「人情小品」和「物趣小品」)。鄭氏的分析並不以流派的爭持為立論依據,而較能從散文類型之分野顯示散文在內容和形式上多樣化的特質。鄭氏在該書「人情小品」一節討論了李廣田的《山水》，認為表達了作者「鄉土之思」，惟未集中討論同類主題的散文。

[11] 趙園曾指出鄉土小說中經常出現散文式的寫景片斷，認為這種「筆墨趣味更借了散文天地謀發展。其置於小說時，常被指為散文風，言外之意，是文體特徵模糊。」見《地之子：鄉村小說與農民文化》（北京：北京十月文藝出版社，1993），頁145。她引申提到：「鄉村固然有『故事』，鄉土文學卻無妨以情趣勝，散漫的描敘一向被以為天然地宜於『鄉村』。這『宜於』自然依據了大量的事實。新文學史上，魯迅之外，郁達夫、沈從文、廢名、蕭紅、蘆焚（師陀）、孫犁等一批作者，都是長於寫散文式的鄉村小說的⋯⋯人們也在當它『小說』讀時，領略了它的散文之美。這種借地繁衍，亦是文體生命頑強的證明吧。」（頁151－152）。

[12] 郁達夫：《導言》，見《中國新文學大系・散文二集》，趙家璧主編（上海：良友圖書印刷公司，1935），頁9。

[13] 錢理群：《序》，《鄉風市聲》，錢理群編（北京：人民文學出版社，1992），頁2。

[14] 茅盾：《鄉村雜景》，《速寫與隨筆》，第九版（上海：開明書店，1949），頁79－80。

[15] 楊義：《中國現代小說史》，第一卷（北京：人民文學出版社，1986），頁463。

[16] 引自《馮文炳選集》，馮建男編（北京：人民文學出版社，1985），頁72－73。

[17] 沈氏指廢名「用淡淡文字，畫出一切風物姿態輪廓⋯⋯作者生長在湖北黃岡，所採取的背景也仍然是那類小鄉村方面。譬如小溪河，破廟，塔，老人，小孩，這些那些，是不會在中國東部的江浙與北部的河北山東出現的。作者地方性強，且顯明表現在作品人物的語言上。按照自己的習慣，使文字離去一切文法束縛與藻飾，使文字變成言語⋯⋯作者是『最能用文字記述言語』的一個人，同一時是無可比肩並行的。」見《論馮文炳》，《沈從文文集》，第十一卷（香港：三聯書店，1985），頁97－98。

[18] 沈從文：《由冰心到廢名》，《沈從文文集》，第十一卷，頁231。

[19] 沈從文：《〈沈從文散文選〉題記》，《沈從文文集》，第十一卷，頁80。

[20] 同註[18]，頁85。

[21] 沈從文：《湘西.題記》，《沈從文文集》，第九卷，頁333。

[22] 以介紹地方之交通、產物、飲食、人情、民俗等等的散文，內容廣泛，筆法介乎小品、特寫之間，抒情成分有深淺之別，然而鄉土風味仍然濃厚。比如魯迅的《女吊》、周作人的《故鄉的野菜》、王魯彥的《故鄉的楊梅》、鍾敬文的《荔枝》、李廣田的《桃園雜記》、沈從文的《桃源與沅州》、豐子愷的《西湖船》、施蟄存的《栗和柿》等都情文並茂，是描寫風土的散文佳作。

論意志——康德道德哲學研究

盧雪崑

緒論

體會康德的整體觀點是一件艱難的工作。

康德不採用首先建立命題的方式，甚至不喜為一個概念預先作出限定的定義。[1]他向讀者一步一步展開他的探索過程，經歷不同層面與觀點的考量，越過那通俗的經驗的概念設下的障礙，最後歸到一新的決定性的概念——先驗的概念，亦即理性的概念。除非鍥而不捨地跟隨康德走過系統的全過程，否則沒有人能說了解康德，那怕是把握一個論旨，甚或只是體會一個概念也是辦不到的。故此，康德告誡他的讀者：

> 當我們要去研究人類心靈底特殊機能之根源，內容，與限度時，則就人類知識底本性而言，我們必須起始於知識之部分，對於這些部分作一準確而完整的解釋；所謂完整者即是只要當這完整在我們對於知識底成素之知識之現有狀態中是可能的者。但是復有另一種事須要被顧及，此另一種事是更為具有一哲學的性格與建構的性格，此即是正確地去把握「整全之理念」，並進而由此把握，復以純粹理性之助，以及因着「部分之從『整全之概念』而引生出」這種引生，去觀看那一切部分為相互地關聯者。此只有通過對於系統之最親切的熟習才是可能的；而那些人，即「他們覺得那第一步研究太為麻煩（艱苦），並且他們並不認為要去達到這樣一種熟習值得他們之如此之費力」，這樣的人們是不能達到第二階段的，即是說，是不能達到通觀的，此通觀是一綜合的轉

> 回，即「轉回到那事前已分析地被給予的東西」之綜合的轉回。因此，如果他們覺得到處不一致，這是無足驚異的，雖然這些不一致所指示的間隙（罅縫）並不在系統本身，但只在他們自己的不通貫的思想線索。[2]

康德的告誡並非多餘。事實上，自康德批判哲學面世以來，「到處不一致」一類的怨言一直不絕於耳。其中，「意志」一詞引發的爭議尤為廣泛持久。

康德經由《道德底形上學之基本原則》（以下簡稱《原則》，1785年出版）、《實踐理性底批判》（1788年出版）、《道德底形上學》（1797年出版）、《單在理性範圍內之宗教》（以下簡稱《宗教》，1793年出版）建構起其獨特的道德哲學體系，意志概念作為這個系統之基石，與體系本身同樣富原則性，它在系統發展的全過程中展示自己。事實上，吾人需要把握的是康德關於意志的縱橫連屬、整體通貫的思考，而並不必要急於尋求一個對於意志的限定的定義。

依康德之見，道德哲學必須建立在純粹理性的原則上。康德說：

> 如果除了那獨立不依於一切經驗而只基於純粹理性上的原則以外，便無真正的最高道德原則之可言，則我想連下列一問題也是不必要的，即：如果我們的知識要與流俗的知識區別開，而且可被名曰哲學的知識，則如「這些概念連同屬於這些概念的原則一起皆是先驗地被建立」那樣而一般地（即抽象地）去展示這些概念，這樣地去展示之，這是否為好，這問題也不是必要的。不過，在我們這個時代，實在說來，這個問題或許還是必要的；因為如果我們收集起選票看一看，是那與每一是經驗的東西區別開的純粹理性知識，即是說，道德底形上學，被贊成，抑或是那通俗的實踐哲學被贊成，則那一邊佔優勢，這是很容易去猜測的。
>
> 如果「上昇到純粹理性底原則」這工作已先開始而且已經滿意地被完成，則這種下降即下降於通俗的概念之下降自是極可稱

許的。這函着說我們首先把道德學建基於形上學，當它已堅固地被建立起時，然後我們再因給它一通俗性而為它取得一為人傾聽或表白之機會，好為大家所接受。[3]

《原則》一書的任務就是要完成「上昇到純粹理性底原則」這工作。它建立的道德最高原則（即一切義務的最高原則）連同與這些原則相關的意志之概念皆是先驗的，只在理性中有其根源。在《原則》一書中，康德嚴格地將經驗的意志及經驗的實踐原則與先驗的意志概念及先驗的實踐原則區別開，把只是經驗的，屬於心理學、人類學觀點說的意志排除出純粹的道德哲學之外。這無疑是康德對道德哲學的一次革新，康德稱之為「全然不同的考論」。[4]

J. Silber 批評康德在《原則》一書中經由對一切理性存有為有效的假設以定義「意志」[5]，因而沒有為把欲望帶進意志留一餘地，也沒有為對抗法則的意志機能留一餘地[6]。看來，Silber 忽略了康德為《原則》一書所定的任務，或者，他不能接受康德提出的道德哲學必須以意志底先驗原則為基礎的見解，而這一見解正是康德的洞見。事實上，普通的讀者也可以在《原則》一書中發現康德一再聲明：為了建立哲學的知識而與流俗的知識區別開，概念連同屬於這些概念的原則一起皆必須首先先驗地被建立起。

《原則》一書考論道德（Moralität），而非考論德行（Sitten）。即是說，它不是考論人類存有所有的義務之分類，相反，它以世人皆有知於「義務是甚麼」作前題而探究其先驗根據，這工作考察的是純粹意志，而用不着對於人性有特殊的涉及。這一點，康德在《原則》一書序言中已清楚表明。康德說：

正因為它（窩爾夫書）要成為一個一般的實踐哲學，所以它不曾考慮任何特種的意志──例如說，一個「必須沒有任何經驗動機而只完全依先驗原則而被決定，而且我們可以名之曰純粹意志」的意志，它所考論的但只是作意一般，連同着屬於這種一般

> 意義的作意的一切行動與條件。由於這一點，它不同於一道德底形上學，這恰如「討論一般思想底活動與規範」的一般邏輯之不同於「討論純粹思想（即其認識完全是先驗的那種思想）之特種活動與規範」的超越哲學一樣。〔何以是如此？這是〕因為道德底形上學是要去考察「一可能的純粹意志」之理念與原則，而並不是要去考察一般說的人類作意底諸活動與諸條件，此諸活動與諸條件大部分實是從心理學抽引出者。[7]

康德早已在《原則》一書中勾劃出其道德哲學體系的三個主要任務：第一，考察純粹意志之理念與原則，以建立道德的最高原則。這是《原則》完成的工作。第二，經由實踐理性之批判以考察《原則》一書建立的先驗原則及其根源，由之證明純粹實踐理性底綜和使用之可能性。這工作由《實踐理性底批判》一書完成。第三，賦予先驗原則以內容，由之建立人類義務的整個系統。這工作屬於《道德底形上學》一書。

在《實踐理性底批判》一書的〈引言〉中，康德提到：科學性的實踐的系統必須以意欲機能的先驗原則，及其使用條件、範圍、限度之決定為基礎。康德說：

> 心靈底兩種機能（認知機能與意欲機能）之先驗原則將會被發見，而關於這些先驗原則底使用之條件，範圍，與限度亦將會被決定。這樣，一種穩固的基礎便可為一科學性的（學問性的）哲學系統，即理論的（知解的）系統與實踐的系統這兩者，而置下。[8]

意欲機能的先驗原則已由《原則》一書決定，《實踐理性底批判》進而考察這先驗原則底使用之條件、範圍與限度。康德稱：實踐理性之系統實預設了《道德底形上學之基本原則》一書的，但只當該書對於義務之原則指派給一確定之程式時始能預設之。[9]

在《實踐理性底批判》中，康德不但有事於意志，並且要去考論理性，只在其關聯於意志以及此意志之因果性中考論之[10]。在這個考論中，康德使用了三個重要詞項：praktischen Vernunft（實踐理性）、Wille（意志）、Willkür（決意）。這三個詞項的運用游刃於感取界的觀點與智界的觀點兩個異質異層的領域之間，若忽略康德創立的兩個觀點的見解，難免埋怨康德混淆、不一致。事實上，康德早已經在《原則》一書中為其兩個觀點的見解奠定了根據。康德說：

> 一個理性的存有必須當作一睿智體（因而並非從他的較低機能一面）認其自己為屬於知性界（智思界）而不屬於感觸界（感取界）者；因此，他有兩個觀點由之以看其自己，並由之以認知其機能底運用之法則，因而結果也就是由之以認知一切他的活動之法則：第一觀點，就他屬於感取界而言，他見其自己服從自然法則（他律）；第二觀點，由於屬於智思界，他又見其自己受制於這樣一些法則，即這些法則由於獨立不依於自然，故並非於經驗中有其基礎，但只是於理性中有其基礎。[11]

關於康德論意志的學術研究所以意義分歧，關鍵在於研究者往往將康德從兩個異質的觀點所作的陳述混淆，或者將康德陳述一個詞項的經驗命題與該詞項的理性概念混淆，並輕率地使這些混淆歸咎於康德。此外，研究者過分快捷地把意志劃歸智思界，而決意一詞劃歸感取界，將決意與意志的區分簡單地等同現象與物自身的區分。如此一來，他們難免要批評「『意志』的概念在康德的著作中表現得頗不一致」。[12]

為着避免混淆，本文首先以圖表標出康德論意志的基本架構：

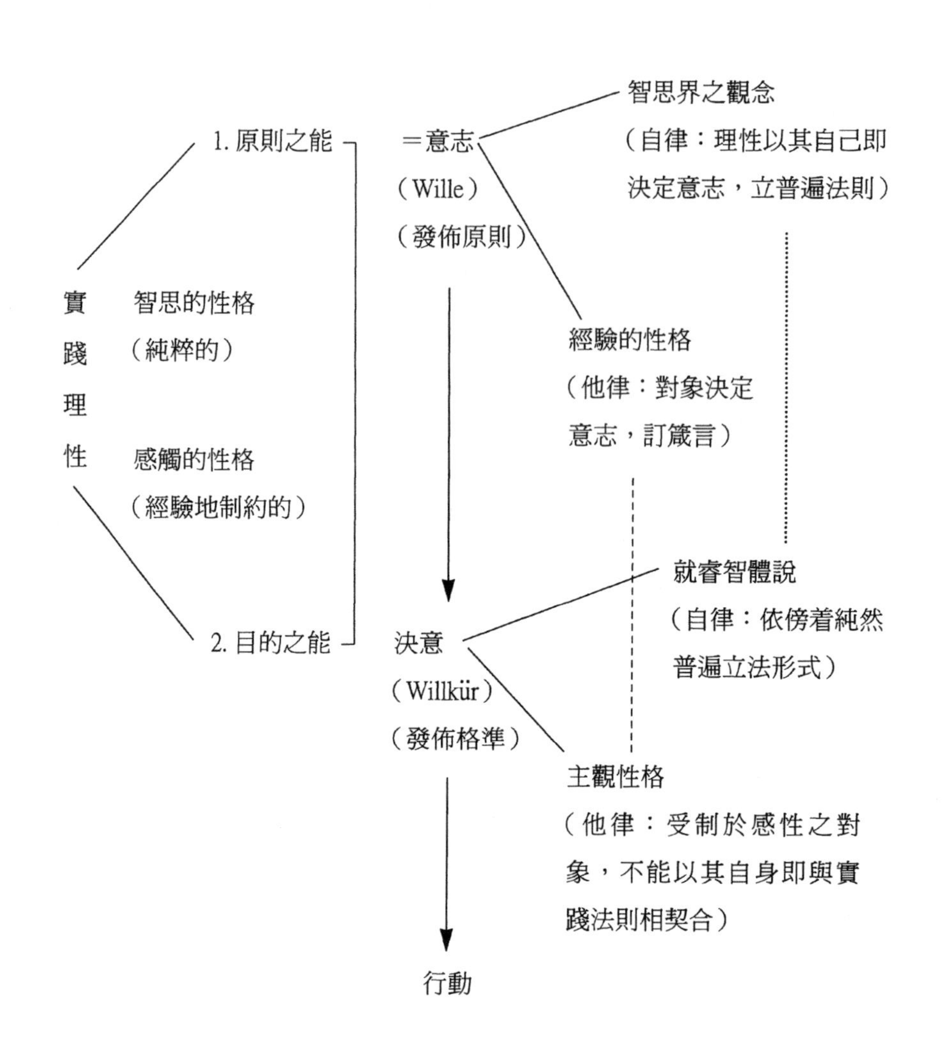

圖中，圓點線表示高級欲望機能的活動，虛線表示低級欲望機能（感性地被決定的欲望機能）的活動。康德表明：只當理性以其自己即決定意志（不是性好之僕人）時，理性才真實是一較高級的欲望機能（那感性地被決定的欲望機能是隸屬於此較高級的欲望機能者），而且理性才真實地，甚至特異地（在種類上）為不同於那感性地被決定的欲望機能者[13]。按照康德兩個觀點的說法，高級欲望機能活動屬於理性存有之超感觸的自然系統，低級欲望機能屬於感觸的自然系統，而道德法則是要把超感觸的自然系統之形式（智思界之形式）給與於感觸的自然系統（感取界）。康德說：

> 道德法則就是一「超感觸的自然」之基本法則，並且是一純粹的知性世界（智思世界）之基本法則，其所有的對方必須存在於感取世界，但卻並沒有干擾及此感取世界之法則。我們可以叫前者曰基型世界（archetypal world, natura archetypa），我們知此基型世界只在理性中知之；而後者則可名曰副本世界（ectypal world, natura ectypa），因為它含有前者底理念之「可能的結果」，前者底理念即是意志之決定原則。事實上，道德法則是理想地把我們轉運於一系統中。[14]

依康德之見，道德哲學的首要任務並非回答「人應該做甚麼？」而是要探求人作為有道德創造能力之理性存有，即作為睿智體看，其道德創造機能之特性，即是說，要解答「人之為人之人格性是甚麼？」這一步工作是整個人類義務之系統的奠基石。由是觀之，《原則》與《實踐理性底批判》二書在康德的道德哲學體系中佔首要位置，實在毋庸置疑。儘管此二書只為康德的道德哲學體系奠定基礎，而並未在其上建築系統，然而，這基礎已指示出那系統必須藉着賦予由此基礎決定的先驗原則以內容來建立。這賦予先驗原則以內容的工作留給晚後出版的《道德底形上學》。

在意志的先驗原則之基礎上建構人類義務的整個系統，這一步工作是康德所謂「綜和地轉回」到原則之被應用，它必須關涉到行動。了解到《道德底形上學》與《原則》二書論旨之區分，研究者當不致於質疑康德：何以Willkür（決意）一詞在《道德底形上學》中擔當重要角色，而《原則》一書卻忽略它的作用[15]。實在說來，《原則》、《實踐理性底批判》、《道德底形上學》三部著作是康德早已規劃好的通貫連屬的整體，研究者任意抽出一部分而妄下斷語，必損害康德的道德哲學。事實上，康德在《原則》一書〈序〉中已表明：在《原則》一書之後，還要從事純粹實踐理性之批判的考察，此後才出版《道德底形上學》。康德如是說：

> 在想此後要出版一《道德底形上學》之前，我先提出這些「基本原則」來。〔意即我先印發「道德底形上學之基本原則（基礎）」這書〕。實在恰當地說來，除「純粹實踐理性之批判的考察」以外，亦並無其他的基礎可言……因為道德底形上學，不管此題稱之不動人，總尚可能以通俗方式出之，且亦可適宜於普通的理解，所以我覺得把這部討論它的基本原則的「先導論文」與它（道德底形上學）分別開，乃是有用的，因為這樣，我以後可不須引進這些必要地精微的討論於一部較單純性的書中。【16】

此外，《宗教》一書在探究人類之基本惡方面的貢獻，令其成為研究康德道德哲學不可缺少的一部著作。《宗教》一書的出版在《道德底形上學》之先，而在《原則》及《實踐理性底批判》之後，它在《原則》與《實踐理性底批判》二書奠定的基礎上討論人類之惡的問題。在探究惡的性質、根源，以及根絕惡的可能性的過程中，康德對意志作出最複雜最系統的考量而達致辯證統一的理解。【17】

一、意志（Wille）──理性存有依照對法則之觀念以行動的機能

康德在他的道德哲學體系中，採用了兩個觀點看人類：一方面人屬於感取界；另一方面，人因着思議其自己是自由的而把自己轉移於智思界而為其中一分子。因此之故，康德研究人（理性存有）的意志機能亦採用兩個觀點：一方面是現實的意志；另一方面是超越的純粹意志。然而，無論就前一觀點抑或就後一觀點而言，「意志」一詞總是指理性存有獨有的依照對法則之想法以行動的機能。康德在《原則》一書中說：

自然中每一東西皆依照法則以動轉。惟有理性的存有獨有一種「依照對法則之觀念，即，依照原則，以行動」之機能，即是說，它有一個意志。因為「從原則推演或演生行動」這推演需要理性，所以意志即不外是實踐的理性。[18]

又說：

意志被思議為是一種機能，即「決定一個人依照某種一定法則之觀念去行動」這種「決定之」之機能。這樣一種機能只能見之於理性的存有。[19]

上述兩段引文意義相同。這兩段文字可說是康德給予「意志」(Wille)一詞的基本界定，這個界定此後貫通於康德所有實踐哲學著作。康德界定「意志」是理性存有獨有的依照對法則之概念以行動的機能，依照這個界說，意志活動實在包含「理性規律」之產生在內。康德言「法則之概念」，意指一個人意圖行動所依據的某種規律，這規律是理性之實踐使用的成果，康德稱之為「理性的規律」。在《實踐理性底批判》一書中，康德就說：

意志從不會直接地為對象以及對象之觀念所決定，它乃是一種「取理性之規律以為一行動之動力」之機能，因着這種機能，一個對象可被真實化。[20]

就「法則之概念」即是理性的實踐使用的成果而言，康德將「意志」等同實踐理性。康德將意志與理性的實踐機能相聯繫，而實踐理性也因着意志的這一界定而獲得確實意義，意志與實踐理性實在是相互為用的概念。故此，康德說「意志不外是實踐理性」。

早在《純粹理性之批判》一書中，康德就將意志與理性相聯繫。康德說：

理性是意志底一切活動之常住不變的條件，意志底一切活動即是「人在其下顯（顯現而成為現象）」的那些活動。[21]

又說：

理性，由於它是每一自願活動（意志活動）底無條件的條件，所以它不允許有一些條件是在時間中先於其自身者。[22]

依康德之見，理性是意志的根據，意志底一切活動皆以理性為無條件的條件，就是說，每一意志底活動皆從理性之實踐使用處說。這見解是康德道德哲學的根源洞見，自《純粹理性之批判》，至《原則》及《實踐理性底批判》，以至於《道德形上學》，這洞見一直貫串着康德的思理。

《原則》一書中，康德說：

理性在關聯於意志底對象以及一切我們的欲求（在某範圍內意志甚至可以重疊而倍增這些要求）之滿足上，不足以以確定性（即確定地）去指導意志，而若即此指導是一目的，則一植根很深的本能卻能以較為更大的確定性來導至此目的；可是縱然如此，而因為理性是當作一個實踐機能而賦給我們，即，當作一個「在意志上有影響力」的實踐機能而賦給我們，所以，由於承認大自然一般地說來，在她的能量之分配上，已能使手段適宜於目的，是故理性底真正使命亦必須去產生一意志，此意志之為善不只是當作達至某種別的東西的手段而為善，而且其本身就是善，而對如此之意志，理性是絕對必要的。[23]

《實踐理性底批判》一書中，康德說：

在自然哲學裏，「那發生的事件」之原則（例如在運動底交互中與動與反動底等量之原則）同時即是自然底法則；因為在那裏，理性底使用是理論的（知解的），而且為對象底本性所決定。在實踐哲學裏，即是說，在那「只有事於意志底決定之根據」的哲學裏，一個人為其自己所作成的諸原則並不即是那些「一個人所不可免地為其所約束」的法則；因為在實踐之事中，理性有事於主體，即，有事於意欲之機能，而此意欲機能之特殊性格可以在規律方面引起種種變化。實踐規律總是理性底一種成果（產品），因為它規定行動為達到結果（目的）的一種工具（手段）。[24]

《道德形上學》一書中，康德說：

若一種意欲機能的內在決定根據來自主體的理性，便稱之為意志（Wille）。……就意志能夠決定決意而言，意志是實踐理性自己。[25]

康德將理性關聯於意欲機能而界說「意志」，亦即是說，意志就是理性在意欲機能方面的使用，此即是理性之實踐的使用。康德說同一個理性而有知解的使用與實踐的使用，這樣說的理性只是虛說[26]。康德進一步說實踐理性就是意志，並進而說純粹實踐理性就是自由意志，意志底自律，實踐理性的意義方落實。

康德之前，在一般的實踐哲學著作中，意志不過是合理的欲望。那些著作的作者們只視一切欲望機能為同質的，它們之間沒有根源的差異而只有較大數或較小數的區別。因此之故，意志無其獨有之特性可言，同時亦無道德的意志可言。對於康德而言，沿用已久的關於意志的舊界說顯然貧乏無力，他洞見到意志不只是單純的欲望，意志實在是實踐的理性。藉此洞見，康德為把意志之概念發展至其自身即為善的一種意志之概念，亦即發展至道德的意志之概念鋪設了道路。

二、意志是理性存有的一種因果性

「法則之概念」包含在因果性底概念之中，故此，康德從「意志是理性存有依照法則之概念以行動之機能」的界說進而說意志是一「因着規律之概念去決定他們的因果性」之力量。也就是說，意志是理性的因果性。[27]

在《原則》一書中，康德說：

> 意志是「屬於有生命的存有之當其是理性的存有時」的一種因果性。[28]

在《實踐理性底批判》一書中，康德說：

> 在理性之實踐的使用中，理性與意志底決定之根據有關，此所謂「意志」是這樣一種機能，即「或是去產生那相應於觀念的對象，或是去決定我們自己去實現這樣的對象（不管我們的物理力量足夠不足夠），那就是說，去決定我們的因果性」這樣的一種機能。[29]

康德說意志是決定「因果性」之力量，這因果性是「觀念之因果涉及其對象」之因果性，此「對象」即是意志的一個目的。康德在《原則》一書中說：「目的是那服務於意志而為意志底自我決定之客觀根據」[30]。因為目的與理性之實踐使用有關[31]，故可說，實踐理性作為一目的之機能而為意志之根據，亦可說，意志因着理性之實踐使用而成為目的之機能。康德在《實踐理性底批判》中直說「意志甚至亦可被規定為目的之機能」。[32]

意欲機能包含因果性之觀念，這是康德的新見解，這一見解當時曾被人覺得有錯誤。在《判斷力之批判》一書中，康德有一長註對這一見解作出解說：

> 當一個人有理由設想有一種關係存於那些被用作經驗原則的「諸概念」與那「純粹的先驗認識底機能」這兩者之間時，則在考慮此關係之連繫中，同時試圖去給這些概念一超越的定義，這是很有價值的。所謂一「超越的定義」即是這樣一個定義，即它是經由純粹範疇而被作成，其如此被作成是只當這些純粹範疇依其自身即足以指示當前所論之概念與其他概念有別時始然。這辦法是倣效數學家底辦法而作的，數學家讓他的問題之經驗論據為不決定的，而只把這些經驗論據之關係置於純粹數學底概念下的純

粹綜和中，這樣，他便一般化了他的〔問題之〕解答。我曾經為採用一相似的辨法（見實踐理性之批判序文，頁〔112〕）而被譴責，而於我所作的意欲或意欲機能之定義，亦曾被人覺得有錯誤。我在那裏界定意欲機能為這麼一種機能，即這機能它藉賴着（或經由）它的表象（觀念），它即是那些表象（觀念）底對象之現實性之原因。人們覺得這定義有錯誤，因為純然的意願（wishes）必仍然只是些意欲（desires），而在這些意欲之情形中，任何人皆不想只藉賴着這些意欲或意願而要求能夠去使這些意欲底對象有存在。但是這些指摘所證明的不過是人之生命中有意欲，因着這些意欲，人與其自己相矛盾。何以故？蓋因為在這樣一種情形中，他只藉賴着他的表象（觀念），用不着希望此表象之有效果，而即想望此表象底對象之產生，此即表明人在純然意欲中與其自己相矛盾（有意欲某某之表象而又不希望此表象有結果出現，此即矛盾）……現在，雖即如我們在這虛幻的意欲中，意識到我們的表象之作為此表象之原因之無能（或甚至意識到我們的表象之徒然無益），雖即如此，然而在每一意願中，茲仍然包含有「意願之作為原因」之關涉，因而也就是說，包含有意願之因果性之表象，這尤其特別成為可識別的。……甚至對於大而眼見的不可避免的罪惡之厭憎之祈禱，以及那些「達到那『不可能用自然的方法而達到』的目的」的許多迷信的方法，凡此皆足證明「表象之因果的涉及於其對象」。這「表象之因果的涉及其對象」之因果性乃是這樣一種因果性，即：甚至意識到「產生結果」之無能時，這因果性亦抑制不住那趨向於結果之緊張。……[33]

因着給欲望機能一個超越的定義，康德將意欲與意欲底對象相關聯而說意欲機能即是它的觀念底對象之現實性之原因。如此一來，因果性之觀念便帶進意欲機能的界說中。而意志作為與主體的理性有關的意欲機能，它必亦包含有因果性之觀念，同時這因果性必是一種理性的因果性。康德在《純粹理性之批判》一書中說：

> 每一人底意志有一經驗的性格，此經驗的性格沒有別的，不過就是人之理性底一種確實的因果性，只要當那種因果性在其現象領域中的諸結果中顯示一個規律，由此規律，我們可以推斷理性底諸活動是什麼（依它們的種類與程度而推斷它們是什麼），因而我們便可形成一種「關於人底意志底主觀原則」之評估，只要當那種因果性是如此云云時，那〔人底意志之〕經驗的性格不過就是人底理性底一種確實的因果性。[34]

關於理性的因果性，康德解說云：

> 如果理性在關涉於現象中能有一種因果性，則它便是這樣一種能力，即「通過此能力，一經驗的結果系列之感觸條件始有其開始」這樣的一種能力。[35]

綜上兩節所述，意志即是實踐理性，因着實踐理性有兩種功能——訂立原則之功能與目的之功能——而言，意志亦可說是原則之能，目的之能。這是康德言「意志」所包含的意義。

三、理性是意志的決定根據

康德一再說「意志不外是實踐理性自己」，同時又常常說理性是意志的決定根據。有人認為這兩種說法相矛盾。鄺芷人先生《康德德性哲學的分析》一文就提出這樣的見解，並批評「康德在《純粹理性批判》、《道德形上學的基本原理》、以及在《道德形上學》四本著作裏，對「意志」的概念是有不一貫的地方」[36]。鄺先生說：「『意志』與『意念』（案：鄺譯Willkür為「意念」）在康德的文獻中真正有不一貫的情形，主要見於《實踐理性批判》一書中對『意志』（Wille）這個詞項的使用」。理由是康德在《實踐理性批判》裏常有「理性決定意志」之說，如此言之之「意志」只能視作「意念」（Willkür）或包括「意念」（Willkür），而不是指「理性」或「實踐理性」。[37]

依鄺先生之見，既言「理性決定意志」，則不能說意志是實踐理性自己，故此，康德言「理性決定意志」之實意只是理性決定意念（Willkür）。看來，鄺先生誤解了康德說「理性決定意志」之意義。在康德的實踐哲學體系中，「理性決定意志」是一個意思，「理性決定Willkür」又是另一個意思。理性決定Willkür，意即意志決定Willkür。而康德言「理性決定意志」，旨在視理性為意志底決定之根據，就意志之根據在理性，進一步即可說意志不外就是理性之實踐使用，亦即實踐理性自己。康德在《道德形上學》一書中就說：「嚴格地說，意志自己沒有決定根據，而就意志能夠決定決意（Willkür）而言，意志是實踐理性自己」。[38]康德言「理性決定意志」，這意志就是Wille，而不能視作Willkür。在康德的系統中，離開意志，無從言實踐理性；離開實踐理性，無從言意志。

從理性的實踐使用說意志，這是康德在實踐哲學方面的革新性見解，這一見解貫串着康德的全部道德哲學著作，《實踐理性底批判》一書並無例外。鄺先生以為《實踐理性底批判》中的「意志」有時候並不等同於實踐理性，實在只是他個人誤解了「理性決定意志」之意義而已。《實踐理性底批判》一書中，康德說理性有「依照原則而先驗地決定那應當被作成者」之能力[39]，因為康德界定意志為「依照原則以行動之機能」，由此可見，康德視理性之實踐使用等同於意志。事實上，《實踐理性底批判》展開的全部實踐理性機能之檢察，亦即是全部意志機能之檢察。

「理性決定意志」——這是康德實踐哲學的一個重要命題。《原則》一書中康德已使用「理性決定意志」的說法，而同時說「意志即不外是實踐理性」。這一思理始終貫徹於康德的每一部實踐哲學著作中。

《原則》一書中，康德在說「意志即不外是實踐理性」之後緊接着說：

> 如果理性無誤地（確實地）決定意志，則這樣一個存有底諸行動，其被認為是客觀地必然的者，亦是主觀地必然的，即是說，意志是一種機能，它單只去選擇那「理性獨立不依於性好而認之為是實踐地必然的」者，即認之為是「善的」者。但是如果理性以其自身不足以決定意志，如果意志亦服從於那些「不常與客觀條件相一致」的主觀條件（即特種衝動），總之，如果意志其本身不是完全地依照於理性（世人現實上大都是如此），則那些「客觀地說來被認為是必然的」諸行動主觀地說來則是偶然的，而「對這樣一個意志之依照客觀法則而決定之」之決定便是所謂責成或強制，那就是說，客觀法則對於一個「不完全是善」的意志底關係可被思議為是「對於一個理性存有底意志之由理性底原則而決定之」之決定，但是這些理性底原則，意志自其本性而言，並非必然地服從之。[40]

康德從理性是否無誤地（確實地）決定意志作出善的意志（即純粹意志）與不完全善的意志（即現實意志）之區分。這善的意志與不完全善的意志之區分亦即《實踐理性底批判》裏所作的純粹實踐理性與受經驗制約的實踐理性之區分。康德稱前者為意志的「智思的性格」；稱後者為意志的「經驗的性格」。前者是以睿智界的觀點認知「作為物自身」的意志之性格；後者則以感取界的觀點認知現象領域中的意志的性格。康德說「理性無誤地（確實地）決定意志」，意即純粹理性能是實踐的，以其自身不依於任何經驗的條件而直接地決定意志[41]。如果理性無誤地決定意志，則「意志」是純粹意志，純粹意志亦不外是純粹的實踐理性。康德說「理性以其自身不足以決定意志」，意即理性之實踐使用亦服從於經驗的條件。如果理性以其自身不足以決定意志，則「意志」是現實的不完全善的意志，這意志即不外是受經驗制約的實踐理性。

總而言之，在康德的實踐哲學系統中，意志是由理性指導的推動力，在這個意義上，康德便將意志等同於實踐理性[42]。而康德說「理性決定意志」、「法則決定意志」或「對象決定意志」，其實意是：意志依據理性的指導而自我決定，意志依據法則而自我決定，或意志依據其對象而自我決定。康德在這些地方言「決定」是指意志之自我決定。「意志即不外是實踐理性」與「理性決定意志」二說法始終貫串康德的實踐哲學著作，這二說法在康德的系統中並不矛盾。《道德形上學》一書中，康德提醒他的讀者：「嚴格地說，意志自己沒有決定根據，而就意志能夠決定決意而言，意志是實踐理性自己」[43]。事實上，康德在《原則》及《實踐理性底批判》二書中同樣執持這義旨而不違。

四、意志之決定原則

在康德的系統中，「理性決定意志」意指理性是意志決定之根據。康德提出「理性是意志決定之根據」，旨在將意志等同於實踐理性。吾人若未能把握康德以實踐理性說意志的根源洞見，則難免望文生意，以為康德視意志為一結果，而實踐理性為決定意志之原因。同理，康德在《原則》、《實踐理性底批判》中屢言「意志之決定根據」，「意志之決定原則」，其意亦並非在意志之外有一原則為其決定根據。康德言「意志之決定根據」，「意志之決定原則」乃指意志之自我決定而言，實踐原則由意志給出[44]，亦即由實踐理性給出，而並非意志（實踐理性）之外另有一產生原則之機能。

康德以兩個觀點——物自身的觀點與現象的觀點——看人的實踐機能（意志，亦即實踐理性），同樣以這兩個觀點認知其實踐機能底運用之法則——意志之決定原則（實踐理性之原則）。《原則》一書中，康德區分意志之原則為異質的兩類——決意底形式原則與決意底材質原則。康德說：

> 意志正立於它的先驗原則（此是形式的）和它的經驗動力（此是材質的）之間，有如植立於兩路之間者，而又因為它必須為

某物所決定，所以當一行動是從義務而作成時，這意志必須為決意底形式原則所決定，在此情形，每一材質原則皆已從它身上被抽去（撤去或拉下）。[45]

依康德之見，意志的形式原則是先驗的，它是義務的原則，亦即道德原則；意志的材質原則是經驗的，它只能作為意志的原則，而不能作為意志的法則。

在康德的系統中，意志之原則等同實踐理性的原則。《實踐理性底批判》卷一，第一章標題為「純粹實踐理性底原則」，該章對於實踐理性底原則之分析完全經由意志底決定原則之分析而完成。康德在章首之「界說」中就表明：實踐理性底原則是一些「含有意志底一般決定」的命題。[46]

關於實踐理性底原則，康德提出了三條定理以及一條純粹實踐理性底基本法則：

定理一

一切「預設欲望機能底一個對象（材料）以為意志底決定之根據」的實踐原則皆是經驗的，它們亦不能供給實踐法則。[47]

定理二

一切材質的實踐原則，即如其為材質的而觀之，皆是同類者，而且它們皆處在自私或私人幸福底一般原則之下。[48]

定理三

一個理性的存有不能視他的諸格言為實踐的普遍法則，除非他認為它們為這樣的一些原則，即這些原則決定意志不是因着它們的材料而決定之，但只因着它們的形式而決定之。[49]

純粹實踐理性底基本法則

你應當這樣行動，即：你的意志之格言總能同時當作一普遍立法底原則（當作一個「建立普遍法則」的原則）而有效。[50]

定理一與定理二是關於材質的實踐原則之規定。依康德之說，材質的實踐原則意指在一個原則中意志底決定之根據依於欲望機能底一個對象，即依於經驗的條件。此即《原則》一書中所言意志底材質原則。

定理三與基本法則是關於實踐的普遍法則之規定。依康德之說，實踐的普遍法則即純粹實踐理性底基本法則，它是這樣的一種實踐原則，在其中意志之決定的依據只是意志的純然形式。即是說，它是「『只就意志底格言之形式而先驗地決定意志』這樣的規律」[51]。此即《原則》一書中所言意志底形式原則。

康德區分實踐原則為異質的兩類——實踐的普遍法則與實踐的材質原則。這區分是依照意志底決定原則之區分而作出的。如果意志底決定原則其本身就是理性的原則，而並沒有顧及意志底可能對象，也就是說意志底格言底純然立法形式其自身就是意志底決定原則，在此情形中，那個原則是一實踐的普遍法則（即實踐的先驗法則）。這種「意志底格言底純然立法形式其自身就是意志底決定原則」的情形，康德又以「法則直接地決定意志」之說法表示之[52]。如果意志底決定原則（主觀的格言或客觀的箴言）是依據欲望底決定原則而來的後果，在此情形中，那個原則是一實踐的材質原則。材質原則或者只是主觀的，或者是客觀的與理性的，皆不能作為實踐的法則。若理性底格言只是一個「我們定須追求快樂而避免痛苦」的格言，它決定我們的行動之為善是只決定之為相對地對於我們的性好而為善，在此情形中，那個格言只可被稱為合理的實踐箴言[53]。這箴言只能是實踐的規準，而不能是實踐法則。

依康德之見，意志底經驗的決定原則與理性的決定原則之異質性可因着「一實踐地立法的理性對抗任何性好之混雜」底這種抵阻作用而清楚地被檢查出來[54]。康德並表明：設想同一主體（即人的意志）有兩種異質的法則，這並無矛盾。因為，一方面，人為一感取界之身分而只為現象；另一方面，我們也須就人為一睿智體之身分思想其為一物自身，我們不能期望物自身之法則同於現象之法則。康德說：

要想能把自然之法則應用於人類行為上，他們必須必然地認人為一現象：如是，當我們要求他們也須就人為一睿智體之身分思想其為一物自身時，他們仍然堅持認其在這方面亦為一現象。在這種觀點中，去設想這同一主體（即人的意志）之因果性可自感觸界底一切自然法則中撤離，那無疑是一矛盾。但是，如果只要我們自己想想，而且如理承認：在現象背後，也必於其深根處（雖然是隱藏的），存有物之在其自己（物自身），而且我們不能期望這些物之在其自己（物自身）之法則同於那些管轄物自身底現象之法則，則這矛盾便自然消失。[55]

五、意志的兩種性格

在康德的系統中，意志（實踐理性）乃原則之能。如果意志如其為意志給它自己以原則，這原則為外於意志的衝動所給與，這原則就是實踐法則（道德法則）。在這種情形中，意志是純粹意志、絕對善的意志（即實踐理性是純粹的）。但是，如果意志依據對象之概念而給出原則，這原則是屬於主體之自然（或本性）的衝動所給與，它是客觀的實踐規準（箴言），甚或只是主觀的格言。在這情形中，意志是受經驗制約的意志、不完全善的意志（即實踐理性是受經驗制約的）。依康德之說，純粹意志與受經驗制約的意志是同一有限理性存有的意志之兩種異質的性格。前者是以物自身的觀點看人，作為物自身看的人，其意志底性格是智思的；後者是以現象的觀點看人，作為現象看的人，其意志底性格是經驗的。康德說：

一理性存有底意志，雖然由於屬於感取之世界，它承認它自己為必然地服從因果性之法則者，就像一切其他動力因一樣，可是，同時，在另一方面，即是說，作為一「存有之在其自己」，它亦意識到它存在於一智思的「事物之秩序」中，而且為一智思的

「事物之秩序」所決定。[56]

因着以兩種觀點看人，康德即可說人的意志有兩種異質的性格。一方面，就意志的智思性格而言，它是純粹的、絕對地善的，這意志即是立法的意志，並且，它服從自立的法則。康德在《原則》一書中說：

「每一個人的意志就是在一切它的格準中成立（給與）普遍法則的意志」這原則，設若它依別法仍可被證成為有理時，它必是很適宜於成為定然律令的……大家都知道人是因着義務而受制於（服從於）法則，但卻沒有見到：他所服從的法則就只是那些他自己所訂立的法則，雖然這些其自己所訂立的法則同時也是普遍的，也沒有見到：他只是必須在與其自己的意志相符合中去行動（意即他只是必須依照他自己的意志去行動），而其自己之意志卻是「天造地設地要去給與（制訂）普遍法則」的意志。[57]

又說：

一理性存有底意志必須被視為是立法的意志，因為如若不然，它便不能被認為「其自身即是一目的」。依是，理性把那〔我們〕視之為普遍地立法的意志（為自立普遍法則的意志）之每一格準關涉到每一其他意志上，而且也關涉到那對向或朝向於「一個人自己」的每一行動上；而它之這樣作，並不是因為任何其他實踐的動機或任何未來的利益之故而如此作，但只是由「一理性存有底尊嚴」之理念而如此作，這一理性存有除「他自己同時亦立法則」所立的法則外，他不服從任何其他法則。[58]

自立普遍法則的意志，同時就是服從自立法則的意志，即是說它是自律自由的意志。在《原則》一書中，康德說：

「在每一行動中意志對其自己是一法則」這命題只表示這原則，即：只應依照這樣的格準，即「它同時亦能以『作為一普通法則的它自己』作為一對象」這樣的格準而行動，除依照這樣的格準而行動外，不能再有別樣的格準可依。現在，這個原則確然

> 即是定然律令之公式，並且亦即是道德底原則，因此，一個自由的意志和一個服從道德法則的意志正是同一個東西。[59]

在《實踐理性底批判》中，又說：

> 一個如此之意志，即「它除在格言之純然的立法形式中有其法則外，它不能在任何其他東西中有其法則」，這樣的一個意志，即是一自由的意志。[60]
>
> 因為這道德法則是基於「人底意志」之自律上的，這人底意志，當作一自由的意志，它因着它的普遍法則，它必須必然地能夠與那「其自身所願服從之」的東西相契合。[61]

康德說「立法的意志」、「自律意志」、「自由意志」，皆是指同一個智思世界的意志，這智思世界的意志，康德又名之曰「純粹意志」、「善的意志」。

關於「善的意志」，康德在《原則》一書中說：

> 那個意志是絕對地善的，它不能成為惡的，換言之，它所具有的格準，如果被弄成為一普遍法則時，決不會自己相矛盾。……「你應該只依這樣一些格準，即此等格準同時能以『它們自己之作為普遍的自然法則』為它們的對象（目標），這樣的一些格準去行。」依是，這即是一個絕對地善的意志之程式。[62]

在《實踐理性底批判》中又說：

> 法則直接地決定意志；「符順於法則」的行動其自身就是善的；一個「其格言總是符合於此法則」的意志就是絕對地善的，在每一方面皆是善的，而且是一切善之最高條件。[63]

關於「純粹意志」，康德在《原則》一書中說：

> 一個「必須沒有任何經驗動機而只完全依先驗原則而被決定，而且我們可以名之曰純粹意志」的意志……[64]

在《實踐理性底批判》一書中又說：

在「知性於知解知識中對於對象所有的關係」之外，知性復亦有其對欲望機能之關係，此欲望機能名曰意志，而當純粹知性（在此情形純知性即名曰理性）通過一法則之純然概念而為實踐的時，此欲望機能亦得名曰純粹意志。[65]

總而言之，依康德之說，人要求有一個「無關於欲望與性好名下的任何東西」之意志，即是說他認其自己為一睿智體的人，他思其自己的意志是立法的、自律自由的、純粹的、絕對地善的意志。但是，另一方面，康德又說同一人，他又覺知他自己為感取界中之一現象，他的感取界的意志是依照自然法則而服從外在的決定的[66]。康德在《原則》一書中說：

說一個現象中的東西（屬於感取界）是服從於某種法則，而這同一東西當作「一物或一存有之在其自己」看又是獨立不依於這法則，這是絲毫沒有矛盾的；而「他必須在這雙重路數中認他自己與想他自己」這層意思，就第一方面說，是基於意識他自己為一通過感取而被影響的對象，而就第二方面說，則是基於意識他自己為一睿智體，即是說，在其理性底使用中，為獨立不依於感觸印象者（換言之，為屬於智界者）。[67]

就人的感取界身分而言意志底經驗性格，它不可避免地受感性本性的影響，它可相反於實踐理性底客觀原則。《原則》一書中，康德論及律令所關涉的意志就是指感取界的意志而言，康德說：

客觀法則對於一個「不完全是善」的意志底關係可被思議為是「對於一個理性存有底意志之由理性底原則而決定之」之決定，但是這些理性底原則，意志自其本性而言，並非必然地服從之。

……

一切律令皆為「應當」這字所表示，而因此它們皆指表一個客觀的理性法則對於這樣一個意志即「從其主觀構造而言，它不

> 是必然地為這法則所決定」，這樣一個意志之關係，這關係就是強制底關係。這些律令說「去作某事或不去作某事」這必是好的，但只它們說此義是對於這樣一個意志，即「它常不是作一事是因為這事被認為是好的，所以才去作它」，這樣一個意志說此義。[68]

又說：

> 律令是宣布那為我所可能的（或對於我而為可能的）什麼樣的行動必是善的，它並且在關聯於一個意志中把那實踐的規律呈現出來，這所關聯的意志是這樣的，即它並不立即作一行動是單因為那行動是善的而作之，其所以如此，或由於這主體（行動者）並非時常知道那行動是善的，或由於縱使他知道它是善的，而其格準或許可相反於實踐理性底客觀原則。[69]

在《實踐理性底批判》一書中，康德提出，在決意（Willkür）之他律的情形中，意志不能給它自己以法則，這意志也是指感取世界的意志而言。康德說：

> 如果作意（Wollens）底材料（此不過就是與法則相連繫的一個欲望底對象）進入於實踐法則中，以之作為此法則底可能性之條件，則結果便是決意（Willkür）之他律，即是說，便是這依待，即「依待於『我們定須遵從某種衝動或性好』這物理法則之依待。在此種情形中，意志（Wille）不能給它自己以法則，但只給它自己以箴言，即「如何合理地去遵循感性法則」之箴言。[70]

康德說「不能給它自己以法則」的意志，「不完全是善的意志」，甚至說「感取界一分子的那壞的意志」[71]，皆就意志的經驗性格而言，其意是要表明人類意志之主觀的不圓滿性。

康德區分感取界的意志與智思界的意志，但並非主張有兩種獨自分離的意志。康德如此區分其實意是指同一意志有兩種異質的性格。儘管經驗的（即感取的）性格與智思的性格是異質的，但是康德強調這兩種性格不只是可並存，而且必須被認為是必然地統一於同一主體（人）中。實在說來，康德言意志的智思性格，意謂它只是超感觸界的一個理念，吾人不能對之有任何形式的直覺，它只是一設準，只是吾人無限嚮往的理想。故此，康德又名之曰「理想的意志」。依康德之見，在現實的人類活動中，人可覺知的畢竟只是感取世界的意志。康德在《實踐理性底批判》一書中說：「理性必須依一定的樣式就感觸世界中的意志底諸活動認知因果性；非然者，實踐理性實不能產生任何活動」。[72]

六、"Wille"與"Willkür"之簡別

康德在他的批判哲學中使用一些新的語匯，因而不時受到一些評論家的指責。康德不止一次表明無懼於如此一種譴責——指他在帶通常性的知識的討論中引出新語言，以及為已被接受的概念製造新詞的譴責。他所以使用新術語，是因為它們不能為習慣性的原有的術語代替。那些通俗的術語雖然到處被使用以掩蓋其思想的貧乏低劣，卻完全不能相配於恰當的領域。

無疑，康德的新術語與其批判哲學的原創性相關，而倣效者對於這些新術語的誤解往往對批判哲學造成嚴重的損害。在康德哲學的學術研究中，意志及決意兩詞項之意義分歧便一直破壞康德道德體系的嚴整性。研究者對意志及決意兩詞項的詮釋時常帶上主觀隨意性，這主觀隨意性帶入康德著作的翻譯工作中，引致更廣泛的混淆與誤用。譬如，英譯者依個人想法將Willkür譯作"will"的情況時而有之，此舉徒增添學者體會康德原義之困難。

Willkür一詞在康德道德哲學中佔重要位置，然在諸種英譯本中得不到劃一的譯名，甚至同一譯者在康德的諸種著作的翻譯中所採用的譯名也先後不一致。在《原則》一書中，康德兩次使用Willkür，Abbott譯本分別譯作"freedom of action"及"involuntarily"。[73] Abbott此譯致使康德在

《原則》一書中使用Willkür的原義失去，經Abbott的英譯而翻譯作中文，讀者當然不能從中譯本中捉到Willkür的影子。《原則》一書這兩處Willkür，Paton譯作“choice”，此譯較Abbott譯有改進。但是，choice仍然不能恰切地相稱地全盡Willkür的函義。

此後，在《實踐理性底批判》的英譯本中，Paton一貫地以choice譯Willkür。Abbott則譯Willkür作“elective will”，譯wille作“will”或“rational will”。

M. Greene與H. Hudson合譯《宗教》一書，在第一版本中，Willkür一詞採用了四種英譯：“choice”、“power of choice”、“will”、“volition”。該書再版之時，John R. Silber為此英譯第二版本寫了一篇推介，題為“The Ethical Significance of Kant's Religion”，並作了序。R. Silber在序言中表示徵得Greene同意，承認第一版本對Willkür一詞作多變的翻譯會誤導讀者。Silber提出要正確把握康德論意志的理論惟賴小心地區分Wille與Willkür的使用，因而準確地知道康德原著中何處使用Will何處使用Willkür絕對必要的。為此，在《宗教》一書英譯第二版本中，一律以will譯Will，而以will^{w}譯Willkür。此實乃研究者所應取的審慎態度。

為探求康德使用“Wille”、“Willkür”二詞項的真旨實義，本文於有關的引文（中譯）加註，在註中標示德文原文及英譯頁碼，以供查對照。為劃一Wille、Willkür、Wollen三詞的中譯，本文對照德文本一律以“意志”譯“Wille”，以“決意”譯“Willkür”，以“作意”譯“Wollen”。又，中譯凡有牟師宗三先生譯本者，援用牟師譯，無中譯本者為自譯。參照牟師中譯處有與本文所劃一的譯名不同者逕改之，不另作說明。

在意欲機能（Begehrungsvermögen）的研究中，康德除使用“Wille”一詞外，還使用了另一詞項“Willkür”。康德這樣一位嚴肅的哲學家，必不會無端自製新詞。事實上，康德所以分別使用“Wille”與“Willkür”，理由是康德視人類意欲機能活動由兩個相關的環節組成：第一環節是原則（形式原則或材質原則）的訂立，這原則之能康德名之曰“Wille”（它等同於實踐理性）。第二環節是直接與行動相關的格準之採用，採用一個與特定行動直接相關的格準之機能，康德名之曰“Willkür”。在康德的道德哲學體系中，原則決定甚麼應當發生，而行動的格準（康德又稱之曰作意底主觀原則）決定發生甚麼。也就是說，Wille是決定應當發生者之機能，Willkür是決定現實上發生者之機能。

在康德的系統中，Wille與Willkür兩詞項各自有其確定的意義，這兩詞項的使用也是確定的，一貫的，不可相互替換。人們可以抱怨康德在使用Wille與Willkür這兩詞項之前沒有正式說明這兩詞項之意義區分，但他們沒有理由指責康德混淆Wille與Willkür的使用。康德從不會用Willkür表示訂立原則的機能，也不會在直接與行動相關的格準處使用Wille。事實上，在《實踐理性底批判》（1788年出版）中，康德已經隨文點示出Wille與Willkür的區分。

《實踐理性底批判》一書中，康德表明「意志從不會直接地為對象以及對象之觀念所決定，它乃是一種『取理性之規律以為一行動之動力』之機能，因着這種機能，一個對象可被真實化」。[74]所謂「意志從不會直接地為對象以及對象之觀念所決定」，就是說意志不直接地與行動有關，它不直接地決定現實上發生甚麼。在「純粹實踐判斷底符徵」一節裡，康德就表示意志並不關聯於行動之結果。[75]關於Willkür，康德表示Willkür之主觀決定原則（即行動格準）不能充作意志（Wille）一般底客觀的決定原則，並且，它不能假裝做立法的。康德說：「傾向於去使我們自己在我們的決意（Willkür）之主觀的決定原則中充作意志一般底客觀的決定原則這種脾性可以叫做『自我貪戀』；而如果這種脾性假裝做立法的，作為一無條件的實踐理性這樣的立法的，則它即可叫做『自滿自大』」。[76]

《實踐理性底批判》出版之後九年，康德發表他的《道德形上學》，在這部著作中，他對他自己一貫使用的Wille與Willkür兩詞項之區分給出一個總結說明，康德說：

> 意欲機能（Begehrungsvermögen）不依對象而依自己的概念作為行動的根據，此名之為高興做或不做的能力。當這種能力與藉着行動產生對象之能力底意識相聯繫時，名之為決意（Willkür）。若不與這行動的意識相聯繫，則名之為希望（Wunsch）。若一種意欲機能的內在決定根據來自主體的理性，便稱之為意志（Wille）。因此，意志是這樣一種意欲機能：它不像決意般直接地與行動相關，而毋寧說它只與行動的決意底決定根據有關。嚴格地說，意志自己沒有決定根據，而就意志能夠決定決意而言，意志是實踐理性自己。[77]

來自主體的理性的內在決定根據即是實踐理性的原則，康德說：「若一種意欲機能的內在決定根據來自主體的理性，便稱之為意志」，意謂意志是一種涉及實踐理性的原則之意欲機能。意志作為原則之能，它不直接地與行動有關，而只與行動的決意底決定根據有關。關於決意（Willkür），康德說它是與藉着行動產生對象之意識相聯繫的意欲機能，意謂決意是涉及行動格準之意欲機能。康德又說：

> 法則來自意志，格準來自決意。就人而言，決意是一自由的決意。意志只涉及法則本身，因為意志並不關涉行動，但只是直接地為行動的格準立法（因此，意志是實踐理性本身）。所以，意志指示絕對的必要，它本身不受制於任何條件。只有決意才能被稱為自由的。[78]

康德在《道德形上學》一書中對於Wille與Willkür之界定跟康德此前在《純粹理性之批判》、《原則》、《實踐理性底批判》及《宗教》四書中使用該兩詞項之意義是相同的。康德自始至終堅持着這樣一個區分——Wille有事於原則之訂立，而Willkür有事於行動格準之採用。依康德之見，意欲機能活動區分開兩個環節：第一環節，Wille訂立實踐的原則（形式的原則，即定然律令，即道德法則；或材質的原則，即假然律令，即實踐規準）。Wille這一原則之機能是理性存有特有的，人禽之辨即在此見。意志因着它是由理性指導的，它有一原則的力量，因而結果也就是說，它有一實踐的先驗原則的力量。因着從一般實踐原則之能進至道德法則之能，意志發展至純粹意志之概念，康德就在純粹意志處確立道德可能之超越根據。第二環節，Willkür發佈行動的格準。Willkür這機能是人與動物共有的，人類的Willkür與動物的Willkür之區分在人類的Willkür有其自由底使用。就人而言，Willkür採用實踐原則進入某一特定行動中以作成行動的格準（就實踐原則作為行動格準的決定根據而言，康德說Wille能夠決定Willkür）。儘管Willkür在為其自己採用格準時以原則作根據，但這格準是在Willkür之自由底使用上作成的[79]，就是說，Willkür或採用材質的實踐原則（自私或私人幸福的原則）進入其格準，或者採用形式的實踐原則（道德法則）進入其格言，甚或採用道德格言之反面，這完全由決意自決。在這個地方，康德可說人之違反道德法則是可被咎責的。

毋庸置疑，正確區分Wille與Willkür之使用是了解康德道德哲學的一項首要工作。為着英譯難以找到一詞能夠全盡Willkür之意義，貝克曾建議在英譯中保留Wille與Willkür，這嚴謹的態度是可取的。中譯方面亦可採納貝克這個建議。本文一些地方為行文方便，以「決意」譯Willkür[80]，不另標註德文。

七、Willkür在康德道德哲學著作中之使用

康德強調道德哲學首先要從理性部分開始，即是說，首先把道德學建基於形上學上，然後下降到經驗的部分，給予它一通俗性而好為大家所接受。事實上，從《原則》、《實踐理性底批判》、《宗教》到《道德形上學》，正是由理性部分開始而逐步下降至理性原則於經驗中之使用。若吾人明白康德上述四著作的任務，則不致因康德在《原則》中很少使用Willkür而引生誤解。

鄺芷人先生在《康德倫理學原理》一書中提出一種見解，他認為：康德在《原則》一書裡沒有採用Willkür這個詞項，原因可能有二：第一，康德寫《原則》時尚沒有Willkür這個概念[81]；第二，在《原則》裡的「意志」概念實包含有兩個意義，此即在《道德形上學》裡所謂「意志」與「意念」（案：Willkür鄺譯作意念）。[82]

首先，以為康德在寫《原則》時尚沒有Willkür這個概念，這種猜測未免失於粗疏。事實上，康德在《原則》一書中兩次使用Willkür這詞項。茲錄德文原著如下：

> ……dagegen vernünftine Wesen Personen genannt Werden, weil ihre Natur sie schon als Zwecke an sich selbst, d.i.als etwas, das nicht bloβ als Mittel gebraucht werden darf, auszeichnet, mithin so fern alle Willkur einschränkt (und ein Gegenstand der Achtung ist).[83]
>
> 〔反之，理性的存有則名「人格」，因為他們的本性把他們表示為「其自身即是目的」，即是是說，把他們表示為這樣的某種東西，即此某種東西必不只被用作工具，就此而言，亦即限制了一切決意，而且亦是一尊敬底對象。〕

> …… daβ alle Vorstellungen, die uns ohne unsere Willkür kommen (wie die der Sinne)[84]
>
> 〔一切非因我們的決意而來的觀念（覺象、表象），例如感取上的那些觀念……〕

誠然，Willkür在《原則》中的兩次使用並無大助於吾人對這詞項的了解，但這並不表明康德寫《原則》一書時未形成Willkür這個概念。《原則》一書的工作在於研究並建立道德的原則，因為這工作只與原則相關，康德在該書中實在只需要有事於意志之考察，而不必關注Willkür。《原則》一書只有事於概念的先驗知識而根本未下降到原則之經驗使用，即未涉及到現實的行動，Willkür一概念又為何須引入？故此，鄺先生以為《原則》一書裡的「意志」包括意志與Willkür，這種見解實有可商榷之餘地。同理，J. Silber批評康德在《原則》一書中經由對於一切理性存有為有效的假設以界定「意志」，沒有為把欲望帶進意志留一餘地，也沒有為對抗法則的意志機能留一餘地[85]，這種批評亦不諦當。

在《原則》一書中，康德有事於實踐原則之研究。從材質的實踐原則（假然律令）進至形式的實踐原則（定然律令，亦即道德法則）；作為原則之能的意志也必然從受經驗制約的意志發展至純粹意志的概念。康德在《原則》裡使用經驗的觀點與理性的觀點這兩個觀點看意志，因此，吾人在《原則》中有時看到作為經驗概念的意志，有時又看到作為理性概念的意志，前者康德稱之為「不完全善的意志」、「不完滿的意志」、「受經驗制約的意志」；後者康德稱之為「善的意志」、「純粹意志」、「自由意志」。看來，鄺先生將《原則》中受經驗制約的意志等同於Willkür（案：鄺譯作意念），故有意志包含意志與意念（Willkür）之說。

鄺先生在分析意志與意念之區別時提出：康德在《原則》一書裡用意志（Wille）含概「意志」與「意念」兩個概念，但是，《實踐理性底批判》一書中「意志」一義不甚明確一貫，「意志」有時包括了「意念」，有時則指「純粹意志」，直至《道德形上學》一書，康德才給「意志」與「意念」兩個詞項作出清晰明確的界定——純粹的是意志；「不純粹」或「混雜」是意念（Willkür）。[86]

鄺先生以「純粹的」或是「經驗的」作標準區分Wille與Willkür，這種見解並不合康德原義。本文先前章節已經由康德原著之分析表明：意志有事於原則之訂立；決意有事於行動格準之採用——這是康德對於意志（Wille）與決意（Willkür）兩詞項所作的明確區分。

吾人須了解：康德一方面使用兩個觀點（經驗的觀點與理性的觀點）看人的意志；另方面又以兩個環節（原則→行動，即意志→決意）總括人的意欲機能活動。明乎此，則不難理解，康德在《實踐理性底批判》一書中既有受經驗制約的意志（即受經驗制約的理性）與純粹意志（即純粹實踐理性）之區分；亦有意志（Wille）與決意（Willkür）之區別使用。

《實踐理性底批判》在其先導論文（《原則》）所建立的原則之基礎上進至此等原則的實踐使用之考察，故此，就原則之區分為材質的與形式的，康德相關地區分受經驗制約的意志與純粹的意志；另一方面，就原則的實踐使用，即是就關涉到原則之作為行動格準的決定根據而言，康德採用決意以區別於意志。人們容易粗忽地將決意與意志的區分等同於受經驗制約的意志與純粹意志之分別，抱持這種誤解，自然免不了要埋怨康德使用意志（Wille）與決意（Willkür）兩詞項有時並不一致。

事實上，《道德底形上學》一書中，康德也並不以「純粹的」或是「經驗的」作標準區分意志與決意。該書同樣有純粹意志與不純粹意志之區分，康德說：一個單方面的意志（einseitige Wille）不能發布一個對每一個人皆具強制性的法則，只有一個公共的有權力的意志（Kollektiv－allgemoiner und machthabender Wille）才能使每一個人皆在法則的強制性之下[87]。前者即是受經驗制約的不純粹的意志；後者即是立道德法則的純粹的意志。

《道德形上學》一書，關涉道德法則處，相應的「意志」自是純粹的，但這並不表示康德界定「意志」是純粹的。同樣，該書常論及不依於道德法則，採用道德法則之反面作其格準的「決意」，這決意自是不純粹的、混雜的，但這並不表示康德界定「決意」是不純粹的，因為康德另方面又說依於道德法則的「決意」，即採用道德法則作成其格準的決意，這決意是自由決意，吾人不能視自由決意是不純粹的。康德在《道德底形上學》一書中說：

> 那個能夠由純粹理性決定的決意，名之為自由的決意（freie Willkür）。那個單由性好（感性的衝力，刺激等）決定的意欲機

> 能，應名之為獸類的決意（tierische Willkür）。人類的決意（menschliche Willkür）雖然確實能夠受衝力影響，但卻不為衝力所決定；因此，它不是純粹的（除養成理性的才能之外），但卻能夠由純粹意志決定以產生行動。決意的自由是指它獨立於感性衝力，不為感性衝力所決定，這是自由的消極意義。自由的積極意義在純粹理性自己是實踐的。[88]

在康德諸道德哲學著作中，因着各著作之任務有不同，或者Willkür很少被使用（例如在《原則》一書中）；或者，Willkür關聯於實踐原則之使用的考察工作而被使用（例如在《實踐理性底批判》一書中），在這個地方，Wille是主要詞項，Willkür未有機會充分展現其意涵；或者，Willkür關聯於道德法則在人類現實的實踐活動中之使用與妄用的研究（例如在《宗教》及《道德形上學》二書中），在這個地方，研究重心在特定行動底格準，因而Willkür佔重要地位。尤其在《宗教》一書中，Willkür可說是一個最關鍵的詞項。上述諸差別並不構成Willkür一詞之歧義，相反，吾人必須了解Willkür在每一著作中的表現，才能夠充盡地把握Willkür一詞的豐富意涵。

八、貝克「實踐理性（意志）底兩相態」說檢討

「Wille是純粹的，Willkür是混雜的」，這種見解在學術界頗為流行，究其所自始，或可追溯至貝克（L. W. Beck）提出的「實踐理性（意志）底兩相態」說。

貝克在《評康德的〈實踐理性底批判〉》一書中說：

> 決意（Willkür）能夠服從意志（Wille）的法則而不失去它自己的自由，因為它們不是外在地關聯的兩種機能。它們是實踐理性底兩相態（aspect），而以立法的功能與執法的功能而有所不同，前一功能拘限後一功能，前者是後者的純然形式。[89]

依貝克之說，Wille與Willkür是實踐理性底兩相態：實踐理性作為立法機能，它是Wille，它是純粹的；實踐理性作為執法機能，它是Willkür，它受制於Wille。因着意志不外就是實踐理性，貝克接着又說意志「有兩不同的相態」，貝克說：

> 人的意志——事實上，它不是單一的觀念，它有兩不同的相態。既是義務之創造者，又是義務之執行者。[90]

依貝克之見，人的意志有兩相態：一相態是義務的頒發者，即立法者，它就是康德所言Wille；另一相態是義務的執行者，即受Wille所拘限者，它就是康德所言Willkür。貝克將康德的Wille與Willkür包括在意志（即實踐理性）中，作為意志底兩相態，如此區分Wille與Willkür，未免失於粗疏。在康德的系統中，立法（立道德法則）的是純粹意志（即純粹實踐理性），這是從智思界的觀點看意志機能；但康德另方面又以感觸界的觀點看意志機能，感觸界的意志並不純粹，也不是立法的。依康德之說，感觸界的意志並不等同於決意（Willkür），Willkür與Wille一樣有兩相態。吾人知道康德有兩個觀點由之以看人自己並由之以認知其機能：第一觀點，就人自己屬於感取界而言，他服從自然法則；第二觀點，就人屬於智思界而言，他受制於另一些法則，這些法則獨立不依於自然，其基礎不在經驗中而只在理性中[91]。事實上，貝克提出「兩相態」說之原意是基於康德以兩個觀點看同一世界的方法[92]。貝克在這地方仿效康德的兩個觀點，但發生了誤用，因康德並非以兩觀點之區分劃分Wille與Willkür。

貝克雖然在他的「實踐理性（意志）底兩相態」說，將Wille規定為立法的，純粹的，即屬智思界者，但貝克未至於將Willkür規定為混雜的，不純粹的，即屬感觸界者，他亦有見於康德並非以智思界與感取界之區分劃分Wille與Willkür[93]。既然康德不是因着以兩個觀點（智思界的觀點與感觸界的觀點）看實踐理性而有Wille與Willkür之區分，吾人可知貝克的「實踐理性（意志）底兩相態」說不合康德原意。

承自貝克的「實踐理性底兩相態」說，國內康德研究中有「一體兩面」說。鄺芷人先生在《康德倫理學原理》一書中提出：「意志與意念（案：鄺譯Willkür作意念）同是一體，或者說，它們只是一體的兩個面相」。[94]如此「一體兩面」說同樣誤解康德的兩個觀點說。在康德的道德哲學體系中，若要使用「一體兩面」的說法，吾人須明確：「一體」乃指同一主體（Subjekt），Subjekt一詞康德有時指「人」，「行動者」，[95]有時則就人的機能而言。[96]「兩面」是指一面是感觸界的性格而另一面是智思界的性格。「一體兩面」意謂有兩個觀點（智思界的觀點與感觸界的觀點）由之以看人自己並由之以認知其機能。依此，吾人可就意志（Wille）的智思性格與經驗性格而說「意志底兩相態」，亦可就決意（Willkür）的智思性格與經驗性格而說「決意底兩相態」。但吾人不可說Wille與Willkür是同一主體的兩相態。關於意志的兩種性格（即兩相態），本文第二章已有論述；關於決意的兩相態，同樣可引證於《實踐理性底批判》、《宗教》、《道德形上學》三書。

《實踐理性底批判》一書中，康德一方面說：

> 一個受制於感性影響的Willkür（雖然不是為這些影響所決定，因此它仍然是自由的），它函蘊着一種「從主觀原因而生起」的願望，因此，它可時常相反於純粹客觀的決定原則；因此，它需要實踐理性底一種抵抗上之道德的強制可以叫做是一種內在的但卻是理智的強迫。[97]

又說：

> 動力之概念、興趣之概念、以及格言之概念，這三者皆只能應用於有限的存有。因為這三者皆預設這存有底本性之限制（皆預設一種屬於這存有之本性的限制），在此限制中，這存有底決意（Willkür）之主觀性格不能以其自身即與實踐理性底客觀法則相契合……[98]

另方面，康德說：

在最高的睿智體這方面，決意（Willkür）是正當地被思議為「不可能有任何『不能同時客觀地是一法則』的格言」的決意，而亦正因此故，神聖之概念可屬於它；此神聖之概念實不把它置於（升舉在）一切實踐法則之上，但只置於（升舉在）一切實踐地有限制性的法則之上，因而結果亦就是說，置於（升舉在）責成與義務之上。【99】

《宗教》一書中，康德一方面說：

世界上最有理性的〔有限而可變滅的〕存有仍可有需於「從性好之對象而來到他身上」的某種激發力，有需於此種激發力以便去決定其決意（Willkür）……【100】

另方面又接着說：

假定此道德法則不在我們心中被給與，則我們必不能因着推比計算的理性而去把它如此這般地發見或造作出來，或去勸服吾人之決意（Willkür）去服從它；可是這道德法則卻就是這唯一「能使我們意識到我們的決意（Willkür）之獨立不依於那因着任何其他激發力而成的決定（我們的自由）」者，而且同時它亦是那唯一「能使我們意識到我們的行動之可咎責性」者。【101】

《道德形上學》一書中，康德一方面說：

那個單由性好（感性的衝力，刺激等）決定的意欲機能，應名之為獸類的決意（tierische Willkür）。【102】

另方面又說：

那個能夠由純粹理性決定的決意，名之為自由的決意（freie Willkür）。【103】

上述引文中所言「受制於感性的影響的」決意，其「主觀性格不能以其自身即與實踐理性底客觀法則相契合」的決意，「有需於『從性好之對象而來到他身上』的某種激發力」作決定的決意，「單由性好決定」

的決意，是說決意（Willkür）的經驗相態。另方面，「不可能有任何『不能同時客觀地是一法則』的格言」的決意，「獨立不依於那因着任何其他激發力（即獨立不依於那道德法則以外的激發力）而成決定的決意，由純粹理性決定的決意，是說決意（Willkür）的智思相態。由此觀之，依康德之說，決意（Willkür）有兩相態：感觸界的相態與智思界的相態。

在康德的系統中，Wille訂立實踐原則；而Willkür行使原則。儘管它們在同一主體的意欲活動中內在地相關聯，但它們畢竟是兩種不可混同的機能，它們各自有其兩相態。

結束語

一般的實踐哲學只考論作意（Wollen）一般以及屬於這種一般意義的作意的一切行動與條件。Wollen是一個作用字，只就行動由之而發生之主觀格言而言，它不必與理性有關，它是主觀的，無必然性可言。康德洞見到這種一般說的人類作意底諸活動與諸條件大部分只能源於心理學，而不能作為道德哲學之基礎。康德批判了一般實踐哲學的淺見，以Wille與Willkür兩功能說明人類的意欲活動，從而為道德法則的既客觀而又主觀的先驗性奠定理論基礎，並且將道德哲學重新堅固地建築在其創立的意志理論底基石上。

康德把意志（Wille）等同於實踐理性，如此，意志才可能發展至「純粹意志」、「自由意志」之概念；而決意（Willkür）作為採用格準的機能，其決定根據在意志，如此，康德可說自由決意（freie Willkür）是能夠由純粹理性決定的決意。一方面，從一般說的意志發展至自由意志之概念，以此確立道德底最高原則；另一方面，從受經驗制約的決意發展至自由決意，以此確立德行底原理。這兩部分構成康德富原創性的倫理學體系。

註釋

[1] 某評論家批評康德：「善底概念未曾在道德原則以前被建立」，康德在《實踐理性底批判》的序言中表示：這個問題在本書分析部底第二章給與了一充分的答覆。在該處康德進而加底註：「我不曾首先規定『意欲機能』之概念，或『快樂之感』之概念，這亦可以引起反對，雖然這反對（譴責）是不公平的，因為這些概念之界定可以很有理由地當作給與于心理學中者而被預設了的。可是給與于心理學中的定義可以是這樣形成的，即如去把意欲機能之決定基于快樂之感上（如一般人所作的）那樣形成的，而這樣，則實踐哲學之最高原則必被弄成是經驗的，但是這一點（即成為經驗的）是有待于證明的，而在本批判中，這是全然被拒絕了的。」康135；S113

[2] 康136；S114－115

[3] 康37；S37

[4] 康13；S16

[5] GH lxxxiv

[6] GH lxxxii

[7] 康11；S14

[8] 康139；S116

[9] 康134；S112－113

[10] 康146；S121

[11] 康103；S88

[12] 見鄺芷人著《康德倫理學原理》，頁3，臺北文津出版社，民國81年9月初版。

[13] 康158；S132－133

[14] 康186；S157

[15] 鄺芷人先生指康德「在《道德形上學的基本原理》裏只採用『Wille』一字」，此說不準確。見鄺先生著《康德倫理學原理》，頁94。

[16] 康12－13；S16

[17] 參見John R. Silber: “The Ethical Significance of Kant's Religion” GH lx

[18] 康42；S41，A30

[19]康64；S59，A44

[20]康211；S177，B62

[21]《純粹理性之批判》下冊（牟宗三譯註，民國72年，臺灣學生書局印行），頁312。

[22]同註[4]。

[23]康19；S21

[24]康150；S125、126，B18

[25]M41－42，S317

[26]參見牟師宗三先生說，康453。

[27]康111；S95，A75

[28]康93；S81，A63

[29]康144；S120，B15

[30]康14；S59，A44

[31]參見M198，S526

[32]康德說：「單只是理性能夠辨別工具（手段）與目的之連繫（這樣，意志甚至亦可被規定為目的之機能，因為目的總是意欲之決定原則）……康208；S175、176

[33]《判斷力之批判》上冊（牟宗三譯註，民國81年，臺灣學生書局印行），頁120。

[34]同註[4]，頁307、308。

[35]同註[4]，頁310。

[36]見《中國文化月刊》（臺灣，民國72年5月號），頁46、47。鄺先生言「四著作」，原意應包括《純粹理性之批判》。

[37]同註[19]，頁49、50。

[38]M42，S317

[39]康430

[40]康42；S41，A30

[41] 參見《實踐理性底批判》，康184；S155，B43

[42]參見L. W. Beck: “A Commentary on Kant's Critique of Practical Reason”，pp.39.

[43]M42，S317

[44]參見康172；S144，B34

[45]康25；S26，A17

[46] 康149；S125

[47] 康152；S127

[48] 康153；S128

[49] 康161；S135

[50] 康167；S140

[51] 參見《實踐理性底批判》，康168；S141，B31

[52] 參見《實踐理性底批判》，康214；S180，B65

[53] 參見《實踐理性底批判》，康214、215；S180，B65

[54] 參見《實踐理性底批判》，康289；S216

[55]《原則》，康113；S97

[56]《實踐理性底批判》，康184；S155，B43

[57] 康72、73；S64、65

[58] 康75、76；S67

[59] 康94；S81、82

[60] 康164；S138，B28

[61] 康383；S264

[62] 康80、81；S70、71

[63] 康214；S180，B65

[64] 康11；S15，A7

[65] 康202；S171，B57

[66] 參見《原則》，康110

[67] 康110，S94

[68] 康43；S42、43，A31

[69] 康45；S43

[70] 康172；S144，B34

[71] 壞的意志（bösen Wille），參見《原則》，康107，S91

[72] 理想的意志（Wille in der Idee），參見《原則》，康85；S74

[73] 康194；S164

[74] 康211，S177

[75] 康224，S188

[76] 康248，S194

[77] M42，S317

[78] M52，S332

[79] 參看圓65，S667

[80] 牟宗三先生節譯《宗教》一書，以「決意」或「自由決意」譯Willkür，本文採用「決意」一譯。

[81] 鄺芷人著《康德倫理學原理》，臺灣文津出版社，民國81年9月初版，頁144。

[82] 同註[81]，頁145。

[83] S60

[84] S86

[85] GHIxxxiv，GHIxxxii

[86] 同註[81]，頁146－147

[87] M77，S365－366

[88] M42，S317－318

[89] B199

[90] 同註[89]

[91] 康103，S88

[92] 同註[89]，B192

[93] 同註[89]，B191

[94] 同註[81]，頁95。

[95] 參見康45；康82；康134；康195。

[96] S75；S111；S202；S263；康86；康132；康383。

[97] 康170，S143，B33

[98] 康256，S201，B83

[99] 同註[97]，S143

[100]、[101] 圓81，S673，GH21

[102]、[103] M42，S317－318

本文引用有關著作縮寫表

Kant: "Schriften Zur Ethik and Religions Philosophie". (Insel-Verlag Zweigstelle Wiesbaden 1956, En β lin Druck Reutlingen Printed in Germany). 簡寫S。

例：第一頁寫作S1。

Kant: "Fundamental Principles of the Metaphysic of Morals" (Translated by Thomas K. Abbott, Reprinted, 1955).簡寫A。

Kant: "Critique of Practical Reason" (Translated by Lewis White Beck, Third Edition, 1993). 簡寫B。

Kant: "The Metaphysics of Moral" (Translated by Marry Gregor, Cambridge University press, First published 1991).簡寫M。

Kant: "Religion within the Limits of Reason Alone" (Translated by M. Greene and H. Hudson. First Harper Torchbookedition published 1960).簡寫GH。

牟宗三譯註：《康德的道德哲學》（民國71年臺北市臺灣學生書局印行，民國72年10再版）簡寫：康。

牟宗三著：《圓善論》（臺北市臺灣學生書局印行，民國74年7月初版）簡寫圓。

《維摩詰經》之不二法門

陳沛然

一、解題

《維摩詰經》簡稱《維摩經》，全名是《維摩詰所說經》，[1]是維摩詰居士向文殊等菩薩及各大弟子說法之紀錄，因其所說之境界圓融無礙，與佛說法之境界契合，故得佛陀認許，而名之為「經」。一般來說，菩薩、弟子、居士、論師等所言之佛理，只能名之為「論」，只有佛陀所說的才稱之為「經」。故此，以維摩詰居士所說之法名之為「經」，此乃一特殊認許之抬舉，屬為罕見。

維摩詰是梵語Vimalakirti之譯音，意即「淨名、無垢」，故《維摩詰經》又名《淨名經》，維摩居士亦稱淨名居士。由於維摩居士已是圓融無礙，清淨無染，自在解脫，不捨不著一切法而不可思議，故此《維摩經》亦名《不可思議解脫法門經》(同[1])。

一、從無住本立一切法

最能單刀直入顯明「當體即空」之意，則要算是「從無住本立一切法」此名句。此句是在〈觀眾生品〉之中，維摩居士答完文殊之問「何謂慈、悲、喜、捨」之後，文殊連續發問十二個問題之後才提出的。茲摘錄如下：[2]

文殊師利又問：生死有畏，菩薩當何所依？

維摩詰言：菩薩於生死畏中，當依如來功德之力。

文殊師利又問：菩薩欲依如來功德之力當於何住？

答曰：菩薩欲依如來功德之力者，當住度脫一切眾生。

又問：欲度眾生，當何所除？

答曰：欲度眾生，除其煩惱。

又問：欲除煩惱，當何所行？

答曰：當行正念。

又問：云何行於正念？

答曰：當行不生不滅。

又問：何法不生？何法不滅？

答曰：不善不生，善法不滅。

又問：善、不善孰為本？

答曰：身為本。

又問：身孰為本？

答曰：欲貪為本。

又問：欲貪孰為本？

答曰：虛妄分別為本。

又問：虛妄分別孰為本？

答曰：顛倒想為本。

又問：顛倒想孰為本？

答曰：無住為本。

又問：無住孰為本？

答曰：無住則無本。文殊師利！從無住本立一切法。

「從無住本立一切法」之言是相應文殊師利原先之問「菩薩當何所依？」因為「生死有畏」，包括菩薩在內，對有生而有死亦產生懼怕，故此向維摩居士問及「當何所依？」換言之，文殊一連串之十二個問題，其心中所祈求的是維摩居士給予他一個「依據」，使之有所依，有所住，有所本，便能將「生死有畏」之懼怕去掉。

2

本來維摩居士亦是正面地給予文殊肯定的回答：「菩薩於生死畏中，當依如來功德之力」，將菩薩對生死之畏懼依傍於如來佛祖之圓滿功德之神力之上，以安其心。正常來說，此乃一強而有力之依住，理應令菩薩安心而毋須畏懼，可是文殊卻還未心安，將維摩居士之回答變成問題，如是者維摩居士有問必答，文殊師利則有答必問，將維摩居士之所有回答都不加思索地、條件反應式地轉成問題，於是連續推出十多項問與答。在前面之問答，由「生死有畏，菩薩當何所依」之問至「顛倒想孰為本」之問，基本上都是依此格式來問答、答問。

但是，維摩之回答「無住為本」，此一回答則是個突破，與前面之問答不屬同一性質、不在同一層次內。因為前面之十一問，文殊師利的心中都是要向維摩居士索取最後之依、最基層之住、最終之本。維摩循循善誘給予十個回答後，發現文殊只是自動地轉答為問，知道其心中祈求一最終最後之本，如是，維摩發現自身只處於一個永無窮盡、無窮後退之境況，自己一旦回答，文殊馬上將之轉成問題，任憑維摩如何「辯才無滯、智慧無礙」，[3]卻也不能陷落於如是無意識之無窮追問。

更重要的是，維摩已發現，一但自己告訴文殊「X是最終之本」，那麼便會導致文殊以為自己最後真的獲得了最終之本，由此而依之、住之、本之，此則變成是一執取，而黏著於維摩所給予的回答。故此，維摩面對此祈求（執取）之發問，最終不得不來一個截斷眾流，將文殊之要求「依、住、本」之執取打掉，突破性地明言「無住為本」。先前之十個回答都是循序漸進地、一步一步給予文殊更深層的依住：如來功德之力依住於度脫一切眾生，欲度眾生當依於除其煩惱，欲除煩惱當依於行正念，行正念當依於不生不滅，不生不滅當依於善不善法，善不善法以身為本，身以欲貪為本，欲貪以虛妄分別為本，虛妄分別以顛倒想為本。

維摩已能層層深入地給予文殊更基層之本，但是面對無窮後退及欲要消解文殊之執取，便要正正式式告訴文殊「無住為本」，無依住為本，此是希望文殊不要再祈求維摩給他依住、給他本，維摩欲以「無住為本」勾消文殊之無窮的、無意識的、更深層之反問和執取。

但是，維摩答了「無住為本」之後，從文殊再將回答轉成問題，再追問「無住孰為本？」便能斷定文殊心中真的是極度渴求一個本，以給他依住。所以從突破了有本之回答後，再面對文殊之執取，維摩不得不直接了當告訴他「無住則無本」。本來維摩回答「無住為本」之時，此已顯明是沒有依住，沒有依住乃為本，表面上看來是有給予一個本、一個依住，其實實質上已是表明此本是無住之本，簡稱「無住本」，「無住」就是其本，其本是無依住之本，既無依住，實質上也不能真正算得上是本，若稱之為本，亦只能算得上是個虛之本，沒有內容意義、沒有實質意義之本，此可說是無本之本，以無本為本，以無住為本，以無依止為本，故此其實即是無本。

若文殊通透明白，便不用再問「無住孰為本？」文殊之再問，便顯明他尚未明瞭，如此迫得維摩唯有不再轉彎抹角來回答他，直下明言「無住則無本」，回答他「無住」、無依止，正是要表明給他知道此就是沒有本了，由此來點醒文殊不要再條件反應式地將維摩的回答「無住則無本」變成追問「無住則無本孰為本？」因為已言「無本」，若文殊而問「無本孰為本？」此乃一互相矛盾的問題，問題既是互相矛盾，意即此問題不能成立，此問題問了亦沒有意義，既是問題無認知意義，故此問了也不用回答，又或者是答甚麼亦可以，因為無論答甚麼都是沒有意義。

回答了「無住則無本」之後，維摩正正式式將文殊之執取空掉，從而清楚顯明「從無住本立一切法」之旨。諸法之得以建立，乃是從「無住本」而立，從無依止之本、從無本體之本成就一切法，此便是從體性上直下明言當體即空，將本體空掉，當於體性上而言空無本體，是為「體法空」之意，故此，「從無住本立一切法」正正顯明般若空宗「體法空」、「當體即空」之意旨。

三、「立」一切法

「從無住本立一切法」之「立」是指建立之意，此「立」有兩種可能之解析。

第一種解析是從創造論之觀點來說明此「立」是創生一切法之創立義，例如上帝創造、創立、創生天地之「立」，以上帝作為本、作為主而立一切法，上帝與一切法之關係是縱貫的從屬關係（vertical subordinate relation）。

第二種解析是從橫向之經驗系列來顯明一切法之得以建立，表明一切法之成立乃在於依因待緣，因上有因，以致分析出無始以來已有無窮因，卻找不出最終因，而果上有果，以致分析出無終而往將有無窮果，卻找不出最後果，此乃橫向的關係（horizontal coordinate relation），一切法之得以建立，乃因緣和合而生起，緣散則滅，非有本體論之最終因來創生或創立一切法，如此，則契合佛家哲學之系統性格和緣起性空之內在前提（intrinsic presupposition）。

從以上兩種分析顯出，「從無住本立一切法」絕不能是第一種含有本體創造論之解析，只有第二種從緣起之觀念來解析此「立」之義，才能切合「體法空」或「當體即空」之核心意義。

四、「五住煩惱」與「十二因緣」

「善、不善」依住於「身」，「身」依住於「欲貪」，「欲貪」依住於「虛妄分別」，「虛妄分別」依住於「顛倒想」，「顛倒想」依住於「無住」。此五步依住名之為「五住煩惱」。

「五住煩惱」是分作兩層的。第一層是「善、不善」乃至依住於「顛倒想」，相對地以「顛倒想」為暫時之最後依止；但這暫充之最後依止最終是依止於「無住」，「五住煩惱」之最終依止是為無依住之依，亦即是無所依，正是由於煩惱之最終依止是為無所依，故此才能除去，表明煩惱最終來說是無根的、無本體的，是眾生與菩薩均能除掉的。

從第一層來說，「顛倒想」相對地是最後的依住，由於以對為錯、以錯為對、以真為假、以假為真而有顛倒是非之想，眾生不明世俗諦之虛假，不悟佛家實相真諦之真實，以世俗諦為真，以真諦為假，顛倒真假，而成「顛倒想」，結果產生「虛妄分別」，只見世俗諦，而不見真諦，若不屬世俗諦之範疇，便將之分別出來，將非世俗諦之法置之不要，由此而捨棄實相之真諦，此乃眾生之虛妄構作，分別活動，進而產生「欲貪」，因為既分別出非世俗諦之法而不要之，由此便全力欲求世俗諦之法，此欲求之無窮追求，便成「欲貪」了，此「欲貪」之心思意念，便驅使眾生之「身」發施行動，由此而「身」不由己，「身」之一切活動，均變成是由「欲貪」所推動，「身」之有所動，才引致有「善、不善」之結果，若能「身」動而後獲得成果，滿足了「欲貪」，此則算是「善」，若不能達到目的，「身」動而徒勞無功，此則成「不善」。此便是眾生在存在本質上之煩惱。

「五住煩惱」正是用來顯示眾生煩惱之根源，相對來說，其最後之依住乃在於「顛倒想」，以致有「虛妄分別」的活動來推動自身之「欲貪」，從「欲貪」來迫使眾生發施「身」不由己之行，從而產生「善、不善」之結果。眾生之存在便是在於被「顛倒想」之根源推動而產生不停之煩惱，如輪轉動，流轉不息。

以「五住煩惱」顯出眾生之存在受制於「顛倒想」之推動而流轉不息，此與「十二因緣」之顯明眾生之存在受著「無明」之緣因而輪迴流轉之義契合。「十二因緣」顯明眾生之存在狀態乃是受著十二個階段之因果制約，由「無明」而有「行」，「行」而有「識」，乃至有「名色、六入、觸、受、愛、取、有、生、老死」之十二支因緣。「無明」是指愚昧無知，此與「五住煩惱」之「顛倒想」有著異曲同工之義，「無明」之愚昧無知顯明眾生不明真諦，「顛倒想」之顛倒是非顯明眾生搞錯真諦，「無明」與「顛倒想」二者均是一根源性之因，是一最終之依止而導致眾生有十二階段之輪迴流轉及五階段煩惱之轉動不息。

雖然「十二因緣」細分成十二階段，是為較精密，雖然「五住煩惱」只粗分成五步依止，是為較概略，但是二者均是用來展示眾生受著無明煩惱與顛倒想之是非不分而引致眾生輪迴流轉。二者不同之處，在於「五住煩惱」最後清楚明言煩惱乃是「無住」、無本、無體，從當體可以空掉煩惱，從「無住即是無本」將煩惱之根源除掉，而「十二因緣」則只顯現「無明」乃輪迴流轉之始因，若要還滅解脫，則需滅無明，乃致滅掉「生與老死」，從輪迴流轉之生命歷程中超脫出來，不再受後有輪迴之報。

簡言之，「五住煩惱」之最後一住之「顛倒想」依止於「無住」，而「無住」即是「無本」，如此較能切合「當體即空」及「體法空」之緣起法則；而「十二因緣」之十二支之因果分析，可算得上只是從現象之存在上觀眾生之存在乃是依因待緣，而非不受約制之獨立自存，只可顯明「人空」「無我」，可算得上是「析法空」、「色敗而為空」，尚未顯「法空」、「一切皆空」；而「五住煩惱」之住，其往前推演則是「無住則無本」，「從無住本立一切法」，顯明諸法皆空，除了肯定「人空」之外，亦兼明「法空」，更從體性上而言空無自性。

由借助「十二因緣」與「五住煩惱」之對比分析，便可體會原始佛教之重點、成就在於「人空」、「析法空」，大乘空宗則能兼明「法空」及進至「體法空」。

五、般若妙用

《維摩經》是般若經之一，般若是佛家的智慧，是無分別之活智，既能蕩相遣執而不著一切法，亦能圓融無礙不捨一切法，最終能相即地具足一切法。

單遣法

通過單遣法（Method of Single negation）將執定於一邊之偏見掃蕩，無論是執於「X」或執於「非X」，也需排遣之。經中有言：

(1)「無我無造無受者」[4]

(2)「無心意無受行」(同[4])

(3)「是身如幻」[5]

(4)「不著三界」[6]

(5)「法離於相」[7]

(6)「夫說法者，無說無示，其聽法者，無聞無得。」(同[7])

此些便是將執於定說而否定之，將著於定性定相之「心意」、「受行」、「身」、「三界」、「相」、「說」、「示」、「聞」、「得」全然地蕩其定相，遣其定執。

若以為不能言「X」，而一定要言「非X」，此則成相對地著落於另外一邊之偏見，故亦需將「非X」之著無而執取頑空化遣，由此經中亦言：

(1)「不毀正信」[8]

(2)「不捨道法」[9]

(3)「空空」[10]

(4)「空病亦空」[11]

(5)「無離文字說解脫也」[12]

此些便是將執定於頑空之斷見否定之，將著於定無定空之「毀正信」、「捨道法」、「空」、「空病」、「離文字」全然掃除其定於空相，勾消其定於執無。

無可厚非，若眾生定於「常見」，執定於「X」之定性定相，般若智慧可發揮其掃蕩執於有，而以「非X」來排遣「X」之執；若眾生定於「斷見」，執於「非X」之定無定空，般若智慧亦可發揮其消解執於無，而以「不是－X」或「非－X」來勾消「非X」之執。這是最初步的做法。

雙遣法

但是，若進一步反省此初步的做法，則發覺如此做法只能永遠與對方之「見」成一相對反之「見」。「X」與「非X」是一相對反；「非X」與「非非X」亦只是另一相對反。故此，若要從相對反之對偶性（duality）超脫出來，則必須突破同一層次的相對性，由此不能再是單向的單遣法，而需進至雙向之雙遣法，此即是既要排遣「X」，亦同時排遣「非X」，而成「既非X，亦非非X」之雙重否定之格局，如此才能不陷落於相對性。圖示如下：

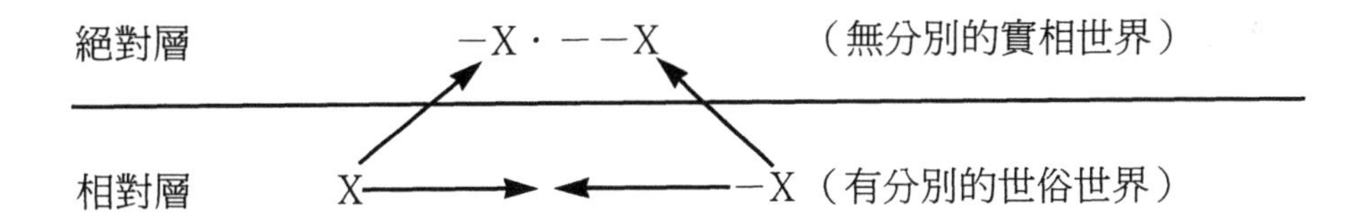

正面的主張（例如「X」）是一個「見」，而負面的主張（例如「－X」）亦是一個「見」。偏於「X」或「－X」均是有見、有執。故此需要雙重否定來排遣此些對偶性之見，使之不著落於「見」之中。由X與－X的相對層翻上絕對層。相對層具有X與－X之分別；而既不是X、也不是－X，便是無分別的絕對層。雙遣法所要達到的目的就是無分別的實相世界，而實相層之下則為相對層，是虛妄分別的，不能認識實相境界，所以分別的境界皆是虛妄不實的。

經驗層的世俗世界就是相對的世界，因為知識建立於有分別的對偶性，將世界分為X與－X兩邊。雙遣法就是要蕩相遣執，將有分別的對偶性化掉，使之不落入二邊，不偏於X之見，亦不偏於－X之見。當落入其中一邊之時，便看不到另一邊，而只能看到自己的一邊的世界，如此便是偏見、執著。所謂旁觀者清，正是因為不落入X、也不落入－X，既看見X的對與錯之處，同時亦看見－X的對與錯之處，如是便是如實地無偏地觀看一切法，此便是實相世界：世界存在之真實情況。

在《維摩詰經》之中，亦具雙遣之言。茲摘舉如下：

(1)「說法不有亦不無」[13]

(2)「不見四諦，非不見（四）諦」[14]

(3)「非得果，非不得果」(同[14])

(4)「非聖人，非不聖人」(同[14])

(5)「諸法畢竟不生不滅」[15]

(6)「是故佛說一切諸法，非男非女」[16]

(7)「一切諸法，亦復如是，無在無不在」(同[16])

「有、無」、「見諦、不見諦」、「得果、非得果」、「聖人、不聖人」、「生、滅」、「男、女」、「在、不在」等均是相對反之對偶性概念。此可用「X、－X」來代表相對與相反的概念。（X之相反必然是－X，－X之相反必然是X，例如「見諦」之相反必然是「不見諦」；但X之相對則可以是Y，也可以不是Y，例如「生」之相對是「滅」，但「生」之相對也可以不是「滅」(而是「住」、「異」、「敗」等描述存在之範疇)，「生」之相反一定是「不生」，凡是屬於「不生」的事物，均有機會被列入為「生」之相對事物，此視乎思考習慣或文化傳統而定，例如「甜」的相對是「苦」，但「甜」的相對也可以是「鹹」，而不一定是「苦」。)

簡言之，雙遣法是雙重否定「X、－X」此相對反（相對或相反）之對偶性概念，其目的是用來顯明諸法存在之實相，而非徒具格式之文字遊戲。故此，佛問維摩居士：「汝欲見如來，為以何等觀如來乎？」維摩詰便回答：「如自身觀實相，觀佛亦然。我觀如來……不一相，不異相；不自相，不他相；非無相，非取相；不此岸，不彼岸；……不以此，不以彼；……無晦無明；無名無相；無強無弱；非淨非穢；不在方，不離方；非有為，非無為；無示無說；不施不慳；不戒不犯；不忍不恚；不進不怠；不定不亂；不智不愚；不誠不欺；不來不去；不出不入。一切言語道斷。非福田，非不福田；非應供養，非不應供養；非取非捨；非有相，非無相；……非大非小；非見非聞，非覺非知，離眾結縛。」[17]

總言之，雙遣法之運用在於「離眾結縛」，在於不受各種邊見之執取而受綑縛，從眾多綑縛之煩惱釋放出來，如是便是「自身觀實相」，不著落於X，也不著落於－X了。

六、不捨不著法

單遣法與雙遣法，二者都具蕩相遣執之作用。但是，二者都是消極地說，從否定的角度而進行消解執著，能夠達到「不著」諸法之作用。

至於不捨不著法，則可進一步正面地說。從「不捨」而即於諸法，故此可以達到圓融之境界而具足一切法。此乃般若活智而不死於純粹「不著」諸法。如果只談「空」或「無」而導致著於「空」或執於「無」，般若便會變成死智，此即執取頑空。般若乃是活智，便不只「不著」諸法。發揮「不著」諸法的作用只是一種消解，只發揮負面的作用。圖示如下：

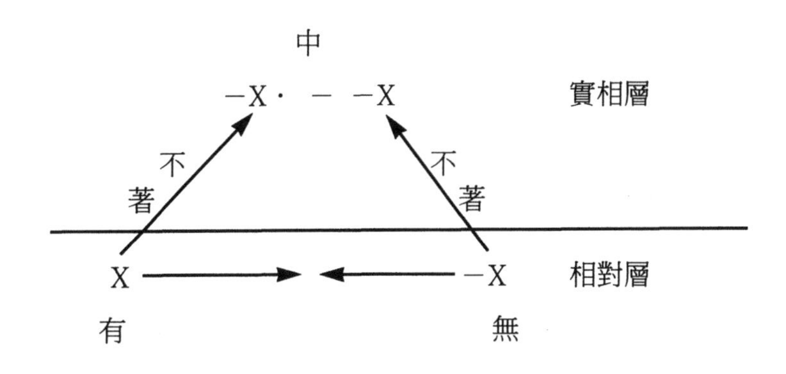

既不落入「有」（例如X），亦不落入「無」（例如－X），由此而翻上一層而為「中」，此「中」乃不著一切法之「中」（－X．－－X），是為不著之「中」。此「中」高高懸掛於實相層之內，卻未能「不捨」一切法。故此，以雙遣法自身之方法而言，再次運用雙遣法來勾消偏落於「中」，便能不著於「中」，由此而亦可「不捨」一切法。由上層之「中」重返下層之「有」與「無」之相對層。圖示如下：

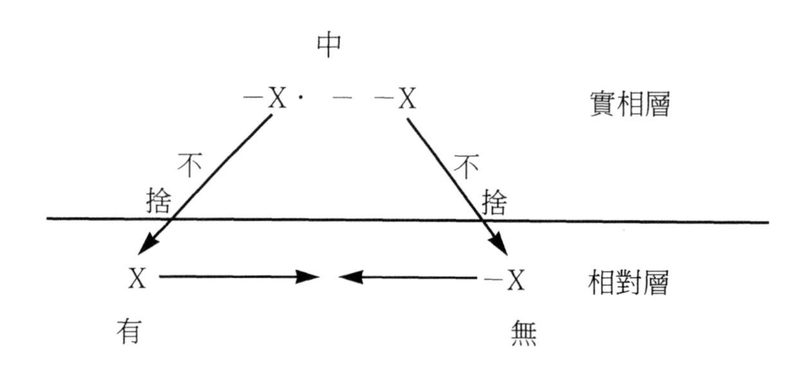

如果純粹高高在上脫離現實世界而「不著」一切法，此只有上層而忽視了下層，不能返回下層。若能從實相層返回下層，重回相對的現實層，此即「不捨」一切法；雖是重返下層，卻非著落於「有」之邊，也非著落於「無」之邊。既能由「不著」之「中」重返下層，由此而「不捨」下層，此「不捨」是經過「不著」之「中」後而「不捨」「有」與「無」。雖「不捨」「有」與「無」，卻依然是不著於「有」、亦不著於「無」，故此亦保留「中」道之特性，卻也不單單是「中」，不純粹是「中」，而是「不捨不著」一切法之「圓中」，圓礙無礙，完整無缺而具足一切法（此義天台宗發揮至盡）。

般若活智之妙用，正在於既能「不著」一切法，亦能「不捨」一切法，合起來便是「不捨不著」一切法，由此而具足一切法。既具足一切法，則無一法可捨，亦無一法可著。無論是在那一法，都是真其所真，如其所如；換言之，一切法都是實相，實相就在相對層之事物當中亦可顯現，實相層可即於相對層而得以呈現，由此實相層與相對層之二分被勾消，不會使實相界與相對界變成二界二元論。此即「不壞諸法而說真際」、「不動真際而立法」之圓融境界了。最終是「不捨不著」一切法而具足一切法。圖示如下：

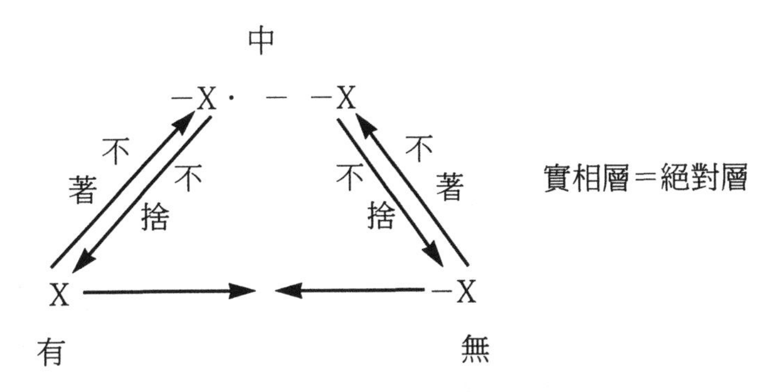

「具足一切法」是包含「不捨不著」兩方面。如果只有「不捨」，此亦不足以構成「具足一切法」。「具足一切法」並不完全等如擁有一切法之意，此是需要先經過「不著」一切法之後，再來「不捨」一切法；當兩方面具備之後，才能成為「具足一切法」。「不著」加「不捨」，二法合起來才等如「具足一切法」。圖示如下：

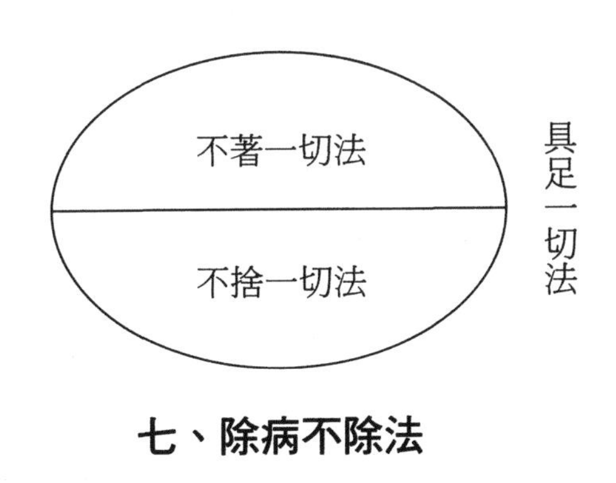

七、除病不除法

從不捨不著一切法便能推出「但除其病，而不除法」[18]之語。「但除其病」即是「不著」於病，「而不除法」即是「不捨」於法。例如蓮花出污泥而不染。故此，經中有言：「殖種於空，終不得生，糞壤之地，乃能滋茂」，[19]「不著世間如蓮花」。[20]

若以為泥壞污穢，故需捨離之，由此而以為只能「殖種於空」，結果必然是「終不得生」，徒勞無功，因為此只有「不著」於法，卻沒有「不捨」於法。唯有即於「糞壤之地，乃能滋茂」，只能不捨泥壞，蓮花方能茂盛開放；蓮花雖開出於泥壞，卻「不著」於糞壞而可自身清淨無染，故此說「不著世間如蓮花」。唯有兼備「不捨不著」之境界，才能具足一切法，只需「但除其病」，而不需「除其法」。「不捨不著」是般若活智之妙用，此妙用成就「除病不除法」之圓融境界。

由不捨不著之除病不除法之圓融境界，便可明白《維摩經》中之「險語」：

(1)「雖處居家，不著三界；示有妻子，常修梵行；現有眷屬，常樂遠離；雖服寶飾，而以相好嚴身；雖復飲食，而以禪悅為味；若至博奕戲處，輒以度人。」[21]

(2)「入諸婬舍，示欲之過；入諸酒肆，能立其志。」(同[21])

(3)「不必是坐，為宴坐也。」[22]

(4)「不斷煩惱，而入涅槃。」(同[22])

(5)「若能不捨八邪，入八解脫，以邪相入正法。」[23]

(6)「雖觀十二緣起，而入諸邪見，是菩薩行。」[24]

(7)「若菩薩行於非道，是為通達佛道。」[25]

(8)「示入邪濟，而以正濟。」(同[25])

(9)「現於涅槃，而不斷生死。」(同[25])

(10)「或現作淫女，引諸好色者，先以欲鈎牽，後令入佛智。」[26]

從日常的理性或從世俗的角度而言，眾生都要求前後的事項，其關係應是合乎常理，而非不合理的。從常理出發，眾生會作以下要求：

(1) 欲修梵行，則不應娶妻。

(2) 若立其志，則不入諸酒肆。

(3) 靜坐不動，方為宴坐。

(4) 斷滅煩惱，而入涅槃。

(5) 捨離八邪，入八解脫。

(6) 觀十二緣起，而入諸正見。

(7) 菩薩行於正道，是為通達佛道。

(8) 示入正濟，而以正濟。

(9) 現於涅槃，而斷生死。

(10) 不好諸色，今入佛智。

但是，從《維摩經》所引之事項（第一至十項），均違反上述日常之理性。何解？此乃從最高境界才能說的，從圓融無礙不捨不著之境界才能確立。從世俗的角度而言，若立其志，則不入諸酒肆，因入於諸酒肆，便可能會醉酒鬧事，令人喪志，如此便是將「立志」與「入酒肆」看成是互相排斥的關係，必定要將「入酒肆」之法捨離，故此才能「立志」。如此做法，不算是錯，只不過不是高境界之舉。

相對來說，若能「入酒肆」而不醉酒喪志，卻依然可以「立志」，如是，「入酒肆」與「立志」並不必然看成是互相排斥的關係，而可同時並存了。並不需要把「入酒肆」之舉捨離，便能即於「入酒肆」而「立志」，此即「不捨」入酒肆；不過，話說回來，雖入酒肆，卻也「不著」酒肆而導致喪志，依然可以「立志」。此乃於境上而不起心，而不起念，而不著落於境，故此不需捨離境，亦即「不除其法」，法是沒有除掉，只除掉「入酒肆」所帶來之弊病，如此則是「但除其病」。此即「不捨不著」入酒肆。

若只能不入酒肆方能立志，如此境界自然不及入酒肆而能立志。因為不入酒肆而立志，此舉是未經過考驗的，未曾嘗試面對入諸酒肆之中而不起心起念；若已入諸酒肆而能立志，則算是考驗成功，從此以後，入不入酒肆均不影響立志；但是未經入酒肆接受考驗，便有可能一入酒肆，便於境生心，從此醉酒喪志。故此，《維摩經》中便有1至10項之「險語」。

此些「險語」只能從最高境界方能成立的，是依於「除病不除法」之「不捨不著」之圓融妙用而說的。為何說此些皆是「險語」？因為最高境界與最低境界，從外在外顯的表面現象或行為而言，二者並無分別。「入酒肆」的行為在外觀察都是指進入酒肆之內，現象並無不同；不同之處在於有「立志」與「喪志」之分別，但是，觀察是「立志」或是「喪志」，則不是從外表判斷，而是從其人內在之意志、自悟之境界決定，完全建立於主體之內心世界，而非在於外顯行為。故此不能客觀地判斷進行「入酒肆」行為的人是最高境界或是最低境界。而且，如此可以給予最低境界的人一藉口，反說自身是在圓融無礙之至高境界，由此而掩飾一己之錯誤行為。故此，此些「險語」是不應隨便輕易說的；只能從悟者之圓融境界，才能說的。至於是悟還是不悟，只有其人自知，並非由客觀之外顯行為斷定。

八、不二法門

般若活智之妙用從「不捨不著」的圓融無礙境界顯示出來。般若活智之妙用乃建基於佛家的哲學前提：從緣起性空之法則作其內容，而非只具格式。

從緣起有相而言「非無」形相，從性空無體而言「非有」自性。建立於「非有非無」之析境，從而顯現無分別之不二之實相。有相而「非無」，此乃不捨之境界；無體而「非有」，此乃不著之境界。「不捨不著」便是非有非無之「不二法門」。故此，由「不捨不著」的方法論便可進入至高之「不二法門」。若單說「有」或單說「無」，此則是有分別，若既

「非有」亦「非無」，此則是無分別，無分別則是不二，「非有非無」乃是「不捨不著」之境界，由「不捨不著」之境界便能入「不二法門」了。

在〈入不二法門品〉，共三十一位大乘菩薩，各抒己見，表明如何入不二法門。各菩薩顯現「不二法門」的方法基本上是先將「二法門」陳述出來，然後再將「二法門」雙遣之，由此而成雙非之語，使之不落入任何一邊，來成就其入不二法門。

若以符號表達，各菩薩是先將X與－X之「二法門」對列出來，然後再表示「不二法門」是既非X、亦非－X，由此展露無分別之不二法門。若單說X，或單說－X，此則是有分別的境界，是為「二法門」。因為若肯定是X，則肯定不是－X；相反來說，若肯定是－X，則肯定不是X。如此則分別得清清楚楚，必定是落入其中一邊見，而排斥另一邊見，此便是由有分別之「二法門」而必然產生之偏執。

但是，若果是既非X，亦非－X，此表示既不肯定X，亦不肯定－X，如是只能留於不確定、不決定的狀態，故此而無偏於任何一邊見，此便是無分別，亦即「不二法門」了。

現舉例證如下：

(1)生、滅為二。法本不生不滅，是為入不二法門。【27】

(2)我、我所為二。若無我、無我所，是為入不二法門。【28】

(3)是動、是念為二。不動不念，是為入不二法門。【29】

(4)菩薩心、聲聞心為二。無菩薩心，無聲聞心，是為入不二法門。（同【29】）

(5)善、不善為二。若不起善、不起不善，是為入不二法門。（同【29】）

(6)盡、不盡為二。空則無有盡、無有不盡相，是為入不二法門。【30】

(7)我、無我為二。我尚不可得，非我何可得，……是為入不二法門。（同【30】）

(8)身、身滅。不起見身、不起見滅身，是為入不二法門。【31】

(9)闇與明為二。無闇無明，則無有二，……是為入不二法門。[32]

(10)正道、邪道為二。……不分別是邪是正，離此二者，是為入不二法門。（同[32]）

基本上來說，各菩薩其實已能把握如何入不二法門，故此從不同的內容將「二法門」雙重排遣，由此而雙重否定「生、滅」、「我、我所」、「動、念」、「菩薩心、聲聞心」、「善、不善」、「盡、不盡」、「我、無我」、「身、身滅」、「闇、明」、「正道、邪道」等一對對相對反之「二法門」，以入不二法門。他們基本上都是對的。

當維摩居士問文殊如何入不二法門，文殊則答「於一切無法無言無說，無示無識，離諸問答，是為入不二法門。」（同[32]）在此，文殊所說的境界已較以上各菩薩的境界高出一個層次。因為在無分別的境界，是不能用言語來描述「不二法門」。本來實相世界根本是沒有言說、沒有分別的。雖然文殊表面上亦是回答如何入不二法門，但是，文殊已指出不能用言說來說出不二法門，故此不同於三十一位菩薩之以具體內容、以個別的題目來回答如何入不二法門。

最後，文殊問維摩詰：「我等各自說已，仁者當何等是菩薩入不二法門！」結果維摩居士「默然無言」。[33]文殊是一個關鍵的角色，文殊的作用是承上接下，將下面的層次提昇到上面的層次來。維摩之默然無語是用行動表示不能用言說，若用二分的（dualistic）言說回答如何入不二法門，如此則會產生矛盾。

本來文殊已經高出其他菩薩一層，顯明實相的世界是無言無說、無分別、不能講的、不二的，故此，既然是無分別、不能言說，卻又為何還要說出來，既說了出來，則違反自己的前提，所以文殊亦犯了矛盾。

不過，話說回來，若無文殊的角色，一開始問及如何入不二法門，便由維摩居士默然不言，這樣做法，則沒有幾人能夠明白箇中道理。故此，必須是分成三個階段，代表三個層次：

(1) 各菩薩各抒己見，具體地言說如何入不二法門。

(2) 文殊言說不能以言說入不二法門。

(3) 維摩以默然無言來證立不能以言說入不二法門。

各菩薩以有分別的、有二的言說來說無二分的、不二的法門，故此產生矛盾，這是第一層。文殊明白各菩薩犯了矛盾，於是以言說說明不能以言說來入不二法門，他指出其他菩薩犯了矛盾，他是對的，可是他自身亦運用言說，結果自身亦犯了矛盾，這是第二層。最後由維摩貫徹文殊的不能言說來體證如何入不二法門，如此才不會互相矛盾，這是第三層，亦是最高的層次。

以默然無言來回答如何入不二法門，必須經過頭兩層才能推出。若一開始便以默然無言來回答，那麼，此與不會、不懂、不悟理而啞口無言有何分別呢？二者同是不回答！所以，一定是經過兩層之後，最後才來默然無言，加上文殊充當解話的角色，見維摩默然無言，即時歎曰：「善哉！善哉！乃至無有文字語言，是真入不二法門！（同【33】）」如此，才能對維摩居士之默然無言有層層辯證、著著昇進之內容意義以作支持，而不致以為維摩不懂事、不明理而啞口無言。

九、默然無言

在《維摩詰經》之中，默言不語者共有二人：一是維摩之默然無言，一是舍利弗之默然不答。二者之默然有否不同？若有，又如何不同？

維摩之默然是無執於言說而無言；舍利弗之默然則是有執之無言，他是執於無言。天女說「像（舍利弗）你如此年長得解脫，亦應是已很久了！【34】」舍利弗聽後卻是「默然不答」（同【34】）。在舍利弗的觀念中，「解脫者，無所言說；故吾於是不知所云。（同【34】）」舍利弗認為若是解脫，則不能再有所言說，所以不說。

可是，若細心分析舍利弗之觀點，便知其默然不答並非與維摩之境界相同。所謂「解脫」，是指不著落於任何邊見，不偏執於一見，此是不落二邊之境界，不縛於邊見之內，由邊見之束縛釋放出來，是為解脫。由此推論，對於言說來看，既不著於一定要說，亦不著於一定不說，不著落於任何一邊，是為無執，既可說，亦可不說，是為無執於言說了。故此舍利弗答曰：「解脫者，無所言說；故吾於是不知所云」而不說，此是自相矛盾的，因為既著於不知所云而不說，亦即是不能說，故此便不是解脫。

天女從舍利弗之回答，亦知其尚未解脫，所以天女說「言說文字，皆解脫相。所以者何？解脫者，不內、不外，不在兩間。文字亦不內、不外、不在兩間。是故舍利弗：無離文字說解脫也！所以者何？一切諸法，是解脫相！（同[34]）」天女清楚知道舍利弗著於不說，故此直接了當指出「言說文字，皆解脫相」，言說文字既亦具解脫相，故此不需執著一定不說，而可說而無執，無執而說，既可以說，當然亦可不說，說或不說都是解脫相，所以「無離文字說解脫也」，此乃無執於文字言說。其實不單是文字，面對一切諸法，若能同是不捨不著，不一定要X，亦不一定不要X，此即是將不捨不著文字而得解脫推廣而普遍化，最終推論而成「一切諸法，是解脫相」，成為全遍之結論。

最後，舍利弗言：「善哉！善哉！天女！汝何所得，以何為證，辯乃如是？」[35]從舍利弗之讚歎，便知他衷心折服於天女對他著於默然不答之批評，表明自己承認真是執著於「無所言說」而不能說。

總結來說，默然者其實是有三種可能性：

(1) 啞口無言

（因為不懂）

(2) 舍利弗之默然不答

（因為執著於不能言）

(3) 維摩詰之默然無言

（用以證立如何入不二法門）

十、不壞假名而說諸法實相

為何舍利弗之默然是執著？而維摩詰之默然則不是執著？

維摩詰之默然無言是在三十一位菩薩各抒如何入不二法門之情況下，進至文殊之言說不能說，才迫使維摩詰之以實際行動來證立文殊之境界。最後以文殊之讚歎維摩詰之默然乃「是真入不二法門」，至使當時「五千菩薩皆入不二法門」。[36]由此顯明維摩詰之默然是玲瓏通透之辯才無量之不言，而非執於不能言之有所執之境界。

在〈入不二法門品〉以外，維摩詰已說了不少不二法門，既能發揮般若妙用而以雙遣法蕩相遣執（參閱「第5節」），亦能運用「不捨不著法」（參閱「第6節」）而達「除病不除法」之圓融境界（參閱「第7節」）。故此維摩詰之默然無言絕非不懂理而啞口無言，亦非舍利弗之執於不能說之默然不答。

其實，若脫離各菩薩各抒如何入不二法門之情境，在其他環境再問維摩詰如何入不二法門，相信維摩詰亦可以運用言說來啟發眾生如何入不二法門，而不一定絕對默然無言，亦可說而無所說，以無所說為說，無說之說是為般若活說。既已是說，便不用執著於不說；雖已是說，卻亦是說而無說，無著於說。既已是說，此則不捨於說；說而無說，則是不著於說。如此便是圓融無礙，不捨不著言說，亦即「不壞假名而說諸法實相」：不用將言說假名毀壞，可即於言說假名而說諸法之實相。

十一、 小結

《維摩經》以「從無住本立一切法」顯明般若學之「當體即空」，將緣起性空之義從體性上之無本來確立。《維摩經》之「五住煩惱」與原始佛教之「十二因緣」有吻合之義，但「五住煩惱」之無住更能展現「人空」及「法空」，更由「析法空」進至「體法空」之深層意義。《維摩經》乃般若經之一，故亦發揮般若之妙用，單遣或雙遣一切法，最後圓融地以「除病不除法」而不捨不著一切法。不過最高境界之「除病不除法」與最低境界之「著病亦著法」，二者外貌上相同，只有內心自悟與否之不同，故此「除病不除法」之不捨不著語，全是險語，不能亦不應輕易說。將非有非無之不捨不著法應用於言說，便可入不二法門。三十一位菩薩著於言說，故此未能真入不二法門；舍利弗著於不說，故此未能真入解脫法門。唯有不捨不著言說，才能真入不二法門，故此可有維摩之默然無言，亦可有天女之不壞言說而得解脫。

註解

[1] 本文據姚秦三藏鳩摩羅什譯《維摩詰所說經》，見錄於《大正藏》，卷十四，頁537－557。「阿難言：『唯！我已受持要者。世尊！當何名斯經？』佛言：『阿難！是經名為《維摩詰所說》，亦名《不可思議解脫法門》，如是受持！」（〈囑累品〉，頁557中）

[2] 同[1]，〈觀眾生品〉，頁547中。

[3] 同[1]，〈文殊師利問疾品〉。

[4] 同[1]，〈佛國品〉，頁537下。

[5] 同[1]，〈方便品〉，頁539中。

[6] 同[1]，〈方便品〉，頁539上。

[7] 同[1]，〈弟子品〉，頁540上。

[8] 同[1]，〈方便品〉，「受諸異道，不毀正信。」頁539上。

[9] 同[1]，〈弟子品〉，「不捨道法而現凡夫事，是為宴坐。」頁539下。

[10] 同[1]，〈文殊師利問疾品〉，「維摩詰言：『諸佛國土，亦復皆空！又問：以何為空？答曰：以空空！』」頁544中、下。

[11] 同上，「得是平等，無有餘病，唯有空病，空病亦空。」頁545上。

[12]同[1]，〈觀眾生品〉，「是故舍利弗：無離文字說解脫也！所以者何？一切諸法，是解脫相！」頁548上。

[13]同[1]，〈佛國品〉，頁537下。

[14]同[1]，〈弟子品〉，頁540中。

[15]同[1]，〈弟子品〉，頁541上。

[16]同[1]，〈觀眾生品〉，頁548下。

[17]同[1]，〈見阿閦佛品〉，頁544下－555上。

[18]同[1]，〈文殊師利問疾品〉，頁545上。

[19]同[1]，〈佛道品〉，頁549上。

[20]同[1]，〈佛國品〉，頁538上。

[21]同[1]，〈方便品〉，頁539上。

[22]同[1]，〈弟子品〉，頁539下。

[23]同[1]，〈弟子品〉，頁540中。

[24]同[1]，〈文殊師利問疾品〉，頁545下。

[25]同[1]，〈佛道品〉，頁550中。

[26]同[1]，〈佛道品〉，頁550中。

[27]原文是：「諸仁者！生、滅為二。法本不生，今則無滅；得此無生法忍，是為入不二法門。」(見於〈入不二法門品〉，同[1]，頁550下)

[28]原文是：「我、我所為二。因有我故，便有我所；若無有我，則無我所，是為入不二法門。」(同[27])

[29]原文是：「是動、是念為二。不動則無念，無念即無分別，通達此者，是為入不二法門。」(見於〈入不二法門品〉，頁550下)

[30]原文是：「盡、不盡為二。法若究竟，盡若不盡，皆是無盡相；無盡相即是空，空則無有盡不盡相，如是入者，是為入不二法門。」(同上，頁551上)

[31]原文是：「身、身滅為二。身即是身滅。所以者何？見身實相者，不起見身及見滅身；身與滅身，無二無分別，於其中不驚不懼者，是為入不二法門。」(同上，頁551中)

[32]同上，頁551下。

[33]同[1]，頁551下。

[34] 原文是：「耆年解脫，亦何如久？」(同[1]，〈觀眾生品〉，頁548上)

[35] 同[1]，頁548上。

[36]「說是〈入不二法門品〉時，於此眾中五千菩薩，皆入不二法門，得無生法忍。」(同[1]，〈入不二法門品〉，頁551下)

王弼、向、郭之「自然道德論」

吳　明

引 言

「聖人貴名教，老莊明自然，其旨同異？」晉人此問，貫穿一部魏晉玄學，而自然與名教（自由與道德）之統一問題，既是中國哲學之最高課題，亦是人類理性業績之終極關懷和「實踐的智慧學」之永恆思考。

本文分上下篇，分別闡釋王弼及向、郭二家自然與名教之論。王弼近老學，「崇自然之道以統名教之德」；向、郭說莊學，主「自然任獨即道德名教」。本文通過疏釋「老注」「莊注」原典，抉發玄義，觀其旨向，並與儒、道及德國理想主義、存在主義思想比較，而知魏晉玄學有一特殊的姿態和地位。它確有一種融通的要求及由此要求而來的圓教式的思維，雖其圓教之「圓」只是「縱貫而橫講」（牟先生語）、詭辭為用、「虛繫無礙」之「虛圓」。而王弼郭象們即就此虛圓會通孔老，講自然與名教之統一，講道德自覺與超道德自覺之冥合。自為與自在、有向與無向、應是與所是、道與德、理與分，一皆在此非分別說中虛繫無礙，而有一境界義之圓成，而同時即在形式上啟動了吾人透視儒家天道性命徹上徹下、內外貫通如一之實理實事之實圓境。

上篇　王弼「崇自然之道以統名教之德」論

第一節　「聖人體無」

王弼，字輔嗣，魏晉玄學之大宗，其學向稱「貴無」（近人湯用彤氏又或以釋氏「本無」家所自），而其用心，正可曰「會通孔老」。「晉書．王衍傳」記述：

> 「魏正始中，何晏王弼祖述老莊，立論以為天地萬物皆以無為本。無也者，開物成務，無往而不存者也。陰陽恃以化生，萬物恃以

成形，賢者恃以成德，不肖恃以免身。故無之為用，無爵而貴矣。」

「魏志」卷廿八「鍾會傳」注引何劭「王弼傳」記：

「(裴徽）問弼曰：夫無者，誠萬物之所資也，然聖人莫肯致言，而老子申之無已者何？弼曰：聖人體無，無又不可以訓，故不說也。老子是有者也，故恆言其所不足。」

「以無為本」源出「老子」：「無名天地之始，有名萬物之母。」本是道家理穴，而謂「聖人體無」「老子是有」，這顯然是新說，其用心即在會通孔老也。「晉書・阮瞻傳」載：

「(王）戎問曰：聖人貴名教，老莊明自然；其旨同異？瞻曰：將無同。」(同一故事復載於「世說新語」，唯答語者改為阮宣子〔修〕)

「將無同」，陳寅恪先生說即是「同」，「將」、「無」都是助詞。「同」即名教之本與自然同。一般則解「將無同」為：將「無」同。「名教」以「無」而玄同於「自然」也。而王弼說「聖人體無」「老子是有」，亦是以「無」「有」會通孔老，期統一名教與自然也。其以道家義之「無」為本，而以儒家的聖人體無，以道家的老子是有，極見用心。體無者亦「無有」亦「無無」也，故聖人莫肯致言；是有者「無有」但「有無」也，故老子申之無已。道德經：「天下萬物生於有，有生於無。」「無名天地之始，有名萬物之母。」都是「無有」而「有無」，因有「無相」故。到「人法地，地法天，天法道，道法自然。」始證亦「無有」亦「無無」。「無無」即「道法自然」一體平鋪，歸於如如。「自然」即「無」(無「無相」之「無」，勝義無)。此無「無相」之「無」既稱「自然」即表示其亦是一種「妙有」，此是「無限的有」，此「無限的有」以「常無欲以觀其妙」之「無限的妙用」來規定（即無規定)。此「無限的有」是因着無去了那一切「有」「無」、「是」「不是」、「應」「不應」、「必」「不必」之虛妄分別之沾戀膠着而遮顯出來的，故「無」即「無而能有，有而能無」而「自然」──自在、自爾、自得、自為、自由、自成、自生、自化、自存（以至自命、自律）。聖人體「無」即體這「無限的妙用」亦即無規定的「無限的有」。道家即以此「無限的有」之「無」為本。以「無限的妙用所規定的無限的有──「無」為本，這當然是將一境界義之「無」視作存在義之「無」以之為本。（因嚴格說來不能說「存在義之『無』」）。故「以無為本」只表示只遮顯出一「無限的妙用」之「無限的有」──「全有」之境界。王弼注老子「天下萬物生於有，有生於無。」（四十章）曰：

「天下之物，皆以有為生，有之所始，以無為本。將欲全有，必反於無也。」

即以「全有」（「無限的妙用」所規定的「無限的有」）解「無」，此「全有」之境界只能是「萬物靜觀皆自得」、「有而能無、無而能有」「有無通而為一」之境界；此即以一靜觀的態度，使萬物從「所是」「所不是」、「所應」「所不應」、「所有」「所無」、「所必」「所不必」中解放出來而還復為「在其自己之存在」──「自在」。萬物各歸於自在，一體平鋪，無凸出、無方向，當然亦無價值之分位之等，無棄無揚，故曰「全有」。這「全有」顯然是消極義之「全有」，是由主體之「致虛極、守靜篤」止息主體方面（無論知、情、意）之一切意義建構與訴求，萬物得以不被置定或決定於一人為之意義網絡中而有是有不是，有應有不應，有必有不必，有有有無，而主客亦因此得以不互為「依待之存有」（dependent being），而為「歸根復命」之「自存」（非依存）。此老子所言「萬物並作，吾以觀復。夫物芸芸，各復歸其根。歸根曰靜，是謂復命。」之義也。

因此，說「以無為本」，說「無限的妙用」、「無限的有」、「全有」，似是一種宇宙論的，或存有論的肯斷，其實還是工夫論的一種「主觀否定之展示」，而非「客觀肯斷」。這種詭辭表面上似是用作負責「是什麼？」、「為什麼？」的，如云「無」表面上似是「邏輯的否定」，或對「經驗之為有」之否定，或如經驗主義通過對經驗的分析而對「本體之有」及「因果性之有」之否定，其實都不是。如上所述，道家云「無」，恰是無所否定亦無所肯定，而反是要否定這種「有肯定」「有否定」之「有」。道家知道，這種以分解的方式為存在尋找存在性之尋找本身即是非存在的，並總是使我們失去存在。故道家之「無」根本不許特殊化，這「無」正要「無去一切特殊決定（special determination）」，「無去」我們永無休止的「是什麼？」「為什麼？」，停止我們向「是什麼？」「為什麼？」而趨。因為道家的終極關懷，並不是這個世界存在之根源性的說明，亦不是道德的「應當」，而是：「自由如何可能」之「如何」。

「自由如何而可能？」王弼曰：若「無」則可能。「是以聖人之於天下歙歙焉，心無所主也。為天下渾心焉，意無所適莫也。」[1]此道家之本旨也。今王弼說儒家的聖人體無，而道家的老子是有，明是為了會通孔老，然就儒家性理與道家玄理比觀，王弼此說亦甚為諦當。儒家由性分之不容已上透天心，徹上徹下，內外貫通，仁心同流遍潤，正是要變化轉移一切「定性的有」、「依待的有」而為「自在自為的有」、「絕對的有」、「目的的有」，這是「全有」的積極義。故聖人體無是第二序的體，通過「無」無去「定性的有」，使自由成為可能。但儒家的自由亦有消極積極二義，消極義之自由即解除繫縛、無待、自在；積極義之自由為自命自律、自主、實現道德價值。消極義的自由亦使積極義的自由總是可能。「聖人貴名教，老莊明自然」，儒家以積極義的自由為首出，而未嘗不肯定消極義的自由；道家則以消極義之自由為首出，此牟先生稱為「縱貫橫講」。王弼今說「聖人體無」，是則名教與自然在聖人人格中得具體的統一。但這統一在王弼而言是化名教為無名無教：

「夫名所名者，於善有所章而惠有所存，善惡相須而名形焉。若夫……則天成化，道同自然，不私其子而君其臣，凶者自罰，善者自功；功成而不立其譽，罰加而不任其刑。百姓日用而不知其所以然，夫又何可名也！」[2]

「（聖人）居無為之事，行不言之教；不以刑立物，故功成事遂而百姓不知其所以然也。」[3]

「聖人不立刑名以檢於物，不造進向以殊棄不肖，輔萬物之自然而不為始，故曰無棄人也。」[4]

「以無為為居，以不言為教於物。」[5]

王弼貴無，故名教須化為無名無教，以至「聖人」之名亦可無去：「不曰聖人者，聖人體無，不可以人名而名。」[6] 由是可見王弼一如老子是有者也，有無也，有無名也，有無為也，有絕聖棄智也。有不為始也。故申之無已，恆言其所不足。儒家則本其普遍意志，性分之不容已，有所為有所不為，有而能無，無而能有；有名教，有不言之教，有向亦可無向，而為一實現的無限；此實現的無限既可縱貫縱講，因其為實現之理；亦可縱貫縱橫講，因其即是「無限的有」。故聖人體無，是作用層的保存實現的無限，即使「實現的無限」與「無限的有」合一。而「無限的有」若無「創造的無限」、「實現的無限」之實體實理予以存在上的立體直貫與意義的照明，這「無限的有」亦可轉為昏暗的無限。

第二節　無以全有：玄鑑的自由

王弼「以無為本」，又說「聖人體無」以會通孔老，而孔老「其旨同異」要在「聖人貴名教，而老莊明自然」，名教與自然，在王弼思想中其關係當為：自然即無即本即體，名教為有即末即用。但王弼之體用觀非斷為二截者，而是體不遺用，用不離體，體用不一不二。[7] 王弼雖不能證名教之「有」之實理實事之必然性，王弼卻能本其早熟之玄慧盛發其以形式詞語「無」「有」構成之體用觀中由辯證推理所展示之「有」之必然性。

王弼貴無崇本，但自其體用如一之玄智之立場，而說「貴無必即於有，崇本不離舉末」，則王弼必稱同唱。其注「老子」三十八章即曰：

「用夫無名，故名以篤焉；用夫無形，故形以成焉。守母以存其子，崇本以舉其末，則形名俱有而邪不生，大美配天而華不作。」

「無」既非邏輯否定之無，亦非與「有」相對之虛無，「無」是無去一切特殊之決定（包括「無」），無去人之有限性以及由此有限性所「加」給這本然自然世界的人為的一切，包括：「是甚麼」、「為甚麼」、「應甚麼」、「必甚麼」、前因後果，是非得失，善惡美醜。無去一切人為造作，萬物自是其所是，自在其所在，自名其名，自形其形，「則形名俱有而邪不生」，名形因此不由人之特殊性而陷入互相否定以至引生罪惡，故用夫無名，名名無礙而自篤；用夫無形，形形無礙而自成。這是無目的的美的自由王國，故曰「大美配天而華不作」。「華」仍落於特殊（有限）之美，亦即不美，莊子「沉魚落雁」所喻者。「大美」乃「絕對之美」，即全德，即「全有」。此「無」之大用也。故何晏亦道：「無之為用，無爵而貴。」[8]

「無」既無去吾人之人為造作妄執意見，止息一切浮動凸出不容已，心如虛極靜篤之靈台，映照萬有如如。此則萬有如由此「無」而有，如子之由母生，末之由本出。故曰：「守母以存其子，崇本以舉其末。」亦老子首章「常無欲以觀其妙，常有欲以觀其徼」之所言。但倒過來說，若無萬有之在與可照，亦即謂此「致虛極、守靜篤」之靈台明鏡之無限智心無所可照，此則是「無限智心」之自我否定，則只為一寂滅之死體。故王弼在「貴無」、「崇本息末」的同時，又盛言「道不違自然，乃得其性。法自然者，在方而法方，在圓而法圓，於自然無所違也。」「夫無，不可以無明，必因於有。故常於有物之極而必明其所由之宗也。」[9]

常於有物之極明其所由之宗，以明「無」，此「無」似是一宇宙論意義之實體。但自萬物言，萬物只能以「有」為存在的邏輯根據，不能以「無」為邏輯的根據。順萬物之有的串系而溯，總是有限的有，不能有「無限的有」——「無」，故無論黑格爾說「由有到無」之「有」——「純有」，或道家之「無限的有」之「無」，皆只是超越的推知（置定）。而道家言「無」，似亦是沿有而溯，「於有物之極而必明其所由之宗」而有之「異質的跳躍」之超越的置定。但吾人已知，道家之「無」其實是一冲虛之境界，此冲虛之境界乃由主體之泯感歸寂，而寂照同時，所開顯者。此開顯即遮顯，因道家以「無」、「一」、「本」等形式詞語所稱之「道體」，其內容特性即只是「道法自然」一語所盡。而「道法自然」無異謂「道體」本身並無任何特殊之內容特性，只須回到「有」(「有」之在其自己)，「在方而法方，在圓而法圓，於自然無所違」。故「道法自然」之為「道體」之內容特性，實即以「自然無為」無去一切內容特性，遮去一切內容特性之限定，以顯道體之「無限的有」、「無限的妙用」。此「無限的有」「無限的妙用」唯由遮撥一切「特定的有」，「特定的用」而顯，所顯者唯一敞開的無所決定的當下。既謂無界限、無決定、無方向、無分別之當下，故「有」即「無」，即「玄」，即「道」、即「一」、即「本」。故說道家以無有、靜動、一多、本末、樸器為言辭所開顯的形式特性即足以盡其道體之全蘊。王弼謂「萬物萬形，其歸一也；何由致一？由於無也。」[10]由「無」以歸「一」，實即無歸，因「一」即是「無」。「由無歸一」即回到「自然」、回到「當下」，回到「當下之有」，回到當下「無限的有」。萬物「以無為本」(歸一)，實同於說萬物「無本」、「無體」，「萬物之在其自己」即本即體，不再另有所本所體，亦不再另有甚麼目的性作為其存在之理。萬物之在之在其自己即是目的。或說：萬物以無目的的自在為目的，離此無目的的自在，再無可稱為萬物之目的者。對於此當前之萬物萬形，吾人只以純粹直觀與之相遇，而無所排拒、無所執持、無所沾戀，一往只是當下之宛轉曲盡。而下一剎那，亦如是。「如果人能不理會事物的何地、何時、何故，以及何自來(where, when, why, whence)，而祇擬神觀照『如是』(what)本身，如果他能不讓抽象的思考和理智概念盤踞他的意識，而全神貫注於所覺物象上，把自己沒入於所覺物(觀照)中，讓全部意識中祇有對於景物、樹林、山嶽、房屋之類眼前事物的恬靜觀照，使自己失落在觀照中，處於無我、無意志狀態，而為『純粹主體』(pure subject) 即『鏡心』，……如果事物和它本身以外的一切關係絕緣（案：意即事物除其之如其所是外，一切直觀以外之它物或人為所加諸事物身上之「構想之有」如因果關係、充足理由律，皆排除無去，事物從關係網中解放，而為獨體之如其所是。）而同時自我亦與自己的意志絕緣，那末，所覺物便非復某物而是『意象』或亙古常存的實相，……而沉沒於其中者亦不復是某人（因他已把他自己失落在這所覺物中），而是一無意志、無感，以至無時間的純粹智的主體 (pure subject of knowledge)。」[11] 叔本華說的這種「無意志狀態」、「失神狀態」、「沒入意象」，其實即道家的「坐忘」、「嗒然若喪」、「物化」，而都不外要求我們不要要求，回到「當下的有」，而「當下的有」即是「無」即是「玄」。「玄之又玄，眾妙之門」。此道家玄旨，王弼固深領之，而花爛映發，暢言無礙。「聖人體無」，正宜於「貴名教」；「老子是有」，亦適足「明自然」。以「無」「有」這對範疇（形式詞）會通孔老，亦不必定說老莊是「無」是「本」，孔聖是「有」是「迹」；王弼即不這般說。因儒家確有縱有橫，而道家合縱橫而為一。其中分際，須具體討論。故王弼云：「何以盡德？以無為用，以無為用，則莫不載也。」此「莫不載」透露了「以無為本」、「無以為用」之無用所載的「繁興大用」，這「繁興大用」亦只是「繁興大用因否定與否定之否定而無限可能」之永遠敞開的「無限的有」。這由「無」所遮顯的永遠敞開的「有」，因不若儒家真有一性分之不容已之道德主體為之作決定作主宰，故只是一永不封閉的冲虛自由境界，或說主觀的自由境界。這是自由的主觀實現。是主體通過絕聖棄智、絕仁去義，無「知」、無「情」、無「意」，即主體自我空無，無所立法、無思、無感、無主體，赤條條來去無牽掛的自由。其「無而能有，有而能無」是繫於寂照義的，非繫於寂感義的，更非創造義的，故由「無」所遮顯的永遠敞開的「有」只是一無限可能性。儒家則要求實現人當下皆應實踐之那唯一的可能，而人當下所應實踐之那唯一的可能之內容，除了人當下之抉擇外，不能有任何外在的規定和限制，一有規定和限制，即不是自由的因而不是道德的。如是，由「無」所遮顯的敞開的無限的可能的「有」，使那唯一的可能總是可能，而衝破一切「已有」的限制或規定，無論物質的或精神的，而可能了（持載、成全了）任一的唯一可能，而創造不息，各盡其性，各正性命，而萬物之「自然而成」則在吾人之實現那必定要求實現的唯一可能中，顯現一存在之理，而得為必然的而非偶然的存在。故儒家是亦遮亦表，遮以全表，是真正的體無以至全有。而道家的「縱貫橫講」的作用之「無」可被吸收於儒家之「縱貫縱講」的天道性命之義理系統中而得盡其遮顯以持載守護之作用，而儒道可有一真實之會通。

黑格爾謂：「自由意志是真正無限，因為它不僅是可能性和素質（案指現實意志），相反，它的外在的定在（案指「法」，或曰「名教」，或那「唯一的可能」。）就是它的內在性，就是自由本身。」「在自由意志中真正無限的東西具有現實性和現在性。」[12]自由不僅是抉擇之無限可能性，而是可能性與現實性必然性之統一，亦即可能性與可能性之否定之統一。自由正是在對限制之否定同時對自由之否定中不斷顯明自己的，正如儒家的仁正是在對不仁之否定並對仁之否定中不斷顯明自己。作用層的「無」之遮，正為透出那絕對的創造實體之絕對無限。道家即於此作用層之「無」而立說並極成之為縱貫橫講之系統，對那絕對的創造實體，道家不作積極的肯定，亦不作積極的否定，而只是以作用層之「無」來揭示「自由意志之無限」與「外在的定在（現實性與現在性）」之衝突以期超越之。而在進一步之討論中，這種超越表現為即現實性與現在性而體會自由體會無限，以至要求通過現實性與現在性來體會自由無限，如王弼言「夫無，不可以無明，必因於有。故常於有物之極而必明其所由之宗（案指「無」）也」。然王弼既以「無」為宗，可知其所企者確是道家寂照義之自由無限，即以當下之無對——即不對現實性與現在性作任何決定——而來之「萬物靜觀皆自得」之自由無限。此非佛家緣起義之即空即假即中之自由無限，亦非黑格爾懸為整體之歷史之目的而作辯證的展現之自由無限，亦非儒家性分之不容已之道德創造義之自由無限。既對當下的現實與現在無任何決定，則無應無不應，無實無不實，無必無不必，自然與名教之衝突亦依此方式以不了了之。

第三節　樸散而有名教，復使歸一

老子二十八章：「樸散則為器，聖人用之，則為官長。」王弼注曰：

「樸，真也，真散則百行出，殊類生，若器也。聖人因其分散，故為之立官長，以善為師，不善為資，移風易俗，復使歸一也。」

「樸」，渾同之一也，黑格爾所謂「原始和諧」，即無名、無類、無行、無器之時也，亦無價值分位之等，無善無不善，聖人亦無所用場，當然亦沒有名教。一體平鋪，無凸出、無破裂、無方向、無一可能。此未嘗不是一義上之「真」，若「真」指上所說之一切，若「真」指不人為，不偽。及至樸散，黎明的光使彼此分別，渾同的一破裂，而為二，為三，三生萬物，百行殊類，若器之散置無章也。此言就破裂後的自然存在而言，本亦無秩序無分位之等之價值意義可言，價值秩序生於聖人之「偽」。聖人因其分散，故為之立尊卑分貴賤，當然聖人所取的標準是道德的，而非物量的、氣力的。故曰「以善為師，不善為資，移風易俗，復使歸一也」。聖人代表天命，代表普遍意志，是人間分位之等之價值秩序之「作者」（作者之謂聖」），王弼沿襲漢人「天縱之聖」之說，以「名教」直接出自聖人。但王弼不取漢人以氣化的宇宙秩序為文化秩序、價值秩序之本之說，亦非儒家本義之依性分之不容己，徹上徹下，價值秩序與宇宙秩序貫通而為一之說；此二說皆對名教有根源之說明，或為必然不可移者。王弼只視名教之有，為聖人「因其（樸）分散」而權宜應迹，「復使歸一」，而有之一步「否定性的環節」。此步「否定性環節」

並無理上之必然性，因道家無真實之仁體貫注以為實體實理之立體之骨幹故。故「名教」之有，在王弼只能理解為形式詞語之「有」，以與「無」構成玄學的體用。以「體不離用，即用見體」見其必然性。這是主觀的、境界的必然性，非儒家「見父自然知孝，見兄自然知弟」之「具體的普遍性」之必然性，亦非康德說「理性底事實」之必然性，亦非黑格爾「凡是合理的都是現實的，凡是現實的都是合理的」之「歷史的必然性」。

老子道德經三十八章：「上德不德，是以有德，下德不失德，是以無德。上德無為而無以為，下德為之而有以為。上仁為之而無以為，上義為之而有以為。上禮為之而莫之應，則攘臂而扔之。故失道而後德，失德而後仁，失仁而後義，失義而後禮。夫禮者，忠信之薄而亂之首。前識者，道之華而愚之始。是以大丈夫處其厚不居其薄；處其實不居其華。故去彼取此。」王弼於此章有千餘言之長篇注文，現摘要觀其有關自然與名教之「失道而後德，失德而後仁，失仁而後義，失義而後禮」方面的思想亦即視名教為樸散而後有，「復使歸一」之道德過渡論。

> 「德者，得也。常得而無喪，利而無害，故以德為名焉。何以得德？由乎道也。何以盡德？以無為用。以無為用，則莫不載也。故「物」無焉（「物」字衍），則無物不經；有焉，則不足以免其生。是以天地雖廣，以無為心；聖王雖大，以虛為主。故曰：以復而視，則天地之心見。」（老子三十八章注）

案：仁、義、禮，所謂「名教」，自道家而言，乃道失德喪而後有，有而不無，則為「薄」、「亂」、「華」、「愚」之始，而難免累其生（身）。如何能翻上來歸真反樸，曰：罷禮去義絕仁而名教歸於無；「何以得德？由乎道也。何以盡德？以無為用。」這即所謂「崇本息末」。「以無為用，則莫不載也！」這令人想起祁克果的「以無為用，投向存有」，但不同的是：祁克果要「投向存有」，而道家王弼卻要絕投棄向；祁克果的「存有」是上帝，王弼是「莫不載」的當下如如，即「無」。

「是以天地雖廣，以無為心；聖王雖大，以虛為主。故曰：以復而視，則天地之心見。」此句可復按其注廿八章「大制不割」：「大制者，以天下之心為心，故無割也。」天地以「無」為心，又以「天下之心」為心，是則天地聖王其實無心，無心即自然即道即大制不割。王弼復於注易復卦彖「復其見天地之心」曰：「復者，反本之謂也。天地以本為心者也。……然則天地雖大，富有萬物，雷動風行，運化萬變，寂然至無，是其本矣，故動息地中，乃天地之心見也。若其以有為心則異類未獲具存矣。」仍以「無」為天地之心，以「寂然至無」解易復卦之「一陽來復」，此王弼之所以曰「聖人體無」也，而儒家乾元之健動不息之創造義則隱然不見矣。儒家之「乾元」是「有」，但不是「有限的有（有特殊內容為規定）」而是「無限的有（無特殊內容為規定）」，故平舖地、「縱貫而橫講」地亦可說是「無」，如道家、如王弼。但儒家總是縱貫縱講，講創造、講實現、講因果，而乾元總是「因」而不居於「果」，即創造不被自己的創造所決定而能創造不息。此「無限創造」之「有」乃儒家第一序之「體」，亦名「乾元」，或曰「性體」、「天心」、「神體」、「天道」。此儒家第一序之創造實體之「有」固非王弼所能領會，故一及「有」即要反本歸無，否則便謂「若其（天地）以有為心則異類未獲具存矣」。若採橫觀的「有」義，有所有必有所無，以「有」（即特殊之內容之膠着）為心自難免異類未獲具存，故道家喜言「天地不仁以萬物為芻狗，聖人不仁以百姓為芻狗」。自橫觀之說法，有仁即必有不仁，不若「不仁」故「無棄人」。此王弼們未解儒家縱貫的言「仁」、「乾元」，固有仁亦可全仁而不必有不仁。雖曰聖人臨終亦不免嘆氣，天地雖大人生終有憾，但既廓然無私，盡性盡分，則與天地合德，凡一善念善行，必走向存在並永遠存在而彌綸六合，而仁必全仁，憾亦無憾，有憾到不免有私矣。自此無私無為無憾無心言，寂照無向，一體平舖，儒道同證。唯儒家無向而有向，寂然不動，感而遂通天下則不能無憂，則不能不替天下作主。道家即以此不能無憂為憂，替天下作主即使天下不能自主。

故王弼曰：

> 「是以上德之人，唯道是用，不德其德，無執無用，故能有德而無不為。不求而得，不為而成，故雖有德而無德名也。」(同上)

案：所謂上德，即無執無用，不求不為，忘憂天下，不為天下作主，故天下自主自求自為自憂自得自成，自相治理。以無為故無不為，以不德故能有德，以無德名故曰上德。

> 「下德求而得之，為而成之，則立善以治物，故德名有焉。求而得之，必有失焉；為而成之，必有敗焉。善名生，則有不善應焉。故下德為之而「無」(原作「有」，據下句改。)以為也。無以為者，無所偏為也。凡不能無為而為之者，皆下德也，仁義禮節是也。」(同上)

案：上德是「無為而無以為」(老子經文)，下德是「為之而無以為」[13]，此「明德之上下，輒舉下德以對上德」之語。上德無為而無以為者，不捨本母也，守道抱樸也。下德為之而無以為者，雖無所偏為而猶為之焉，是則有為為之，不能無為為之，是捨本棄母，雖無所偏為，功雖大焉而必有不濟，善名雖美，偽亦必生。此名教是也，仁義禮節是也！皆下德也！故曰：

> 「極下德之量，上仁是也。足及於無以為（無所偏為）而猶為之焉，為之而無以為。故有為為之，患矣！本在無為，母在無名。棄本捨母，而適其子；功雖大焉，必有不濟；名雖美焉，偽亦必生。……夫大之極也，其唯道乎！自此已往，豈足尊哉？故雖盛業大富而有萬物，猶各得其德（案指下德）；雖貴以無為用（案指「足及於無以為——無所偏為——而猶為之」)，不能「舍」(原作「捨」，於意不通，當為「舍」，居常也）無以為體也；不能「舍」(原作「捨」，亦改）無以為體，則失其為大矣！所謂失道而後德也。」(老子三十八章注)

案：此段注文甚顯王弼崇本息末之貴無意向。雖貴以無為用，猶有為，不若無為。有為則有得、有成、有名，有得則有失，有成則有敗，有名則有偽；故有為為之，患矣！一波未平，一波又起，不能舍無以為體之故也。本在無為，母在無名，宜乎無為無名，止於寂照，無一可得，無一可得故不失道一。

「以無為用，德其母，故能己不勞焉而物無不理（案「物無不理」即「物無不自理」）。下此已往，則失用之母；不能無為，而貴博施（案指「仁」）；不能博施，而貴正直（案指「義」）；不能正直，而貴飾敬（案指「禮」）。所謂失德而後仁，失仁而後義，失義而後禮也。夫禮也所始，首於忠信不篤，通簡不暢（案原作「陽」，據「道藏集注」本改），責備於表，機微爭制。夫仁義發於內，為之猶偽，況務外飾而可久乎？故夫禮者，忠信之薄而亂之首也。」（同上）

案：「夫仁義發於內，為之猶偽，況務外飾而可久乎？」此言甚美，近乎孟子仁義內在之說也。康德謂一行為之有道德價值，必須符合三命題：一、「必須是從義務而作成」（無條件）；二、只基於「決意之原則」（無功利）；三、基於「對道德法則之尊敬」（非性好）【14】。康德之說既有孟子（仁義內在）又有荀子（化性起偽），而介乎於孟荀之間。王弼則只從「自然」（自為）義理解仁義內在說，而對道德法則之普遍性、必然性、命令性，並不及領會。此道德法則之普遍性、必然性、命令性，正是一切政法禮教之超越基礎。當然，道德法則之普遍性、必然性、命令性必須是具體的普遍性、自由的必然性、自悅的命令性，如孟子所盛言者。此則政法禮教根於「仁義內在」，而「仁義內在」必要求客觀化為政法禮教。此黑格爾首先得承認康德之把善理解為內在自發之一種「不斷的應然」，而與實然已然的世界推開一定距離，而存在着不斷的緊張，不斷的要求應然與實然之統一；統一一旦發生，新的應然、未然亦隨即發生，而為一向絕對無限的自由之進程。此康德之貢獻也。黑格爾則進言此不斷的應然、未然與實然、已然之距離與緊張，須有一現實性與現在性之安排，並客觀化，即所謂「道德向倫理的過渡」。儒家言「聖人盡倫，王者盡制」、「內聖外王」，亦此意也。是則仁義禮節名教之有，有其必然性，此必然或可稱為「自由底歷史的必然」，即同時是「道德的必然」，是「被實現了的自由」。而非如王弼所言：「不能無為，而貴博施(「失德而後仁」)；不能博施，而貴正直(「失仁而後義」)；不能正直，而貴飾敬(「失義而後禮」)。」依老子王弼言，名教之有，原無必然性，無非「樸散則為器，聖人用之，則為官長。」(老子)「樸，真也，真散則百行出，殊類生，若器也。聖人因其分散，故為之立官長，以善為師，不善為資，移風易俗，復歸於一也。」(王弼注)此道家式之「失樂園」和「復樂園」。聖人拯弊，立名分以為教，此時，名即代表一「應然而未然」，亦即應然與實然之非一，故以名為教，使復歸於一，並以「復歸於一」為「知止」；此老子曰：「始制有名，名亦既有，夫亦將知止，知止所以不殆。」王弼注：「始制，謂樸散始為官長之時也。始制官長，不可不立名分以定尊卑，故始制有名也。過始以往，將爭錐刀之末。故曰：名亦既有，夫亦將知止也。遂任名以號物，則失治之母也。故知止所以不殆也。」知止即復歸於自然性分，即以名為教使復歸於無名。如以孝為教，孝則為一應然而未然，若盡孝，則應然與實然合一，則歸於無孝(無孝名)。此即以「為之而無以為」(下德)知止而復歸於「無為而無以為」(上德)，而返於道。故曰「為道日損，損之又損，以至於無為」。若不能知止，而有為為之，當應然與實然合一，不能歸於「無」，而餘善名，則將爭錐刀之末，所謂「天下皆知美之為美，斯惡已；皆知善之為善，斯不善已。」孟子謂「君子所性雖大行不加焉……分定故也」，亦是知止，止於所性分定，故亦無所為而為之。以無為用，實現所性。「有之以為利，無之以為用。」(老子)「有之所以為利，皆賴無以為用也。」(王弼注)名教之「有」，原以實現人之所性分定為目的，人之所性原無限，亦因此，依辯證法，而有限，即予「不斷的應然」以現實性與現在性。故名教之名，即德目，可視為一「合目的性的有限目的」；而作用層之「無」，即擔當化除無去這「有限目的」之「有」。「有限目的」一旦成為「有」，「有限目的」即互相否定以至自相否定。故須「賴無以為用」無去「有限目的」之「有」，以使「一切目的」之「有」為可能，亦即不斷無去對應然之已有之現實性與現在性之規定；亦正因此，自然宇宙對自由意志總是呈現非決定性，而應然總是可能取得某一現實性與現在性，則應然可隨時與實然結合而為已然，亦可隨時與實然保持距離而為未然。此「無之以為用」之大用。自此「有之所以為利（如名教之予應然以現實性與現在性而要求實現一一具體的道德價值如忠孝），皆賴無以為用也」而言，「無」可視為一作用層之中介（手段）。但正如黑格爾所言：「手段是一個比外在的合目的性的有限目的更高的東西。」則此作用層之「無」，即可翻上來而為本為母矣！王弼此段長注之末段盛發此義。

第四節　「正復為奇，善復為妖」：道德的罪與罰及其超越

「苟得其為功之母，則萬物作焉而不辭也，萬事存焉而不勞也。用不以形，御不以名，故仁義可顯，禮敬可彰也。夫載之以大道，鎮之以無名，則物無所尚，志無所容，各任其貞（真），事用其誠，則仁德厚焉，行義（誼）正焉，禮敬清焉。棄其所載，捨其所生，用其成形，役其聰明，仁則『失』誠焉（「失」字據「道藏集注」本補加），義其競焉，禮其爭焉。故仁德之厚，非用仁之所能也；行義（誼）之正，非用義之所成也；禮敬之清，非用禮之所濟也。載之以道，統之以母，故顯之而無所尚，彰之而無所競，用夫無名，故名以篤焉；用夫無形，故形以成焉。守母以存其子，崇本以舉其末，則形名俱有而邪不生，大美配天而華不作。故母不可遠，本不可失。仁義，母之所生，非可以為母；形器，匠之所成，非可以為匠也。捨其母而用其子，棄其本而適其

末，名則有所分，形則有所止，雖極其大，必有不周；雖盛其美，必有患憂。功在為之，豈足處也。」

案：此老子三十八章王弼長篇注文之末段。除重申其「貴無」思想及「崇本舉末」論外，復言「用仁」、「用義」、「用禮」之恰不能達至「仁」、「義」、「禮」之問題。此問題又可引生另一問題，即：一現實之行為如何可能是道德的？（一行為之道德價值如何理解？）凡現實之行為（包括道德行為）不能無名（無分）無形（無迹），「夫名所名者，於善有所章而惠有所存，善惡相須而名分形焉。」（王弼「論語釋疑」）[15]「有此名，必有此形，有此形，必有其分。仁不得謂之聖，智不得謂之仁。則各有其實矣。」（王弼「老子指略」）而一道德行為恰恰是必本其性分之不容己而有向有為有名有迹者，亦必與此行為者之存在之條件及諸關係（亦即其他之名分理分及形迹）相對以至破裂。故一道德行為既是基於一決意，即表示此行為者是有限的並且以他的決意使他成為道德者和「有限者」。如黑格爾所云「簡單的行為也是一個具有多種關係的現實。」「倫理行為本身就是具有罪行的環節。」「只有不行動才無過失，就像一塊石頭那樣。」

海德格在「存在與時間」一書中更藉此盛張自由即須抉擇與承擔之義：人除非逃入「常人」、「眾人」、無個性者、「中性者」或「無此人」中，成為「喪失在偶然地擁擠着的各種可能性的情況中」者，否則，他即須作為一「面對其生存狀態上的諸可能性的自由存在。但自由僅在於選擇一種可能性。這就是說，在於承擔未選擇其它可能性並且也不能選擇它們這回事。」[16]海德格遂云：「不管是誰，只要當他問：『我能去作甚麼？』他即因此一問而泄露了他自己的有限性。不管是誰，只要當他因着這樣的問題而關涉到他的最內部的業績，他即泄露了他的最內部的本性有的有限性。……這樣，他見他自己為『他應當做甚麼？』之問題所苦惱。……因此，有限性不只是人類理性底一個偶然的特質；人類理性底有限性是關於這有限的能力之『有限化』，即是說，是關於這有限能力之『關心』(關切、焦慮)。」[17]海氏即以人的有限性以及人對其有限性之「關心」(焦慮Sorge)為人之存在性相之「真理」。自倫理行為之為倫理行為，「在其合理性中此有限性本身即有關(即在起作用 at stake)」即分析地而為有限的。如是，每一倫理行為總是行為者在表現某一倫理力量的同時否定其它倫理力量，並且以行為者之某一理分否定其它理分，故每一倫理行為在對倫理知覺而言，莫不意味着「精神的自我破裂和自我消耗，或說包含着衝突與消耗的精神破裂。這又意味着衝突者雙方(包括相對立之理分)都具有一種精神價值。……而這正是悲劇性的衝突。不僅是善與惡的衝突，而且更根本的，是善與善的衝突。」[18]所謂善與善的衝突即理分之不相容(道德兩難)，此則現實中之一切善行或者自我揚棄、或者相互否定。自我揚棄即克服自身之片面性以與相衝突之其他倫理力量統一以實現更高層級之價值，此則以自身為手段(中介)以完成較高之目的。相互否定則相衝突之雙方同歸於盡。這個同歸於盡亦即表示此衝突之雙方皆因自執為善而拒絕自我揚棄，即拒絕自覺為實現「永恆正義」之手段(中介)。由是，依黑格爾，凡個別特殊之倫理力量必須不斷自我揚棄，否則，一時的善，在歷史行程中轉瞬即可變為惡；或說得根本些，任何特殊之倫理力量一旦為「善」即同時為「惡」，「在帶來極為光榮的善的同時，其自身又產生出只有通過自我否定、自我消耗才能克服的惡。」[19]亦老子所謂「正復為奇，善復為妖。」(五十八章)王弼注曰：「立善以和萬物，則便復有妖妄之患也。」又注第二章曰：「美惡猶喜怒也，善不善猶是非也。喜怒同根，是非同門，故不可得而偏舉也。」因此，可以說，一行為為至善須此行為「無」，若行為為「有」，有善則即有惡，「惡」依存於「有」，去惡莫若於去「有」，此所以東方哲學喜言「去有」，「為無而奮鬥」(struggle for non-being!)此佛道二家最擅長，即儒家亦必至王龍溪之「四無」為究竟圓教(此詳見于我之另文)。無心無意無知無物，由是「惡固本無，善亦不可得而有也」。

善惡既起於一自發之不斷的「應然」及「應然」與「實然」之是否合一，而德行又是一存在的人的最尖銳、最凸出，亦是最根本之焦慮，故儒家與黑格爾皆要求對此不斷的應然、未然與實然、已然之距離及緊張，作現實性與現在性之安排，即把各個體依其位分、名分所須盡之理分「定在」，在儒家曰名教。名教若真能建立於主觀特殊性與客觀普遍性統一之基礎上，則可成為指導社會生活之積極而必要的原則，如黑格爾所云：「若主觀特殊性被維持在客觀秩序中並適合於客觀秩序，同時（主觀特殊性）其權利得到承認，那末，它就成為使整個市民社會變得富有生氣，使思維活動、功績和尊嚴的發展變得生動活潑的一個原則了。」[20]由是黑格爾所言之「絕對精神」，費希特所言之「先驗的自由」、「宇宙的自由」，可在「政治的自由」中得一真實的起點，此則超越「善」、「惡」，「善」「惡」意識過渡為「守法」意識，並有公德、私德之分。公德即「行法之所是，並關懷福利」（黑格爾語），主體之「應然之緊張」取得現實性和現在性，即「應然」對象化、客觀化而不再緊張，「擺脫空虛性和否定性的痛苦」（黑格爾語）。私德即個人之進德，絕對命令只及一己，不可施諸他人，以免構成對他人獨立人格之侵犯。此所以基督教之「己之所欲，必施於人」為無當。

孔子所言「興於詩，立於禮，成於樂」，「立於禮」即對「應然」作現實性與現在性之規定，克己復禮，自律即他律，「一日克己復禮，天下歸仁」，踐仁中之兩難、缺憾亦可「還諸天地」[21]，憾亦無憾，不了亦了。此皆對自然與名教之衝突及道德之弔詭求解決，而把問題客觀化為倫理生活以及政治生活的問題。而問題的解決，則正是問題之不斷轉進而回到人類精神之自我成長與不斷實現。在黑格爾，即表現為一種向着絕對知識進行的辯證法式的過渡以不斷克服一切片面性與有限性，又因此而肯定一切中介環節之價值與意義。在儒家，此一向着絕對的轉進之過程既是無限亦可在「聞一善言，見一善行，沛然莫之能禦」之當下具足。儒家可視為康德至黑格爾之德國理想主義之必然完成與成熟，而儒家義理所表現的圓熟，正可由德國理想主義之傳統哲學思辨之強索力探所凸顯；其方向和結論，是如此地一致，吾人可藉德人謬勒所轉述的海德格對德國理想主義之方向倫理之總括簡述以見之：「在康德以後的所謂『德國理想主義』裏，尚未有任何可以辨認的本質秩序被宣佈為行為的準繩，而只是把那向無界限、無輪廓，因此也就無內容的內在的絕對性，向着內在於人的神性的突進宣佈為標準。不過在這無本質、無輪廓、無可捉摸、無限、絕對、整全的『實有』被宣佈為我們內在的標準，這向着人的最內在部分的突進即是向着我們的最本質的本性，在人的本然行為（那超越的行為）即是爭取自己、爭取人內部天賦然而隱而不見的神性和無限性的當兒，『實有』本身不是就成為我們人的『本性』(Nature)，成為我們最內在絕對的天賦素質，換句話說，成為我們的本質了嗎？於是，在主體性裏便有神性在，於是在向後方進入主體時便找到絕對，無限便也在主體裏得到發展。」[22]

「善」的標準、行為的準繩不在任何可以辨認的本質秩序中尋找，而只在我們生命的「突進」中尋找。此「突進」並非向一外在的目標，而只是向「內在於人的神性」、向「我們的最本質的本性」、「無內容」、「無限」、「絕對」、「整全」的「人的最內在部分」「突進」。因此，這「突進」其實只是人的「最內在絕對的天賦素質」的不斷的自我實現，故這「突進」是有向而無向。如孔子說「我欲仁斯仁至矣」，孟子說「擴充」、「求其放心」，中庸說「率性之謂道」。而這「欲仁」、「求」「擴充」、「率性」皆性分之不容己，而一觸即發，決若江河，沛然莫之能禦。即皆是「人的本然行為」即「爭取自己、爭取人內部天賦然而隱而不見的神性和無限性」；此「爭取」「突進」本身即活動即存有而成為我們的「本性」、「本質」，孟子所謂「求則得之」矣！如是，我們便成為自己（本性、本質）的創造者和行為準繩的立法者。憤悱不已、突進不已，故我們的「本性」無限，「本質」無限，我們行為的準繩亦只在此突進中，而不可僵固封限。「大學」謂「止于至善」，此「止」即止于

「性分之不容已」，「止于性分之不容已」者，亦即止于「不安」「不忍」「不已」，故「止于至善」之「止」即「不止」，「至善」即「無善」。王龍溪所謂「惡固本無，善亦不可得而有也」。然「不止」即「止」，「無善」即「至善」，故王龍溪之「四無」即「四有」：「無心」即「無心之心」，「無意」即「無意之意」，「無知」即「無知之知」，「無物」即「無物之物」。工夫即是本體，本體即是工夫。四端之心即良知良能即天命之性一觸即發即感即動即有即無即化即聖即神即天。此儒家自道德實感（「性分之不容已」）契接實體之形上道路所必然到達者，而攝存有于活動，即活動即存有；有而能無，無而能有；道德秩序即宇宙秩序。此亦是德國理想主義經歷康德之批判哲學，發展到黑格爾之以絕對精神之歷史辯證展示之無窮進程所必然趨向者。

王弼（道家）則宣稱以「無」為「本」為「體」，亦即「無界限」、「無輪廓」、「無內容」、「無本質」、「無可捉摸」、「無限」，以至「無心」、「無意」、「無知」、「無物」、「無惡」、「無善」、「無向」、「無突進」、「無為」……，同時，亦無無。故此以無為本、為體實即無本無體，一切歸于如如，道德亦歸于道德之在其自己，即所謂「上德不德，是以有德」，「無」遂成為自然道德之守護神。

以「無」為本為體亦即無本無體亦即自然，此即構成道家玄理之基本性格，而為魏晉玄學所突顯，至于會通孔老、自然與名教，亦據此而作安排；而或「崇本舉末」，如王弼之注老；或「自然任獨」，如向秀、郭象之注莊；無非此玄理之一往一返，以及觀念展現中的時代痕跡。王弼原是新學之奠基者，自不能不貴無；或說王弼的時代正是貴無的時代，不貴無，不能遮撥漢學之僵固之「有」也。其「老子指略」一文，最見用心，其對儒家以下之法、名、墨、雜諸家之「有」、（有「尚」、有「刑」，有「名」有「言」、有「愛」有「譽」、有「矯」有「立」、有「美」有「總」……）之遮撥，固是貴無，亦是正言若反，為日後向秀、郭象注莊之「自然任獨」準備了道路。現引數言，以見其要：

「聖人不以言為主，則不違其常；不以名為常，則不離其真；不以為為事，則不敗其性；不以執為制，則不失其原委矣。……而法者尚乎齊同，而刑以檢之。名者尚乎定真，而言以正之。儒者尚乎全愛，而譽以進之。墨者尚乎儉嗇，而矯以立之。雜者尚乎眾美，而總以行之。夫刑以檢物，巧偽必生；名以定物，理恕必失；譽以進物，爭尚必起；矯以立物，乖違必作；雜以行物，穢亂必興。斯皆用其子而棄其母。物失所載，未足守也。……夫敦樸之德不著，而名行之美顯尚，則修其所尚而望其譽，修其所道而冀其利。望譽冀利以勤其行，名彌美而誠愈外，利彌重而心愈競。父子兄弟，懷情失直，孝不任誠，慈不任實，蓋顯名行之所招也。患俗薄而名興行（案：當為「興名行」）、崇仁義，愈致斯偽。況術之賤此者乎（案：指儒家以外諸家）！故絕仁棄義以復孝慈，未渠弘也（案：意「未可謂大（弘）也」）。……故古人有嘆曰：甚矣！何物之難悟也！既知不聖為不聖，未知聖之不聖也；既知不仁為不仁，未知仁之為不仁也。故絕聖而後聖功全，棄仁而後仁德厚。夫惡強非欲不強也，為強則失強也；絕仁非欲不仁也，為仁則偽成也。有其治而乃亂，保其安而乃危。後其身而身先，身先非先身之所能也；外其身而身存，身存非存身之所為也。功不可取，美不可用。故必取其為功之母而已矣。篇云：『既知其子』，而必『復守其母』。尋斯理也，何往而不暢哉！」

此王弼貴無之用心。下觀向郭之論自然與名教。

上篇註釋

[1] 王弼「老子」四十九章注。

[2] 王弼「論語釋疑」。皇侃「論語義疏」：「大哉堯之為君也」注引。

[3] 王弼「老子」十七章注。

[4] 同上，二十七章注。

[5] 同上，六十三章注。

[6]「毛詩」卷十九之一「周頌・清廟之什。」烈文一章鄭箋引「周易・繫辭傳」「可久則賢人之德，可大則賢人之業」兩句，孔疏引王弼語。

[7] 王弼之圓融境界的體用觀，見論于拙文（署名吳甿）「王弼之體用觀與得意忘言論」，「鵝湖」月刊，一九八四年。

[8] 見「晉書・王衍傳」。

[9]「易繫辭傳上」韓康伯注引王弼語。

[10]「老子」四十二章，王弼注。

[11] 見叔本華「作為意志與意象的世界」。

[12] 見黑格爾「法哲學原理」中譯本第三二頁。重點乃引者加。

[13] 據（日）波多野太郎「老子王注校正」云：「『有以為』之『有』，當作『無』字。范應元此條經文作『下德為之而無以為』，曰王弼注云：『下德為之而無以為者，無所偏為也』。按：此條經文本作『無以為』，後人以河上本改『無』作『有』，與注不合，更改注『無』字作『有』。」

[14] 見康德「道德底形上學之基本原則」，牟宗三譯注「康德的道德哲學」第二四－二五頁。

[15] 見皇侃「論語義疏」「大哉堯之為君也」注引。

[16] 海德格「存在與時間」中譯本第三四〇頁。

[17] 海德格「康德與形上學底問題」第二二三、二二四頁。轉引自牟宗三「現象與自身」第二五、二六頁。

[18] 勃拉德萊 Fr. Herbert Bradley「牛津詩歌演講集」第八六頁。勃拉德萊為黑格爾之繼承者和詮釋者。

[19] 勃拉德萊：「論莎士比亞悲劇」第二九頁。

[20] 黑格爾「法哲學原理」中譯本第二一五頁。

[21]「缺憾還諸天地」語見沈葆楨題延平郡王祠對聯，言鄭成功因父親鄭芝龍投敵而斷絕父子恩義一事。

[22]（德）謬勒（Max Muller）：「存在主義哲學在當代思想界之意義」張康譯，「現代學人」第四期，一九五八年。

下篇　向、郭「自然任獨即道德名教」論

第一節　「以儒道為一」

「晉書」卷五十「郭象傳」云：

「先是，注莊子者數十家，莫能究其旨統。向秀於舊注外，而為新義。妙演奇致，大暢玄風。惟秋水、至樂二篇未竟，而秀卒。秀子幼，其義零落，然頗有別本遷流。象為人行薄，以秀義不傳於世，遂竊以為己注。乃自注秋水、至樂二篇，又易馬蹄一篇。其餘眾篇，或點定文句而已。其後秀義別本出。故今有向、郭二莊，其義一也。」

本文即以向秀、郭象二莊並論，觀其「名教與自然」之思想。

又「晉書」卷四十九「向秀傳」云：

「始秀欲注（莊子），嵇康曰：此書詎復須注？正是妨人作樂耳！乃成，示康曰：殊復勝不？又與康論養生，辭難往復，蓋欲發康高致也。」

「世說新語・文學第四」於向秀注莊條下，注引「秀別傳」，在「及成，示康……」後，復有康、安（呂安）之回應，云「（康）、安乃驚曰：莊周不死矣！」此時人對向秀注莊之譽。其時莊學已盛，同書記元康名士庾敳讀莊子事，云：「庾子嵩讀莊子。開卷一尺許，便放去，曰：了不異人意。」附註曰：「庾敳，字子嵩。……自謂是老莊之徒，曰：昔未讀此書，意嘗謂至理如此。今見之，正與人意闇同。」庾敳之父庾峻，乃當時豪族，懼時風重莊老，至雅道陵遲，乃潛心儒典，上疏晉武帝，力陳或進（儒）或退（道）、或入（廟堂）或出（山林），務必「無使入者不能復出，往者不能復反，然後出處交泰，提衡而立，時靡有爭，天下可得而化。」[1]是欲調和儒道。庾敳與郭象同時，時人以郭象為王弼之亞，「敳甚知之，每曰：郭子玄何必減庾子嵩。」[2]事實是郭象以莊子注而與王弼、向秀並稱，為魏晉玄學之巨擘。「晉書」卷四十

九「向秀傳」曰：

「莊周著內外數十篇，歷世才士雖有觀者，莫適論其旨統。秀乃為之隱解，發明奇趣，振起玄風，讀之者超然心悟，莫不自足一時也。惠帝之世，郭象又述而廣之。儒墨之迹見鄙，道家之言遂盛焉！」

「儒墨之迹見鄙」非謂向、郭莊子注旨在蕩遣儒墨也，唯是「發明奇趣，振起玄風，讀之者超然心悟，莫不自足一時」以致。何以「自足」？必曰：自足於「善行無轍迹」也（老子廿七章），是以不免「儒墨之迹見陋」矣！謝康樂（靈運）「辨宗論」說：「向子期（秀）以儒道為一。」倒是看的明白。這「以儒道為一」正是在「迹」與「所以迹（本）」上作的文章，而「名教」與「自然」亦因此而獲得道家義之統一，「道家之言遂盛」矣！

第二節　「迹」「所以迹」二迹無寄

「莊子・天運第十四」有一段老聃答孔子求道的說話：

「老子曰：然，使道而可獻，則人莫不獻之於其君；使道而可進，則人莫不進之於其親；使道而可以告人，則人莫不告其兄弟；使道而可以與人，則人莫不與其子孫。然而不可者，無佗（由）也。……古之至人，假道於仁，託宿於義（郭注：隨時而變，無常迹也。）以遊逍遙之虛。……孔子謂老聃曰：丘治詩書禮樂易春秋六經，自以為久矣，熟知其故矣；以奸（音「干」，「三蒼」云犯也）者七十二君，論先王之道而明周召之迹，一君無所鉤（同「取」）用。甚矣夫！人之難說也，道之難明邪？老子曰：幸矣子之不遇治世之君也！夫六經，先王之陳迹也，豈其所以迹哉！（郭注：所以迹者，真性也，夫任物之真性者，其迹則六經也。）今子之所言，猶迹也！夫迹，履之所出，而迹豈履哉？

（郭注：況今之人事，則以自然為履，六經為迹。）

案：此向、郭「迹本論」之所本。「迹」者，仁也義也、六經也、名教也；「所以迹」（本）者，「真性」也，「道」也，「自然」也。此向郭無異於王弼者。雖王弼云「聖人體無，而老子是有」。唯在體用不二上，向郭更進一步提出「自得」「獨化」等觀念，以明「道」。「道」者，一切「迹」之「所以迹」也。「所以迹者，無迹也」（應帝王注）「無佗」也，「無」也。故「道」不可「獻」、不可「進」、不可「告」、不可以「與」。以「道」之性格為「無能」，得道者「自得而獨化」：

「道，無能也，此言得之於道，乃所以明其自得耳。自得耳，道不能使之得也！我之未得，又不能為得也，然則凡得之者，外不資於道，內不由於己，掘然自得而獨化。夫生之難也，猶獨化而自得之矣！」[3]

此見向郭「莊注」乃王弼「貴無」說之必然的辯證成果。王弼以「無」為萬物之本而「崇本息末」以歸於「無」。依莊注語即息「所迹」以歸「所以迹」、「無迹」。故王弼同時強調「無，不可以無明，必因於有」，而歸於「無、有、玄」。借佛家天台智者大師言「一心三觀」，則王弼三智三眼，本一而三，三而歸一，故須貴無以之為體（本、宗、元），使「統之有宗，會之有元」，此則有諍而不圓。但王弼（道家）之系統既為縱貫橫講，在縱貫橫講的型態中，「以無為體」即「以無為用」，體用原是不二也。「以體為用，以用為體，體用平等，不二中道。」（吉藏語）故向、郭「莊注」善繼王弼，主「自得而獨化」，無向而一時頓圓，不三而一。佛教般若學過渡至天台學之重要人物吉藏，其「四重二諦」說則主「不三不一」。其所著之「大乘玄義」云：

「他（龍樹）但以有為世諦，空為真諦。今明若有若空，皆是世諦；非有非空，始名真諦。三者：空有為二，非空有為不二，二與不二皆是世諦，非二非不二名為真諦。四者：此三種二諦，皆是教門；說此教門，為令悟不三，無所依得，始名為理。」

三重二諦俱是世諦，皆為教門，「說此教門，為令悟不三」，不三不一者當下即空，「無所依得」也。此豈非向郭注莊在般若學之濫觴？即「於此不二與二，亦見不二」之中道，依此中道，說「非有非無」與「有無」，說「不生不滅」與「生滅」，說「不常不斷」與「常斷」，說「不一不異」與「一異」，說「不來不去」與「來去」，是即可入八不中道，吉藏即此論佛性，謂「但因中名為佛性，至果便成性佛。故在因，但名非因；在果，則名為非果。只是一個非因非果。……佛性在因，性佛在果；故果因名佛性，因果名性佛。此是『不二二』義。不二二，故二即非二。故云二不二是體，不二二是用。以體為用，以用為體，體用平等，不二中道，方是佛性。一切諸師釋佛性義，或言佛性是因非果，或言是果非因，此是因果二義，非佛性也。」

所謂「因果二義，非佛性也」，即因二而非一，非「不二二」，體用不等，不得中道，非佛性也。此見吉藏義之佛性之形式體性，其自玄智之詭辭為用入，般若破執，有無雙遣，一時頓圓，而非自超越心體之含攝一切悲憫一切入。故吉藏固為般若學之殿軍，而有待智者大師，據佛教三智三眼，開為一心三觀，謂：

（一）觀空：「從假入空，空慧相應，即能破見思惑，成一切智，智能得體，得真體也。」[4]

案：此「真體」在道家為無體，觀冥探本，「妙本虛凝，寂而不動」，莊子「應帝王」壺子之第一示：「吾示之以地文，萌（炭也、炭也，山貌）乎不震不正（止）。」郭注：「萌然不動亦不自正，與枯木同其不華，濕炭均於寂魄。此乃至人無惑之時也。」成玄英疏：「文，象也；震，動也。地以無心而寧靜，故以不動為地文也。……此則第一，妙本虛凝，寂而不動也。」此亦老子「人法地，地法天，天法道，道法自然」四重道義之第一義「人法地」之義。然此真體，黑格爾所謂只有抽象的普遍性。「所以迹」原言「迹」之所本，現妙本虛凝，枯木濕炭，寂魄無感，則妙本不妙。無矣，空矣，但「所以無」「所以空」者何？不能「無所以無」、不能「空所以空」，則無、空轉為「所以無」、「所以空」之「有」矣，故不能不「觀假」。

（二）觀假：「從空入假，分別藥病，種種法門，即破無知，成道種智，智能得本，得俗本也。」

案：此「俗本」即世諦，散殊之迹用凡落於生滅、常斷、一異、來去者皆世諦。仁義固是俗體世諦，如前引「莊子・天運」：「古之至人，假道於仁，託宿於義。」郭注：「隨時而變，無常迹也。」莊子「應帝王」壺子之第二示：「吾示以天壤。」郭注：「天壤之中，覆載之功見矣。此之地文，不猶卵乎？此應感之容也。」成玄英疏：「此即第二，垂迹應感，動而不寂。示以應容，神氣微動。既殊槁木，全似生平。而濫以聖功，用為己力。」此亦老子「地法天」之義，垂迹應感，動而不寂，隨時而變，無常迹也。然垂迹應感，一落於有，則不能全有，不能全感，則有所有、有所無，有所感、有所不感，如是，則不能無寄——無「所以有」、「所以感」、「所以迹」之寄，有措有寄則不能當下得究竟矣。

（三）觀中：「雙遮二邊，為入中方便，能破無明，成一切種智。智能得體，得中道體也。」[5]

案：此「中道體」即如相，即究竟實相。老子「天法道，道法自然」之義。亦「莊子・應帝王」壺子之第三示及第四示。第三示「吾鄉示之以太冲莫勝。」郭注：「居太冲之極，浩然泊心，而玄同萬方，故勝負莫得措其間也。……無往不平，混然一之。」成玄英疏：「此是第三示，本迹相即，動寂一時。夫至人德滿智圓，虛心凝照，本迹無別，動靜不殊。其道深玄。」本迹相即無別，動靜一時不殊，亦無亦有，亦空亦假，「迹」與「所以迹」二迹同寄，而太冲莫勝，無往不平，混然一之。第四示則為：「吾示之以未始出吾宗，吾與之虛而委蛇，不知其誰何，因以為弟靡，因以為波隨（原為「流」，依王念孫改）。」郭注：「雖變化無常，而常深根冥極也。」「變化頹靡，世事波流，無往而不因也。夫至人一耳，然應世變而時動，故相者無所措其目，自失而走。此明應帝王者無方也。」成玄英疏：「今者第四，其道極深。本迹兩忘，動寂雙遣，聖心行虛，非凡所測。」第三示為「迹」與「所以迹」二迹同寄；第四示則為「二迹無寄」，本迹兩忘，動寂雙遣，非有非無，深根冥極，其道極深。[6]誠如支道林所云：

> 「無物於物，故能齊於物；無智於智，故能運於智。是故夷三脫於重玄，齊萬物於空同。」「理冥則言廢，忘覺則智全。若存無以求寂，希智以忘心，智不足以盡無，寂不足以冥神。何則？故有存於所存，有無於所無。存乎存者，非其存也；希乎無者，非其無也。何則？徒知『無』之為無，莫知『所以無』，知『存』之為存，莫知『所以存』。希無以忘無，故非無之所無；寄存以忘存，故非存之所存；莫若遺其『所以無』，忘其『所以存』。忘其『所以存』，則『無』存於『所存』；遺其『所以無』，則忘『無』於『所無』。忘無故妙存，妙存故盡無，盡無故忘玄。然後二迹無寄，無有冥盡。是以諸佛因般若之無始，明萬物之自然。」[7]

案：此所言無非明「即」義，物即無物，智即無智，忘即覺，無即所以無，存即所以存，忘無即妙存即盡無即忘玄即無心。一落於有心、成心、分別心，依他起，偏計執，總是起措興寄，「有」「無」、「寂」「照」、「迹」「所以迹」、「存」「所以存」、「名」「所以名」、「物」「物物」，「智」「智智」，「覺」「覺覺」，動之愈出，隨名起惑，緣理斷九，二而不一。唯廢言忘覺，可以盡無冥神，而忘無故妙存，妙存故盡無，盡無故忘玄，忘玄故無心，心止一切止，「迹」與「所以迹」，二迹無寄；而「無」「有」冥盡，般若無始萬物自然。此向郭「迹本圓」、「自得」、「獨化」義在般若學之版本也。所謂「格義」也。而聖人之「迹」者，仁也，義也（「假道於仁，託宿於義」），六經也，堯也，舜也。聖人之「所以迹」者，「所以仁」、「所以義」、「所以經」、所以堯」、「所以舜」也。聖人之中，後之宋儒又言「仲尼無迹，顏子微有迹，孟子其迹著。」[8]故郭象曰：「堯舜者，世事之名耳。為名者，非名也。故夫堯舜者，豈直堯舜而已哉？必有神人之實焉。今所稱堯舜者，徒名其塵垢粃糠耳。」[9]似與荀粲「六藉雖存，固聖人之粃糠」同唱，而向郭更重「聖」與「所以聖」二聖無寄，迹本冥圓。其以堯舜為聖之名、聖之迹，而以「神人」為「所以聖」、「聖之實」，則與王弼言「聖人體無，無又不可以訓，故不說也。老子是有者也，故恆言其所不足。」異曲同工，陽尊儒而陰崇道。而名教與自然亦依此而統一於道家義之聖人（理想人格）之一身而「兩行」矣。「聖人」對於天下自「有封」、「有是」、「有畛」，因而「有左、有右、有倫、有義、有分、有辯、有競、有爭」之「八畛」（齊物論，詳見下節），因之各人之間各依其所性而各自表現其倫理力量之衝突以及個人自己因多重身分而來之倫理要求之內在衝突，作如是觀（借黑格爾句式）：

凡是合「道」的（所以迹）都是存在的（迹）；

凡是存在的（迹）都是合「道」的（所以迹）。

第三節　「陳其性而安之」：向、郭之「名教」義

「齊物論」：「夫道未始有封。」

郭注：「冥然無不在也。」成玄英疏：「夫道無不在，所在皆無，蕩然無際，有何封域也。」

案：無封故無不在，有封，則有在有不在矣！道無不在，即「無」冥然無不在，所以皆無。故亦無名無言，有亦非常言。

「言未始有常。」（「齊物論」，接上句）

郭注：「彼此言之，故是非無定。」成疏：「道理虛通，既無限域，故言教隨物，亦無常定也。」

案：向郭莊注以是非隨彼此而定，有言即立理以限事，隨名定理而封域形矣！故言未始有常，亦不應有常，言無常則教（即名教）亦無

常，而道理正因着名教無常無定而虛通。因道即以無常為常，名教一執定，則道亡矣！

「為是而有畛也，」（「齊物論」，接上句）

郭注：「道無封，故萬物得恣其分域。」成疏：「畛，界畔也。理無崖域，教隨物變，為是義故，畛分不同。」

案：重言道無封故萬物各得恣其所是，而名隨「畛」定，教隨名生。名教者，以名為教，引萬物各歸其畛，萬物得恣其分域。故名教無常；無常正證道無封。

「請言其畛：有左，有右，」（「齊物論」，接上句）

郭注：「各異便也。」成疏：「左，陽也，右，陰也。理雖凝寂，教必隨機。畛域不同，昇沈各異，故有東西左右，春秋生殺。」

案：郭注「各異便也。」成疏：「理雖凝寂，教必隨機，畛域不同，昇沈各異。」皆重自個體性分言理與道。性分不同，理分有別，名教宜乎見機，而昇沈自當隨緣。見機隨緣，昇沈左右，春秋生殺，各異便也，此即道。

「有倫，有義，」（「齊物論」，接上句）

郭注：「物物有理，事事有宜。」成疏：「倫，理也。義，宜也。群物糾紛，有理存焉，萬事參差，各隨宜便者也。」

案：此「有倫有義」，崔譔本作「有論有議」。俞樾曰：「釋文云：崔本作有論有議，當從之。」亦無作解釋。郭注、成疏皆取「有倫有義」，取意較深。道無封。萬物得恣其分域而各得其理，性即理，性分即理分，理分即名分，名分即名義，名義者，物事之宜也。故曰：「物物有理，事事有宜。」「群物糾紛，有理存焉；萬事參差，各隨宜便者也。」群物共處而無紛，反是無理，萬物參差而無別，反是不義（宜）矣！此向郭注扣緊「請言其畛」而申其「自得」、「物各有理、事各有宜」之義。莊子「齊物論」在向郭注中以不齊（萬物各恣其分域）為齊（不齊齊）矣！

「有分，有辯。」(「齊物論」，接上句)

郭注：「群分而類別也。」成疏：「辯，別也。飛走雖眾，各有群分；物性萬殊，自隨類別矣。」

案：郭注、成疏皆以「群分」「類別」為自然，「不齊齊」。

「有競，有爭。」(「齊物論」，接上句)

郭注：「並逐曰競，對辯曰爭。」成疏：「夫物性昏愚，彼我封執，既而並逐勝負，對辯是非也。」

案：以並逐勝負，對辯是非為物性之常情，故競爭亦自然。

「此之謂八德。」(「齊物論」，接上句)

郭注：「略而判之，有此八德。」成疏：「德者功用之名也。群生功用，轉變無窮，略而陳之，有此八種。斯則釋前有畛之義也。」

案：道一而分殊，分無窮，言無窮，教無窮，功用亦無窮。略而判之，有此八德，八德即八畛也，八畛亦自然之分也，即自得也。無窮無常即道即德也。

「六合之外，聖人存而不論；」(「齊物論」，接上句)

郭注：「夫六合之外，謂萬物性分之表耳。夫物之性表，雖有理存焉，而非性分之內，則未嘗以感聖人也，故聖人未嘗論之。〔若論之〕則是引萬物使學其所不能也。故不論其外，而八畛同於自得也。」成疏：「六合者，謂天地四方也。六合之外，謂眾生性分之表，重玄至道之鄉也。」

案：向郭以「性分」解「六合」之內萬物之「存在之理」。而以「存在之理」即其存在之自然（存在之在其自己）即是理，萬物紛陳，恣其分域、畛域不同，昇沈各異，有左有右有倫有義有分有辯有競有爭，各據性分，此正是德，德者自得。各駐其畛，天然自足即是道。聖人立教，無非引萬物各據性分、各歸其畛，故六合之內，聖人有感而論。至於六合之外「萬物性分之表」，「表」，此處解「外」，尚書「立政」：「至於海表。」俗言表裏。眾生性分之外，雖有理存焉，亦只是道一之理，非性理、非分理，重玄至道之鄉，亦聖人無感之時，故聖人存而不論。若論之，徒引眾生不駐其畛、不安其分以學其所不能，此則殆矣。此意亦見於其注「逍遙遊」：

「夫質小者，所資不待大；質大者，所用不得少矣。故理有至分，物有定極，各足稱事，其濟一也。若乃失乎忘生之生（原為「主」，依世德堂本改），而營生於至當之外，事不任力，動不稱情，則雖垂天之翼不能無窮，決起之飛不能無困矣。」[10]

又於「齊物論」之「天下莫大於秋毫之末，而太山為小；莫壽於殤子，而彭祖為夭。天地與我並生，萬物與我為一。」注云：

「各據其性分，物冥其極，則形大未為有餘，形小不為不足。足於其性，則秋毫不獨小其小，而太山不獨大其大矣。若以性足為大，則天下之足未有過於秋毫也。其性足為大，則雖太山亦可稱小矣。……苟足於天然，而安其性命，故雖天地未足為壽，而與我並生；萬物未足為異，而與我同得。則天地之生又何不並，萬物之得又何不一哉！」[11]

總之，安分自足即自得。倘「據其性分」、「足於其性」、「以性足為大」、「足於天然而安其性命」，則「八畛同於自得」而一矣！

「六合之內，聖人論而不議。」（「齊物論」，接「六合之外，聖人存而不論」句）

郭注：「陳其性而安之。」成疏：「六合之內，謂蒼生所稟之性分。夫云云取捨，皆起妄情；尋責根源，並同虛有。聖人隨其機感，陳而應之。」

案：夫六合之內，性分的世界，聖人陳眾生之性，以性分之名為教，令其安之。安之者，前所言「各據其性分」、「足於其性」、「足於天然而安其性命」之謂！若自正面而積極地言之，孟子亦有「君子之性，雖大行不加焉，分定故也」之盡性義，向郭則止於消極義之安分，無道德內容以充其實。唯言「天性所受，各有本分，不可逃，亦不可加。」[12]「性各有分，故知者守知以待終，而愚者抱愚以至死，豈有能中易其性者也。」[13]成玄英更言「夫云云取捨，皆起妄情」，則以「無取捨」釋「各據其性分」、釋「足於其性」、釋「足於天然而安其性命」。此固本莊學，而與老子「反者道之動」稍不同。「凡是存在的都是合道的」，如是，名教者，「陳其性而安之」之教也。

第三節　「聖人無懷」：向、郭之「聖人」義

「春秋經世先王之志，聖人議而不辯。」（「齊物論」，接上句）

郭注：「順其成迹而凝乎至當之極，不執其所是以非眾人也。」成疏：「春秋者，時代也。經者，典誥也。先王者，三皇五帝也。誌，記也。夫祖述軒頊，憲章堯舜，記錄時代，以為典謨，軌轍蒼生，流傳人世。而聖人議論，利益當時，終不執是辯非，滯於陳迹。」

案：春秋經世先王之志，皆所謂「迹」，更且是「成迹」、「陳迹」，聖人順此成迹而凝乎至當之極，此「至當之極」者，「迹」與「所以迹」之冥合也。「凡是合道的都是存在的」，春秋經世先王之志（誌），哈特曼所謂「客觀化了的精神」，是已實現了的可能性之累積與未實現的可能性之指引，但這「已實現了的可能性之積聚與未實現的可能性之指引」，只有在「在世者」人格精神的理性考察和重新認識中有意義。「一切精神都是歷史的。」（黑格爾），「一切歷史都是精神的。」（柯靈烏），聖人損益三代，議而不辯；作理性的考察和再認識，而不急於「執其所是以非眾人也」。「夫先王典禮，所以適時用也。時過而不棄，即為民妖，所以興矯效之端也。」[14]「故當應時而變，然後皆適也。況夫禮義，當其時而用之，則西施也，時過而不棄，則丑人也。」[15]春秋經世先王之志既是「陳迹」，聖人自不「滯於陳迹」，而順其成迹冥極於「所以迹」。「時移世異，禮亦宜變，故因物而無所繫焉，斯不勞而有功也。」[16]因時制宜，聖之時者也，而向郭以不制為制，「因物而無所繫」「游寄而過

去，則冥。若滯而繫於一方，則見（有見即有不見）。見則僞生而責多矣。」[17]

「故分也者，有不分也；辯也者，有不辯也。」（「齊物論」，接上句）

郭注：「夫物物自分，事事自別。而欲由己以分別之者，不見彼之自別也。」成疏：「夫理無分別，而物有是非。故於無封無域之中，而起有分有辯之見者，此乃一曲之士，偏滯之人，亦何能剖析於精微，分辯於事物者也？」

案：夫物物事事自依其性分、位分而自分自別，無庸人為造作以分別之者。物事有別，性分、位分，名分、理分有分別，而理無分別。理一而分殊，道一而八德。故曰：「分也者，有不分也；辯也者，有不辯也。」只知「有分」，不知「有不分」；只知「有辯」，不知「有不辯」此所謂一曲之士，偏滯之人，反不能分辯於事物者，因其不達理而失道，更無由察照以分辯事物者也。如是則分與不分、辯與不辯皆失。故物物自分即不分，事事自別即無別，分不分即，別無別即，此乃是中觀義；若滯而繫於一方，駐於一曲，則「見」（有見，則有不見），「見則僞（人為）生，僞生而責多矣」。責多則萬物不能自得而不成其為萬物矣。自一多之形式特性言，儒家同唱，而言「毋意，毋必，毋固，毋我」，「萬物靜觀皆自得」，唯孔子言「唯仁者能好人能惡人」，中庸言「誠者物之終始，不誠無物。」則更以「仁」「誠」為內容特性，而兼具創造義。

「曰：何也？聖人懷之，眾人辯之以相示也。故曰：辯也者有不見也。」（「齊物論」，接上句）

郭注：「以不辯為懷耳，聖人無懷。」「不見彼之自辯，故辯己所知以示之。」成疏：「夫達理聖人，冥心會道，故能懷藏物我，包括是非，枯木死灰，會無分別矣。」「凡庸迷執，未解虛妄（原為「忘」），故辯所知，示見於物，豈唯不見彼之自別，亦乃不鑒己之妙道，故云有不見也。」

案：此接上句「故分也者，有不分也；辯也者，有不辯也。」而來。聖人順分以冥極不分，分不分即；見辯以證不辯，辯不辯即；即而無寄，非分非不分，非辯非不辯。以無為懷，故聖人無懷，無懷無無懷；物我是非，會無分別，而懷即無懷，無懷為懷，懷無懷即。

向郭此說與王弼「聖人有情」，立言有異而義旨同。「聖人茂於人者神明也，同於人者五情也。神明茂，故能體冲和以通無；五情同，故不能無哀樂以應物。然則聖人之情，應物而無累於物者也。今以其無累，便謂不復應物，失之多矣。」[18]王弼自聖人「應物」說「聖人有情」，向郭自聖人「無累於物」說「聖人無懷」；王弼、向、郭皆同意聖人當「應物而無累於物」，故二說無異。然「聖人有情」、「聖人應物」非只虛應故事，象喜亦喜，象憂亦憂。聖人「應物」乃「格物」（王陽明之「為善去惡是格物」。）聖人懷無懷乃全懷，全懷則天下物物自分、事事自別，而人人自得自懷，而懷無懷，而天下歸仁，人皆可為聖人。此孔門理境，則王弼、向、郭皆不與焉。

第四節　「以此明彼，彼此俱失」

「夫大道不稱。」（「齊物論」）

郭注：「付之自稱，無所稱謂。」成疏：「大道虛廓，妙絕形名；既非色聲，故不可稱。謂體道之人，消聲亦爾也。」

「大辯不言。」（「齊物論」，接上句）

郭注：「已自別也。」成疏：「妙悟真宗，無可稱說，故辯雕萬物，而言無所言。」

「大仁不仁。」（「齊物論」，接上句）

郭注：「無愛而自存也。」成疏：「亭毒群品，〔汎〕愛無心，譬彼青春，非為仁也。」

「大廉不嗛。」(「齊物論」，接上句)

郭注：「夫至足者，物之去來非我也，故無所容其嗛盈。」成疏：「夫玄悟之人，鑒達空有，知萬境虛幻，無一可貪，物我俱空，何所遜讓。」

「大勇不忮。」(「齊物論」，接上句)

郭注：「無所往而不順，故能無險而不往。」成疏：「忮，逆也。內蘊慈悲，外弘接物，故能俯順塵俗，惠救蒼生，虛己逗機，終無迕逆。」

「道昭而不道。」(「齊物論」，接上句)

郭注：「以此明彼，彼此俱失矣。」

案：單照以明彼此，則彼此俱存，「而照之於天」(莊子語)。倘一落於彼此，則「是亦彼也，彼亦是也，彼亦一是非，此亦一是非。」(齊物論)，「此亦自是而非彼，彼亦自是而非此，此與彼各有一是一非於體中也。」(郭注) 此則彼此俱失，黑格爾所謂「悲劇之同歸於盡」。

「言辯而不及。」(「齊物論」，接上句)

郭注：「不能及其自分。」成疏：「不能玄默，唯滔名言，華詞浮辯，不達深理。」

「仁常而不『成』(江南古藏本作「周」)。」(「齊物論」，接上句)

郭注：「物無常愛，而常愛必不周。」成疏：「不能忘愛釋知，玄同彼我，而恆懷恩惠，每挾親情，欲效成功，無時可見。」

「廉清而不信。」(「齊物論」，接上句)

郭注：「皦然廉清，貪名者耳，非真廉也。」成疏：「皎然異俗，卓爾不群，意在聲名，非實廉也。」

案：真廉無廉名，無異群俗，不清而信。

「勇忮而不成。」(「齊物論」，接上句)

郭注：「忮逆之勇，天下共疾之，無敢舉足之地也。」

「五者圓而幾向方矣。」(「齊物論」，接上句)

郭注：「此五者，皆以有為傷當者也。不能止乎本性，而求外無已。夫外不可求而求之，譬猶以圓學方，以魚慕鳥耳。」

案：以上五者，道、辯、仁、廉、勇，本「圓而神」，非「方」也，「圓而神」者，則「大道不稱」、「大辯不言」、「大仁不仁」、「大廉不嗛」、「大勇不忮」，無為故全有而圓，無為故神，自然達道。有為即不能止乎本性，而求外無已，求「道」求「辯」求「仁」求「廉」求「勇」，不知「道」、「辯」、「仁」、「廉」、「勇」皆不可外求，求則失之。「有為」即造作、（有昭、有辯、有常、有清、有忮）而「幾向方」，而不道、不辯、不仁、不信、不成矣！是知名教之名本「圓名」，皆不可外求、所謂「以有為傷當者」。故「以名為教」，不可教「以圓學方，以魚慕鳥」，而當「付之自稱」、「自別」、「自存」、「自分」，而萬物自得至足而俱存，否則，「以此明彼，彼此俱失」[19]，「夫至足者，物之去來非我也」[20]。至足者不以物之來去而不足，無我亦無非我；無此無彼，而彼此自得其無所得於烏有之鄉。

第五節　性分之獨體義與客觀義：目的論之反思

齊物論：「故知止其所不知，至矣！」（接上句）

郭注：「所不知者，皆性分之外也。故止於所知之內而至也。」成疏：「夫境有大小，智有明闇，智不逮者，不須強知。故知止其分，學之造極也。」

案：莊子此句與上句連讀為「五者圓而幾向方矣！故知止其所不知，至矣！」夫道、辯、仁、廉、勇五者皆所謂主體性之真理（內容真理Intensional Trush），而惟存在於人自身所決定之態度中，乃絕對內在者，故不可外求，外求則「猶以圓學方，以魚慕鳥耳。」然隨之而來之問題是：內容真理既是絕對內在而唯繫於主體之自決自明，然則內容真理之普遍性如何理解？孔子言仁，孟子言性善，老子言無，莊子言齊物逍遙，一皆主體性之真理（內容真理），亦唯具體的生活者存在地領受之，別無它途。故主體性真理之普遍性只能是具體的普遍性，相應於人作為主體性這主體性之普遍性，故一切關於此真理之言說名辯均須止於啟發人的真正主體性之自覺，則此真理自明，而言說當歸於無。老子三十二章「始制有名，名亦既有，夫亦將知止，知止所以不殆。」王弼注：「始制，謂樸散始為官長之時也。始制官長，不可不立名分以定尊卑，故始制有名也。過此以往，將爭錐刀之末，故曰：『名亦既有，夫亦將知止』也。遂任名以號物，則失治之母也。故『知止所以不殆』也。」此莊子、郭象言「知止」之所本。

莊子另處有謂：「庸詎知吾所謂知之非不知耶？庸詎知吾所謂不知之非知耶？」[21] 以知為不知，以不知為知，意在修訂「知」之標準，以「知止」為知，「不知止」為不知。又向、郭則言必曰性分，隨時引入「性分」一觀念以為言說。如「養生主」注曰：「天性所受，各有本分，不可逃，亦不可加。」「天地」注：「性分各自為首，皆至理中來，故不可免也。」「齊物論」注：「性各有分，故知者守知以待終，而愚者抱愚以至死，豈有能中易其性者也。」重視人的個體特殊性，以「性分」稱人之個體特殊性，而主「足於其性（分）」、「足於天然而安其性命」（見前引）。至於性分之理一義，如儒家言「性分之不容已」者，則向、郭不予留意。

以上，是向、郭此處言「所不知者，皆性分之外也。故止於所知之內而至也。」之有關思想背景。要言之，向、郭以人及萬物皆一一為獨一無二之獨立王國，正是此「獨一無二」，使由成心、識心所執之一切之「知」，徒為抽象之知、非存在之「知」，而一切概念言說徒教人離開實存。正是這「獨一無二」，構成道家之「無」之真理性普遍性，而「無」亦就返回保住每一「獨一無二」。「無」要我們回到當下之具體存在，並止於一一當下之具體存在之前而「忘」。「忘」即止於其獨一無二之在其自己，「止於其所知之內」，即「不知」——不規定對方，不對象化對方，不抽象分解對方，而無對。倘有道德律令，亦是具體存在者獨一無二之自然自令；而非外在之成文禮教，即非有為或他律者，如是並無所謂道德律令，一切皆是性分內之自然自爾無為無殉。此見向、郭只把握住性分之「獨體」義而不知「性分之不容已」義（即「具體的普遍」義）。下引孟子「仁義內在」說，以比論之。

「告子曰：食色性也。仁，內也，非外也；義，外也，非內也。孟子曰：何以謂仁內義外也？（告子）曰：彼長而我長之，非有長於我也。猶彼白而我白之，從其白於外也。（孟子）曰：白馬之白也無以異於白人之白也；不識長馬之長也無以異於長人之長與？且謂長者義乎？長之者義乎？（告子）曰：吾弟則愛之，秦人之弟則不愛也，是以我為悅者也，故謂之內。長楚人之長，亦長吾之長，是以長為悅者也，故謂之外也。（孟子）曰：嗜秦人之炙無以異於嗜吾炙矣，夫物則亦有然者也，然則嗜炙亦有外與？

「孟季子問公都子曰：何以謂義內也？（公都子）曰：行吾敬，故謂之內也。（孟季子）曰：鄉人長於伯兄一歲，則誰敬？（公都子）曰：敬兄。（孟季子）曰：酌則誰先？（公都子）曰：先酌鄉人。（孟季子）曰：所敬在此，所長在彼，果在外，非由內也。公都子不能答，以告孟子。孟子曰：敬叔父乎？敬弟乎？彼將曰：敬叔父。曰：弟為尸，則誰敬？彼將曰：敬弟。子曰：惡在其敬叔父也？彼將曰：在位故也。子亦曰：在位故也。庸敬在兄，斯須之敬在鄉人。季子聞之曰：敬叔父則敬，敬弟則敬，果則外，非由外也。公都子曰：冬日則飲湯，夏日則飲水，然則飲食亦在外也？」[22]

牟宗三先生「圓善論」一書中對此段有詳盡的疏解，要之孟子確認「能決定義理之當然」之性即人之所以為人之「性」，而人之所以為人之「性」即人之自覺心（四端之心）。故性即理，心即性。仁義內在（內發於性），不以外在的對象而定，亦非由後天人為而造成，孟子由此開自律道德之基本規模。本文今願進一步自「德性之知」中位分理分之關係及「德性之知」與「見聞之知」之交涉，觀孟子此段所展現之問題，而與向、郭言「性分之知」義比觀。

「見聞之知」、「德性之知」二名首由宋儒張橫渠所立，其「正蒙・大心篇」曰：「世人之心止於聞見之狹。聖人盡性，不以見聞梏其心，其視天下，無一物非我。孟子謂盡心則知性知天，以此。天大無外，故有外之心不足以合天心。見聞之知，乃物交而知，非德性所知。德性所知，不萌於見聞。」張橫渠顯以孟子為立言之本。

「白馬之白」與「白人之白」，皆「見聞之知」也，自「見聞之知」之立場言，白馬之白自無以異於白人之白，以至在一一量化下，馬之食色之性與人之食色之性在見聞上亦無以異，所異唯物量矣。然「長馬之長」與「長人之長」則非「見聞之知」，而為「德性之知」。德性之知不能量化，德性之知是縱貫的創造原理（以應然為所以然）而非橫攝的形構原理（以抽象化因果化量化之概然為所以然）。因之，「長人之長」在價值上不同於「長馬之長」，以至「長兄之長」不同於「長鄉人之長」，「長叔父之長」不同「幼弟之幼」，此親親之殺、尊尊之等，正是「義」（宜者，應當者）。「義」而規範化社會化即所謂「禮制習俗」，各人之如何實現「義」，視各人如何依其具體之位分理分盡分盡理，如何「克己復禮」。「禮」、「義」、「理分」皆非「見聞之知」所能知，「見聞之知」所知者唯「白馬之白」、「白人之白」、「長馬」、「長人」、「鄉人長於伯兄一歲」。而「長馬之長」、「長兄之長」、「長叔父之長」、「幼弟之幼」，皆所謂「禮」、「義」、「理分」，為「德性之知」，發自本心之明覺感應，「其視天下，無一物非我」，由我之自知自明，而知分明理知禮明義，知之乃自覺之（以自己為對象）即創造之（使存在）。是以「德性之知」是「無對」之知，直接之知，亦可說是自然（自由）之知。「易繫辭傳」所謂：「乾知大始，坤作成物。乾以易知，坤以簡能。易則易知，簡則易從。」乾知即此創造之知。又曰：「有不善未嘗不知，知之未嘗復行也。易曰：不遠復，無祇悔，元吉。」陸象山說：「當惻隱時自然惻隱，當羞惡時自然羞惡，當寬裕溫柔時自然寬裕溫柔，當發強剛毅時，自然發強剛毅。」[23]故「德性之知」無非性分內之事。靈光獨動，頓時即通於全，其之及物，是一了百了，沒有過程，不經抽象，沒有概念使用，而直接達於存在。自此直貫而言，這是一純直無曲之世界。

然而，當德性之知既知「長鄉人之長」又知「長伯兄之長」，二知同時呈現，義當如何？即曰：「敬兄」（「庸敬在兄」），「先酌鄉人」（「斯須之敬在鄉人。」），此知「敬兄」，又知「先酌鄉人」，此則不能無曲。此所謂「不能無曲」者，實是德性之知之一步客觀化。借黑格爾說法是道德客觀化而為倫理。亦荀子所說「聖人盡倫，王者盡制」。盡倫盡制之「盡」即「實現的無限」，是一辯證的進展，而為「真的無限」。「真的無限」區別於「惡（假）無限」，黑格爾說：「到無限（指惡無限）的進展，其形象是一條直線，在直線的兩端界限上只是無限物，而且永遠是在直線……所不到的地方。……至於返回到自身的真的無限，其形象是一個圓，它是一條達到了自身的線，是封閉的（指自足的），完全現在的，沒有起點和終點。」[24]有限與無限之統一，是在辯證的進展中不斷實現的，「無限是肯定的，只有有限才會被揚棄。」[25]同樣，真的全知為具體存在者對（無對之對）其特殊位分理分，知之且盡之，「盡之」即全無夾雜，滿心而發，無非是理。此則既是最具體的獨一無二、無人可代替的，又是最普遍的，是即人人皆然、易地皆然者，即必然者。故是真實的具體性與真實的普遍性之真實結合，一方為「獨體」之徹底透出，一方即為範型（普遍者）之終始如一。此則從特殊見普遍，即分即全，盡分即全理。此純直無曲之知非知識之知；而全知亦非知識意義之全（知識領域根本無全知之義）。在西方只上帝全知。儒家則認為圓智之知必涵全知。此亦即「盡心知性知天」義。此非謂個體之具體存在即實現精神之各方面而皆具備各方面各理分以至未來之精神價值，乃只謂此「盡」為「理的神足漏盡」，而徹上徹下徹裡徹外而為一通透之整個者，一透百透，一了百了，一成一切成，一盡一切盡。雖生命不已，性分不已，盡亦不已。華族禮教文化即以此「盡其在我」型態為主而開展。由此「盡」而「樸散」，物質、主體精神、絕對精神三分而立；亦由此「盡」，主體精神轉出客觀的意義（卻是虛的），以透露絕對精神而三合為一，統攝物界。

「精神，在這裡（案指中土），不是以客觀意義、集團方式而表現。故其對立限制亦不是集團地階級地自外對立，自外限制，而是以個人方式，盡其在我的意義，在個人自身內之對立限制中，而表現。這點，須要鄭重予以說明。……

「就在此『盡』字上遂得延續民族、發揚文化、表現精神。你可以在此盡情盡理，盡才盡性；而且容納任何人的盡。（荀子云：王者盡制者也，聖人盡倫者也。孟子云：盡心知性知天。）在此『盡』上，各個體取得了反省的自覺，表現了『主體的自由』，而成就其為『獨體』。主體的自由表現了一個『對反』，此對反不是因緣於集團之對立，而是即在各個體之自身。此方式之出現實淵源於堯舜禹湯以來首先握住『生命』一原理：自調護生命、安頓生命上，形成此對反。在此對反中，一方作為『主體』的精神，澄清而上露，一方作為『客體』的自然即被刺出而下濁。這個『自然』不必是外在的自然界，即自身內『物質的成分』，亦是自然。自然被刺出，則『精神主體』即遙契那道德實體，那普遍的精神生命，即絕對精神，而與之對照，予以證實。主體精神與絕對精神之遙契對照（即黑氏所謂分裂，由對反而成的分裂）是由於從自覺中與『自然』對反連帶而成的。原來只是一渾淪之整體，如赤子之心，通過個人自身內所起之對反，自然成立、主體精神成立，絕對精神亦成立，在此三種成立中，方能說『盡』。此是中國文化生命之一普遍的原理。若應用於各種『盡』上，則盡心、盡性、盡理、盡倫、盡制，一串，為最恰當此原理。……

「既有在個人自身內所顯之對反，主體自由，由之而盡性盡倫，則不能不有客觀精神。以前所謂忠君愛國，捨孝全忠，以及尊尊之等，都是客觀精神。惟此客觀精神，亦是以個人方式，盡其在我之意義，在道德的主體自由下，而捨己。此種捨己，而亦可如黑氏所說：『主體的自由並不是在其自身中尋求它的尊嚴，而是在那個絕對實體（大實體的一）中尋求它的尊嚴。』但是，另一方面，依盡其在我之意義，在絕對實體中尋求，即是在自身中尋求。因為這裡，實有一主體的自由。但不是國家政治的，而是道德的。所以並不是如黑氏所說，一切皆隸屬於那個大實體之一而無分離的獨立性，而無個性，而為偶然。黑氏所說在絕對實體中尋求尊嚴是以無主體自由為前題的，主體自由被吞沒於那大實體中，故如此說。若吾人已知這裡實有一道德的主體自由，則在那大實體中尋求尊嚴即是在自身中尋求尊嚴，此即是他個人的道德完成。說穿了，這種主體自由亦實不是在那『大實體之一』中尋求尊嚴，而是在那道德實體中，在普遍的精神生命中，尋求尊嚴。所以這種捨己、忠君、殉國，即是殉道。其透過君（大實體之一）而為之，則是限制出一個客觀的意義，即道德的主體自由下的客觀精神。實則此客觀的姿態實直接透露着絕對精神。……此時之盡性殉道，是直接以絕對精神為標準，不以國家政治為標準，因為國家政治一層是虛映，並未由宗法社會文教系統之基層而轉出，即並未間接地重新構造起。所以無依照此標準而來的客觀精神，而只有依照道德實體（絕對）之標準而來的主體精神與絕對精神。其透過君而顯示的客觀姿態亦是一虛映。可以說，在此一『盡』中，精神之主體的意義、客觀的意義、絕對的意義，合而為一，一起呈現，而其為，『客觀』之真實而落實的根據則在『道』(絕對),不在國家政治(國家政治是虛的根據)。……比純是主體精神與絕對精神之直接披露。」(牟宗三「歷史哲學」)【26】

此段文義皆甚美。所應注意者,是:華族之精神生命為一「圓而神」之型態,當其自覺(性分之不容已),而有主體的自由表現,這表現惟是道德的,自我要求的。即形成一個「對反」(破裂),主觀精神上露,而以自身為對象(客體)(「為二」)與原初之渾淪之「整體之一」破裂(「二與一為三」)。然而依圓智,破裂而不破裂不一不三,外在之自然與自身之自然生命氣質生命並不真被刺出為一客觀對象(客體),而只以道德主體君臨其上,思以「性其情」,「變化氣質」,「統氣歸理」,「攝存在於活動」,簡言之即只顯道德主體對「作為道德實踐中之材質因之自然物」之統屬關係,而缺乏主體自我冷卻(坎陷)而為知性主體而與被刺出之自然氣質生命及外在自然(包括他人)之為客觀對象之對立關係。前者之型態為「圓而神」,為「綜和的盡理之精神」,其性質為綜和的、具體而又普遍的、存在的,與之相應者為「智的直覺」;後者之型態為「方以智」,為「分解的盡理的精神」,其性質為分解的、抽象普遍的、非存在的,與之相應者為「知解理性」。由於自我不及冷卻為一邏輯我與知識主體,以至自我從未能真正以自己為知識對象而廣延化、空間化自己,則他人之為一個個體(對象義的)之意識亦未能充分形成,以至廣延的空間性的個體與個體間之互為對象、互倚並立、互相限制、互相規定、互相認受、而又互不涵蓋、互不籠罩,互得其客觀化而並立之格局不能建立。客觀精神之「政治主體」不能開出,「政治的自由」不能實現。所實現者,唯是「盡其在我」之道德的自由和「超道德的自由」(費希特所謂「先驗的自由」和「宇宙的自由」)。「盡其在我」之原則為隸屬原則(Principle of Subordination)主要表現為捨己殉道等之主體自由,即通過對個體特殊性之自覺捨棄以實現普遍精神而直接透露絕對精神。隸屬原則為一一元的縱貫的、強度的、時間性的原則,由之不能直接開出多元的、橫向的、廣度的、空間的政治生活領域。故客觀精神在此只成一姿態一虛映，自由主體並未經一曲折，冷卻而為觀解主體，而只直接視自然物（包括自身、他人、外物）為「行為物」(「事」)，攝存有於活動。攝「事」歸仁，從應然去看實然。如孟子說「萬物皆備於我，反身而誠，樂莫大焉！」陸象山說：「心外無物」「吾心便是宇宙，宇宙即是吾心」「萬物森然於方寸之中，滿心而發，充塞宇宙，無非此理。」王陽明說「為善去惡是格物」。萬物不成其為「物」，而是「所以物」——價值性之存在。如是物物不成對列之局，不能主客相對，亦不能互為客體，不能客觀化，不能量化，概言之不能冷卻為「執的存有界」；不能執、不能量化，如是不能有科學，再而不能本知性活動之規則（所謂遊戲規則)，置政治生活於一客觀格局，以構造政治權力分配機括之理性化，即政權之民主，政道之建立。

西方近代民主政治之實現，乃依其「分解的盡理的精神」，以觀解之智，以自局限其精神，自我冷卻為邏輯我知性我，而與其外在者（包括其自身之自然物質成份）形成對立之局，遂亦為其外在者所規限，而復即在此相互限制中求精神之實現。如是個體性得到重視，人的有限性得到重視，人生而既為相依對列之有限存在，同為有限者，相對於無限者（如上帝、絕對精神、永恆正義）此一一「有限存在」即一一平等，自天子以至庶人，一是皆以「行法之所是」為應當。而「法」總是客觀意志、普遍意志之量化。但對普遍意志、客觀意志之服從非為否定主觀特殊意志；人之為有限存在，其主觀特殊性即有形上之必然性而應得到承認，亦唯承認個體特殊性，方有真實的普遍性可言。此即「主觀特殊性被維持在客觀秩序中並適合於客觀秩序，同時其權利也得到承認，（黑氏認為是否承認主體的特殊性、有權要求自我滿足，乃是「劃分古代和近代的轉折點和中心點」[27]）……如果人們承認在市民社會和國家中一切都由於理性而必然發生，同時也以任性為中介，並且承認這種法，那麼人們對於通常所稱的自由，也就作出更詳密的規定了。」[28] 此顯示了

「分解的盡理的精神」與「綜和的盡理的精神」、「見聞之知」與「德性之知」在倫理生活中之辯證關係，以及客觀精神在政治生活中的成果。對於要建構一客觀格局，以「平等酌劑」各倫理力量，使依一可檢察之規則（法）既互相否定又互相肯定，而互為存在，以實現一段客觀精神，「見聞之知」是一「必要條件」，而非只為一「充足條件」矣！

此正是道德生活客觀化為倫理生活（包括政治生活之理性化）之關節，亦即內聖之學如何自其縱貫之型態——「盡心知性知天」之型態、「只要在任何一點上盡情盡理、敦品勵行，你即可以無不具足，垂法後世」之型態、「盡性盡倫」之型態、「反求諸己，盡其在我」之型態、「盡性殉道」之型態、「主體精神直接透露絕對精神」之型態、「主體精神與絕對精神直接合一丕顯」之型態，「仁之於父子也，義之於君臣也，禮之於賓主也，聖人之於天道也，命也，有性焉，君子不謂命也。」之型態，由此種縱貫的不容已的「擴充之無限」、「涵攝之無限」、「創造之無限」之型態中，本着「我欲『盡』，故知人人欲『盡』，如何使天下人皆能『盡』、容納天下人的『盡』」之不容已之一念，而自我對象化、客體化，如是即自覺為一有限者，一有性（「君子所性，雖大行不加焉，雖窮不損焉，分定故也。」、「仁義禮智根於心」之性）有命（「仁之於父子也，義之於君臣也，禮之於賓主也，智之於賢者也，聖人之於天道也，命也。」之「命」）之無限而有限之存在，並知他人亦是一有性有命無限而有限之存在，而知吾人之所謂「盡」實是不盡，而不盡亦就盡了。「我欲『盡』，故知人人欲『盡』」；「我依我之特殊方式『盡』，不必人人依此方式『盡』」；「我能『盡』，不必人人能『盡』」、「我有命盡，人人不必有命盡。」「即使人人皆為聖人，人人皆欲盡能盡，而如何容納各人之盡，使無礙而同時能盡？」……。盡而不盡，不盡而盡，此正透露作為「創造歷史並被歷史規定者」、「有限和真正的無限者」之德性之存在性格：存在倫理。

作為有限而無限之存在者，既要盡其在我，又須盡物之性，盡人之性，以至贊天地之化育，與天地參；固須知性盡性，亦不能不知命俟命；以及知人之性、盡人之性、成人之美、全人之命。知「性」者，神智、性智、良知、本心、道心也，以直覺冥契知之。性分者，具體之共相，故知之者自知，一知全知。性即理即意即知即物，知之即直覺之即創造之，即生天生地、即實然而不可不然（必然）即無或然，即無不可知，即無不合理、即無不存在，即無虛而一一繫屬於創造實體——道德主體之「我」。此王陽明所謂「心外無物」、「心外無理」：「以其理之凝聚而言則謂之性，以其凝聚之主宰而言則謂之心，以其主宰之發動而言則謂之意，以其發動之明覺而言則謂之知，以其明覺感應而言則謂之物。」[29]「我的靈明便是天地鬼神的主宰，天沒有我的靈明誰去仰他高？地沒有我的靈明誰去俯他深？鬼神沒有我的靈明誰去辨他吉凶災祥？天地鬼神萬物，離卻我的靈明，便沒有天地鬼神萬物了。」[30]此是一天心直貫之型態。純直無曲，即此純直無曲、憑地了斷，盡其在我，不容商量，不假手、不間接、不曲折、不迴環、不漸，即感即動即觸即發，即興即是，一了百了。此處說仁、說義皆不中肯，只能說一個「盡」字，亦無分盡理盡氣。中庸說「盡性」亦正好，唯此「性」更涵「命」之義。

「命」有二義，一積極義一消極義，積極義之「命」即「天命之謂性」之「性命」、「天命」、「使命」、「命令」，知命即知性，此知乃「德性之知」之知，一知全知，此上已說過。消極義之「命」如「命限」、「命定」、「命數」，知「命」者，非實踐理性亦非知解理性，知命之知非「見聞之知」，亦非「德性之知」。知命之知（包括知氣質才性之知）乃所謂「知人則哲」之知。「見聞之知」是知實然（包括過去之實然及未來之實然），德性之知是知自由，而消極義之知命乃「知個人在自然隱蔽計劃中地位」之知。其所有之討論皆須預設一「目的性」理念，後可言「命」。「命」之觀念自始即不離價值色澤，而以合目的性為「有價值」。康德說得好：「如果人對於世界的沉思所發現的沒有別的東西，而只是無最後目的的事物，那末世界的存在並不能從它被知道這個事實而獲得其價值，必須預先假定有世界的最後目的，然後與之發生關係，對於世界的沉思才可以有其價值。」[31]然萬物（包括人）之「目的性」以及萬物之存在表現合其目的否？是否可「知」？依「德性之知」，必曰：可知，且一知全知。但此是積極的知，知之即創造之，應有者有，不應有者無，是知「自由」，知「應然」，而正要衝破一切限制。依「見聞之知」，則曰：不可知。因萬物被創造時存之目的，只有上帝知道，見聞之知不能理會，「見聞之知」只及「若……則……」之相對之「實然」之知，不知物始，不知物終，不及「必然」，更沒有「自由」。故知目的性之知非見聞之知，亦非只德性之知，而是康德所謂「反思判斷」。反思判斷不是依一普遍性給一具體事物定性，而是倒過來，從一具體個別事物尋找普遍性，此即「自然合目的性」先驗原理之運用。「這判斷力僅是反省着從這個角度考察——對於我們的認識機能而言，自然必須被看作是按照一個目的性原理的。這個原理在上述判斷力的諸原則裡被表達出來。這個自然的合目的性的先驗概念既不是一個自然概念，也不是一個自由概念，因為他並不賦予對象（自然）以任何東西，而但是以一特殊途徑來表述我們在關於自然對象的反省裡取得一貫通關聯的經驗整體時必須怎樣進行。」[32]「雖然知性對這些（諸對象）不能先驗地規定甚麼，它卻必須為了探究這些經驗的所謂規律而安放一個先驗原理作為對它們的一切反思的基礎，從而按照着它們，一個可認識的自然秩序才是可能的。」[33]通過「自然合目的性」先驗原理之運用，使知性與理性、自然與自由、認識與想像、偶然與必然、個體性與普遍性得到聯結，最後之真實統一唯天道性命相貫通。這種從特殊出發尋找普遍之「知」康德認為是一種「天賦的能力」。此非抽象之知，乃具體之知、直接之知。牟宗三氏謂此種特殊之知「它可以上升而為道心的境界之形態，而廢除其知義，它也可以靜態化（量化）而下降為科學形態，而成為抽象之知識。」但又謂「此有其獨特之本性與作用，而不可化歸者。」[34]

然則郭象言「所不知者，皆性分之外也。故知止於所知之內而至也。」以至言「夫六合之外，謂萬物性分之表耳。夫物之性表，雖有理存焉，而非性分之內，則未嘗以感聖人也，故聖人未嘗論之，（若論之）則是引萬物使學其所不能也。」「（聖人）陳其性而安之」（見上引）除一貫地重申道家「安命」之義外，吾人亦可由之思及康德之言「自然隱蔽計劃」。六合之外，萬物性分之表，聖人存而不論者，莫非「自然之隱蔽計劃」——「作為整體的人類種族的歷史可以看作是實現自然的一個隱蔽計劃。」「諸活動底真正的道德性，諸活動之有功或有過；甚至我們自己的行為底真正的道德性，有功或有過，是完全仍然被隱蔽而不為我們所見的。」「……只有這一切是如上所說時，始有一真正道德意向之餘地（此道德意向是直接的致力於法則者），而一理性的被造物（理性的存有）始能成為值得分享圓善者。」（「第二批判」）故六合之外，萬物性分之表，雖有理（「計劃」、「目的」）存焉，而非性分之內（性分之內，應然之世界，仁義之世界、理分之世界），則未嘗以感聖人也。故聖人未嘗論之，若論之則徒引人學其所不能，即其所能，亦如康德所慮，人既得知世界之目的及個人之命運，人將自我理解為一傀儡，如扮演一被派定之角色，情節全知，每一事均依腳本做得很好，沒有痛苦，但卻也沒有生命。黑格爾說得好：「只有藉着自身之內的否定，生命才能成為對它本身是肯定的。經歷這種對立、矛盾和矛盾解決的歷程是生命的一大特權。凡是始終都是肯定的東西，就會始終沒有生命。生命是向否定以及否定的痛苦前進的，只有經歷消除破裂和矛盾，生命才成為對它本身是肯定的。」[35]再者，亦唯如是，一真正的道德意向始有可能。此義儒家了解最切。「論語・堯曰篇」：「不知命，無以為君子。」「朱子集註」引程子曰：「知命者，知有命而信之也。人不知命，則見害必避，見利必趨，何以為君子。」「知命」即知有命而信之，自一形式義而言，亦即郭象所謂「知止於所知之內而至也」。當然，郭象不必如儒家或康德之從一真正的道德意向之可能去思考此義，郭象只本其「足於天然，而安其性命」之說而言此。自然之計劃、歷史之目的既隱蔽不可知，則無人可自稱為自然之計劃或歷史目的的代言人，無人可以救世主自居支配他人，以至無人可說「己之所欲，必施他人」。而道家亦就盡了其作為太陰教之責任。

小 結

王弼、向秀、郭象之會通孔老，以期消除自然與名教之衝突，雖迹近「將無同」，然不是沒有意義。概略言之，可分三點：

一、內聖方面，玄學家重申無為（而為），以「無」提示自律道德（或曰存在倫理）之形式特性，遮撥一切他律論之「有」。但玄學家不能言及道德實踐之動力（「性分之不容已」）亦無普遍性之關懷。

二、外王方面，「無以全有」，由總體之無為無向（所謂「自然之隱蔽計劃」），成全個體之自在自為自治自理。但不能言及「應然」和由「應然」之普遍義統一個體與整體。

三、由宇宙論及本體論之「無」，使可以回到存在之當下，當下即是一目的王國。但這只是境界義之美的自由的王國，「無目的的合目的性」，故不能言最高善，不能及真善美之真實統一。

下篇註釋

[1] 晉書卷五十。

[2] 同上。

[3] 郭象「莊子・太宗師」注。

[4] 見「摩訶止觀」。

[5] 同上。

[6] 參閱牟宗三「才性與玄理」第六章第四節、第八節。

【7】支道林：「出三藏記集」(八)：「大小品對比要鈔序」。

【8】「二程語錄」卷六。

【9】郭象「莊子・逍遙遊」注。

【10】同上。

【11】郭象「莊子・齊物論」注。

【12】郭象「莊子・養生主」注。

【13】郭象「莊子・齊物論」注。

【14】郭象「莊子・天運篇」注。

【15】同上。

【16】同上。

【17】郭象「莊子・天運篇」注。

【18】「三國志・魏志・鍾會傳」注引何劭作「王弼傳」。

【19】郭象「莊子」注語。

【20】郭象「莊子」注語。

【21】郭象「莊子・齊物論」注。

【22】「孟子・告子上」。

【23】「象山學案・答朱濟道語」。

【24】黑格爾「邏輯學」上卷第一四九頁。

【25】黑格爾「小邏輯」第二一〇 — 二一一頁。

【26】牟宗三著「歷史哲學」第七四 — 七七頁。

【27】黑格爾「法哲學原理」第一二六 — 一二七頁。

【28】同上，第二一四 — 二一六頁。

【29】王陽明：「傳習錄中」。

【30】王陽明：「傳習錄下)。

【31】康德「判斷力之批判」下卷「目的論判斷力批判」韋卓民中譯本第一〇九頁。

【32】同上，第二二頁。

【33】同上，第二三頁。

【34】見牟宗三「才性與玄理」第三章第九九頁。

【35】見黑格爾「美學」第一卷，中譯本第一一九 — 一二〇頁。

各篇英文提要

Comparison of the Values of Xin Tang Shu（新唐書）and Jiu Tang Shu（舊唐書）in terms of their Contribution as Historical Materials

by YEN Keng-wang

新舊兩唐書史料價值比論

嚴耕望

Judging from their contributions as historical materials, both Xin Tang Shu（新唐書）and Jiu Tang Shu（舊唐書）have their respective merits and demerits. It is unwise to prejudice against one or the other.

Jiu Tang Shu（舊唐書）was completed in the age of chaos and turmoil of the Five Dynasties（五代）. It happened to reserve more primary historical materials than its kind. However, one must bear in mind that from generation to generation, a number of errors may have crept into and scattered over the whole books.

Xin Tang Shu（新唐書）is complementary to Jiu Tang Shu（舊唐書）. Its most important contribution is its inclusion of Biao（表） and Zhi（志）. Its major pitfall lies in the simplicity of its text. Many uesful historical materials were omitted. Furthermore, its record is too vague and inaccurate so far as the concept of figure is concerned.

In conclusion, the Xin Tang Shu（新唐書）and Jiu Tang Shu（舊唐書）have their respective credits and defects. We should not treat or accept them indiscriminately.

A Profile of Professor YEN Keng-wang

by LIU Pak-Yuen

嚴耕望先生學行事略

廖伯源

Professor Yen Kwng-Wang who was born 28 January 1916, and deceased 9 October 1996, was one of the most eminent Chinese history scholar in the 20th century. He was a Research Fellow in the Institute of History and Philology, Academia Sinica for 21 years, and Professor of History in The Chinese University of Hong Kong and the New Asia Institute of Advanced Chinese Studies.

His academic contributions were especially in the fields of historical geography of medieval China and the institutional history of medieval China. His main publications were:

(1) *History of the Regional and Local Administration in China,*

Part 1, The Qin and Han Dynasties, (2 vols.)

Part 2, The Wei, Zin, Southern and Northern Dynasties, (2 vols.)

(2) *The Table of the Important Officers in the Shangshu Bureau in Tang China. (4 vols.)*

(3) *The Investigations on the Traffic Routes in Tang China. (5 vols.)*

Besides, he published two collections of articles, and 43 monographs.

A Poem of condolence on the Death of Our beloved and Respected Professor YEN Keng-wang（嚴耕望）

by LEE Kai-man

敬悼　嚴歸田師

李啟文

Being renowned as an outstanding scholar in the academic community, Prof. YEN made eminent contributions by his devoted and incessant efforts in research.

He began with a study on the bureaucracy of the governments of Qin and Han and further ventured his exploration into the local governmental organisations of Wei and Tang.

His concise interpretations of Ban's annuals and Du's poems were celebrated by all. Our hearts were bleeding in despair as he looked over his shoulder on his way to the hospital.

We could not help bending our heads in sorrow and lamenting over the departure of a great soul as we watched the stream flow by.

A Study on the Imperial Envoys in Han China, Part 3 — The Characters and the Identification objects of the Imperial Envoys

by LIU Pak-Yuen

漢代使者考論之三——使者之信物與使者之性格

廖伯源

As representatives of the Emperor, the envoys implemented imperial orders in their missions with some identification objects, such as the Jie or the Fu. These objects facilitated their activities in giving orders to the administrative officers and carrying out surveillance upon them.

The imperial envoys had the authority to command the officers of all ranks and execute imperial orders far away from the Capital. Even when they could not obtain imperial permission in time, they were able to take the decision themselves on important affairs, which were normally by the Emperor.

The price and wage movement from Early Ching Dynasty（清初）to Chien-lung（乾隆）、Cha Qin（嘉慶）Period

by SUNG Shee-wu

清初至乾嘉年間物價及工資的變動

宋叙五

This paper discusses the price and wage movement during the Kang Hsi（康熙）to Cha Qin（嘉慶）years of the Ching Dynasty (1662-1820). Results showed that within those years, prices went up 2 to 4 times. As for specific groups of products, prices of those of basic necessities, such as rice, increased the most (more than 4 times), while of luxury goods, increased the least (about 2 times). It meant that the pressure of inflation had the biggest pressure on the poor while the effects on the rich were little.

Compared to price increases, wage did not change much during the same period. Poor people still got paid more or less the same while the cost of basic necessities increased 4-fold. Thus the plight of the poor could be seen. This was the main reason why the strength of the Ching Dynasty turned weak and society became unstable.

China's Maritime Trade in the Late Ming and Early Qing Period: A Case Study on Anglo-Chinese Trade prior to George Macartney's visit to China

by LEE Muk Miu

明清之際中國的海外貿易發展——以馬戛爾尼使華前的中英貿易

李木妙

Like the Spreading westward of its four great inventions, i.e., gunpowder, printing, compass, and paper currency, China's maritime trade too had its great impact on the outside world. According to my preliminary research, in the late Ming and the early Qing China established direct maritime trade with Northeast Asia, Southeast Asia, and Western Europe. In addition, the network of indirect trade covered almost the entire world and consituted a dynamic world trade system.

In other words, China's maritime trade strengthened navigable communications between Chinese and the rest of the world. Cultural and technical interchanges were promoted, which greatly influenced these countries. Moreover, the system of international trade and world market enhanced the process of the commercial revolution in Western Europe, speeded up the economic development of capitalism's world, as well as effected the shock of world crisis.

While some research has been done in the field of maritime trade in the late Ming and early Qing period, this study is an attempt to investigate the Anglo-Chinese trade as a case study. The study focuses geographically on China's indirect and direct maritime trade with England, covering the years between 1600 and 1793, a period of more than 193 years.

The process of Anglo-Chinese trade is divided into five stages; they are Anglo-Chinese indirect trade period (1600-1636), Anglo-Chinese direct trade in the late Ming and early Qing period (1637-1683), Anglo-Chinese direct trade after lifting of ban (1684-1714), Anglo-Chinese direct trade after the establishment of factories (1715-1756), and mono-part trade period (1757-1793). The last part evaluates the contributions of the Anglo-Chinese trade and analyses its management.

The Establishment of the Transportation System of Coal in North China, 1870-1937

by CHEUNG Wai Po

華北煤炭運輸體系的建立，1870 - 1937

張偉保

China's coal industry has a very long history. However, the use of old methods and the backwardness of its transportation systems hindered the chance for rapid development. From the mid-nineteenth century onwards, owing to the coming of steamships and modern military industry, China had to use large sums of money to purchase coal from abroad. The leaders of the Self-Strengthening Movement tried to use modern methods to explore mineral resources, especially coal and iron, in order to increase the wealth and power of China.

This paper stresses the importance of the modern transportation systems of coal. The development of modern coal industry had heavily relied on the establishment of modern transport facilities in North China between 1870 and 1937. It was also the key factor for the success or failure of coal industry in this region. Kaiping and several big coal enterprises are used as examples to explain the exact role of modern transport system in the exploitation of mineral resources. Finally, it is pointed out that the rapid development of modern coal industry had an extremely close relationship with the establishment of modern transportation systems – railroads, ports, steamships – in North China.

An Illustrated Account of the Bai Lang Shui（白狼水）and its Five Feeding Rivers

by LEE Kai-man

白狼水及石城川等五水圖說

李啟文

According to the account of Volume 14 of Shui Jing Zhu（水經注）, i.e. Da Liao Shui Zhu（大遼水注）, there were five rivers, namely, Shi Cheng Chuan Shui（石城川水）, Fang Cheng Chuan Shui（方城川水）, Gao Ping Chuan Shui（高平川水）, Zi Lu Shui（白魯水）and Lan Zhen Shui（濫真水）, which fed into the Northeastern watercourse of the Bai Lang Shui（白狼水）.

As a result of the research of Yang Shou-jing（楊守敬）in his Atlas of Shui Jing Zhu（水經注圖）and the research of some other contemporary scholars, it has once been accepted that the watercourse of Bai Lang Shui and the five feeding rivers correspond respectively to certain named rivers of modern time.

However, The Atlas of Shui Jing Zhu was based on the Atlas of Hu Lin Yi（胡林翼圖）, and Hu, in turn, based his Atlas on The Unification Atlas of Great Qing（大清統一輿圖）. Unfortunately, there are numerous mistakes in the Unification Atlas in so far as it is relevant to the subject matter of this article. The contemporary scholars who based their research on Yang's Atlas of Shui Jing Zhu, invariably, repeat the same mistakes.

In this article, the author devotes his effort to ascertain the watercourse of the main stream of Bai Lang Shui and its five feeding rivers on the one hand and their respective counterparts of modern time on the other. He further points out the mistakes which appear in the relevant part of The Unification Atlas of Great Qing.

The Authority of the Zhuan Yun Shi in the Song Dynasty

by TSE Hing-chou

宋代轉運使之職權

謝興周

The responsibility and power of the Zhuan Yun Shi（轉運使）was of great importance in the Song Dynasty. They controlled military supplies, finance and tariffs, law courts and prisons, recruiting, defence and the inspection, assessment and management of local government officials. But in the early period of the Song Dynasty, they were mainly responsible for transporting and supplying army provisions. Later on, they began to control finance. And until the reign of Song Tai Zu（宋太祖）, they did not control the personnel management of the local government officials. Thus, the Zhuan Yun Shi gradually became the highest officers in the Lu（路）. Shen Zong（神宗）once said, "The prefecture governors are in charge of the management of the citizens. The fiscal officers are responsible for finance and tariffs. The officers of Kai Feng Fu（開封府）control punishment and prisons. But the Zhuan Yun Shi are in charge of all the above." For this, we know that the Zhuan Yun Shi controlled the chief affairs of the whole Lu, including civil administration, household registers, public security, land systems, national defence, finance and economics, culture, examinations, personnel management, and law courts and prisons. Some scholars opine that the Zhuan Yun Shi had no dealings with military affairs. But this is not true. During the reigns of Tai Zu and Tai Zong, the Zhuan Yun Shi often took part in military planning and war situations. And for a long time, in some Lu, the Zhuan Yun shi had military powers. During the period of Shen Zong some Zhuan Yun Shi even organised and built up the people's militia. Subsequently, the power of the Zhuan Yun Shi was reduced in the Southern Song.

At that time, most of them became the subordinates of the Shuai Shi (the generals). But generally speaking, the Zhuan Yun Shi had been in charge of the chief affairs of the whole Lu. It is thus worthwhile to look into the powers of the Zhuan Yun Shi in the Song Dynasty. This paper only discusses the major powers of the Zhuan Yun Shi.

Chinese Numerals Must Catch Up With the Times

by CHEN Tso Shun

漢語數詞必須追上時代——
兼論新數詞提案

陳佐舜

The Chinese use “shí” （十） for “ten”, “bǎi” （百） for “hundred”, and “qiān” （千） for “thousand”. It is easy to convert these numerals into foreign languages. But, not so when one comes to larger sums. The problem rises from the fact that the Chinese use “wàn” （萬） for “ten thousand” and “yì” （億） for “hundred million”, and confine themselves to using these numerals and their multiples to denote large sums. The conversion of large sums expressed with such numerals to and from other languages often presents much difficulty.

Chinese dictionaries carry a few characters which were used at one time or another in ancient China to denote large sums. But those numerals had different meanings in different places and at different times, and were never widely used.

In more modern times, in the 1930’s and the following decades, a few new numerals systems were proposed. But all of them had shortcomings.

In order to facilitate intercommunication with other parts of the world, it is of paramount importance to introduce a numeral system which can convert easily and conveniently to and from other languages.

This paper presents and discusses the pros and cons of a total of thirteen numeral systems recently proposed by scholars interested in the issue, including six systems suggested by the author of this paper.

A Review of Zhou Bang Yan's Xiao Ling

by WAI Kam-moon

從片玉集之小令看周邦彥詞之特色

韋金滿

Zhou Bang Yan（周邦彥）was a famous lyricist in the Song Dynasty. In the past centuries, Zhou's ci（詞）were considered the best and most precise in terms of rhyming. Zhou Bang Yan had written a total of one hundred and twenty-seven ci, including fifty-three Xiao Ling（小令）. This paper focuses its attention on these Xiao Ling.

A Preliminary Study on Modern Chinese Nativist Prose

by CHAN Tak Kam

中國現代鄉土散文初探

陳德錦

No other kinds of literature have been so extensively practised in modern Chinese literature as prose. The period of 1920s was a golden age since modern Chinese prose had a widespread experiment; travels, memories, reportage, lighthearted essays, propagandist essays, etc. Under a general influence from the West, writers had ultimately succeeded to reform the classical prose with a new kind of writing.

One will not hesitate to say that the most convenient medium to express one's ideas and emotion is prose. Yu Dafu 郁達夫 had even foreseen that modern Chinese prose could merge harmoniously the elements of "humanity", society, and nature". It is noticeable that many writers try their best to identify themselves by means of prose, in respect to the different styles of prose writings from 1920s to 1930s.

Nevertheless, besides Western influence, individual creativity could not be underrated. Cultural backgrounds, geographical features and regional language were foregrounded in prose. A school of "Xiangtu" Literature 鄉土文學 was named under the movement and "Xiangtu" Prose 鄉土散文 formed part of its integrity. Some prominent writers such as Lu Xun 魯迅 , Mao Dun 茅盾 , Fei Ming 廢名 and Shen Congwen 沈從文 often established themselves by writing "Xiangtu" Prose and even some who seemed unlikely to do so had actually written such prose on occasions.

To a considerable extent, "Xiangtu" Prose had fulfilled Yu Dafu's concept of ideal prose-writing. It also broadened the scope of modern Chinese prose and developed to be a kind of literature in its own way. More important, it explains the moods and modes of creativity of modern Chinese writers.

The essay traces back the origin of "Xiangtu" Prose in respect to its close relationship with "Xiangtu" Literature and concludes that "Xiangtu" Prose encompasses the following characteristics: (1) Local colour; (2) Record of regional customs and languages; (3) Lyricism; and (4) Openness in its generic form.

Kant's Theory of the Will
— A Research into Kant's Moral Philosophy

by LO Suet Kwan

論意志——
康德道德哲學研究

盧雪崑

This paper consists of some observations on Kant's theory of the will through a careful distinction between "Wille" and "Willkür". The word "Willkür" is variously translated as "will", "choice", "power of choice" and "volition". This translation of "Willkür" as "will" is very misleading. The will according to Kant is a unitary faculty. But it is subject to division into two parts: "Wille" and "Willkür" for the purpose of analysis. "Wille" and "Willkür" are specific functions of this essentially unified faculty of volition. Second, Kant's theory of the will involves two different concepts of freedom and two different concepts of the will. The correct interpretation of Kant's theory of the will depends upon the distinction between the freedom of Wille and the freedom of Willkür. On the other hand, the distinction between the phenomenal realm and the noumenal realm must be observed.

On Non-Dualistic Approach of "Vimalakirti Sutra"

by CHAN Pui Yin

《維摩詰經》之不二法門

陳沛然

"Vimalakirti Sutra" establishes the theme that the whole world is founded on non-being. This is, in fact, the thought of the Prajna School to show that both subjects and objects are "sunya" (without being nor metaphysical essence). Through the methodology of single negation and dualistic negation, it clears all attachments. To eliminate only the bad effects of things instead of excluding all things from the world, it maintains all logical possibilities of re-confirming the world for assisting enlightenment. Enlightenment cannot be described by languages and the As-suchess transcends the whole linguistic world, therefore, Vimalakirti could only keep silent in order to get in the non-dualistic real world.

Wang Bi, Xiang Xiu and Guo Xiang's "Spontaneous Virtue Theories"

by NG Ming

王弼、向、郭之「自然道德論」

吳明

Wang Bi, Xiang Xiu and Guo Xiang were no doubt the most significant figures of "Wei-Jin-Xuan-Xue". In the main theme of "Wei-Jin-Xuan-Xue", Wang Bi's philosophy was mainly derived from the though of Laozi. "The Zi Ran and Ming Jiao" (Spontaneity and Virtue) – was about the ontological problem of "non-being". Since " Zi Ran" (Spontaneity) is the Natura Naturans, "Ming Jiao" is the Naturata, therefore "Zi Ran" (Spontaneity) and "Ming Jiao" (Virtue) became unified. As for Xiang Xiu and Guo Xiang, whose philosophy was mainly derived from the thought of Zhuangzi, their main concern was the ontological problem of "the unity of being and non-being". Therefore, and again, "Zi Ran and Ming Jiao" became unified.

This paper discusses the characteristics of "Wei-Jin-Xuan-Xue", and hence presents a key to interpreting this theory in a consistent and significant way. At the same time, it also compares this theory with Confucianism, Daoism, Idealism and Existentialism.

新亞學報 第十八卷

定價：港幣二百五十元
美金三十五元

編輯者 新亞研究所
九龍農圃道六號

發行者 新亞研究所圖書館
九龍農圃道六號

承印者 和記印刷有限公司
九龍官塘道316至318號
志聯工廠大廈二樓B座
電話：二三四一六八八八
傳真：二三四三〇八八三

中華民國八十六年 (1997) 七月三十一日初版

THE NEW ASIA JOURNAL

Essays in Commemoration of Professor YEN Ken-wang

Contents

Volume 18 31, July, 1997

NEW ASIA INSTITUTE OF ADVANCED CHINESE STUDIES